매경TEST
핵심 정리

국가공인 경제경영이해력인증시험 완벽 대비

매경TEST
핵심 정리

김재진 지음

매일경제신문사

이 책은 경제와 경영을 보다 쉽게 배우고자 하는 독자들을 위한 책입니다. 더불어 국가공인 경제경영이해력시험인 '매경TEST'의 효율적인 준비를 도와주는 수험서이기도 합니다.

경제학과 경영학은 현대 비즈니스 업무에 필요한 지식이자 사고의 체계이지만 일반인들이 쉽게 접근하기 어려운 분야입니다. 이에 저자는 비즈니스 현장 지식과 원리를 '경영학'과 '경제학'이란 학문의 틀에서 벗어나 일반 독자들이 보다 쉽게 이해할 수 있도록 실제 신문에 게재된 기사와 사례 등을 책 내용에 곁들였습니다.

그리고 '매경TEST'의 출제 범위를 기준으로 내용을 구성하면서 동시에 대학의 학습체계와도 크게 어긋나지 않도록 균형을 잡았습니다. 따라서 이 책은 '매경TEST' 대비용 수험서뿐만 아니라 대학 교재로도 사용할 수 있을 것입니다.

이 책은 독자들이 경제와 경영에 흥미를 가질 수 있게 다른 도서와 차별적인 구성을 취했습니다. 우선 매 단원 도입부에 내용과 관련된 가벼운 사례를 소개했습니다. 또한 주요 개념들을 여백에 따로 정리해 학습의 편의성을 높였습니다. 왕초보 독자라도 기업과 경제에 대한 안목을 차근차근 높여갈 수 있도록 기본 지식에서 심화로 내용의 흐름이 진행되도록 했습니다.

챕터가 끝나면 '매경TEST'의 기출문제와 핵심 예제로 학습 내용을 점검하고 '매경TEST'도 대비할 수 있게 했습니다. 전반적으로 개념과 원리가 기업과 현실 경제에 어떻게 녹아있는지를 파악하는 방식으로 내용을 구성했습니다.

대한민국 최고의 경제지인 매일경제신문이 국가공인 경제경영이해력인증시험 '매경TEST'를 세상에 내놓은 지 벌써 10년이 다 되어갑니다. '매경TEST'는 지금까지 15만여 명이 응시했으며 현재 수많은 기업에서 승진과 채용으로 대학에서는 졸업시험으로도 활용되고 있습니다. 취업 스펙이나 자격증을 넘어 명실상부 대한민국 최고 권위의 경제경영이해력인증시험이라 할 수 있습니다.

저자는 '매경TEST'의 지향점인 '이론과 현실의 균형 감각' 그리고 '비즈니스 사고력을 갖춘 인재 육성'에 한 점의 도움이 되고자 부단한 노력을 기울여왔습니다. 이 책이 많은 독자들에게 비즈니스 사고력과 현실 경제의 안목을 기르는데 조그마한 도움이 된다면 더할 나위 없는 영광이 될 것입니다.

이 책이 나오기까지 정말 많은 분들의 노고가 있었습니다. 무엇보다 매경출판의 전호림 대표님과 편집자 이영인 팀장님께 진심 어린 감사의 말씀 전합니다. 이분들의 관심과 수고가 없었다면 이 책은 세상에 나오지 못했을 것입니다.

더불어 국가공인 '매경TEST'의 산파이신 홍기영 매경이코노미 편집국장님(경제학 박사)과 김웅철 전 연구소장님, 늘 격려를 아끼지 않으시는 매경 비즈의 조성진 국장님, 믿음으로 응원 해주시는 매일경제 김경도 소장님, 오재현 차장님, 정희영 기자, 김유진 님. 경제경영연구소의 두 기둥 윤봉민 팀장님과 최병일 팀장님. 그리고 박승룡, 유태형, 임영진, 이예주, 손영주, 권혁진, 명세윤 연구원님. 이 모든 분들께 이 자리를 빌려 감사의 말씀을 올립니다. 또한 저자가 연구와 집필에 몰두할 수 있도록 여건을 허락해 주신 호서대학교 경영학부 선배 교수님들께도 깊은 존경과 감사의 마음 전합니다. 끝으로 언제나 묵묵히 기도로 응원해주시는 양가 부모님 그리고 사랑하는 자녀 종희, 종인, 아내 김지숙에게 감사의 마음과 함께 이 책을 바칩니다.

2017년 9월 19일

김재진

1. 매경TEST란

　매경TEST는 국내 대표 언론 매일경제신문이 현실경제에 대한 국민의 이해력을 높이고자 실시하는 국가공인 경제·경영 이해력 인증시험이다. TEST는 'Test of Economy sense and Strategic business Thinking'의 약자로 경영과 경제의 통합 이해력을 평가해 비즈니스 사고력을 측정한다. 평가 내용은 일상 경제생활에 필요한 지식뿐만 아니라 최신 시사 등 현실감각, 여기에 기업의 직무를 수행하는 데 필수적인 '전략적 사고'까지 포괄한다. 또한 기업 현장의 목소리를 반영해 직무 연관성이 높은 경제·경영 지식과 최신 경제·경영 트렌드, 이를 기초로 한 응용, 분석, 추론력 등을 종합 평가한다. 매경TEST는 기업들의 인재 평가, 개인들의 역량 계발에 도움이 되는 효과적인 수단이라는 평가를 받고 있다.

현실감각과 사고력을 묻는 매경TEST의 측정 프레임

현실감각　　시사상식 및 최신이슈 이해

문제 해결력　　통합사고 및 지식의 현장활용력

기초 업무역량　　경제원리 및 기업경영 이해

2. 매경TEST 시험 설계 및 출제 분야

매경TEST는 비즈니스 현장에서 임직원의 문제해결 능력 및 잠재역량을 검증하는 시험이다. 이를 위해 매경TEST위원회는 국내 주요기업들의 주요 임직원 및 인사평가 담당자들의 의견을 종합해 비즈니스 사고력을 크게 5가지의 역량으로 구분했다. 이를 바탕으로 직무와 가장 연관성이 높은 경제·경영 개념부터 최신 트렌드와 현실감각을 묻는 시사 문항과 이를 바탕으로 사고력을 복합적으로 테스트하는 검증도구를 개발했다.

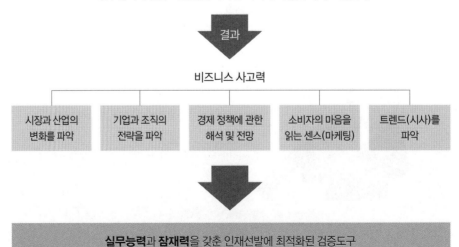

국내 주요기업 200개사 인사 담당자를 대상으로 한 조사 결과를 매경TEST 개발과정에 반영

▶ 업무성과가 높은 직원들은 어떠한 지식과 역량을 가지고 있는가?

결과

비즈니스 사고력

| 시장과 산업의 변화를 파악 | 기업과 조직의 전략을 파악 | 경제 정책에 관한 해석 및 전망 | 소비자의 마음을 읽는 센스(마케팅) | 트렌드(시사)를 파악 |

실무능력과 잠재력을 갖춘 인재선발에 최적화된 검증도구

매경TEST는 다음 표와 같이 경제와 경영에서 총 5가지 분야로 구분된다. 5가지 분야는 크게 경제 필수 원리부터 경기 흐름, 정부 정책의 이해 그리고 국제경제 환경, 기업과 조직의 이해, 전략과 마케팅, 회계와 기초 재무지식으로 구성되어 있다.

매경TEST 출제 분야

분야	교과 체계	주요 내용
기업과 조직의 이해	경영일반과 조직	경영일반, 기업제도, 조직 구조, 동기 부여, 리더십 등
전략과 마케팅	전략과 마케팅	경영환경 분석, 경쟁 우위, 핵심 역량, 국제경영전략, 마케팅 전략, 소비자의 이해
회계 정보와 재무지식	회계와 재무	재무제표, 원가분석, 투자안 선택, 자본비용, 금융지식, 재무 비율 분석
경제 필수 개념	미시경제	기초 경제 원리, 합리적 의사 결정, 시장형태, 정보 비대칭, 게임이론 등
경제 정책과 글로벌 경제 감각	거시 및 국제경제	경제 지표, 고용과 실업, 경기변동, 정부 정책 환율의 이해, 국제 통상 환경 등

3. 매경TEST 문제 구성 및 배점

매경TEST는 총 80문제로 구성되며 경제와 경영 분야에서 각각 40문항씩 출제하는 것을 기본으로 하나, 종합 사고력을 위해 경제와 경영분야와 시사의 융합 문제도 출제되고 있다. 통합적인 사고력 검증도구 개발을 위해 지속적으로 외부 기관과 협력하면서, 수준 높은 문제 유형을 개발하고 있다.

- 총 1,000점 만점으로 경영 500점, 경제 500점으로 평가
  - 경제·경영 각 분야를 지식(150점), 사고력(250점), 시사(100점)으로 구분

- 문항은 총 80문항으로 경영 40문항, 경제 40문항으로 구성
  - 경제·경영 각 분야를 지식(15문항), 사고력(15문항), 시사(10문항)으로 구분

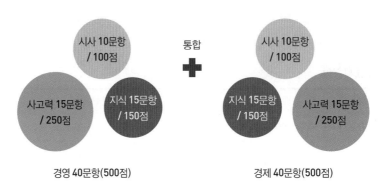

경영 40문항(500점)   경제 40문항(500점)

영역별 문항 구성

영역	문항	유형	내용
지식	30	경영 주요 개념	경제 현상을 이해하고 직무를 수행하는 데 필요한 경제·경영 개념과 원리
		경제 주요 원리	
사고력	30	원리 응용력	경제·경영 원리를 직무 현장에서 응용하고 추론하는 등의 사고력과 주어진 정보를 이용해 상황에 맞는 적절한 판단력을 보유했는지를 종합적으로 측정
		상황 판단력	
		자료 해석력	
		수리 계산력	
		종합 사고력	
시사	20	경영환경 이슈	최근 다양한 사회현상을 이해하는 폭넓은 관심과 현실감각
		경제 이슈	
		금융 이슈	

4. 매경TEST 평가등급

매경TEST는 서열이 아닌 응시자의 능력도달 수준을 평가하는 준거 참조방식을 적용하고 있다. 기본적인 등급으로 응시자의 거시적인 능력을 구분할 수 있지만, 토익 등과 유사하게 1,000점 만점의 점수와 응시자 간 상위누적 백분위를 부여해, 개별 응시자의 구체적인 역량 평가와 응시자 집단 속에서 개별 응시자의 상대적 역량을 평가할 수 있도록 했다.

매경TEST 점수와 역량 평가

국가공인 구분	등급	점수	역량 평가
국가공인	최우수	900점 이상	비즈니스 지식과 사고력, 현실감각이 출중해 문제 해결력이 높고 전략적 의사 결정이 가능한 수준
		800~899점	폭넓은 지식과 사고력을 바탕으로 직무와 비즈니스 환경을 선도할 수 있는 수준
	우수	700~799점	평균 이상의 지식과 실무능력을 가지고 비즈니스 업무 수행에 어려움이 없는 수준
		600~699점	필수적인 비즈니스 지식을 함양하고 있고, 기본 지식을 활용해 안정적으로 직무를 수행할 수 있는 수준
비공인	보통	500~599점	직무수행에 필요한 기본적인 비즈니스 지식을 보유했지만, 이를 바탕으로 한 시사 감각과 전략적 사고력의 보완이 필요한 수준
		400~499점	기업의 단순한 직무를 따라고 수행하는 데 필요한 지식은 갖췄지만 전략적 사고력은 미흡

5. 매경TEST 직무별 기준점수

매경TEST위원회는 신입·경력직원 채용, 내부 인사평가·승진 등에 활용하는 기업들이 늘어나면서 세부 직무별 기준점수를 제시해달라는 요청에 따라, 전문가협의회를 열어 직무별 기준점수 가이드라인을 마련했다. 직무별 기준점수란 기업 직무별로 담당자가 갖춰야 할 비즈니스 기초지식과 문제해결 능력을 매경TEST 점수로 나타낸 것이다.

협의회는 기획, 영업, 재무, 인사, 생산, 연구 등 주요 직무를 구분한 후 각 직무별로 필요한 지식·시사·사고력 항목의 종류와 깊이를 선별했고, 직무별 설문조사, 전문가 자문, 매경TEST 점수 통계 등으로 기본 자료를 구성했다. 구체적으로 매경TEST로 점검할 수 있는 지식·시사·사고력 관련 항목을 총 26개로 구분해 직무 연관성을 '직접'과 '간접'으로 나눴고, 여기에 가중치를 주는 방식으로 기준점수를 책정했다. 최종적으로 협의회 분석·평가로 가이드라인을 제시했다. 기준에 따르

매경TEST 직무별 기준점수

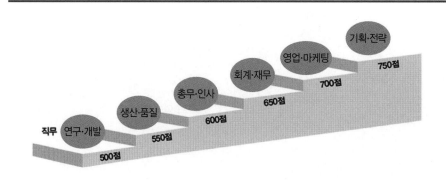

면 가장 높은 수준의 매경TEST 점수를 요구하는 직무는 기획·전략으로 기준점수는 1,000점 만점에 750점이다. 기획·전략에 이어 영업·마케팅의 기준점수가 700점으로 나타났고, 회계·재무 650점, 총무·인사 600점, 생산·품질 550점, 연구·개발 500점으로 제시됐다.

6. 성적 평가 체계

매경TEST의 응시자에 대한 성취도는 육각형 레이더형 분석을 통해 본인의 위치와 영역별 강점 및 약점을 입체적으로 분석하도록 했다. 더불어 비즈니스 수행에 필요한 사고력과 현장감각, 업무수행 능력에 대한 종합적인 평가를 제시하여 이해를 높였다.

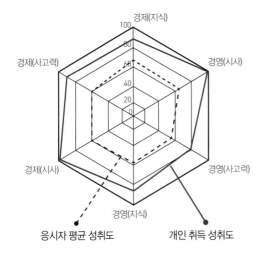

▶ 종합 평가

등급(점수)	상위누적
우수(703)	**3.8%**
경제 390 경영 313	

경제·경영 지식기반을 갖추고 있어 비즈니스 업무를 수행하는 데 어려움이 없는 우수한 실무능력을 갖춘 인재로 평가됩니다. 조금만 더 노력하면 비즈니스 리더로 발전할 가능성이 있습니다. 경제·경영 지식과 전반적인 이해도가 매우 높으며, 응용력과 문제해결 능력은 평균 수준이고 시사나 이슈에 대한 적절한 감각을 소유하고 있습니다.

〈설명식 종합평가〉

7. 출제 및 감수위원회

매경TEST의 강점은 최고의 출제진과 감수진이다. 국내외 주요 대학 경제·경영학과 소속 석학들로 구성된 교수 출제진과 박사급 기자로 구성된 내부 출제진, 기업과 금융사 임원들로 구성된 실물경제 출제진 등 내·외부 출제진이 심혈을 기울여 살아 있는 문제를 만든다.

매경TEST의 완성도는 국내 최고 석학들로 구성된 매경TEST감수위원회가 책임지고 있다. 유장희 교수(학술원 정회원·전 동반성장위원회 위원장)와 하성근 연세대 교수(금융통화위원)를 비롯해 김병도 서울대 교수, 이필상 서울대 교수, 최운열 서강대 교수 등 경제·경영 분야에서 내로라하는 교수 40여 명이 매경TEST를 철저히 감수한다. 매경TEST는 경제·경영 이슈 및 트렌드 반영, 지식과 사고력, 현식감각의 종합평가에 대한 품질을 유지하기 위해 총 3차례에 걸친 line by line의 철저한 감수로 문제 오류를 사전에 방지한다.

매경TEST는 문제를 데이터베이스DB 형태로 구축하고 있으며, 모든 시험문제는 출제위원회가 시험을 앞두고 결정한 지침에 따라 선제한다.

이론과 실제의 균형적 출제 시스템

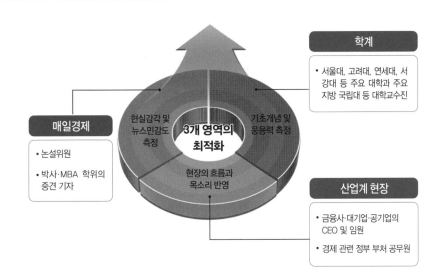

- **학계**
  - 서울대, 고려대, 연세대, 서강대 등 주요 대학과 주요 지방 국립대 등 대학교수진

- **매일경제**
  - 논설위원
  - 박사·MBA 학위의 중견 기자

- **산업계 현장**
  - 금융사·대기업·공기업의 CEO 및 임원
  - 경제 관련 정부 부처 공무원

현실감각 및 뉴스민감도 측정 / 기초개념 및 응용력 측정 / 현장의 흐름과 목소리 반영

3개 영역의 최적화

매경TEST
감수위원회 전경

CONTENTS

Part 01 경제·경영 기본기

Ⅰ. 기업과 시장

1단원 | 기업과 제도

2단원 | 시장 경제와 가격

3단원 | 시장의 구조와 한계

II. 경제 분석

Part 02 경제·경영 안목 높이기

I. 전략과 마케팅

1단원 | 전략 수립과 실행

2단원 | 마케팅과 시장분석

II. 조직 관리

3단원 | 인적자원관리

4단원 | 조직 구조와 문화

III. 재무와 비용

Part 03 ｜ 경제·경영 고급이론과 주요 개념

PART
01 경제·경영 기본기

I. 기업과 시장

기업과 제도

학습 목표

- 기업 경영의 기본 개념을 안다
- 자본 조달 수단의 종류를 이해한다
- 기업을 둘러싼 주요 제도를 설명할 수 있다

| 들어가며 ▶

기업의 기원과 존재의 이유

기업의 기원은 B.C. 3000년 메소포타미아 시대까지 거슬러 올라간다. 유프라테스강과 티그리스강 유역에서 상거래를 했던 수메르인에게서 느슨한 형태의 기업 조직의 흔적을 찾을 수 있다. 이들에게는 단순 물물교환 이상의 거래 관행이 있었으며 재산 보호를 위한 계약제도도 존재했다. 누구에게 몇 마리의 양을 받았는지 영수증을 작성했고, 부동산 매매 계약서를 점토판에 써서 보관했다. 계약서에는 증인과 공증인의 이름뿐만 아니라 계약 불이행 시 보상 내용 등도 기록했는데 이른바 증권의 시초라 할 수 있다.

수메르인의 점토판
자료: 증권예탁원, 증권박물관

그렇다면 기업은 왜 존재할까? 개개인이 시장 거래를 통해 생산 활동을 하면 되는데, 왜 굳이 기업을 만들어 생산 활동을 하는 것일까? 이 질문에 대해 1937년 영국의 젊은 경제학자 로널드 코즈는 경제 활동의 연결에 소요되는 거래 비용Transaction Cost을 최소화하기 위해 기업이 존재한다고 주장했다. "생산자와 소비자가 간헐적으로 만나 상거래를 하는 것보다 거래 당사자들을 모두 한자리에 모이게 하는 내부화가 효과적이다" 라는 주장으로 그는 1994년 노벨 경제학상을 수상했다.

---

1. 기업 경영의 이해

1) 기업의 개념과 형태

기업을 의미하는 '회사'란 말은 프랑스어 'Compagnie'에서 유래했다. 이 말은 한 무리의 군인을 의미한다. 기업은 법률적으로 설립된 조직이라 할 수 있다. 상법상 회사는 2명 이상의 개인이 단일 조직의 구성 아래 함께 행동하는 '법인격'을 갖추고 있다. 이를 법인法人이라고 한다. 이 때문에 기업은 재산을 소유할 수 있고, 계약 체결의 주체가 될 수 있다. 다른 법인체로부터 소송을 당하거나 진행할 수도 있다. 기업의 소유자나 경영자, 임직원들은 계속 바뀔 수 있지만, 기업은 공식적인 절차에 의해 해산하지 않는 한 존재하는 실체이다. 따라서 기업(회사)은 내부 구성원이나 외부의 거래처에 일정한 안정감을 제공한다.

기업은 국민 경제를 구성하는 기본적 단위이다. 인간의 욕망을 만족시키는 재화와 서비스를 공급해 이윤을 추구하는 생산 조직체라 할 수 있다. 경제적으로도 국민 경제의 안정적 성장을 위한 경제 주체이다. 기업은 해당 기업이 속한 업종과 시장의 성격에 따라 여러 가지 유형으로 조직될 수 있는데, 크게 경제적, 법률적인 형태와 규모로 구분할 수 있다. 경제적인 형태(출자 방법)로는 사기업과 공기업으로 나눌 수 있다. 공기업은 정부가 직접 혹은 간접적으로 투자하고 있는 기업으로 정부가 소유권을 갖거나 통제권을 행사하는 기업을 말한다. 규모에 따라서는 대기업과 중견, 중소기업으로 구분한다.

(1) 경제 형태(출자 방법)에 따른 분류

경제 형태는 출자 방법에 따른 분류이다. 기업이 필요로 하는 자금을 국가나 지자체로부터 조달하면 공기업, 민간이 출자하면 사기업이다.

❶ 공기업

공기업은 출자 주체에 따라 국가 공기업과 지방 공기업으로 분류되는데 국가 공기업은 다시 '정부기업, 정부투자기관, 정부출자기관, 정부투자기관 출자회사'로 구분된다. 정부기업은 철도, 우체국 등과 같이 정부 부처 형태와 같이 운영되는 기업이다. 공기업은 보통 정부의 지분율에 따라 종류가 달라진다.

정부 지분이 50%가 넘는 기업은 정부투자기관으로 분류된다. 이들 기업은 정부투자관리기본법에 의거해 별도로 관리된다. 대표적인 정부투자기관으로는 한국전력공사, 한국조폐공사, 한국도로공사 등이 있다. 단, 정부가 납입 자본금의 50% 이상을 출자한 기업 중에서도 한국방송공사와 같은 언론 기능의 방송사와 한국산업은행, 한국수출입은행 등 은행법 제2조의 규정에 의한 금융 기관은 자율 경영을 보장한다는 차원에서 법 적용에서 배제된다.

정부의 지분이 50% 미만인 공기업은 정부출자기관이라고 부른다. 이들 기업은 일반적인 상법 등의 법률에 따라 관리 운영된다. 대표적인 정부출자기관으로는 한국가스공사, 인천국제공항, 한국지역난방공사, 한국감정원, HUG 주택도시보증공사 등이 있다. 지방 공기업은 상수도 사업과 같이 지방정부가 직접 운영하는 것을 말하며 지자체가 공사 형태로 운영하는 지방공사도 지방 공기업에 포함된다.

❷ 사기업

사기업은 크게 개인기업과 공동기업으로 나눌 수 있다. 대부분의 자영업이 개인기업에 해당한다. 법원에 등기하지 않은 상태로 개인이 소유하는 경우가 많다. 복수의 사람이 설립 등기를 한 기업을 공동기업이라고 한다. 공동기업은 여러 사람이 관여하는 기업이기 때문에 책임을 지는 범위에 따라 구분된다.

❒ 합명회사

가장 기초적인 공동 기업은 합명회사이다. 합명회사는 2인 이상의 무한 책임 사원으로 구성되며 설립 절차는 2인 이상의 사람(사원)이 정관을 작성해 등기하는 것으로 비교적 간단하다. 원칙적으로 모든 사원이 경영에 참여하고, 사원의 인적 신용이 중요시된다. 특성상 대자본 조달이 어렵고 개인기업의 성질이 있다. 자본주의 초기 개인기업에서 공동기업으로 바뀔 때 주로 이용된 형태이다. 하지만 경제가 고도화되고 경쟁이 치열해지면서 경영상 위험이 높아지자 사원의 책임이 무거운 이 회사의 형태를 회피하는 경향도 많아졌다.

사원社員

기업의 형태에서 말하는 사원은 상법상 합명회사·합자회사·유한회사·비영리사단법인의 구성원을 의미하며 주식회사에서는 주주를 말한다. 통상적으로는 사원은 회사에 근무하는 사람이나 종업원의 직급을 나타내는 용어로 널리 쓰이고 있기 때문에 법률적 용어와 구분해서 이해할 필요가 있다.

ㄴ 합자회사

합자회사와 합명회사의 차이점은 무한 책임 사원과 유한 책임 사원이 함께 구성돼 있다는 것이다. 합자회사는 중세 이탈리아의 'Commenda'에서 발전한 유한Limited 파트너십의 형태이다. 이러한 유형의 회사는 무한 책임 사원이 경영하는 사업에 유한 책임 사원이 자본을 제공하여 사업으로부터 발생한 이익을 분배받는 형태가 된다. 무한 책임 사원의 책임은 합명회사의 무한 책임 사원과 동일하고, 유한 책임 사원은 출자액 한도 내에서 회사 채권자에게 직접 연대 책임을 진다.

ㄷ 유한회사

유한회사는 출자자가 출자금액을 한도로 하는 간접의 유한 책임을 지는 사원만으로 조직된 회사의 형태이다. 유한회사는 구조적으로 주식회사와 거의 동일하지만 주식회사와 달리 훨씬 비공개적이어서 합명회사와 같은 운영이 가능하다. 과거 상법 체계에서는 크게 자본의 최저액이 법정되어 있고 사원의 총수가 제한되어 있으며, 지분의 양도가 자유롭지 못하다는 점 등이 주식회사와 큰 차이점이었다. 하지만 상법이 다음 표와 같이 개정되면서 유한회사의

유한 책임과 무한 책임

유한 책임: 유한회사의 사원(주주)들은 출자금 액면가를 넘는 회사의 부채에 대한 책임을 지지 않는다.

무한 책임: 회사 재산을 가지고도 부채를 상환할 수 없는 경우에는 등록된 사원이 연대하여 이를 다 변제할 때까지 무한 책임을 지는 것을 말한다. 이런 추가적인 위험은 투자자를 모집해 자금을 마련하는 과정에서 큰 걸림돌이 된다.

기업의 형태별 장단점

형태	장점	단점
개인기업	설립 용이, 이익 독점	무한 책임, 자본과 기술의 한계
합명회사	창의성 발휘, 대외 신용력	무한 책임, 사업 계속성 문제
합자회사	업무 집행과 출자 분리, 자본 조달 용이	자본 양도 곤란, 성장의 한계
주식회사	유한 책임, 소유권 이전 용이	설립과 운영의 복잡성, 제도적 규제

경제적 실질이 주식회사와 상당부분 유사해 졌다.

- 사원총수 제한 규정

2인~50인까지의 사원 총수 제한 규정을 삭제하여 유한회사 사원의 총수에 대한
제한을 폐지했다.

- 최소자본금 제한 규정

유한회사의 자본금 1,000만 원 이상의 규정을 삭제해 소액의 자본금으로 유한
회사의 설립이 가능하도록 변경됐다. 또한 출자 1좌의 금액을 5,000원 이상으로
규정했던 것도 100원 이상으로 변경했다.

- 지분 양도 제한 규정

유한회사의 지분을 양도하기 위해서는 사원총회의 특별결의가 필요하고 정관
에 규정하도록 되어 있었지만, 개정 상법에서는 원칙적으로 지분을 자유롭게 양
도할 수 있도록 했고, 다만 정관에서 이를 제한할 수 있도록 변경했다.

이러한 규제 완화로 유한회사의 수는 2013년 기준 총 2만 1,336개사로 2010년
1만 6,998개사 대비 25% 이상 증가했다. 같은 기간 주식회사 법인이 20% 증가한
것과 비교할 때 높은 증가세라 할 수 있다. 이 같은 이유는 유한회사의 경우 주식회

유한회사의 규모별 현황 (단위 : 개)

구분		사업연도			
		2010	2011	2012	2013
자산 총액	5,000억 원 이상	35	34	35	32
	1,000억 ~ 5,000억 원	271	304	390	505
	500억 ~ 1,000억 원	291	334	418	507
	200억 ~ 500억 원	452	507	589	649
	100억 ~ 200억 원	279	367	473	536
	50억 ~ 100억 원	450	493	585	738
	20억 ~ 50억 원	1,279	1,470	1,672	1,901
	10억 ~ 20억 원	1,936	2,114	2,277	2,491
	5억 ~ 10억 원	2,884	3,040	3,216	3,312
	5억 원 미만	9,121	9,373	9,858	10,665
합계		16,998	18,036	19,513	21,336

자료 : 금융위원회

사와 달리 외부 회계 감사나 회사 경영 실적 등 주요 사항을 공시할 의무가 없어 운영의 효율과 비밀주의가 가능하기 때문이란 논란이 있어 왔다.

이와 더불어 특히 국내에 진출한 루이비통코리아, 휴렛팩커드 등 외국계 법인은 대부분 유한회사 형식으로 설립돼 있어서, 이러한 주장에 큰 힘이 실리기도 했다. 최근 금융위의 〈주식회사 등의 회계 및 외부감사에 관한 법률〉 개정안에 따르면 유한회사에 대해 외부 감사가 의무화돼 일반기업회계기준K-GAAP이 적용되고, 자산이 1,000억 원 이상일 경우 내부 회계 관리제도도 도입해야 한다.

🔵 협동조합

공통의 전체 이익을 갖고 있는 사람들이 설립해 운영하는 자발적 조직이다. 보통 설립 취지는 협업을 통한 원가의 절감, 조합원의 수입 증가, 중간 이익의 배제

등에 있다. 협업은 생산, 재무, 판매 등 각 방면에 이용된다. 협동조합의 사례로는 생산자 협동조합, 소비자 협동조합 등이 있다.

- 생산자 협동조합: 중소 생산자들이 생산, 판매상의 공동 이익을 도모
- 소비자 협동조합: 편리하고 저렴한 가격으로 생활필수품을 공동 구입

◉ 주식회사

주식회사는 자본 시장을 통해 대중의 부동 자금을 흡수해 대규모 자본을 형성할 수 있으므로 거액의 고정 자본을 필요로 하고, 회사 설립 후에도 계속적으로 자금 조달이 필요한 대규모 사업을 하고 있는 회사에 적합한 회사 형태이다. 오늘날 많은 회사는 주식회사의 형태를 띠고 있다. 32쪽에서 자세히 설명한다.

(2) 규모에 따른 분류

❶ 대기업

대기업은 거대한 자본력을 바탕으로 생산량과 매출액이 많고, 임직원의 수가 많아 사회적으로 경제적으로 영향력이 큰 기업들을 말한다.

〈장점〉
- 대량 구입에 따른 가격이나 운임 등 경영 비용 면에서 유리
- 대량 생산으로 단위당 생산비를 절감(규모의 경제)
- 소유와 경영이 분리돼 전문 경영이 이루어지며 자본 조달에 유리

〈단점〉
- 기업의 규모가 커 관리 비용이 증대
- 경영환경 변화에 대한 유연한 대응이 상대적으로 어려움

기업의 종류

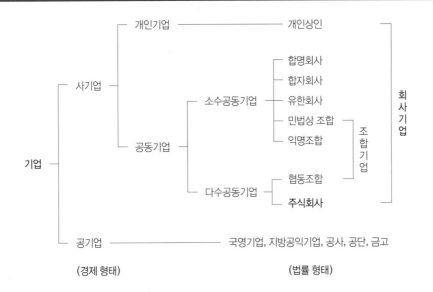

(경제 형태)   (법률 형태)

- 분업화로 인한 작업 단순화로 직원의 근로 의욕이 감퇴

❷ 중소기업

중소기업은 대기업에 비해 자본과 경영 규모가 상대적으로 작은 기업이다. 중소기업기본법에서는 제조업의 경우 상시 근로자 수가 300인 미만이거나 자본금이 80억 원 이하인 경우 중소기업으로 구분한다.

〈장점〉

- 규모가 상대적으로 작아 효율적인 경영 가능
- 시장의 수요 변동에 탄력적인 대응이 가능
- 표준화, 대량화가 어려운 제품 생산에 유리

〈단점〉

- 자본이 영세하고 기업 수가 많아 경쟁이 치열

- 대기업보다 신용도가 낮아 자본 조달이나 판매 활동에 불리

❸ 벤처기업

신기술이나 노하우 등을 개발하고 이를 기업화하는 창조적인 기술 집약형 기업을 말한다. 국제적으로 아직 벤처기업에 대한 명확히 확립된 개념은 없으나 나라별로 '신사업자, 기술 집약형 기업'이라는 표현을 사용하여 일반 중소기업과 지원방법을 달리 적용하고 있다. 미국은 중소기업투자법에 벤처기업을 '위험성이 크나 성공할 경우 높은 기대 수익이 예상되는 신기술 또는 아이디어를 독립 기반 위에서 영위하는 신생 기업'으로 정의하고 있다. 이러한 벤처 비즈니스의 주된 특성을 요약하면 대체로 다음과 같이 정리될 수 있다.

- 소수의 기술 창업인이 혁신적인 아이디어를 상업화하기 위해 설립한 신생 기업
- 높은 위험 부담이 있으나 성공할 경우 높은 기대 이익 예상
- 모험적 사업에 도전하려는 왕성한 기업가 정신을 가진 창업가에 의해 주도

벤처기업은 중소기업을 활성화시키고 기술 개발을 통해 다양한 산업의 발전에 긍정적인 영향을 미치기 때문에 국가 경제뿐만 아니라 지역 경제의 활성화에도 큰 기여를 한다. 벤처기업은 원칙적으로 독립된 기업을 뜻하지만 최근 벤처기업에 대한 관심과 중요성이 높아짐에 따라 많은 대기업들이 참여하고 다양한 종류의 자본 투자가 이루어져 여러 형태의 벤처 비즈니스가 발생하고 있다.

2) 주식회사

❶ 주식회사의 개념

주식회사는 사원인 주주의 출자에 의한 자본 단체이다. 주주의 지위는 균등한 비율적 단위인 주식의 수에 의해 표시되고, 주주는 그가 인수한 주식의 가액을 한

자본의 증권화 제도

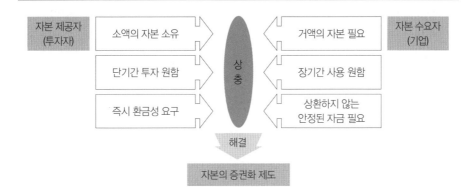

도로 해서만 회사에 대해 책임을 부담하는 형태의 회사를 말한다. 소유와 경영이 분리되고 일반 대중으로부터 광범위하게 자본을 끌어들일 수 있어서 오늘날 대규모 기업에 적합한 기업 형태이다.

주식회사는 1602년 네덜란드 동인도회사를 기원으로 한다. 이후 18세기 후반 산업혁명을 거치면서 대량 생산을 지향하는 공업화 과정이 진행되고, 산업 자본에 대한 요청이 증가하여 주식회사의 발달이 급속히 진전됐다. 현재 주식회사 중에는 한 나라의 재정 규모를 능가하는 자본금을 가진 회사도 찾아볼 수 있다. 기업의 발전을 위해서는 상당한 자본이 필요하다. 주식회사의 전 단계인 합명/합자/유한 회사 등은 개인기업보다는 많은 자본을 조달할 수 있지만 그 한계도 명확하다. 이에 비해 주식회사 제도는 여러 사람으로부터 쉽게 자본을 모아 자본의 집중을 촉진할 수 있어 대기업 형성에 중요한 역할을 한다.

❷ 주식회사의 특징

㉠ 유한 책임 제도

주주는 투자한 금액에 한하여 책임을 진다. 이를 유한 책임 제도라고 한다. 출자를 담당한 주주의 개인 자산과 회사의 자산은 별개의 것으로 간주되고, 주주 개인의 자산은 보호된다. 즉 출자자인 주주는 회사의 자본 위험을 변재하기 위해 자신의 개인 자산을 사용할 필요가 없고, 회사의 채무를 직접 변제할 필요도 없다.

ㄴ 소유와 경영의 분리

주주는 이익 획득에 관심이 더 많고 경영은 전문 경영인에게 위탁하는 경우가 많다. 이때 대리인 문제가 발생할 가능성이 있고, 대주주와 경영자가 결탁해 일반 주주와 회사 및 회사 채권자를 등지고 사적인 이익을 추구하는 폐단이 발생하기도 한다.

ㄷ 자본의 증권화 제도

주식의 발행을 통해 자본을 소액으로 균등하게 분할하는 것을 말한다. 소액의 자본 소유자라도 출자가 가능하고 이를 통해 대중 자본도 비교적 손쉽게 조달 가능하다. 기본적으로 자본의 제공자(일반 투자자)와 자본의 수요자(기업) 간에는 이해가 상충되는 경향이 있다. 이를 해결해 자본을 쉽게 조달하게 만든 제도가 증권화 제도라 할 수 있다.

❸ 주식회사의 주요 기관

주식회사의 필수 기관에는 주주총회, 이사회Board of Directors, 감사위원회가 있으며 그 외 임의기관으로는 검사인 및 감사인 등이 있다.

ㄱ 주주총회

주주총회는 주식회사의 주인이라 할 수 있는 주주들이 모여 의사를 개진하고 주요 사항을 표결 처리하는 기업의 최고 의사 결정 기관이다. 기업의 기본 조직과 경영에 관한 주요 사항을 주로 다룬다. 주주는 상법이나 정관에서 정해진 사항에 대해 결정할 수 있는 권한이 있다. 이사와 감사인의 선임 또는 해임, 기업 정관의 변경, 주식배당, 신주 인수권 등의 사항에 대해 결정권을 갖는다. 주주총회의 결의 사항은 크게 보통/특별/특수 사항으로 구분할 수 있다.

이사회 Board of Directors

이사회는 주주총회로부터 업무 집행에 관한 일체의 권한을 위임받은 집단으로 회사의 업무 집행을 결정하는 이사 전원으로 구성된 주식회사의 필요 상설 기관이다. 이사회의 활동은 정기 또는 임시 회의 형식으로 실행되며, 법령 또는 정관에 의하여 주주총회의 권한인 것을 제외하고는 회사의 업무 집행에 관한 모든 의사 결정 권한이 있다. 이사회의 권한 내용으로서 그 의결 사항은 (a) 회사의 업무 집행, 지배인의 선임 또는 해임, 지점의 설치, 이전 또는 폐지 (b) 이사의 직무 집행에 대한 감독 (c) 주주총회의 소집 (d) 대표이사 선정과 공동 표의 결정 (e) 업무 집행의 감독 (f) 이사와 회사 간의 거래에 대한 승인 (g) 주식 발행의 결정 (h) 사채 발행의 결정이다.

감사

감사는 이사의 업무 집행을 감사하는 필요 상설 기관으로 회사의 회계를 감사할 권한을 지니며 주주총회에서 선임된다. 감사의 임기는 일반적으로 2년이고, 인원 제한은 없다. 감사의 선임에 있어서 대주주의 횡포를 막기 위해 그 의결권을 제한하는 제도적 장치가 마련돼 있다. 감사는 그 수행하는 업무의 공적 중요성 때문에

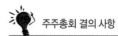

주주총회 결의 사항

보통 결의 사항: 발행 주식 총수의 1/4 이상에 해당하는 주식 및 출석 주식 과반수의 찬성이 필요하다. 이사, 감사의 선임 그리고 그 보수의 결정, 재무제표 승인, 주식 배당을 결정한다.

특별 결의 사항: 발행 주식 총수의 1/3 이상에 해당하는 주식 및 출석이 주식 2/3 이상 필요하며 정관 변경, 이사나 감사의 해임, 자본 감소, 주식의 할인 방행, 주주 이외의 사람에 대한 전환사채 및 신주 인수권 부사채의 발행, 주식의 포괄적 교환과 이전 등을 결정한다.

특수 결의 사항: 주주총회의 동의가 필요하고, 이사의 책임 면제, 조직 변경을 결정한다.

주식회사의 특징과 주요 기관

주식회사의 특징	주요기관
- 유한 책임 제도 - 자본의 증권화 - 소유와 경영의 분리	- 주주총회 - 이사회 - 감사

업무에 적합한 자질과 윤리적 자질을 갖출 것이 요구된다.

3) 기업의 대표적인 자본 조달 수단 주식과 채권

상법은 주식의 종류와 내용을 법으로 정하고 있다. 기업은 상법이 정한 범위 안에서 자유롭게 발행 주식의 종류와 내용을 정할 수 있다. 상법에서는 주식의 유형을 크게 액면과 무액면, 기명과 무기명으로 구분한다. 이는 그 유형에 따른 장단점을 투자자가 자신들의 상황을 고려해 자유롭게 선택할 수 있는 기회를 제공하면서 기업의 자금을 조달하는 효과가 있다.

(1) 주식과 주식의 종류

주식은 상법상 주식회사의 자본 구성 단위로서의 금액과 주주의 회사에 대한 권리·의무를 내용으로 하는 지위라는 두 가지 의미를 포함한 증서이다. 주식을 소유한 사람을 주주라 부른다. 주주는 회사에 대하여 여러 권리를 가질 자격을 가지며 출자 의무를 진다. 이와 같은 여러 권리·의무를 발생시키는 기초가 되는 회사와 주주 간의 법률관계나 사원의 회사에 대한 법률상의 지위를 주주권이라 한다. 주주권은 자본의 구성 분자인 금액으로서의 주식을 단위로 하여 인정되므로 주식을 보유한 비율 즉 지분에 의해 영향력이 결정된다(1주 1의결권).

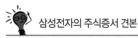
삼성전자의 주식증서 견본

❶ 보통주

우선주, 후배주, 혼합주 등과 같이 특별한 권리 내용이 없는 보통의 주식을 말한다. 일반적으로 주식이라 하면 보통주를 말하고 단일종의 주식만이 발행된 때에는 이 명칭을 붙일 필요가 없다. 보통주의 소유자는 주주총회에 참석해 기업의 주요 경영 사항에 대해 의결권을 행사하고 배당을 받고, 발행되는 신주를 인수하는 등 주주로서의 권리를 행사한다.

❷ 우선주

우선주는 보통주에 대비되는 주식이다. 우선주는 일반적으로 보통주보다 재산적 내용(이익, 이자배당, 잔여재산 분배 등)에 있어서 우선적 지위가 인정된다. 그 대가로 우선주 소유자는 주주총회에서의 의결권을 포기해야 한다. 회사 경영에는 참여할 수 없다는 의미다. 이 때문에 주주 입장에서 보통주보다 나은 점도 있고, 못한 점도 있다.

따라서 우선주는 대개 회사의 경영 참가에는 관심이 없고, 배당 등 자산 소득에 관심이 높은 투자자를 대상으로 발행된다. 투자자 입장에서는 많은 배당을 기대할 수 있고, 회사 입장에서는 경영권 위협 없이 자금을 조달할 수 있다. 우선주에는 일정의 배당을 받은 후에도 역시 이익이 충분히 있을 경우에는 이것을 받을 수 있는 것과 보통주로 전환할 수 있는 것 등 여러 가지 종류가 있다. 확정이자의 배당수입을 얻을 수 있는 사채도 있을 수 있다. 안정 성장시대의 자금 조달의 방법으로 우선주를 발행해서 기업이 자기자본의 충실을 도모하려는 움직임이 나타나고 있다.

다음의 주식시세표를 보자. 종목명에 '1우', '2우U' 등으로 표기된 주식을 찾을 수 있다. 이것이 바로 '우선주'다. '1우' 등 우선주는 보통주와 마찬가지로 현대차에서 발행한 주식이다. '1우'는 1차로 발행한 우선주, '2우'는 2차로 발행한 우선주를 의미한다.

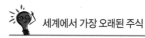

세계에서 가장 오래된 주식

www.oldest-share.com

해상 무역을 했던 동인도회사의 주식이다. 17~18세기 가장 큰 무역회사였던 동인도회사는 세계에서 최초로 주식을 발행한 회사였다. 이 주식은 1606년 엔하우젠에 거주하였던 피에터 하멘즈에게 발행된 것이었다. 1638년 그가 죽고 나서 이 주식은 그의 부인과 딸에게 넘겨졌고 이후 북서쪽 도시 후른에 보관됐다가, 네덜란드 역사학도에게 발견됐다.

우선주

보통주에 대해 배당이나 기업이 해산할 경우 잔여재산의 분배 등에서 우선권을 갖는 주식. 기업이 증자를 원할 경우, 의결권이 없는 우선주를 발행하면 보유 지분에 영향을 미치지 않으므로 경영권을 보존할 수 있다.

주식의 액면가

액면가는 회사의 정관과 주식 증권에 표시되어 있는 금액을 말한다. 상법상 액면 주식은 100원, 200원, 500원, 1,000원, 2,500원, 5,000원의 6가지 종류로 구분해 발행할 수 있다. 상법은 액면 주식만을 인정하고 있고 회사가 발행하는 주식 액면가는 균일해야 한다.

현 대 위 아	011210	190000	▲ 2000	8055	190000	185500	196000	155000
현 대 중 공	009540	150500	▲ 3500	34662	151000	146500	225500	147000
현 대 차	005380	237500	▽ 6000	57817	245000	236000	251500	218000
1 우	005385	162500	▽ 500	3564	163500	160500	168000	123500
2 우 U	005387	170000	▽ 500	6488	170500	167000	175500	133000
3 우 U	005389	156500	▽ 1500	282	159500	155500	158500	114000
화 승 알 앤	013520	32750	▽ 350	1808	33100	32100	35700	16150
화 신	010690 C	11450	▽ 450	29443	11950	11200	13200	10900

(2) 기업 공개 IPO: Initial Public Offering

기업이 더 많은 투자자들로부터 자금을 조달받기 위해 주식을 발행하고 증권 시장에 처음 상장시키는 과정을 기업 공개IPO라고 한다. 국내에서는 한국거래소KRX가 이를 담당한다. 한국거래소가 법적 절차와 요건에 따라 평가한 주당 가격에 따라 투자자들이 거래를 하게 되는 것이다. 상장법인이 된 기업들은 광범위한 투자를 받는 대신 기업의 경영 성과나 중요 결정사항 등을 주주들에게 보고해야 하는 공시 의무를 갖게 된다.

기업 공개는 해당 기업의 구조와 운영에 많은 영향을 미친다. 상장 기업은 이전보다 더 엄격한 감독 기관의 심사를 받아야 하고, 자사 재무제표를 대중에 공시해야 한다. 기업의 원래 소유주나 경영자는 신규 주주에 의해 영향력이 약화될 수 있다. 새롭게 진입한 주주들은 각자 보유한 주식의 비율만큼 이사의 임명 등 기업 경영에 중요한 사안에 대한 의결권을 갖는다. 최근 미국 증시의 가장 뜨거운 이슈는 페이스북의 나스닥 상장이었다.

(3) 채권

채권은 주식회사나 정부, 또는 공공 기관 등이 일반인으로부터 자금을 조달하기 위해 발행하는 일종의 차용 증서이자 채무 이행 약속을 표시하는 유가 증권이다. 채권을 소지한 사람이나 기관을 채권자라고 부른다. 채권의 특징은 상환 기한이 정해져 있고(기한부 증권), 이자가 확정돼 있는 증권(확정 이자부 증권)이라는 점이다. 정부 등에서 발행한 채권은 안전성이 비교적 높고, 이율에 따른 이자 소득뿐만 아니라 시세 차익(자본 소득)을 얻을 수 있으며, 현금화 가능성이 높다. 이러한 특성에 따라 채권은 만기와 수익률에 따라 자금의 주요 운용 수단으로 이용되기도 한다.

일반적으로 기업이 자금 조달을 위해 직접 발행하는 채권을 회사채(혹은 사채)라고 부른다. 회사채는 주식과는 달리 회사의 수익에 관계없이 일정률의 이자가 지급되는 것이 특징이다. 금융 기관에서 지급을 보증하는 보증 사채와 무보증 사채, 담보 부사채가 있는데, 상장 기업 또는 증권감독원에 등록된 법인이 기업 자금 조달을 위해서 직접 발행한다. 이자는 3개월마다 후불하며 만기가 되면 액면 금액을 지급받는다. 회사채는 회사가 직접 금융 시장에서 자금을 조달하기 위하여 공모 또는 사모로 채권을 발행하는 것이며, 공모채는 금융감독원에 유가 증권 발행 신고서를 접수하여 일반 대중에게 발행된다.

(4) 주식과 채권의 차이

채권은 대규모 자금 조달 수단이라는 점에서 주식과 비슷하지만, 주식은 자기자본이고 채권은 타인자본이란 차이가 있다. 채권은 증권의 소유자가 채권자로서 상환이 예정된 일시적 증권이다. 또 이익이 발생하지 않아도 이자 청구권을 갖는다. 하지만 의결권의 행사에 의한 경영 참가권이 없다. 반면 주식은 증권 소유자가 주주株主로서 이익이 발생하여야 배당 청구권을 갖고, 의결권의 행사에 의한 경영 참가권이 있다. 그리고 주식은 상환이 예정되지 않은 영구적 증권이라는 점에서 채권과 크게 다르다.

주주와 채권자의 차이

	주주	채권자
기업의 소유 여부	기업의 법적인 소유자로서 주주총회에서 의결권을 가지며 이사 선임권한을 가짐	기업에 자금을 빌려준 사람일 뿐 기업의 소유자는 아님
조달 자본의 특징	자기자본	타인자본
원금의 상환	만기가 없고 기업의 청산 경우를 제외하고는 기업으로부터 원금을 상환받지 못함	증권에 약정된 만기 때 원금을 상환받을 수 있음
이자의 지급	기업의 경영 성과에 따라 배당금을 지급받을 수 있고, 이자지급은 없음	차입 시점에 약정된 액수와 지불 시기에 따라 이자를 지급받음
권리와 의무	기업의 청산 시 잔여 청구권만을 가질 뿐이고 다른 청구권자에게 유한 책임을 짐	기업의 청산 시 주주보다 우선해 권리를 행사할 수 있음

팩터링factoring

기업이 보유하고 있는 상업 어음, 외상 매출 증서 등을 금융 기관에 양도하거나, 담보로 제공하고 자금을 조달하는 방법이다.

(5) 기타 자본 조달 수단

❶ 기업 어음CP: Commercial Paper

기업이 자금 조달을 목적으로 발행하는 어음 형식의 단기 채권으로 1981년 기업의 단기 자금 조달을 위해 도입됐다. 기업과 투자자 사이의 자금 수급 관계 등을 고려해 금리를 자율 결정한다는 점이 가장 큰 특징이다. CP는 기업이 발행하고 금융 회사가 이를 인수해 일반 고객에 제공하는 방식으로 판매되며, 발행 기업이 부도가 나면 투자 원금이 손실될 위험이 있다. 최근 STX와 동양그룹의 부도는 CP 투자의 위험성을 보여주는 대표적인 사례이다.

기업의 자금 조달 방법의 구분

분류	조달 방법	특징	구분
부채	외상 매입금	• 외상으로 물건을 매입하는 경우 발생 • 거래처와 교섭에 의해 조달되고, 외견상 자본 비용이 없음	단기
	차입금	• 간접 금융으로 조달 절차가 간편함(단기 차입금) • 경영 활동을 간섭받을 가능성이 있음(장기 차입금)	장기
	사채	• 주식회사만 발행 가능한 직접 금융 • 발행 조건은 신용 등급에 연동, 경영 악화 시 조달이 어려움	
자본	주식 발생	• 직접 금융의 방법이고 상환 의무가 없음 • 경영 상태에 따라 자금 조달 금액이 달라짐	
	사내 유보	• 경영 활동에서 가장 안전한 자금의 원천 • 이익이 발생해야 나타날 수 있음	

❷ 전환사채CB: Convertible Bond

전환사채는 장래 회사채 상환 대신에 일정한 수의 회사채를 발행한 기업의 주식을 수취할 수 있는 권리(전환채)를 부여받은 회사채이다. 전환 전에는 사채로서의 확정이자를 받을 수 있고 전환 후에는 주식으로서의 이익을 얻을 수 있는, 사채와 주식의 중간 형태를 취한 채권이다.

기업의 기존 주주 입장에서 전환사채 발행은 불리한 면이 있다. 전환사채가 주식으로 전환되면 발생 주식 수가 늘어나면서 기존 주주의 몫은 그만큼 줄어들기 때문이다. 그렇기 때문에 보통 전환사채를 발행하는 기업의 주가는 하락하는 경우가 많다.

따라서 전환사채는 도약을 노리지만 투자 유치에 어려움을 겪는 기업, 채권과 주식의 장점을 모두 취하려는 투자자들에게 종종 이용된다. 기업 입장에서 전환사채는 이자 비용을 줄여 자금을 조달할 수 있다. 전환사채 이자는 일반 채권에 비해 낮은 편이다. 현재 재무 상태가 취약하지만 연구 개발이나 혁신을 통해 한 단계 발전하려는 기업, 거래 실적이 적어 자금 조달 조건이 안좋지만 미래를 자신하는 중소기업에게 전환사채는 증자나 채권 발행을 대신하는 좋은 방법이된다.

투자자 입장에서 전환사채는 채권과 주식의 투자 이득을 동시에 노릴 수 있는 옵션을 준다. 일반 채권보다 다소 낮지만 일정한 이자 소득이 보장되는 데다 기업의 성장성이 높다고 판단할 경우 전환권을 행사해 주식 매각차익을 노릴 수도 있다. 이 때문에 회사의 경영 구조를 개선해 수익을 노리는 사모펀드 중에서는 전환사채를 이용한 투자에 나서는 경우가 많다. 초기 채권으로 투자한 금액을 경영개선 과정을 보면서 주식으로 전환해 회사의 자본 건전성을 높여주고, 동시에 펀드의 수익도 높여가는 전략이다.

❸ 신주 인수권 부사채BW: Bond with Warrant

신주 인수권 부사채는 회사가 장래에 발행할 주식을 일정 가격으로 구입할 수 있는 권리(신주 인수권)를 부여한 회사채이다. 회사채는 전환권이나 인수권을 투자

전환권 행사가액과 주식 가치

기업 중에는 유상증자에 비해 전환사채를 이용하는 것이 자금 조달이 손쉽다는 것을 악용해, 전환사채 발행 시 특정 투자자에게 전환권 행사가액을 낮게 책정하는 경우도 있다. 이 경우 해당 기업의 주식 가치가 떨어져 기존 주주는 간접적으로 피해를 입는다.

가에게 부여하는 대신에 회사채 부분의 금리가 보통 회사채보다 낮다. BW에는 일반 사채에는 없는 신주 인수권이 있어 수익을 기대하는 투자자들의 자금이 조달된다. 회사 입장에서는 저리의 사채를 모집할 수 있으며, 신주 인수권을 행사하여 사채는 존속하면서 추가 자금이 납입되므로 자금 조달을 도모할 수 있다는 이점이 있다.

투자자 입장에서 BW는 사채가 지니는 이자 소득 기능과 주식의 자본 소득 기능이 동시에 있기 때문에 투자의 안전성과 투기성을 모두 지닌다. 즉, 신주 인수권을 행사하면 사채는 그대로 사채권자에게 남을 뿐만 아니라 새로 발행한 회사의 주식을 취득하여 주주가 될 수 있다. 따라서 사채에 의한 이자 소득뿐만 아니라 주식에 의한 배당 소득, 주가 상승 이익을 동시에 취할 수 있는 것이다.

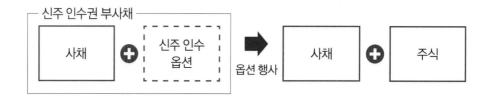

신주 인수권 부사채의 장단점

	장점	단점
발생 기업	• 신주 인수권을 추가해 자금 조달이 용이함 • 일반 사채보다 이자율이 낮아 자금 조달 비용이 낮음 • 사채의 발생 자금과 신주 인수권 행사에 따른 추가 자금 유입으로 자금이 이중으로 유치됨 • 대주주의 추가 부담 없이 유상증자를 대체할 수 있는 방법으로 활용	• 신주 인수권 행사 후에도 사채권이 존속 • 주가의 변동으로 행사 시기가 일정하지 않으므로 자본 구조가 불확실 • 기존 (대)주주의 지분율이 하락할 우려
투자자 (보유자)	• 사채의 안정성과 주식의 투기성을 동시에 만족 • 주가 상승 시 신주 인수권의 행사로 주식 투자에 의한 매매 차익을 기대	• 신주 인수권의 행사는 주가 상승이 전제되므로 약세장에는 이점 없음

❹ 교환사채EB: Exchangeable Bond

투자자가 일정 시일 경과 후 발행사가 보유중인 다른 회사 주식으로 교환할 수 있는 권리가 있는 사채를 말한다. 주식 전환이 가능한 채권이라는 점은 전환사채와 유사하나 대상 주식이 발행사가 아닌 다른 회사의 것이라는 차이점이 있다.

❺ 영구채

영구채란 말 그대로 만기를 계속해서 연장할 수 있는 채권을 말한다. 일반 채권과 달리 만기가 없기 때문에 투자자에게 원금을 상환하지 않고 이자만 지급하게 된다. 회계 기준에 근거해 부채로 분류되는 '채권'과 자본으로 분류되는 '주식'의 성격이 결합돼 있다고 해서 하이브리드hybrid 채권이라고도 불린다.

영구채는 특성상 일반 채권보다 채무를 변제받는 순서가 후순위여야 하고, 채권 발행자가 원금 상환 없이 이자만 영구적으로 지급해야 한다. 따라서 형식상 채권이지만 사실상 정해진 만기가 없고 상환 우선순위도 채권보다 뒤처진다는 점에서 국제회계 기준상 자본으로 인정된다. 2012년 지난 10월 두산인프라코어가 발행한 5억 달러 규모 영구채가 '자본'인지 '부채'인지를 두고 금융권에 논란이 일었다.

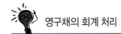

영구채의 회계 처리

"영구채는 자본"

회계기준원, 비공식 회의서 만장일치 합의

한국회계기준원이 두산인프라코어가 발행한 영구채권(신)종자본증권·하이브리드채권)을 사실상 '자본'으로 인정했다. 한동안 주식시장을 뜨겁게 달궜던 영구채 논란에 마침표를 찍게 됐다.

▶11월 8일자 A2면 보도

지난달 30일 관련업계에 따르면 회계기준원은 28일 비공식으로 일부 전문위원들과 회의를 열어 두산인프라코어 영구채에 대한 자본성 여부를 논의하고 이를 '자본'으로 결론 내렸다. 회의에 참석한 전문위원들은 이날 만장일치로 이 같은 결론에 합의했으며 조만간 공식 연석회의를 열어 해당 내용을 확정 짓고 발표할 예정이다. 협의 내용은 이미 관련업계에 비공식으로 전달된 것으로 알려졌다.

금융권 관계자는 "회계기준원이 이르면 다음주에 이에 대한 견해를 밝힐 것이며 가능한 한 완곡한 표현을 사용하기로 한 것으로 안다"고 말했다.

회(IASB)에 두산인프라코어 사례에 대한 의견을 구하는 질의를 보내고 최근 답변을 받았다. IASB는 두산인프라코어에 영구채를 자본으로 인정할 수 있다는 의견을 전달한 것으로 알려졌다.

▶두산인프라코어 영구채가 자본으로 인정되면 그동안 당국 눈치를 보느라 영구채 발행을 중단했던 일부 기업이 발행 작업을 재개할 것으로 보인다.

하지만 금융당국은 은행을 통해 간접적으로 이를 통제하겠다는 의지를 보이고 있다. 은행에서 신용 보강을 받아야 하는 신용등급이 낮은 기업들은 발행할 수 없을 것이라는 전망이다. 한 시중은행(IB) 관계자는 "은행들이 여전히 신용 제공에 부정적이어서 신용 보강이 필요한 기업들은 발행이 쉽지 않을 것"이라며 "하지만 이번 결정으로 신용이 좋은 기업들은 영구채 발행을 적극적으로 검토해볼 수 있을 것"이라고 말했다.

김회혜 기자

매일경제신문 2012년 12월 1일자

4) 경영자

경영자는 기업 조직을 통솔해 조직의 목표를 성취할 수 있도록 조직구성원들의 방향과 노력을 지도하고 성과에 책임을 지는 사람이다. 보통 기업에서 전략을 최종 결정하고 기업의 성패에 대해 최종 책임을 지는 사람을 최고 경영자, CEOChief Executive Officer라 부른다. 기업과 관련된 모든 정보가 수치화 된 요즘은 최고 경영자가 아니더라도 합리적인 의사 결정을 내릴 수 있다는 말도 있지만, 시장과 산업에 대한 경험과 직관은 중요한 의사 결정의 근거가 된다. 해당 산업에 잔뼈가 굵은 CEO의 의사 결정은 기업의 성공에 매우 중요한 역할을 한다. 최고 경영자는 기업의 목표 달성을 위해 생산, 마케팅, 재무, 인사 등 기업과 관련된 주된 활동을 계획하고 조직하며, 지휘 및 통제하는 과정을 통해 기업을 경영하는 주체이다.

(1) 경영자의 역할

경영자는 기업에서 크게 정보 처리, 대인 관계, 의사 결정의 역할을 맡는다. 헨리 민츠버그 교수에 따르면 경영자의 역할은 다음의 10가지로 요약할 수 있다.

정보 처리	대인 관계	의사 결정
(1) 모니터 역할 (2) 전파 역할 (3) 대변 역할	(1) 대표 역할 (2) 리더 역할 (3) 대외 관계 역할	(1) 기업가 역할 (2) 문제 해결 역할 (3) 자원 분배 역할 (4) 협상 역할

(2) 경영자의 구분

❶ 소유 경영인(오너 경영)

기업을 일으킨 창업주거나 기업 지분을 일정 이상 보유한 대주주이자 동시에 기업 경영에도 참여하는 사람으로 출자와 경영을 동시에 담당한다. 자본 조달과 운용, 의사 결정, 지휘, 통제, 혁신 등의 기능을 모두 담당하고 있고, 상대적으로 위험 부담에 적극적으로 임하는risk taking 경향이 있다. 보통 제품의 개발 기간이 길거나 생산 설비 증설 등 대규모 투자에 대한 신속한 의사 결정이 요구되는 산업에는 소유 경영인(오너경영)이 효과적일 때가 많다.

❷ 전문 경영인

소유와 관계없이 전문적인 지식을 가지고 경영만 전담하는 경영자를 말한다. 기업의 거대화에 따른 경영의 전문화, 자본의 분산 등으로 인해 기업 경영에는 고도의 지식이나 전문적 기능을 가진 사람들이 필요하게 됐다. 이러한 요건을 갖추고 출자 여부와는 관계없이 독립적으로 기업을 경영하는 사람들을 전문 경영인이라고 한다.

노벨경제학상 홀름스트룀 교수가 한국에 던진 메시지

"오너경영 장점 많지만 투명성 중요"

올해 노벨경제학상 공동 수상자로 선정된 벵트 홀름스트룀 매사추세츠공과대학(MIT) 교수(67·핀란드)가 기업들의 글로벌 진출 필요성을 강조했다. 해외 시장에서 치열한 경쟁을 벌여야 기업의 생존력을 키울 수 있으며 정부의 '보호막'은 낮을수록 좋다는 견해를 밝혔다.

홀름스트룀 교수는 10일(현지시간) 미국 케임브리지 MIT에서 진행된 기자회견 후 한국 특파원들과 만나 "기업의 생존능력을 키우기 위한 비결은 월드클래스 기업들과 경쟁하는 것"이라고 잘라 말했다. 그는 "올림픽을 연상하면 된다"면서 "세계 최고의 선수들이 맞붙는 과정에서 진정한 실력이 배양되며 한국의 많은 수출기업은 이미 이런 과정을 거치고 있다"고 평가했다.

또 홀름스트룀 교수는 정부의 과도한 지원과 보호가 기업을 오히려 망칠 수 있다고 경고했다. 그냥 내버려두는 게 낫다는 판단이다. 이는 최근 미국의 대선 주자들이 자국 기업에 대한 보호무역 장벽을 인위적으로 높이 치려는 행태를 에둘러 비판한 것으로 풀이된다. 그는 이어 기업경영의 투명성을 강조했다. 특히 가족기업은 오너경영자들의 오판을 바로잡을

10일 올해 노벨경제학상 공동 수상자인 벵트 홀름스트룀 MIT 교수가 수상 소감을 밝히고 있다. [AP연합]

**기업 생존능력 키우려면
월드클래스 기업과 맞서야
과도한 보호는 기업 망쳐
美 보호무역 에둘러 비판**

수 있는 건전한 이사회의 작동이 중요하다고 언급했다. 그는 "기업 오너가 경영에 직접 참여하는 것은 책임경영 측면에서 긍정적인 면이 있다"면서도 "다만 주주가치를 높이기 위한 투명성이 확보돼야 한다"고 말했다.

홀름스트룀 교수는 "삼성과 같은 자이언트(거인) 가족기업이 글로벌 시장에서 중요한 역할을 차지하고 있다"면서도 "지배구조상 몇 가지 약점을 노출하고 있다"고 평가했다. 오너 가족에서 최고경영자(CEO)가 쉽게 나오는 관행, 전문경영자가 CEO로 선임된 후 언제든 버려질 수 있는 행태를 막기 위해 전문적인 식견과 견제의식을 가진 이사회를 잘 꾸려야 한다는 얘기다.

그는 "주식회사에서 CEO를 포함한 이사회에 참여하는 임원들이 파울플레이를 하지 않는 게 중요하다"며 "기업의 의사결정 시스템을 위험에 빠뜨릴 수 있다"고

말했다. 기업경영의 투명성이 보장돼야 주주가치가 높아질 수 있다는 평범한 진리를 재차 강조한 셈이다. 홀름스트룀 교수는 "노키아 등의 기업에서 오래 근무했고 기업지배구조는 오랫동안 가르치고 경험한 분야"라면서 이같이 언급했다.

그는 기업의 임원 보수체계와 관련해 불만을 피력하기도 했다. 스톡옵션 등 보수 지급 수단이 복잡하게 변형됐다는 지적이다. 다만 "요즘 CEO들이 지나치게 많은 보수를 받는 것 아니냐"는 질문에는 "수요와 공급에 따라 결정되는 측면이 있기 때문에 일률적으로

말하기는 힘들다"고 답했다. 홀름스트룀 교수와 함께 공동 수상자로 선정된 올리버 하트 하버드대 교수(68·영국)도 이날 하버드대에서 기자회견을 했다. 하트 교수는 미국 경제와 관련해 "잘하고 있다"면서 "바른 방향으로 가고 있다"고 평가했다. 미국 대신 후보들이 나라를 이끌 자격을 갖췄다고 보느냐는 질문에는 "한 사람은 제정신이고 한 사람은 정신 이상"이라면서 "제정신인 사람이 승리하길 바란다"고 답변하기도 했다.

하트·홀름스트룀 교수는 다양한 문제를 분석하기 위한 포괄적인 틀인 '계약이론(contract theory)'을 발전시킨 공로로 2016년 노벨경제학상 수상자로 선정됐다. 노벨위원회는 현대 경제가 수많은 계약으로 이뤄져 있으며 하트·홀름스트룀 교수가 만들어낸 도구는 실생활의 계약과 제도를 이해하고 계약을 고안할 때의 함정을 파악하는 데 매우 유용하다고 평가했다. 올해 노벨상은 생리의학상(3일), 물리학상(4일), 화학상(5일), 평화상(6일), 경제학상(10일) 등 5개 부문에 대한 발표를 마쳤고 마지막 문학상은 13일 발표될 예정이다.

케임브리지/황인혁 특파원

매일경제신문 2016년 10월 11일자

구분	소유 경영인	전문 경영인
장점	• 강력한 리더십 • 과감한 경영혁신 • 환경 변화에 빠른 대응력	• 민주적 리더십 • 경영의 전문화 • 회사의 안정적 성장
단점	• 가족 경영, 족벌 경영의 위험 • 개인 이해와 회사 이해의 혼동 • 능력 부족 위험 • 부와 권력의 독점	• 임기의 제한, 개인의 안정 추구 • 주주 이해관계의 경시 • 장기적 전망 부족 • 단기적 이익에 집착

자료: 전수환, 《에센스경영학》

❸ 소유-전문 경영

최근 전문 경영인 체제의 대안으로 기업 오너가 직접 경영에 참여하는 소유 경영인 체제가 제시되기도 한다. 소유 경영인 체제는 소유와 경영이 분리돼 있지 않아 신속한 의사 결정과 추진이 가능하다. 그뿐 아니라 경영권이 가족에 의해 승계되는 것이 가능해 단기적인 성과보다 장기적인 기업 경쟁력 향상에 집중할 수 있다. 위험 부담이 따르는 의사 결정에도 적극적일 가능성이 높다. 소유 경영인 체제의 이런 장점은 한국 기업 발전의 원동력이라는 주장도 제기되고 있다.

단점 또한 존재하는데, 우선 대한민국의 대기업은 개인 또는 가족이 기업 전부를 소유하고 동시에 직접 경영에 참여하는 '순수한 가족 경영 기업'이 아니다. 대부분 주식 시장에 상장돼 다수의 주주가 존재하나 일정 지분을 가진 개인 또는 가족이 순환출자 등을 통해 기업의 경영권을 지배하는 '경영인이 지배하는 기업'이다. 이 경우 대주주 경영인은 전문 경영인과 마찬가지로 경영자로서, 대주주로서의 이해 또한 소액 주주의 이해와 많은 차이가 있다.

따라서 대주주 경영인은 순수 전문 경영인보다 소액 주주와의 이해 상충이 더 크다고 할 수 있다. 그뿐 아니라 치열한 경쟁을 통해 능력이 검증된 전문 경영인과는 달리 철저한 검증 없이 경영권을 차지함으로써 자질과 능력이 부족함에도 경영자가 되는 경우도 많다. 현실적으로 견제 장치가 없고 해고당할 위험이 적기 때문에 의사 결정이 독단과 전횡으로 치달을 가능성 또한 높다. 전문 경영인 체제와 소유 경영인 체제 모두 장점과 단점을 갖고 있는 것이다.

5) 이사회

(1) 이사회의 개념

이사회란 회사의 업무 집행에 관한 의사 결정을 위해 이사로 구성되어 회사의 업무 집행을 결정하는 주식회사의 상설 기관을 의미한다. 이사회는 주주를 대표하고 경영자에 대해 견제와 감독을 할 수 있는 제도적 장치라 할 수 있다. 이사회의

수장은 의장Chairman이고, 경영진의 수장은 사장President 또는 최고 경영자CEO이다. 이사회는 주주를 대신하여 회사를 직접 경영하는 것이 아니라 회사를 경영하는 경영진을 감독하는 사람들을 말한다. 우리나라에서는 '이사'라는 직함을 많이 사용하는데, 이것이 반드시 이사회의 구성원을 의미하는 것은 아니다.

(2) 사외이사 제도

이사회의 본래적 기능은 회사 경영진을 견제하고 감독하는 것이다. 하지만 우리나라는 일반적으로 이사회가 경영진을 겸하고 있어 본래의 견제와 감독의 업무가 제대로 수행되지 않는다는 비판도 있다. 이 때문에 우리나라에서는 1998년부터 상장사와 코스닥 등록 법인은 이사수의 1/4 이상을 사외이사로 선임하도록 규정하고 있다. 사외이사 제도는 지배 주주의 독주를 견제하고 경영진의 전문성을 보완하기 위해 전문 지식이나 경험이 풍부한 외부 전문가를 이사로 선임하는 제도이다. 사외이사는 회사의 업무를 집행하는 경영진과도 직접적인 관계가 없기 때문에 객관적인 입장에서 회사의 경영 상태를 감독하고 조언하기가 용이하다.

이사회의 역할

1) 대리인 문제에 대한 대책
2) 경영진의 감독과 견제
3) 외부 환경에 대한 정보 제공(사외이사)

2. 기업과 제도

1) 기업의 집단화

❶ 집단화의 개념

기업의 집단화란 둘 이상의 기업이 보다 큰 경제 단위로 결합하는 것을 말한다. 집단화는 경쟁의 회피나 시장 통제력을 강화하려는 동종 업종에서 발생하는 경우도 있고, 생산 공정이나 유통의 합리화를 위해 전후방 기업끼리 집단화는 경우도 있다. 또 출자 관계 등 다른 기업을 지배하려는 목적으로 집단화를 하는 경우도 있다.

❷ 집단화의 유형

㉠ 카르텔Cartel: 시장 통제를 목적으로 한 기업 간의 결합이다. 하지만 법률적·경제적으로 각자 독립성이 유지되는 특징이 있다. 우리나라에서는 법으로 금지돼 있다.
- 동종, 유사 업종 간의 수평적 협정, 기업들은 법률적, 경제적으로 독립
- 판매 카르텔, 구매 카르텔, 생산 카르텔 등

㉡ 트러스트Trust: 카르텔보다 강력한 기업 집중의 형태로서 미국에서 발전한 집단화 형태이다. 시장 독점을 위하여 각 기업체가 독립성을 상실하고 합동하는 특징이 있다.
- 법적, 경제적으로 독립성 상실. 가장 강력한 기업 집단화 방법
- 인수합병M&A과 사실상 동일한 개념(신설 합병, 흡수 합병)

㉢ 콘체른Konzern: 독일에서 발전한 형태로 독립성 유지, 금융적 방법에 의한 불대등한 결합 형태이다. 이 형태의 특징은 지배되는 기업의 경우 법률적 독립성

은 유지하지만 자본적으로는 독립성을 상실한다.

- 자본에 의해 결합하는 집단화 형태

- 자본 참여, 금융, 경영자 파견 등

- 지주회사

2) 지주회사

❶ 지주회사의 장단점

지주회사Holdings Company는 다른 회사의 주식을 보유하면서, 그 회사의 경영을 지배하거나 관리하는 회사를 말한다. 우리나라 기업들 중에는 ㈜LG, ㈜두산, ㈜SK가 대표적인 지주회사다. 지주회사의 첫 번째 장점은 투명한 지배 구조를 갖는다는 것이다. 타 재벌 그룹처럼 상호출자 형태가 아니기 때문에, 거미줄처럼 연결된 지분 관계가 없다. 둘째는 사업 부문에 따라 회사가 분리되어 있기 때문에 구조 조정이 손쉽다는 점, 마지막으로는 한 회사의 실패가 그룹 전체로 전가될 가능성이 낮다는 것이다. 하지만 지주회사는 '자회사 → 손자회사 → 증손회사' 식으로 영향력이 계속 이어지는 경제력이 문제가 있다는 단점도 존재한다. 또 보유한 지분 비율과 실제 지배하는 영향력의 차이가 증손회사로 내려갈수록 심해지는 문제 또한 단점으로 지적된다.

❷ 지주회사 제도의 변천

경제력 집중 현상의 폐단으로 정부는 1986년 공정거래법 개정을 통해 지주회사 설립 및 전환을 금지했다. 하지만 이후 대기업 집단의 지분 관계가 거미줄처럼 복잡해지는 문제점이 생겨났다. 1997년 외환위기를 겪으면서 다시 지주회사의 설립 및 전환이 허용됐다.

3) 기업 분할

❶ 기업 분할의 개념

기업 분할이란 기존 회사의 사업부에 자본금과 부채를 나눠 새로운 기업을 만드는 것을 의미한다. 통상적으로 M&A의 반대 개념으로 쓰인다. 기업 분할은 감자나 주식 매수에 대한 부담이 없기 때문에 경영진이나 기존 주주들에게 매력으로 작용하기도 한다. 기업 분할은 분할 방식에 따라 물적 분할과 인적 분할로 나눈다. 실무에서는 두 분할 방식에 대한 정확한 개념을 갖는 것이 중요하다.

보통 기존 사업의 매출 비중이 매우 크거나 새롭게 추진하고 있는 사업이 기존 사업과 달라 한 기업이 병행하기 어렵다고 판단되는 경우 기업 분할을 고려할 수 있다. 일부 사업부를 분리해내면 기업(모기업)은 기존 사업에 집중할 수 있고 분리된 기업(자회사) 또한 독립적으로 자유로운 사업을 진행할 수 있게 된다.

❷ 물적 분할

물적 분할은 분리, 신설된 회사의 주식을 모회사가 전부 소유하는 기업 분할 방식을 말한다. 기존 회사가 분할될 사업부를 자회사 형태로 보유하므로 자회사에 대한 지배권도 계속 유지한다. 분리, 신설된 법인 주식을 모회사가 전부 소유하며 물적 분할 기업의 실적과 자산 가치는 지분법을 통해 존속 회사에 그대로 연결된다.

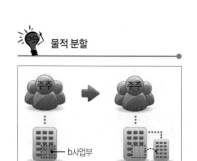

물적 분할

❸ 인적 분할

사업부를 따로 떼어 별도의 신규 회사를 만드는 과정은 물적 분할과 동일하지만 인적 분할은 신설 법인 주식을 기존 회사 주주들이 지분율대로 나눠 갖는다. 물적 분할은 신설된 법인이 기존 회사의 100% 자회사가 된다. 인적 분할은 존속 회사 주주들이 자기 소유 비율대로 신설 법인 주식을 나눠 갖는 차이가 있다. 인적 분할은 크게 재무구조 개선, 사업 영역의 확실한 경계, 정부의 인적 분할 시 신규 출자 허용의 효과를 볼 수 있다.

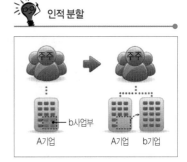

인적 분할

4) 기업 회생 제도

❶ 기업 회생 제도의 종류

기업이나 개인 모두 채무가 재산보다 많아 조정이 필요할 때 법원에 신청하는 것을 법정 관리 조치라고 한다. 각자 처한 상황에 따라 회생 신청을 할 수도 있고, 파산 신청을 할 수도 있다. '회생'은 자금 흐름이 단절되거나 예상되는 신청 회사의 부채 비율을 줄이고 채무 유예 기간을 가져 회사를 갱생하는 것을 목적으로 시행된다. '파산'은 원인을 파악하여 파산 선고를 하고 채권 조사를 통해 채무자의 자산을 처분, 채권자에게 배분하게 된다.

금융권에서 자체적으로 채무 재조정을 할 때 활용하는 것이 '워크아웃workout' 제도다. 워크아웃이란 기업이 도산 등을 피하기 위해 금융 기관의 지원을 받아 진행하는 기업 개선 작업을 말한다. 부채 상환 유예, 출자 전환을 통해 부채를 일부 탕

회사분할로 주주 손해 없도록 … 삼성SDS '인적분할' 추진

소액주주 의견 반영해 물적분할 않기로
물류사업 분할 논의사항 사전에 공시하고
삼성전자 분기배당 등 '주주친화 정책' 강화

삼성이 회사 분할을 발표한 이후 주주 하락으로 불만이 커진 삼성SDS 주주달래기 분할 방법으로 물적분할 대신 인적분할을 추진하는 것으로 알려졌다.

물적분할은 삼성SDS가 새로 만들어진 물류 사업부 A사 주식을 100% 소유하는 구조다. 이때 기존 주주는 삼성SDS 지분만 보유하게 되고 A

사 지분은 얇기 때문에 A사가 외부로 매각되거나 다른 회사 한편의 면 직접적인 이익을 받지 못한다. 오히려 A사가 외부로 매각되면 삼성 SDS 기업가치가 떨어져 재산상 손실을 입을 가능성이 높다.

반면 인적분할은 A사 주식을 상 장해 기존 주주들이 직접이 보유하는 방식이다. 예를 들어 삼성SDS 지분을 1% 보유하고 있다면 분할한 신생 A사 지분도 1%를 갖는 방식이 다. 이때 A사가 매각·합병 등을 하더라도 삼성SDS 기존 주주가 이익을 볼 수 있게 된다.

삼성SDS가 인적분할을 검토하고

있는 것은 예상보다 소액주주 반발이 거세기 때문이라는 관측도 있다. 인터넷에서 '삼성SDS 소액주주모임'이라는 카페를 통해 활동하는 이들은 7일 회사를 방문해 경영자를와 관계자들과 면담했으며 오는 14일에도 대표이사 면담을 추진하고 있다.

이와 별도로 이들은 삼성SDS 물류사업을 분할에 삼성물산과 합병하는 것에 반대한다는 온라인 서명도 진행 중이다. 경우에 따라서는 회사 측 삼성전자와 대주주인 이재용 삼

전자 부회장을 배임 혐의 등으로 검찰에 고발하겠다는 생각도 있다.

삼성 관계자는 "기존 주주 손실을 추진하는 것이 기본 방침"이라며 "이후 삼성물산과의 합병 등에 대해서는 아직 결정된 것이 없다"고 설명했다.

최근 삼성은 여러 경로를 통해 주 주 친화적인 정책을 펴고 붙이고 있다. 이번 삼성SDS 물류사업 분할 건에 대해서도 이사회에 보고한 내용

주주 친화정책 추진하는 삼성

삼성SDS	분할 관련 사항을 사전에 공시해 논의 시간 가져
삼성전자	주주 소통 위한 거버넌스위원회 등 신설
삼성전자	11조3000억원 규모 자사주 매입 소각
삼성전자	분기배당제서 분기배당 추진도 검토
삼성물산	중견 고객 제자이사가 이사회 의장 맡아

을 외부에 알릴 것이다.

지난 3년간 사업 재편 과정에서 삼성의 주주 등 외부 이해관계자를 의사안을 미리 검토할 수 있도록 공시 공시도 해온 것은 없지 다. 모든 공시가 어떤 결정된 사안을 사실상 '통보' 하는 수준이었다. 하지만 이번 삼성SDS 건은 외부 의견을 미리 들을 수 있도록 절차를 밟은 것은 처음이다.

서 주목된다.

삼성 대표처는 "언론에 먼저 열려지는 바람에 삼성SDS 사업 분할 일정이 높아 공시가 빚지만 삼성이 외부에 사업 재편 방향을 같이 논의하기 위한 첫걸음"이라며 "앞으로 '주주 친화적이고 소통하는 기업 문화를 만들겠다는 변화의 일환"고 설명했다.

삼성은 대표이사 중심 경영을 펼치는 미국 유럽 등 선진국 기업에서는 외부 인사가 이사회 의장을 맡는 사례가 많다.

삼성전자의 대규모 자사주 매각 후 소각과 분기배당 검토도 주주 친화정책 일부다. 삼성전자는 지난해 3분기 실적 발표 후 11조3000억원 규모 자사주를 매입해 전량 소각키는 방침을 밝혔다. 또 삼성전자는 통상 중간배당과 기말배당을 해왔는데 올해 3분기부터는 분기배당을 하는 것도 검토 중이다.

이승윤 기자

매일경제신문 2016년 6월 11일자

감해주며, 기업은 자산 매각 등 고강도 구조 조정을 실시해야 한다. 우리나라에서는 1997년 국제통화기금IMF 관리 체제에서 7개 그룹이 워크아웃 대상으로 선정되면서 은행을 통한 대기업 구조 조정 프로그램이 가동되기 시작했다. 반면 법정 관리는 부도나 파산 위험에 놓인 기업이 법원에 신청해 회생을 모색하는 제도를 말한다. 법원이 실사 후 회생 가능성이 있다고 판단해 법정 관리를 결정하면 모든 채무는 동결되고 법원이 지정한 법정 관리인이 기업을 관리하게 된다.

❷ 워크아웃(기업 개선 작업)

채권자 중 금융 기관이 합의하여 금융 부채를 동결시키고 부채 조정을 통해 기업 정상화를 도모하는 자율적인 합의 절차다. 워크아웃은 잭 웰치 전 GE 회장이 1980년대 GE에 대한 고강도의 구조 조정, M&A, 사업 구조 개편을 추진하면서 등장한 단어이다. 효율성을 떨어뜨리는 일work을 떼어내는out 것이란 의미인 것이다. 1990년대 말 외환위기 한파가 한반도를 덮치자 당시로선 생소했던 워크아웃이란 용어도 일상화됐다. 'OUT'이란 단어가 주는 부정적 뉘앙스 탓에 한국 용어인 '기업 개선 작업'도 자주 사용된다.

워크아웃의 장점은 △은행 대출금 출자 전환 △대출금 상환 유예 △이자 감면 △부채 삭감 등을 들 수 있다. 또한 단점으로는 △기업의 구조 조정 △주요 자산의 매각 △주력 업종 정비 △채권 금융 기관 협의회 의견 필요 등을 꼽을 수 있다. 이런 단점에도 정상화 이후 금융 기관은 채권 회수가 가능할 뿐만 아니라, 기업은 수익성을 회복해 국민 경제에도 이익이 되므로 꼭 필요한 제도라고 할 수 있다.

❸ 법정 관리(기업 회생 절차)

워크아웃을 원하는 기업의 채권단이 전체의 75%에 못 미치거나 워크아웃이 실패로 귀결될 경우 남겨진 현실적인 선택은 법정 관리다. 회사정리법에 따라 기업 부채를 동결시킨 후 법원의 관리하에 채권자, 주주 등의 이해를 조정해 기업을 정상화하고자 하는 법정 절차이다. 기업 회생 절차로도 불리는 법정 관리는 기업의 부채를 동결시켜버린다는 점에서 워크아웃과 사뭇 다르다.

워크아웃이 일반 병실에서 수술대로 가는 것이라면, 법정 관리는 중환자실에서 수술대로 가는 것으로 비유할 수 있다. 워크아웃은 기업의 채권단이 합의해 금융 부채를 동결시키고 부채를 조정해 기업을 정상화한다. 여기에는 채권자나 주주의 입장이 반영될 여지가 크다. 하지만 법정 관리는 법원이 당사자들의 이해관계를 조정한다는 근본적인 차이가 있다. 법정 관리는 법률에 의해 강제성을 갖기 때문에 채권단 간 이해관계가 완전히 틀어졌을 경우 더 유효하다. 법정 관리의 장점은 △모든 부채를 동결 △법률에 의한 강제력 △채권자 간의 이해 조정이 어려울 경우 유효를 들 수 있다. 반면 단점은 △정리 계획의 확정에 1년 여의 기간을 필요 △기업의 신임도를 크게 떨어뜨림 등을 꼽을 수 있다.

법정 관리는 워크아웃에 비해 강도가 높은 회생 작업이지만 기업들의 선호도가 높다. 워크아웃은 자금 유입을 원활하게 할 수 있다는 점이 장점이지만 자금을 집행할 때마다 금융권과 논의해야 하기 때문이다. 또한 법정 관리는 기존 관리인 유지 제도DIP가 있어 법정 관리에 들어가도 경영권을 유지할 수 있다. DIP 제도는 기업 부실화에 대한 책임이 있는 오너 경영자들이 경영권을 유지하는 데 사용되는 사례가 많아 존폐 논란이 분분하다.

워크아웃과 법정 관리의 비교

	워크아웃	법정 관리
근거법	기업구조조정촉진법	통합도산법
구조 조정 주체	은행 등 채권단 중심	법원 감독 아래 관리인 주도
특징	• 신규 자금 지원 및 출자 전환 중심 • 기존 대주주 사재 출연 압박 높음 • 출자 전환 및 감자로 기존 대주주 경영권 변경 가능성 높음	• 채권보존 및 채무감면 중심 • 기존 대주주 사재 출연 압박 낮음 • 배임, 횡령 등이 없을 경우 기존 대주주 경영권 유지 가능성 높음

한진해운 '청산가치 > 존속가치'

삼일회계법인 "1조8천억 vs 9천억" 청산 가속도
현대상선 해운동맹 빨간불 … 조건부 합류 유력

글로벌 해운사 순위		
순위	해운사	보유 컨테이너선 규모
1	머스크	324만TEU
2	MSC	277만TEU
3	CMA CGM	213만TEU
4	코스코	157만TEU
5	에버그린	99만TEU
6	하파크로이트	95만TEU
13	현대상선	45만TEU

* 1TEU는 20피트 길이 컨테이너 1개를 실을 수 있는 규모, 자료=알파라이너

한진해운을 계속 끌고 가는 것보다 청산하는 게 더 낫다는 회계법인 판단이 나왔다. 이에 따라 주요 노선·인력 등이 이미 삼라마이더스(SM) 그룹으로 옮겨간 한진해운 청산 작업에 가속도가 붙을 전망이다. 한진해운은 9일 서울 여의도 본사에서 채권단, 주주 등 300여 명을 대상으로 관계인 설명회를 열었다. 이날 삼일회계법인은 한진해운 청산가치를 1조8000억원, 계속가치를 9000억원으로 산출해 청산에 무게를 실었다.

삼일회계 측은 이 같은 내용을 담은 실사보고서를 오는 12일 법원에 제출할 예정이다. 이 보고서를 토대로 법원과 한진해운은 청산 여부를 최종 결정하게 된다. 한 채권단 관계자는 "한진해운 잔여 자산도 다 매각하는 쪽으로 방향을 잡고 진행할 예정"이라고 말했다.

이런 가운데 현대상선은 세계 최대 해운동맹인 2M(머스크·MSC)에 조건부로 합류하는 방안이 유력해졌다. ▶11월 17일자 A16면 보도

미주 등 주력 노선에서 선박을 공유해 운항하는 부분적 협력 방식이 거론된다. 다만 현대상선이 정식 회원사(파트너)로 2M에 가입하기는 어려울 전망이다.

이날 해운업계에 따르면 2M은 미주 노선 선박 적재량 가운데 2만~3만TEU(1TEU는 20피트 길이 컨테이너 1개를 실을 수 있는 규모)를 현대상선에 나눠주는 방향으로 협의를 진행하고 있다. 이 같은 선박 공유 방식은 해운동맹에서 가장 강도가 낮은 수준의 협력이다. 다른 해운동맹은 해운사 배에서 빈 공간을 나눠 갖는 게 아니라 아예 노선이나 배를 같이 쓰는 밀접한 협력 관계를 맺고 있다. 예를 들어 CKYHE 동맹은 개별 해운

사가 들고 있는 단독 노선을 다른 선사와 공유하고 있고, G6 동맹은 회원사가 들고 있는 선박 중 비슷한 규모의 배를 묶어 노선을 구성하는 방식으로 협력하고 있다.

하지만 글로벌 1·2위인 2M과 현대상선(13위)은 규모 차이가 많이 나 동등한 조건으로 협력이 이뤄지기는 어려울 전망이다.

8일(현지시간) 월스트리트저널(WSJ)도 머스크 관계자 말을 인용해 "현대상선이 2M 파트너로 합류하는 가능성을 논의했지만 다른 협력 방법을 찾아보기로 했다"며 "컨테이너를 상대방 선박에 싣거나 머스크가 현대상선 용선 계약을 인수하는 등 제한적인 협력을 모색하고

있다"고 전했다. 이에 현대상선은 "2M 해운동맹 관련 협상은 진행 중으로 최종 막바지 조율 단계에 있다"며 "타결되는 대로 결과를 발표할 예정"이라고 밝혔다.

양측 협상 최종 결과는 13일(한국시간) 전후해 나올 전망이다. 만약 현대상선의 2M 가입이 불완전한 형태로 타결되거나 불발되면 채권단은 현대상선 회생 지원이 적절했는지를 놓고 비난이 일 전망이다.
김정환·윤진호 기자

한때 제1 국적 선사였던 한진해운이 2017년 2월 17일 출범 40년 만에 역사 속으로 사라졌다. 서울중앙지법 파산부는 한진해운 회생절차(법정 관리) 폐지 결정을 내렸다. 한진해운은 경영 부실과 유동성 위기로 2016년 9월 법정 관리에 들어갔다. 하지만 엎친 데 덮친 격으로 업황 부진까지 이어져 차라리 청산하는 것이 낫다는 회계법인의 판단에 따라 끝내 생존이 좌절됐다는 매일경제신문 2016년 12월 10일자 기사이다.

회사의 리더는 회장? 대표이사? 사장?

이사회에서 선임된 대표이사가 공식적인 리더,
오너기업은 '리더 = 대표이사' 아닐 수도

회사의 리더는 누구일까요? 사장일까요 아니면 CEO일까요? 그럼 대표이사와
는 무엇이 다를까요? 사람들은 흔히 회사에서 가장 높은 사람이 회장이며 대표
이사와 같다고 생각하지만 이들은 같은 사람일 수도 있고 다른 사람일 수도 있
습니다.

주식회사의 주인은 주주입니다. 주주들은 주주총회를 통해 기업의 중요한 결정
을 내립니다. 이 때문에 사실 회사에서 가장 높은 사람은 바로 주주일 수 있습니
다. 하지만 주주들이 회사의 리더가 될 수는 없습니다. 다수로 구성된 주주가 회
사 경영에 일일이 참여할 순 없기 때문이죠.

따라서 주주들은 자신을 대신해 회사 경영을 맡을 사람, 즉 이사를 뽑습니다. 이
사란 주주를 대신해 회사 경영을 맡은 사람으로 보통 해당 기업을 대표해서 집
행하는 직위에 있는 경영진을 의미합니다. 2014년 6월 15일에는 삼성전자·현
대차·LG전자를 비롯한 국내 약 150개 상장사들의 주주총회가 열렸습니다. 여
기서 주주들은 기업을 이끌어갈 이사들을 선임합니다.

이사로 구성된 기관을 이사회라 부르며 주식회사에는 반드시 이사회가 존재합
니다. 이사회는 주총의 권한을 제외한 회사 업무에 관한 모든 결정 권한이 있습
니다. 물론 이에 상응하는 법적인 책임도 져야 합니다. 만약 경영난으로 회사가
부실해지거나 파산하면 은행 등 채권자들은 이사회에 손해 배상을 청구할 수
있습니다.

이사들 중 대표를 대표이사라 부르는데 대표이사는 보통 이사회에서 선발됩니
다. 하지만 회사에 정해진 규정(정관)에 따라 주주총회에서 직접 선임될 수도 있
습니다. 대표이사는 이사회의 의장으로서 내부적으로는 업무를 집행하고 외부

적으로 회사를 대표할 권한이 있기 때문에 사실상 기업의 실질적인 리더라 할
수 있습니다. 그럼 대표이사와 사장은 어떻게 다를까요?

이 둘의 차이는 법적인 책임, 권한과 실질적인 책임, 권한의 차이라고 할 수 있
죠. 회사에서 쓰이는 사장, 전무, 상무, 부장 등은 법적으로 정해진 명칭이 아닙
니다. 회사 내에서 정한 직위에 대한 명칭이죠. 일반적으로 우리나라에서는 사
장(혹은 회장)이란 직위가 실질적인 최고 경영자라 인식되고 있습니다만 이런 직
위와 법적인 이사직이 꼭 일치하지만은 않습니다. 따라서 한 회사의 사장이지만
그 회사의 이사직을 맡지 않는 예도 있죠. 이 경우는 사장이라고 해도 회사 경영
에 법적인 책임을 지지 않습니다.

대주주가 경영권을 행사하는 오너기업에서는 대표이사와 회사 내 최고 직위가
동일 인물이 아닌 사례가 종종 있습니다. 사업 분야의 전문성을 발휘하고 책임
과 스피드 경영의 취지를 살리기 위해 전문 경영인을 대표이사로 선임하는 경우
가 있죠. 우리나라 대표기업인 삼성전자가 이런 사례에 해당합니다. 삼성전자의
실질적인 최고 경영자는 이건희 회장이지만 이 회장은 삼성전자의 이사직을 맡
고 있지 않습니다. 따라서 삼성전자의 대표이사가 될 수 없는 것이죠.

반면 기업의 오너가 이사직을 맡는 예도 있습니다. 현대차그룹은 정몽구 회장
이 현대모비스 이사를, 아들인 정의선 현대차 부회장은 현대자동차의 이사직을
각각 맡고 있습니다. 현대차는 개발 기간이 길고 생산 라인과 신차 개발 등에 대
규모 투자가 요구되는 자동차 산업의 특성상 오너의 이사직 유지가 필요하다는
입장이죠.

일반적으로 한 기업에서 회장이나 사장으로 있으면 그 회사의 이사직을 맡는
사례가 많고, 때에 따라서는 대표이사에 선임되기도 합니다. 이럴 경우 그 직함
은 '대표이사 회장'이나 '대표이사 사장'이 됩니다. 앞의 대표이사 명칭은 회사에
대한 법적인 권한과 책임이 있다는 뜻이고 뒤의 회장이나 사장은 해당 회사 내
직위를 나타내는 것입니다.

만약 회사에서 최고 경영자인 대표이사가 아직 사장 위치로 올라갈 만큼 나이

및 경험이 충분하지 않거나 회사 내부에 이런저런 사정이 있어서 부사장 직위에 머물고 있다면 이 경우는 '대표이사 사장'은 공석으로 두고 대신 '대표이사 부사장' 직함을 갖기도 합니다.

대표이사는 여러 명일수도 있습니다. 삼성전자는 2014년 주주총회에서 3명의 대표이사 체제를 출범시켰습니다. 기존 대표이사였던 권오현 부회장 외에도 윤부근 사장과 신종균 사장을 대표이사로 신규 선임했습니다. 규모가 거대해진 사업부에 전문 경영인 역할을 확대하면서 의사 결정에 힘을 실어준 모양새입니다. 전문 경영인의 책임 경영을 강조한 삼성전자와 오너의 책임과 역할을 확대한 현대차. 누가 회사의 이사이고 대표이사인지 살펴보면 그 회사의 전략적 방향을 엿볼 수 있다고 하겠습니다.

- 매일경제신문 [재미있는 경영이야기]

시장 경제와 가격

학습 목표

- 기초적인 경제 개념을 이해한다
- 가격규제정책을 이해한다
- 탄력성의 개념과 특징을 안다

| 들어가며 |

Adam Smith(1723~1790)

경제학의 아버지 애덤 스미스

애덤 스미스는 근대적 의미에서의 경제학을 처음으로 체계화한 인물이다. 그는 오늘날 우리가 배우는 거의 모든 경제학의 개념적 뿌리가 담긴 경제학의 고전 《국부론》을 저술했다. 그는 '보이지 않는 손'이라는 개념을 이용해 개개인의 사사로운 이익 추구가 결국 모든 사람에게 이익이 되는 결과를 이끌어낸다고 주장했다.

그는 국가의 부富의 원천이 화폐나 토지가 아닌 국민이 필요로 하는 재화의 양에 의해 결정된다고 믿었다. 그에 따르면 재화는 노동자가 생산하기 때문에 더 많은 재화 생산을 위해서는 노동자를 고용할 공장이 있어야 한다. 공장은 자본이 축적돼야 설립할 수 있다. 자본 축적은 저축에 의해서 이뤄지고, 저축은 미래를 걱정하는 국민 개개인의 이기심에 의해 이뤄진다. 따라서 그는 국부의 증진을 위해서 정부의 역할은 인간이 스스로 자신의 경제생활을 향상시키려는 욕구, 즉 이기심이 원활하게 작동할 수 있게 내버려 두는 것 외 딱히 할 일이 없다고 주장했다.

1. 경제 문제와 합리적 선택

1) 경제 문제

경제 문제는 재화와 서비스를 생산, 교환, 분배, 소비하는 행위와 관련하여 일어나는 문제를 말한다. 이러한 문제가 일어나는 근본적인 이유는 자원의 희소성에 있다. 자원은 그 양이 한정되어 있기 때문에 무한한 인간의 욕망을 모두 충족시킬 수 없다. 따라서 상품을 얼마나 생산해야 하는지(생산량의 문제), 또 어떤 방법으로 생산해야 하는지(생산 방식의 문제), 생산된 자원을 누구에게, 어떻게, 얼마의 양을 나눠줘야 하는지(분배의 문제)의 문제에 직면하게 된다.

2) 희소성과 재화

경제학에서는 우리가 시장에서 사는 물건을 재화Goods라고 한다. 재화란 사용 또는 소비 등을 통해 사람(소비자)들의 효용을 증가시킬 수 있는 형태를 가진 모든 것을 의미한다. 따라서 물리적인 실체는 있으나 눈에 보이지 않는 공기나 전기도 재화에 포함된다고 할 수 있겠다. 이러한 재화는 자유재Free Goods와 경제재Economic Goods로 구분할 수 있다. 자유재는 존재량이 무한하여 대가를 치르지 않고 무상으로 얻을 수 있는 재화이다. 따라서 희소성과 무관하며 경제적 가치가 없다. 반면 경제재는 돈, 시간, 노력 등의 대가를 지불해야 얻을 수 있는 재화이다. 따라서 희소성의 원칙이 적용된다.

자유재와 경제재는 고정된 것이 아니다. 예전에는 공기나 물이 대표적인 자유재였으나 환경오염으로 말미암아 최근에는 경제재로 변화하였듯이, 자유재와 경제재의 구분은 상대적이며, 언제나 변할 수 있다.

3) 희소성과 선택

선택이란 '오늘 점심으로 뭘 먹을까?'라는 개인적 차원의 문제에서 국가의 정책 결정 방향이나 예산 배분에서와 같이 집단(기업, 조직)이나 국가·사회 차원까지 확장될 수 있다. 우리의 삶 속에서 선택 가능한 재화는 희소하기 때문에 이에 대한 선택은 언제나 중요하다. 경제학에서는 이러한 선택의 원칙을 합리적 선택이라고 한다.

합리적 선택은 소위 '최소 비용과 최대 편익'을 달성하는 선택이다. 이는 동일한 자원(비용)이 사용될 경우에는 편익이 가장 큰 쪽으로 결정하며, 같은 수준의 편익(만족)을 줄 경우에는 최소의 자원(비용)이 드는 쪽으로 결정을 하는 것을 뜻한다. 합리적인 선택을 위해서는 편익과 비용의 비교가 필요하다. 이때 경제학에서 측정되는 비용은 기회비용으로 우리가 흔히 접하는 '회계학적 비용'과는 차이가 있다.

(1) 기회비용 Opportunity Cost

기회비용은 여러 대안들 가운데 하나를 선택했을 때 포기해야 하는 나머지 대안 중 그 가치가 가장 큰 것을 말한다. 경제학에서 사용하는 비용은 전부 기회비용이라 할 수 있다. 예를 들어 텔레비전을 보면서 쉬는 것과 아르바이트를 하는 것 중 텔레비전을 보면서 쉬는 것을 선택한다면 아르바이트로 벌 수 있는 용돈이 기회비용이 된다. 제빵사가 시간당 20만 원 어치의 빵을 만든다고 가정했을 때, 그가 빵을 만들지 않고 2시간 동안 상점 유리창 청소를 했다면 기회비용은 40만 원이 된다.

Key-point

• 기회비용

① 어떤 선택을 함으로써 포기해야 하는 다른 선택 대안 중 가장 가치가 큰 것
② 합리적인 선택을 위해서는 항상 기회비용을 고려한 의사 결정을 내려야 한다.
③ 경제학의 모든 의사 결정에는 기회비용이 존재한다.

(2) 매몰 비용 _{Sunk Cost}

이미 발생하고, 매몰되어 다시 되돌릴 수 없는 비용을 말한다. 즉 의사 결정과 실행이 끝나 회수나 조정이 불가능한 비용이므로 합리적인 선택을 위해서는 이를 제외하고 판단하는 것이 중요하다. 매몰비용과 기회비용을 잘못 판단하는 것은 비합리적인 선택을 하는 주원인 중 하나이다.

예컨대 클래식 음악회를 갔는데, 공연이 생각과는 달리 어렵고, 지루하기만 하다면 입장료를 고려하지 않고 출구로 나와야 한다. 이미 지불한 입장료는 공연을 끝까지 보든지 중간에 나오든지 회수할 수 없는 비용이기 때문이다. 따라서 남은 공연 시간 동안 지루함을 참아가며 시간을 채우기보다는 나와서 다른 재미있는 일을 찾는 것이 훨씬 경제적인 행동이라 할 수 있다.

(3) 회계적 비용 _{Explicit Cost}

회계적 비용은 직접 대금을 지불하고 구입하는 자원에 소요되는 비용으로서 명시적 비용이라고도 한다. 사례를 통해 기회비용과 회계적 비용을 이해해보자.

- 영진: 지난 주말에 영화를 봤는데 너무 재미가 없었어. 9,000원을 주고 본 영화인데, 돈이 너무 아까웠어. 그래도 9,000원만 손해를 본 거니까 다행이야.
- 승연: 그래도 그 시간에 아르바이트를 하면 만 원은 벌텐데, 그것도 생각해야지.

이 대화에서 영진이가 말한 9,000원은 영화 관람을 위해 직접 지출한 비용으로 회계적 비용에 해당한다. 하지만 재미없는 영화에 대한 기회비용은 9,000원이 아니다. 기회비용은 직접적으로 비용을 지불한 명시적 비용(회계학적 비용)과 다른 선택을 하면 얻을 수 있는 비용(암묵적 비용)까지 고려해야 한다. 따라서 이때 경제학적 비용은 영화 관람료 9,000원에 영화 볼 시간 동안 아르바이트를 해서 벌 수 있는 돈인 만 원을 합친 19,000원이 된다.

2. 시장 경제와 자원 배분

1) 시장과 가격의 역할

수요와 공급에 관한 정보가 집결되는 곳은 모두 시장이 될 수 있다. 시장에서 수요(재화를 사고자 하는 의사)와 공급(팔고자 하는 의사)가 만나면 자연스럽게 거래가 발생한다. 그리고 거래를 통해서 각 재화는 가장 필요한 곳으로 배분된다. 시장에서 가격은 신호등처럼 누가 어떤 재화를 얼마나 원하고 있는지, 또 자신이 필요로 하는 재화나 생산 요소는 누가 가지고 있는지를 알려준다.

일반적으로 어떤 상품의 가격이 높다는 것은 이를 이용해 가장 높은 효용(만족)을 얻거나 가장 높은 가치를 만들어낼 수 있는 것임을 의미한다. 가격은 자원을 시장에서 가장 효과적으로 배분하도록 유도한다. 이를 통해 가격은 생산자들의 수익을 높이고 소비자들의 효용을 극대화하는 역할을 한다.

2) 효율적 자원 배분과 경쟁 시장

시장은 경제 내의 모든 재화와 생산 요소를 효율적으로 배분한다. 이러한 효율적 배분은 시장의 가격에 의해서 이루어진다. 왜냐하면 자신에게 가장 높은 가격을 제시한 사람은 그 재화를 사용(소비)해 가장 높은 효용을 얻거나 가장 높은 부가가치를 올릴 수 있는 사람이기 때문이다. 하지만 효율적인 자원 배분을 위해서는 자유롭고 공정한 경쟁을 통해 재화를 구입·판매하는 것이 보장돼야 한다. 독과점 같은 비경쟁적인 시장에서는 효율적인 자원 배분이 보장되지 않는다.

3) 경제 체제의 이해

경제 체제는 크게 자원 배분과 생산 수단의 소유 방식에 따라 구분해볼 수 있다. 첫 번째로 자원을 배분하는 방식에는 크게 시장 경제 체제와 계획 경제 체제, 그리고 이 둘을 혼합한 혼합 경제 체제가 있다. 시장 경제 체제는 자원 배분의 기능이 시장에 맡겨져 있는 경제 체제를 말한다. 즉 기업이 시장에서 수요를 파악한 후 생산량을 결정하고, 소비자는 시장에서 상품을 비교하면서 합리적인 가격에 구매하여, 시장의 수요와 공급에 의해 자원이 효율적으로 배분되는 체제를 말한다.

이와 반대로 자원 배분을 국가가 담당하는 경제 체제를 계획 경제 체제라고 한다. 즉 국가가 기업에 생산량을 할당하고 이를 개인들에게 배분하는 방식인 것이다. 마지막으로 혼합 경제 체제는 시장과 국가가 모두 자원 배분에 참여하는 경제 체제이다.

두 번째는 주요 생산 수단을 누가 소유했는가의 문제이다. 생산 수단이란 기계나 설비, 운송 수단과 같이 인간 생활에 필요한 재화나 서비스를 생산하는 데 도움이 되는 수단을 말한다. 이러한 생산 수단을 개인이 사적으로 소유 가능한 경제 체제를 자본주의 경제 체제라고 부른다. 반대로 국가가 생산 수단을 소유하고 있는 경우를 사회주의 경제 체제라고 부른다.

3. 수요와 공급의 원리

1) 수요Demand와 수요량

수요는 정해진 기간 동안에 시장에서 거래되는 상품을 구입하고자 하는 수요자(구매자)들의 행동이다. 다르게 말하면 돈을 지불할 능력이 있는 수요자들이 일정 기간 시장에서 재화나 서비스를 구입하려는 의사이다.

일정한 가격에서 사람들이 사고자 하는 물건의 양을 수요량이라고 하며 일반적으로 가격이 상승할수록 수요량은 감소한다. 수요의 법칙이란 가격이 오르면 수요량이 감소하고 가격이 내리면 수요량은 증가하는 일반적인 현상을 말한다. 즉 가격과 수요량은 음(-)의 관계를 보이므로 수요 곡선은 아래 그림과 같이 우하향하는 형태의 그래프로 나타난다.

수요의 변화는 크게 수요 곡선상의 이동인 수요량의 이동과 수요 곡선 자체가 움직이는 수요의 이동으로 구분한다. 수요의 이동 요인으로는 소득의 변화, 연관 재(보완재나 대체재 등)의 가격의 변화, 소비자의 기호 변화, 미래에 대한 기대 그리고 소비자의 인구 규모 등이 있다.

또한 수요는 그 재화와 관련이 있는 다른 재화의 가격에 의해 영향을 받는다. 두 재화 중 하나의 재화 가격이 움직임에 따라 두 재화의 수요가 모두 같은 방향으로 움직이면 보완재, 반대 방향으로 움직이면 대체재라고 한다. 또한 사회의 전체 인 구 규모, 구성원들의 취향 및 유행, 전염병, 경제위기, 예기치 못한 돌발 사태 등의 요인도 수요에 영향을 미칠 수 있다.

2) 소득에 따른 수요 변화와 재화의 종류

소득의 변화는 구매력의 변화를 가져온다. 일반적으로 소득이 증가하면 그만큼 구매력이 증가하기 때문에 많은 물건을 살 수 있다. 따라서 소득이 증가하면 재화 의 수요는 증가하고, 소득이 감소할 경우에는 수요가 감소한다. 이처럼 소득과 양 (+)의 상관관계에 있는 일반적인 재화들을 정상재Normal Good라 부른다. 반대로 소득

수요 곡선과 수요 곡선의 이동

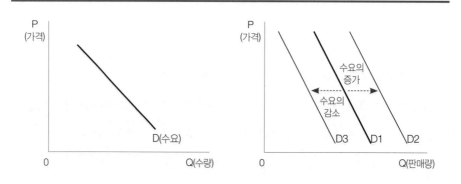

이 증가할 때 수요가 오히려 감소하는 재화들이 있는데 이는 열등재Inferior Good라고 한다.

다른 제품과 함께 구매할 때 더 큰 만족을 가져다주는 제품도 있다. 이 제품의 수요는 연관재의 가격에 영향을 받게 된다. 대표적인 예로 야구공과 글러브를 들 수 있다. 야구공을 샀다 해도 글러브가 없으면 유용성이 떨어지기 때문이다. 따라서 야구공에 대한 수요는 함께 사용할 글러브의 가격이 떨어지면 더욱 높아질 것이다. 반대로 야구공의 가격이 비싸면 글러브에 대한 수요 역시 떨어질 것이다. 이처럼 한 재화의 가격이 하락함에 따라 다른 한 재화의 수요가 증가하는 경우 두 재화의 관계는 보완재Complements관계라 말할 수 있다.

또 이와 반대되는 현상인 대체재Substitutes 관계도 있다. 대체재는 한 재화의 가격이 하락함에 따라 다른 한 재화의 수요가 감소하는 경우를 말하는데, 앞서 언급한 샌드위치와 햄버거가 대표적인 예라 할 수 있다. 샌드위치와 햄버거는 맛이나 식사 방법이 비슷한 재화다. 따라서 샌드위치 가격을 올리면 햄버거에 대한 수요가 증가한다.

3) 공급Supply과 공급량

공급이란 일정 기간 동안에 판매하고자 하는 재화와 서비스의 양을 의미한다. 즉 시장의 수요를 인식하고 이에 대응하여 재화나 서비스를 생산·판매하려는 행동이다. 공급의 법칙은 수요의 법칙과는 반대로 상품의 가격이 오를수록 공급량이 증가하고, 상품이 가격이 떨어질수록 공급량이 감소하는 현상이다. 즉, 가격과 공급량 사이에는 양(+)의 상관관계가 있다. 공급 곡선은 이 관계를 나타내는 곡선으로 우상향하는 형태의 그래프로 나타난다.

공급의 변화 역시 수요와 같이 크게 공급 곡선상의 이동인 공급량의 이동과 공급 곡선 자체가 움직이는 공급의 이동으로 구분한다. 공급량을 이동시키는 원인은 가격이다. 재화의 가격이 높아지면 그 전까지 이익이 남지 않아 생산을 하지 않던

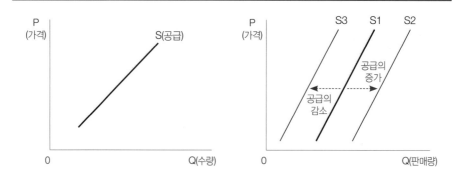

사람도 생산에 참여하게 되고, 기존 생산자들도 생산량을 늘리게 되어 공급량이 증가한다.

공급의 이동 요인으로는 생산 비용의 변화, 기술 발전이나 기업의 목표 변화, 소비자 취향 변화, 미래에 대한 기대, 재화의 해외 수입, 공급자의 수 등이 있다. 원자재 가격 하락으로 생산 비용이 저렴해지면 그만큼 이윤을 얻기가 쉬워지므로 공급은 늘어나게 된다. 원자재 가격이 상승하면 그 원자재를 대신할 다른 원자재를 찾는 사람이 늘어나게 되고 대체된 원자재는 공급이 증가하게 된다. 생산비를 낮추는 기술의 개발은 공급을 크게 증가시킨다.

하지만 공급 법칙이 항상 성립하는 것은 아니다. 첫째, 골동품이나 예술 작품 등의 희귀 상품은 가격이 아무리 상승해도 공급량이 무한정 증가하지 않는다. 둘째, 가격이 상승하더라도 가격이 더 높게 상승할 것을 예상하여 상품을 판매하지 않는 상황인 매점매석이 있다. 셋째, 노동의 공급 곡선의 경우 일정 수준의 수입이 보장되면 여가를 더 선호하기 때문에 임금이 상승해도 노동의 공급은 증가하지 않을 수 있다.

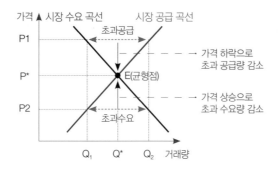

4) 시장에서의 균형

시장에서의 균형은 수요량과 공급량이 일치하는 상태로 희소한 자원이 가장 효율적으로 배분된 상태이다. 이러한 균형은 가격에 의해서 조정된다. 시장에서는 무수히 많은 상품들이 다양한 공급자와 수요자들에 의해서 거래가 된다. 시장에서 가격은 수요와 공급이 균형을 형성하는 데 중요한 역할을 한다. 가격은 애덤 스미스가 강조했던 '보이지 않는 손'의 핵심이다. 만약 시장 가격이 시장 균형 가격보다 높아 공급량이 수요량을 초과한 초과공급 상태라면 가격은 하락한다. 따라서 가격 하락으로 초과 공급량이 줄면서 균형이 회복된다. 반면 시장 가격이 시장 균형 가격보다 낮아 수요량이 공급량을 초과한 초과 수요 상태라면 가격 상승으로 초과 수요량이 줄면서 균형이 회복된다.

그러나 시장의 가격이 항상 수요량과 공급량이 일치하는 수준에서 결정되는 것이 아니다. 1930년대 대공황을 경험한 케인스는 임금은 오르기는 쉽지만 한 번 오른 임금은 좀처럼 떨어지지 않는다며 임금의 하방 경직성을 주장했다. 지금도 현실에서 물건들의 가격이 형성될 때는 수요와 공급 이외의 여러 요인들이 영향을 미친다. 하지만 장기적으로 시장 가격은 수요·공급이 일치하는 수준에서만 결정된다.

4. 가격규제정책

정부는 상황에 따라서 시장 가격을 통제하기도 하는데 이것을 '가격규제정책'이라고 한다. 정부의 가격규제정책은 크게 최저가격제와 최고가격제로 구분할 수 있다. 최저가격제는 시장에서 상품을 일정한 가격 이하로 거래할 수 없도록 정부가 규제하는 정책이며, 최고가격제는 일정 가격 이상으로는 상품을 거래할 수 없도록 통제하는 정책이다.

1) 최저가격제

일반적인 상황에서 1,000원에 거래되던 사과 가격이 풍년으로 500원 급락했을 때 정부가 농민들을 보호할 목적으로 사과를 개당 700원 이하로 거래하지 못하도록 통제했다면 이는 최저가격제도의 사례라고 할 수 있다. 정부가 최저가격제도를 시행하면 상품 가격이 시장 가격보다 높은 가격에 거래되므로 수요자보다는 공급자에게 이득이 증가한다. 따라서 기업이 공급하는 일반적인 재화이나 서비스 시장에서는 최저가격제의 적용 사례를 찾기가 어렵고, 앞의 사례와 같은 농산물 시장이나 요소 시장인 노동 시장에서 공급자인 개인들을 보호하기 위해 최저임금제도가 시행되고 있다.

최저가격제의 대표적인 사례는 바로 최저임금제이다. 국가가 근로자의 생활 안정 등을 목적으로 임금의 최저수준을 정하고, 사용자에게 그 수준보다 낮은 임금을 지급하지 못하도록 법으로 강제하는 제도로 임금이 그래프에서 볼 수 있듯이 균형가격(W)보다 높은 수준(W1)에서 형성된다. 이 같은 노동 시장의 경우 공급(일을 하려는 사람)은 많은데 일자리를 제공하는 기업, 즉 노동 수요가 적어지면 실업이 발생하는 등의 사회문제를 야기할 수 있다.

노동 시장의 최저임금제와 빵 시장의 최고가격제

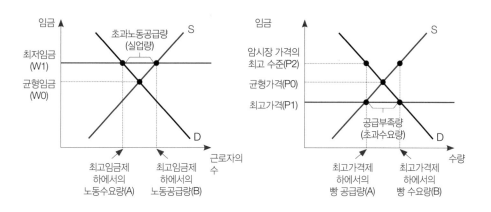

2) 최고가격제

최저가격제와 달리 최고가격제는 공급자보다는 소비자들에게 유리한 정책이다. 앞서 최저가격제의 사례로 들었던 사과 시장을 다시 생각해보자. 이상 기후로 사과 작황이 부진해 가격이 폭등했을 때 정부가 소비자들을 보호하기 위해 공급자들이 일정 가격 이상 받을 수 없도록 규제를 했다면 이는 최고가격제의 사례가 될 수 있다. 즉 사과 생산량이 감소해 시장에서 형성된 사과 균형 가격은 2,000원인데 정부가 1,500원 이상 받을 수 없도록 가격을 규제한다면 시장에서 형성되는 거래 가격은 1,500원으로 하락하고 거래량도 감소하게 된다. 이처럼 정부가 최고가격제를 시행하면 생산자들의 이익은 감소하는 반면 소비자들은 싼 값에 물건을 살 수 있게 된다.

하지만 최고가격제를 실시할 경우 부작용이 발생할 수 있는데, 이처럼 거래량이 줄면서 암시장이 형성될 수 있다는 것이다. 예를 들어 과거 월드컵 경기의 입장료가 원가의 다섯 배나 뛰는 상황이 벌어졌다. 즉 초과수요로 인해 정해진 가격(P1)보다 높은 값(P0)을 치루더라도 이를 구입하려는 사람이 나타나는 것이다. 이처럼 최고가격제는 시장 가격을 왜곡시키는 결과를 초래할 가능성이 있다.

정부가 최저가격제와 최고가격제를 시행하면 시장 거래량은 감소하고 이로 인해 사회 전반적인 후생수준, 즉 시장 전체에서 거래를 통해 공급자들과 수요자들이 얻는 이들의 합은 감소하게 된다. 그럼에도 불구하고 정부가 가격규제정책을 시행하는 이유는 자원 활용의 효율성이 떨어지더라도 최저가격제는 생산자(공급자)를 보호할 수 있고, 최고가격제는 소비자(수요자)를 보호할 수 있어서 정책적 형평성을 높일 수 있기 때문이다.

최저임금 두배 올라도 … 저임금 안줄었다

〈월소득 108만원 미만〉

지난 10년간 최저임금이 2배 올랐지만, 저임금 근로자 비율은 여전히 전체 근로자 대비 20%대를 유지하고 있는 것으로 드러났다. 시간당 임금은 올랐지만, 이들 저임금 근로자의 근로시간이 줄어들면서 전체 임금이 오르지 못한 결과다. 공장의 해외 이전, 학력·성별에 의한 차별 등도 임금 상승을 억제하는 요인으로 꼽힌다.

이 때문에 근로자 '개인'에게 지급하는 최저임금보다는 '가구' 단위로 지급하는 근로장려금(EITC)을 확대하는 게 저임금 근로자로 구성된 취약계층의 근로조건 개선을 위한 지름길이라는 지적이 제기된다. 23일 경제협력개발기구(OECD)에 따르면 우리나라 저임금 근로자 비율은 2007년 26.0%에서 지난해 23.5%로 2.5%포인트 하락하는 데 그쳤다. 같은 기간 최저임금이 시간당 3480원에서 6030원으로 증가한 것과는 대조적이다. 저임금 근로자란 전체 근로자 전체 월급 중간값(중위소득)의 3분의 2 미만을 받는 근로자를 말한다. 지난해 기준 1인 가구의 중위소득이 162만원인 것을 고려하면 이들 저임금 근로자는 1인당 월평균 108만원 미만을 번 것으로 추정된다.

최저임금이 대폭 올랐는데도 저임금 근로자 비율이 줄지 않는 것은 최저임금 인상에 따른 '풍선효과'로 취약계층의 근로시간이 줄고 있기 때문이다.

통계청에 따르면 지난 2월 기준 주 36시간 미만 근로자는 약 402만7000명에 달한다. 도소매 및 음식·숙박업(95만명), 농림·임업·어업(60만4000명), 건설업(35만1000명) 등이 이에 해당되는데, 이들 업종은 저임금 근로자가 주로 종사하는 분야

저임금 근로자 비율과 최저임금 인상률
(단위=%·원)

26.0 25.0 23.8 24.7 23.5 23.5 ← 저임금 근로자 비율

최저임금: 3,480 4,000 4,320 4,860 5,580 6,030

2007년 2009년 2011년 2013년 2015년 2016년
*저임금 근로자란 월 임금 중위값의 3분의 2 미만을 받는 근로자. 자료=통계청, 최저임금위원회

교육 수준별 임금 분포 및 근로자 수
(단위=만명)

교육 수준	저임금	중간임금	고임금
초졸 이하	71.4	43.9	3.1
중졸	59.2	68.2	7.1
고졸	209.9	415.4	118.4
전문대졸	33.6	178.0	69.3
4년제 대졸	35.6	263.9	261.3
대학원 이상	4	25.9	63.0

*2015년 기준. 자료=노동연구원이 통계청 자료 가공

10년간 임금 3480→6030원
저임금근로자 2.5%P만 줄어
일용직·알바 내몰리며
근로시간 줄어든 탓

다. 이 같은 단시간 근로자는 2007년 302만명에서 지난해 447만명으로 급증했다. 대부분이 건설 일용직, 편의점 아르바이트와 같은 고용불안에 시달리는 비정규직으로 파악된다. 다시 말해 저임금·비정규직 근로자를 중심으로 근로시간이 줄어들면서 시간당 최저임금은 개선됐지만 총임금은 크게 늘지 않았다는 이야기다.

아울러 공장의 해외 이전도 이들 저임금 근로자의 처우를 악화시키고 있다. 노동연구원에 따르면 해외 아웃소싱 증가가 저임금 근로자 임금에 미치는 부정적인 영향을 표준화한 결과, 2009~2014년 -0.065로 1998~2007년(-0.035)에 비해

두 배 증가했다. 2008년 글로벌 금융위기 이후 국내 공장이 베트남, 인도 등으로 이전하면서 국내 비숙련 근로자의 임금 상승을 억제하고 있다는 것이다.

이외에도 학력·성별에 의한 차별도 여전하다. 2015년 기준 저임금 근로자 약 340만명의 82%가 고졸 이하다. 아울러 노동연구원에 따르면 여성의 경우 저임금노동자일 확률이 남성에 비해 4.1배 높다. 고졸·경력단절여성 등을 중심으로 저임금에 시달리고 있는 것이다. 이에 따라 전문가들은 최저임금 인상보다는 근로장려세제 확충이 실질적으로 저소득 근로자에게 도움이 될 수 있다고 말한다. 가령 대기업 임원을 아버지로 둔 아들이 최저임금을 받는 아르바이트를 한다고 가정하자. 최저임금 인상이 아들에게 도움이 될 순 있지만, 이들을 정책 대상으로 도와야 하느냐는 의문이 제기될 수 있다. 실제로 한국개발연구원(KDI)에 따르면 2013년 기준 최저임금도 못 받는 근로자 152만3000명 중 30%만이 빈곤가구에 속했다.

나현준 기자

매일경제신문 2017년 7월 24일자

5. 가격과 탄력성

수요의 가격 탄력성

1) 탄력성Elasticity

경제학에는 과학 용어를 차용하는 사례가 종종 있다. 경제학에서 자주 사용되는 물리학 개념 중 하나가 탄력성인데 이는 물체에 힘을 가했을 때 원상태로 되돌아가려는 힘을 말한다. 경제학에서 탄력성은 가격이나 소득이 변화했을 때 수요량이 변화하는 강도를 의미한다. 보통 경제 주체들의 반응이 민감하고 클 경우 '탄력적'이라고 하고 느리고 작을 경우 '비탄력적'이라고 한다.

2) 수요의 가격 탄력성

수요의 가격 탄력성은 수요량의 변화율을 가격의 변화율로 나눈 값으로 표현한다. 예를 들어 마트에서 판매하는 사과의 가격이 1,000원에서 1,200원으로 인상되었을 때 판매량이 100개에서 90개로 감소했다면 사과의 가격 탄력성은 0.5이다. 사과 가격이 20% 인상되었을 때 판매량이 10% 감소했음으로 앞의 설명대로 가격 탄력도를 계산하면 0.5가 된다.

가격 탄력성의 부호

가격 탄력성은 가격 변화에 대해 수요(또는 공급)가 얼마나 민감하게 변화하는 가를 숫자로 표현한 것이다. 일반적인 재화의 수요량은 가격과 반대방향으로 변하기 때문에 수요의 가격탄력성은 마이너스(-) 값을 갖는다. 하지만 관례상 편의를 위해 절대치인 플러스(+) 수치로 표시한다.

$$\text{수요의 가격 탄력성}(\varepsilon) = \frac{\text{수요량의 변화율(\%)}}{\text{가격의 변화율(\%)}}$$

$\varepsilon = \infty$	$\infty > \varepsilon > 1$	$\varepsilon = 1$	$0 < \varepsilon < 1$	$\varepsilon = 0$
완전 탄력적	탄력적	단위 탄력적	비탄력적	완전 비탄력적

이와 같이 계산한 탄력성(ε)이 1인 경우에는 단위 탄력적이라고 하고, 1보다 큰 경우에는 탄력적, 1보다 작은 경우에는 비탄력적이라고 한다. 탄력성은 그 값의 범위에 따라 아래와 같이 구분된다.

수요의 가격 탄력성에는 일반적으로 두 가지 특징이 있다. 첫째, 필수품에 대한 수요는 대체로 비탄력적인 반면 사치품에 대한 수요는 탄력적이다. 예를 들어, 쌀 (밥)은 한국인의 식탁에 필수적이다. 따라서 가격이 변동하더라도 수요가 크게 늘거나 줄지 않는다. 쌀값이 반으로 내려도 끼니마다 먹는 밥 양이 두 배로 늘지는 않는다. 마찬가지로 쌀값이 두 배로 올라도 먹는 밥의 양을 반으로 줄이지도 않는다.

둘째, 어느 재화에 대체재가 존재하면 그 재화의 수요는 탄력적이다. 버터와 마가린을 예로 들 수 있다. 버터와 마가린은 서로 대체할 수 있기에 버터의 가격이 그대로인데 마가린 가격이 조금 오르면 마가린 판매량은 크게 감소한다.

3) 공급의 가격 탄력성

마찬가지로 공급의 가격 탄력성은 가격이 변할 때 공급량이 어떤 비율로 변화하는가를 나타내는 것이다. 공급의 가격 탄력성은 다음과 같은 요인에 따라 영향을 받는다. 먼저 생산 요소의 탄력성이다. 재화의 가격이 올라서 생산자가 공급을 늘리고자 하는 경우를 생각해보자. 여러 생산자가 생산을 늘리려고 하니 생산 요소에 대한 수요가 늘고 가격이 오르게 된다. 재화의 가격이 올라서 수입이 늘어난 것보다 생산 요소의 가격이 올라서 비용이 더 늘어난다면 생산자는 공급을 크게 늘리지 않을 것이다. 그 밖에도 공급 탄력성은 생산 기술의 조건에도 영향을 받는다.

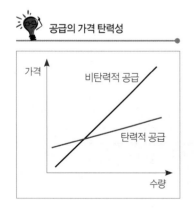

공급의 가격 탄력성

어느 재화의 공급량이 가격 변화에 대해 민감하게 변하면 그 재화의 공급이 탄력적이라고 하며, 반면에 가격이 변할 때 공급량이 그보다 적게 변하면 공급은 비탄력적이라고 한다. 즉 공급의 가격 탄력성은 공급자들이 생산량을 얼마나 신축적으로 조절할 수 있느냐에 좌우된다. 그러나 농산물과 같은 상품들은 가격이 올랐다고 공급을 급히 늘릴 수 없다. 농산물은 재배 시기가 정해져 있고 수확하는 데 일정한 시간이 필요하기 때문이다. 이것이 공급의 탄력성을 비탄력적으로 만드는 가장 큰 요인이다.

탄력성

탄력성 개념은 기업의 판매 전략뿐만 아니라 정부에서 각종 공공 요금을 인상할 때와 담뱃값을 인상해 흡연율을 내리려고 할 때도 중요하게 고려된다.

　과거 배추 파동은 이러한 공급의 탄력성을 잘 보여주는 사례다. 당시 국내 배추의 부족분을 중국에서 수입해 대체하려 했지만 수입량을 크게 늘리지는 못했다. 중국 농민들이 한국의 배추 파동을 예측하고 미리 배추를 많이 심지는 않았기 때문이다.

4) 탄력성과 시장 가격

　시장의 균형 가격은 수요와 공급에 의해 결정된다. 즉 수요는 일정한데 공급이 증가하면 균형 가격이 내려가고 균형 거래량은 증가한다. 하지만 이것만으로는 구

탄력성별 가격 변화와 기업 매출액의 변화

탄력성	가격 변화	기업 매출액 변화
탄력적 (e > 1)	상승(↑)	감소
	하락(↓)	증가
단위 탄력적 (e = 1)	상승(↑)	불변
	하락(↓)	
비탄력적 (e < 1)	상승(↑)	증가
	하락(↓)	감소

체적으로 균형 가격이 어느 정도 변화할 때 얼마나 변화하는지에 대해서는 잘 알수 없다. 탄력성은 이를 해결할 수 있게 하는 유용한 개념이다.

보통 영화관에서는 성인과 청소년의 관람 요금을 다르게 책정한다. 이것은 탄력성의 개념을 적용한 것이다. 청소년들은 요금 변화에 더 민감하여 가격을 조금 내리면 가격이 내린 정도보다 더 많이 영화관을 찾으므로 결과적으로 영화관 수입은 증가한다. 이처럼 구매자의 특성 말고도 시간대에 따라, 장소에 따라 가격을 차별화하는 것은 이에 따른 수요의 가격 탄력성이 다르기 때문이다. 이 과정에서 가격 인하 정책은 상대적으로 가격 탄력성이 큰 사람들에게, 고가 정책은 상대적으로 가격 탄력성이 작은 사람들을 대상으로 실시된다.

합리적 의사 결정이란?

경제학에서 추구하는 합리적 의사 결정이란 무엇일까? 시중에 출간된 경제학을 소재로 한 서적들을 보면 '사회 구성원의 이윤을 극대화하는 것이 가장 합리적인 의사 결정이다'는 언급이 많다. 하지만 이는 엄밀히 말해 정확한 대답이라 할 수 없다. 이윤이라 하면 보통 물질적인 측면만을 대상으로 한다. 하지만 개인이 경제 활동을 통해서 얻고자 하는 바는 물질적인 측면에 국한되지 않는다. 단순히 이윤 극대가 가장 합리적인 선택이라고 보기는 어려운 것이다.

최근 새로운 소비 풍경을 보이는 유럽의 꽃 시장을 들여다보자. 과거 소비자들은 꽃의 생산지와 관계없이 값싸고 싱싱한 꽃만을 구매했었다. 하지만 점차 생태 환경의 중요성이 커지면서 소비자들은 값은 더 비싸지만 무공해 자연에서 재배한 케냐 산 꽃을 선호하게 되었다. 경제학에서 합리적인 의사 결정이 이윤을 극대화하는 것이라 규정할 경우 이는 비경제적인 행위가 된다. 하지만 소비자들은 친환경적인 소비 활동을 통해서 얻는 만족감이 금액의 차이보다 크기 때문에 이 같은 소비를 한다. 즉 비경제적인 소비 행위가 아니라 비용 대비 자신의 만족을 극대화하려는 합리적인 소비 행태인 것이다.

따라서 경제학이 추구하는 합리적 의사 결정은 경제 주체의 이윤 극대화가 아니라 경제 주체의 '만족 극대화'라 표현해야 더 적절할 것이다. 만족이란 단어에는 경제 주체들이 물질적인 측면뿐만 아니라 정서적인 측면까지 달성하려 한다는 뜻이 포함되어 있기 때문이다.

시장의 구조와 한계

학습 목표

- 시장의 구조의 이해
- 여러 시장 구조에 대한 특징
- 시장 실패에 대한 이해

| 들어가며 |

환경오염과 시장 경제

시장 경제의 폭발적 성장은 지구온난화 현상으로 이어
졌다. 오늘날 사람들은 경제발전 욕구만으로는 인간 삶
의 질 향상이라는 경제발전의 궁극적인 목적을 달성할
수 없다는 것을 인식하기에 시작했다. 환경만을 생각하
는 경우 정부가 직접 오염배출량 한도를 정해서 제한하
는 직접적인 규제 정책을 생각할 수 있다.

탄소배출권을 시장에서 사고파는 시대가
왔다.

하지만 획일적인 환경 규제는 오염원별 저감기술의 격차
를 무시한 채 기업의 생산량만을 일방적으로 규제하게

돼, 결과적으로 가장 적은 비용으로 전체 저감량을 달성하지 못한다는 비효율의 한계점을 가지고 있다.
따라서 기존의 직접적인 규제보다는 다양한 환경오염 저감을 위한 유인 정책을 사용함으로써 시장 기
능을 활용하여 환경문제를 해결하고 동시에 경제발전을 추구하는 환경 정책이 필요하다. 예를 들어 기
업에 추가적인 부담을 주지 않으면서 환경오염 저감 목적을 달성하기 위한 '중립적 환경세 부과'와 오
염 배출권을 시장에서 생산자 간 거래를 하도록 유인해 오염을 자발적으로 저감하도록 유인하는 '배출
권 거래제' 등이 있다.

1. 시장 구조

시장 구조란 제품의 특성과 경쟁자의 숫자를 기준으로 시장의 특성을 규정하는 것이다. 시장 내 제품이 차별화되어 있는지, 경쟁 기업이 몇 개인지 등을 기준으로 시장을 구분한다. 시장 구조를 파악하는 것이 중요한 이유는 이것이 시장의 자원 배분과 밀접한 관련이 있기 때문이다. 경제 분야뿐만 아니라 경영 분야에서도 시장 구조를 중요하게 여긴다. 기업이 활동하는 업계(시장)의 구조가 기업 수익성에 막대한 영향을 미치기 때문이다. 기업이 활동하는 시장의 구조가 마치 중력처럼 하나의 장場으로써 영향을 미치기 때문이다. 개별 기업이 다양한 경쟁 전략을 바탕으로 활동하더라도 기업은 궁극적으로 자신이 속한 시장의 구조적 특징의 영향을 벗어날 수 없다.

시장은 시장 거래자의 수, 상품의 동질성, 진입 장벽 등에 따라 아래와 같이 나눌 수 있다. 하지만 현실에서 시장은 아래 각 시장들의 성격이 혼재된 형태로 나타난다. 따라서 완전 경쟁 시장이나 독점 시장은 나타나기 어렵다. 다만 전력 시장에서와 같이 독점 시장의 성격이 강하게 나타나거나, 통신 회사와 같이 과점 시장의 성격이 더 강하게 나타날 뿐이다.

• 시장의 분류

구분 \ 종류	완전 경쟁 시장	독점적 경쟁 시장	과점 시장	독점 시장
거래자의 수	다수	다수	소수	하나
상품의 동질성	동질	이질	동질, 이질	동질
진입 장벽	없음	낮음	높음	매우 높음
시장의 특징	거래자들이 시장에 대한 완전한 정보 소유	상품 차별화 진행 비가격 경쟁 차별	한 기업의 행동이 다른 기업에 큰 영향을 미침	독점 기업이 시장 가격 결정

1) 완전 경쟁 시장

(1) 완전 경쟁 시장의 특성

경제학자들은 완전 경쟁 시장을 가장 완벽한 형태의 시장으로 생각한다. 완전 경쟁 시장에서는 자원이 가장 효율적으로 배분되므로 상품을 만드는 기업이나 상품을 구매하는 소비자들의 만족이 가장 크기 때문이다.

완전 경쟁 시장이 되기 위한 조건은 네 가지다. ①시장에 참여하는 공급자와 수요자의 수가 많고 ②시장에서 공급되는 재화의 질이 동일하며 ③진입 장벽이 존재하지 않고 ④완전한 정보 공유가 가능하다는 것이다. 특히 위의 ①과 ②의 조건을 충족하는 시장은, 시장 참여자가 시장 내 상품의 가격에 영향을 미칠 수가 없다.

완전 경쟁 시장에서 시장의 수요 곡선은 수요의 법칙을 만족하므로 항상 우하향한다. 하지만 시장에 참여한 개별 기업은 규모가 매우 작기 때문에 시장에서 결정된 가격을 그대로 수용Price taker한다. 즉 기업의 수요 곡선은 시장의 수요 곡선과 달리 시장의 균형 가격(P*)에서 수평선 형태를 갖는다.

시장의 수요 곡선

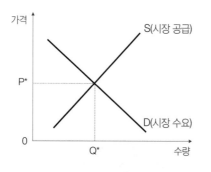

개별 기업의 수요 곡선

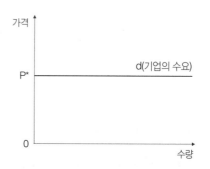

앞의 ①~④ 조건 외에 정보의 대칭성(정보의 완전 공유)도 완전 경쟁 시장이 되기 위한 필요조건이다. 만약 시장에 참여한 모든 사람들이 같은 정보를 공유하지 않는다면(정보 비대칭) 더 많은 정보를 가진 사람이 정보가 적은 사람을 상대로 이득을

취할 수 있다.

예를 들어 완전 경쟁 시장에서 사과 가격이 개당 1,000원이라면 A마트는 사과를 1,000원에 팔 수밖에 없다. 하지만 정보가 불완전하게 공유되면, A마트는 사과를 개당 1,200원에 판매할 수도 있다. A마트가 다른 마트보다 높은 가격으로 사과를 팔고 있다는 사실을 모르는 소비자 중 사과로 얻는 만족이 1,200원 이상인 사람들은 A마트 사과를 구매할 것이다. 이런 경우 A마트는 개당 200원의 초과 이윤을 얻을 수 있다.

완전 경쟁 시장의 조건

• 무수히 많은 시장 참여자
• 동질적인 재화
• 진입 장벽이 없음
• 정보의 완전한 공개성

현실에서 완전 경쟁 시장의 사례를 찾아보기는 매우 어렵다. 완전 경쟁 시장과 가장 가까운 시장인 외환 시장에서 외환딜러가 거래를 하고 있다.

(2) 완전 경쟁 시장에서의 자원 배분

완전 경쟁 시장에는 생산자가 제품을 한 단위 추가로 생산하기 위해 치러야 하는 비용(한계비용)과 시장 가격이 같은 지점에서 거래가 이루어진다. 즉 생산자가 제품을 생산하는 데 드는 비용과 소비자가 기꺼이 지불하고자 하는 가치가 일치한다.

또, 완전 경쟁 시장에서 기업은 경쟁을 통해 평균생산비용이 최저가 되는 지점에서 생산활동을 한다. 이는 장기적으로 완전 경쟁 시장에서는 최소의 비용으로 생산할 수 있는 기업만 살아남을 수 있다는 것을 의미한다. 다시 말해서 완전 경쟁 시장에서는 자원을 가장 효율적으로 이용할 수 있는 기업들만 시장에 존재하게 된다는 것이다. 따라서 한계비용과 시장 가격이 일치하는 지점에서 거래가 이루어진다는 것과 평균생산비용이 최저가 되는 지점에서 생산 활동이 이루어진다는 것은 완전 경쟁 시장이 자원을 가장 효율적으로 배분하는 산업형태라는 주장을 뒷받침하는 근거가 된다.

2) 독점 시장

(1) 독점 시장의 특징

독점은 여러 기업들이 경쟁에서 우위를 차지하기 위해 원가를 절감하고, 품질을 개선해 시장에서 자원을 효율적으로 배분한다는 시장 원리에 벗어난 산업 형태이다. 많은 사람이 모인 현대 사회에서는 상품을 생산하고자 하는 기업 역시 다수이다. 오직 하나의 기업이 특정한 물품을 시장 전체에 공급한다는 것은 특별한 이유가 없이는 어려운 일이다.

독점 시장이 완전 경쟁 시장과 다른 가장 큰 특징은 공급자가 시장에서 영향력(마켓 파워)을 갖는다는 점이며, 이는 기업이 제품의 가격에 영향을 미칠 수 있다는 말이다. 완전 경쟁 시장에는 가격이 주어진 상태에서 무수한 경쟁 기업들이 활동하지만, 독점 시장에는 가격을 결정하는 단 하나의 기업만 존재한다.

(2) 독점이 발생하는 원인

❶ 자연 독점

근본적으로 독점이 발생하는 이유는 새로운 사업자에게 존재하는 진입 장벽이 있기 때문이다. 하지만 정부의 특별한 개입 없이 시장에서 자연스럽게 진입 장벽이 형성되는 경우도 있다. 이를 자연 독점Natural Monopoly이라 한다. 자연 독점은 생산 과정에서 투입되는 고정 비용이 매우 크고, 추가로 드는 가변 비용은 매우 적은 경우 발생한다. 고정 비용이 클 경우 신규 사업자는 시장 진입을 위해 비용을 마련하는 것 자체가 어렵기 때문에 자연적으로 진입 장벽이 형성된다.

우리 주변에서 흔히 볼 수 있는 전기나 수도 산업들이 대표적인 예로 발전소를 짓고 전선을 설치하는 비용이나, 정수장을 건설하고 수도관을 설치하는 비용은 매우 높다. 하지만 물이나 전기는 우리 생활에 반드시 필요한 것들이기 때문에 민간에 생산을 맡기면 국민의 생활이 불편해질 수 있다. 그래서 정부는 이들 주요 산업을 국유화하여 직접 관리한다. 우리나라의 경우 한국전력공사와 수자원공사가 정부의 관리를 받으며 독점적으로 전력과 수도 사업을 맡고 있다.

자연 독점이 생기는 다른 하나의 요인은 생산 자원이 소수에 의해 장악되는 경우이다. 석유가 특정 지역에서만 나기 때문에 산유국들이 석유에 대해 독점적인 지위를 차지하는 것도 자연 독점의 좋은 예이다.

❷ 정부에 의한 독점

독점은 정부의 법률에 의해 만들어지기도 한다. 이를 법률적 독점이라 한다. 정부의 수익 사업을 위해 전매제를 실시하는 경우 정부가 소유한 기업에 독점권이 부여된다. KT&G의 과거 이름은 '한국담배인삼공사'로 담배와 인삼의 독점권을 부여받은 공기업이었다. 또한 글이나 음악 또는 컴퓨터 프로그램 등에 대한 저작권, 또는 신기술에 대한 특허권 등도 정부가 법률적으로 생산자에게 독점권을 부여하는 예이다.

❸ 포지티브 피드백에 의한 독점

최근 들어 정보통신이나 생명공학 등 이른바 지식 기반 산업이 확대되면서 이 분야의 독점 현상이 증가하고 있다. 지식 기반 경제에서는 산업화 시대에 적용됐던 수확 체감의 법칙 대신 포지티브 피드백Positive Feedback(어떤 제품이나 기업이 시장에서 우위를 차지하게 되면 수확 체증의 법칙에 따라 그 우위성이 확대되고 해당 제품이나 기업은 계속해서 시장을 지배해나가는 현상)이 나타난다.

지식 기반 산업은 초기 엄청난 개발 비용이 소요되지만 일단 개발이 되면 생산비가 거의 들어가지 않는다는 특징이 있다. 따라서 자본과 노동력을 추가로 투입해 생산을 상당한 수준까지 증가시켜도 평균 비용은 계속 감소한다. 이러한 시장에서는 선두 기업은 가격을 낮추면서 생산을 늘려도 손실이 발생하지 않아 시장을 장악하게 되고, 후발 주자들은 이러한 비용 우위를 견디지 못해 시장에서 퇴출된다. 대표적인 사례가 마이크로소프트MS이다.

(3) 가격 차별_{Price Discrimination}

❶ 가격 차별의 개념

독점 기업은 스스로 시장 전체의 가격과 생산량을 결정할 수 있기 때문에 이윤을 극대화하는 지점에서 생산량과 가격을 결정한다. 따라서 독점 시장에서 상품 가격은 일반적으로 완전 경쟁 시장의 가격보다 높기 때문에 그 상품에 높은 가치를 부여하는 소비자들만 구입하게 된다. 하지만 독점 기업이 마켓 파워를 잘 활용해 같은 제품을 다른 가격에 판매하면 사중 손실을 줄일 수 있다. 이를 가격 차별이라고 한다.

예를 들어 특정 구간 열차를 독점하는 기업이 있다고 가정하자. 이 기업은 승객들에게 운임으로 1만 원을 받으면 이윤이 극대화된다. 그러나 해당 철도 기업이 승객 1명을 추가로 운송할 때마다 드는 비용이 5,000원이라면 철도 기업은 5,000원~1만 원 사이의 지불의사를 가진 고객을 놓치는 셈이 된다. 따라서 독점 기업이 낮은 지불 용의를 갖는 사람에게 상품을 판매해서 이윤을 얻기 위해 취하는 행동이 가격 차별이다.

❷ 가격 차별의 조건

가격 차별은 소비자의 지불 의사에 따라 다른 가격을 매기는 기업의 행위로 시장에서 다음과 같은 조건이 충족돼야 이뤄질 수 있다. 첫째, 기업이 가격을 원하는 대로 설정할 수 있어야 한다. 즉 시장 독점력을 가지고 있어야 한다. 완전 경쟁하의 기업은 시장 가격에 순응하는 수밖에 없기 때문에 소비자마다 다른 가격을 설정하는 행위 자체가 불가능하지만 일정한 시장 지배력을 갖는 기업들은 가격 설정자이기 때문에 서로 다른 소비자들에게 서로 다른 가격을 매길 수 있다.

둘째, 기업이 소비자의 지불 의사를 파악할 수 있어야 한다. 기업은 다양한 소비자의 지불 의사를 파악할 수 있어야 그에 맞추어 가격을 책정할 수 있다.

셋째, 시장이 완전하게 분리돼야 한다. 서로 다른 가격을 지불하는 소비자 간에 거래가 이루어지거나, 자신에게 책정된 가격 이외의 가격으로 상품을 구매할 수 있으면 안 된다. 낮은 가격에 물건을 사서 소비자에게 비싼 가격에 파는 전매 행위가 이뤄지면 가격 차별을 실시하는 의미가 없다.

❸ 가격 차별의 종류

가격 차별의 종류는 1차, 2차, 3차 가격 차별로 나눌 수 있다. 그중 흔히 경제적 순손실이 발생하지 않는 가격 차별을 1차 가격 차별(완전 가격 차별)이라고 한다. 이는 각각의 재화 단위마다 서로 다른 가격을 설정해 판매하는 것을 말하는데, 이때 기업은 모든 소비자들의 지불 의사를 정확히 파악해 소비자가 지불하고자 하는 최대 가격(수요 가격)을 판매 가격으로 설정하게 된다. 결국 수요 가격으로 판매가 이루어지게 되므로 소비자가 누릴 수 있는 소비자 잉여는 모두 기업에 귀속되어 기업은 최대 이윤을 얻을 수 있게 된다.

하지만 이러한 가격 차별은 불특정 다수 소비자들의 지불 의사를 정확하게 파악하기 어렵고, 차별적인 가격의 종류도 천차만별이기 때문에 사실 현실적인 사례를 찾아보기 어렵다. 다만 사회 봉사를 목적으로 한 식당 등에서 각 소비자의 형편에 따라 지불할 수 있는 금액을 받고 음식을 제공하는 것이 가장 유사한 예라고 하겠다.

일반적인 가격 차별 형태는 소비자를 재화의 구입량이라든가 수요의 가격 탄력성에 따라 2개 이상 집단으로 분리해 집단별로 각각 상이한 가격을 설정하는 것이다. 여기에서 구입량에 따른 가격 차별을 2차 가격 차별, 소비자들을 몇 개의 집단으로 구분하여 다른 가격을 책정하는 것을 3차 가격 차별이라고 부른다.

예를 들어 휴대폰 요금이나 전기 요금처럼 사용량에 따라 단위 요금을 다르게 책정하거나 산업용과 가정용과 같이 사용 목적이나 방법에 따라 서로 다른 요금 체계를 설정하는 사례가 이에 해당한다. 또 흔히 가정에서 배달 음식을 주문하고 받은 쿠폰을 모았을 때 판매자가 무료로 음식을 제공하는 것도 포괄적인 의미의 가격 차별이라고 할 수 있다. 쿠폰을 모을 정도로 가격에 민감한 탄력적인 소비자에게는 상대적으로 낮은 가격을, 반대의 소비자에게는 높은 가격을 매기는 것이기 때문이다.

❹ 가격 차별의 장단점

가격 차별이 시행되면 보통 생산량이 증가하게 되므로 독점력을 가지고 있는 기업들의 과소 생산 문제를 완화시킬 수 있고 소비자 분리를 통해 저소득층이 낮은 가격으로 재화를 구입할 수 있는 긍정적인 효과가 있다. 성수기와 비성수기의 항공 요금, 야간 택시 할증 요금, 심야전기 할인 요금, 쿠폰 할인 등은 실생활에서 볼 수 있는 가격 차별의 사례들이다.

하지만 가격 차별은 소비자가 재화 소비를 통해 느끼게 되는 효용을 기업이 인위적으로 관리하거나 귀속시킨다는 문제점도 있다. 예를 들어, 기업이 수출 우선 전략을 펴면서 내수용과 수출용의 제품 가격이나 품질을 달리하여 국내 소비자들을 홀대하는 것, 소비자 과시욕에 편승하는 가격을 책정해 계층 간 괴리감을 발생시키는 경우 등이 있다.

(4) 독점과 시장 실패

독점 시장에서는 재화는 완전 경쟁 시장에서만큼 생산되지 못한다. 이는 독점의 폐해라 할 수 있다. 즉 독점의 문제점이란 독점 기업인 공급자에게 더 많은 이익이 돌아가는 것이 아니라 시장 전체적으로 가장 효율적인 생산이 이뤄지지 못하는 것이다. 공급자인 기업에 더 큰 이익이 돌아가는 것은 경제학적으로 큰 문제가 되지 않는다. 공급자인 기업과 수요자인 소비자의 이익을 모두 똑같이 고려해 사회 전체적으로 가장 효율적인 자원 배분의 방법을 탐색하는 것이 경제학의 중요한 역할이다.

(5) 독점에 대한 정책 수단

독점이 사회 전체적으로 손실을 발생시키기 때문에 정부는 이를 해결하기 위한

KTX vs 수서發 SRT
117년만에 '철도 경쟁'

불과 30여 년 전만 해도 통신산업(유선·무선 전화) 분야에서 정부가 독점적인 서비스를 제공하는 것이 당연하게 여겨졌다. 한국 경제가 아직 관치경제에 머무르던 당시에는 대규모 투자가 필요한 망(network) 산업에서 민영화와 경쟁체제는 비효율적이라는 인식이 있었다. 복수의 민영 사업자가 존재하면 중복 투자가 발생하며, 사기업이 이윤 추구를 하다 보면 요금을 상승할 것이라는 비판적인 시각이 존재했다.

그러나 지금은 소비자들이 소위 통신 3사(SK텔레콤, KT, LG유플러스) 중 자신이 선호하는 사업자를 선택하는 것을 당연하게 받아들이고 있다. 또 이 같은 민영화와 경쟁체제가 국내 통신산업의 위상을 키우고 기업 경쟁력 및 효율성도 증진시켰다는 평가를 받고 있다.

올해 말 그동안 출발하는 고속열차(SRT)가 정식으로 개통된다. 한국철도공사(KTX)와 함께 SRT가 운영되면 우리나라 철도 117년 역사에서 처음으로 '경쟁체제'가 도입되는 것이다. 하지만 철도산업은 민영화와 경쟁체제를 도입하기가 어려운 산업이다. 물리적으로 단일 철로를 두고 복수의 사업자가 경쟁하는 체제를 구축하는 게 쉽지 않기 때문이다. 실제로 선진국에서 민영화 혹은 경쟁체제를 도입한 후 이전보다 소비자 만족도, 안전성 등이 악화되는 사례가 있었다. 다만 SRT의 경우에는 앞선 국가들에서 경험과 시행착오를 보완하는 방식으로 경쟁체제를 만들었기 때문에 경쟁으로 인한 긍정적인 효과가 나타날 기업 내부의 효율성도 높이는 설명이 많다.

◆ 유럽은 완전개방으로 민영화 성공사례 나아

앞에서부터 원칙 민영화와 경쟁체제를 도입한 영국부 두 가지 방식으로 여객용 철도 운영 서비스에서 민영화가 이뤄졌다. 첫째는 프랜차이즈(Fran-

chise) 방식이며, 둘째는 완전개방(Open-Access) 방식이다. 전자의 경우 기존의 정부가 운영하던 노선을 민간 회사가 입찰을 통해 따내고 장기간 이들을 운영하는 것이다. 정부에서 보조금을 받기 때문에 요금을 마음대로 정할 수 없는 등 각종 규제를 받는다. 그런데 이 방식의 경우 예상 수준만큼의 적극적인 경쟁이 이뤄지지 않는 사례가 많다. 반면 완전개방 방식은 민간 회사가 특정 노선을 상업적으로 직접 운영하는 것이다. 보조금도 없지만 규제도 없다.

영국의 공공거래위원회에 해당하는 경쟁시장청(CMA)은 지난 3월 영국 내에서 완전개방 방식 사업자와 다른 사업자가 경쟁하는 노선에서 요금 인하 등 다양한 효과가 나타났다고 분석했다. 이런 방식의 경쟁이 확대돼야 한다고 발표한 바 있다.

유럽에 비슷한 사례가 또 있다. 특히 수익성이 높은 고속철 분야에서는 실질적인 경쟁이 이뤄질 경우 소비자 후생을 높이고 기업 내부의 효율성도 높이는 것으로 나타나고 있다.

이탈리아는 2012년 4월 고속철도 분야에서 처음으로 민간 회사가 등장했다. 국영 철도의 철도요금 부문에서 NTV는 트레니탈리아(Trenitalia)와 경쟁하는 NTV(Nuovo Trasporno Viaggiatori)라는

회사가 등장한 것이다. 가장 수요가 높은 로마~밀라노 노선에서 두 회사가 경쟁하고 있는데 개방 전에는 트레니탈리아가 일반서에 86유로의 단일한 요금을 부과했다. 하지만 개방 직후 NTV가 일반석에 30유로의 요금을 부과해고 트레니탈리아도 30유로의 요금을 부과하는 등 각종 규제받던 요금 인하와 다변화 효과가 나타났다. 현재 NTV는 20~25%의 시장점유율을 차지하고 있다.

오스트리아에서는 국영 철도주식회사(ÖBB)가 독점해왔던 반~잘츠부르크 노선에 웨스트반(WestBahn)이라는 민간 기업이 들어와 동일 노선을 두고 경쟁하고 있다. 웨스트반은 계약 기간과 요금 규제가 없고 대신 150억원의 선로 사용료만 납부하는 완전개방 방식 사업자다. 전체 직원 수는 약 200명으로 타행 세력은 발생은 인터넷과 열차 안에서만 가능토록 해 조직 효율화를 꾀하고 있다. 웨스트반도 해당 노선에서 20~25%의 시장 점유율을 차지하고 있는 것으로 알려져 있다.

◆ SRT 기본 KTX와 경쟁 가능

새롭게 개통되는 SRT는 유럽 기준으로 봤을 때 완전개방 방식의 사업이 아니다. SRT를 운영하는 SR가 코레일(한국철도공사)의 출자회사이기 때문이다. 전체 지분의 41%를 코레일이 보유하고 있고 국영 은행인 IBK기업은행과 KDB산업은행이

각각 15%와 12.5%를 소유하고 있다. 나머지 31.5%는 연기금인 사학연금이 보유하고 있다.

하지만 SRT는 기존 KTX 간 경쟁이 이뤄질 수 있는 구조가 만들어져 있다. 이는 철도 민영화가 아닌 프랜차이즈 방식이다. SRT는 수서에서 출발해 지제역까지는 별도의 선로를 조성한 이후부터는 KTX와 노선을 공유한다. 소비자 입장에서는 서울에서 출발하는 KTX와 수서에서 출발하는 SRT 중 본인 선호에 따라 선택할 수 있다. SRT는 기존 KTX 대비 10% 저렴하게 운임을 책정할 수 있다. 1명당 1개의 콘센트를 이용할 수 있어 스마트폰이나 랩톱컴퓨터를 사용하는 고객이 충전에 이용할 수 있다. 열차 내에서 무선인터넷도 사용할 수 있다.

운임과 서비스뿐 아니라 시간에서도 경쟁력이 있다. 부산행 정부선은 목포행 호남선이 KTX보다 7~8분 정도 목적지에 더 빨리 도착한다.

김복환 SR 대표이사는 "SRT 개통으로 고객에게 고속열차 선택권이 주어질뿐 아니라 철도, 서비스와 품질, 가격 만의 모든 것이 고객 중심 서비스로 발라들일 것"이라며 "지속적인 혁신을 통해 내 고속철도 서비스의 새로운 기준을 제시하고, 나아가 고객에게 더욱 신뢰받는 고속열차로 거듭나겠다"고 말했다.

이재루 기자

SRT 노선도
- 수서
- 천안아산
- 오송
- 김천구미
- 동대구
- 대전
- 익산
- 경주
- 정읍
- 신경주
- 울산
- 부산
- 광주송정
- 나주
- 목포

연말 목포·부산노선 개통
소비자 선택 가능해져
伊 **로마~밀라노 기차운임**
민영화 후 절반이상 싸져

매일경제신문 2016년 10월 28일자
KTX의 독점적 사업이었던 고속철도에 SRT가 진입하면서 고속철도산업은 경쟁구도가 됐다.

다양한 정책 수단을 사용한다. 대표적인 정책 수단으로는 경쟁 체제의 도입, 가격의 규제, 세금 부과, 공기업화가 있다.

❶ 경쟁 체제의 유도

정부는 독점을 규제하기 위해 제도를 정비하는 등 시장에 개입해 경쟁 구도를 도입한다. 대표적인 예로 세계 여러 나라에서 시행되는 반독점법이 있다. 반독점법은 시장의 독점을 막고 경쟁 체제를 촉진하기 위한 법률이다. 만약 A기업과 B기업이 합병할 경우 해당 시장에 독점을 불러올 가능성이 높다고 판단되면, 이 법에 의거해 두 기업의 합병을 불허할 수 있다. 미국 정부가 마이크로소프트를 여러 회사로 분할하려는 것도 시장에 경쟁 체제를 도입해 독점을 허물기 위한 정부의 개입으로 볼 수 있다.

❷ 가격의 규제

독점 기업은 완전 경쟁 시장에서와 달리 가격 결정자$_{Price\ Maker}$로 시장 내 가격을 결정할 수 있는 힘이 있다. 그렇기 때문에 정부는 가격 결정에 직접 개입해 독점의 폐해에 대응한다. 우리나라에서 전력은 한국전력이 독점 공급하지만, 전기 공급 가격은 정부가 정할 수 있다.

❸ 조세 부과

조세 부과를 통해 독점 기업을 규제하는 방안에는 종량세와 정액세가 있다. 종량세는 독점 기업의 생산물 단위당 일정액의 세금을 부과하는 것이고, 정액세는 독점 기업의 일부를 징수하는 것이다. 종량세와 정액세 모두 독점 기업의 이윤 일부를 조세로 징수해 재분배하는 효과가 있지만, 독점으로 인한 비효율성을 제거하지는 못한다. 특히 수도, 전기 등과 같이 수요의 가격 탄력성이 낮은 재화·서비스는 종량세 부과 시 재화·서비스의 가격은 상승하고, 이 가격 상승분은 소비자가 부담할 가능성이 크다.

❹ 공기업화

국가가 공기업을 통해서 전화, 전기 및 우편서비스 등을 공급하는 것인데, 이는 일반 독점 기업에 비해 낮은 가격에 많은 서비스를 제공할 수 있다. 하지만 최근 공기업 방만 경영 문제와 같이 정부 비효율성의 원인이 되기도 한다.

3) 과점 시장

2012년 12월 24일 방송통신위원회는 이동통신 3사에 대해 과도한 단말기 보조금 지급을 이유로 영업정지와 과징금을 부과했다. 영업정지 기간은 총 66일이고 과징금은 118억 9,000만 원에 달한다. 우리나라 이동통신 시장과 같은 형태를 과점 시장이라 한다. 과점 시장은 소수의 기업이 동질의 상품을 서로 경쟁하면서 생산하고 공급하는 시장 형태를 말한다. 이는 수많은 기업들이 존재하는 완전 경쟁 시장과 시장 내에서 단 하나의 기업만 존재하는 독점 시장과 구별된다.

과점 시장에는 일반적으로 사람들에게 잘 알려진 기업들(휴대폰 회사, 자동차 회사, 건설 회사, 정유 회사 등)이 많다. 시장이 완전 경쟁이라면 기업은 광고를 통해 수익을 증가시킬 수 없고 반대로 독점 시장의 기업들은 굳이 광고를 할 필요가 없는 데 반해 과점 시장에 있는 기업들은 자주 광고를 하게 되어 소비자들에게 인지도가 높아지게 된다.

(1) 과점 시장의 특징

과점 시장의 기업은 소수의 강력한 경쟁자를 갖는다. 이러한 과점 시장 형태에서는 기업들이 서로 협력해 마치 독점 기업인 것처럼 활동할 수도 있다. 하지만 협조가 어려운 경우에는 완전 경쟁 시장보다 더 치열하게 경쟁하기도 한다. 또 가격 이외의 경쟁 요소가 다수 존재한다. 이처럼 과점 시장에서는 상황에 따라 서로 협조를 하거나 심한 경쟁이 발생할 수 있어서 완전 경쟁이나 독점과 같은 일반적인 분석 틀은 존재하지 않는다.

과점 시장의 특징은 크게 소수의 공급자, 약간의 가격 결정권이라 할 수 있다. 또 기업 간 경쟁 의식을 불러 일으켜 전체 시장을 발전시키는 긍정적인 효과도 존재한다. 하지만 서로 시장 내 기업들이 합의를 통해 시장 가격을 올리는 담합의 폐해도 동시에 존재한다.

(2) 담합 Cartel

담합이란 과점 기업들이 결합해 이윤을 극대화할 목적으로 결성한 기업 연합체를 말한다. 이러한 카르텔은 참여한 모든 기업에 이득이 될 수 있다. 하지만 연합체가 깨질 여러 요소들도 있다. 만약 협정 위반시 이득이 더 커진다면 개별 기업들은 담합을 깰 수 있다. 구체적으로 경기가 침체되거나 해당 산업의 진입 장벽이 낮거나, 정부의 규제가 강해질수록 개별 기업들이 협정을 깰 가능성은 높아진다.

5년내 또 리니언시땐 혜택없다

〈담합 자진신고〉

공정위, 담합 반복 악용사례 막기위해 제도개선

담합에 가담했다가 자진 신고로 과징금을 감면받은 기업은 또 다른 담합으로 자진 신고를 하더라도 그 기간이 첫 사건 의결일로부터 5년을 넘기지 않았다면 두 번째 자진 신고에 따른 혜택을 받지 못하게 된다. 이와 함께 자진 신고자가 경쟁 당국에서 소송을 당하면 담합 사실을 부정하는 주장을 할 수 없도록 제도가 만들어진다.

공정거래위원회는 '부당한 공동행위 자진 신고자 등에 대한 시정조치 등 감면제도 운영고시' 개정안을 마련해 다음달 9일까지 행정예고한다고 19일 밝혔다. 이른바 리니언시로 불리는 자진신고제도가 일부 불명확한 규정이 있어 이를 바로잡기 위한 것이다. 담합을 반복한 뒤 리니언시를 악용하는 사례를 막기 위해 감면 제한 규정이 개선된다. 그동안 2건 이상 담합을 한 뒤 리니언시로 법망을 교묘히 빠져나가는 사례가 있었다. 이는 '5년 내 당해 시정조치 위반 시 감면을 제한한다'는 규정 가운데 '당해 시정조치' 기준이 불명확해 해석상 문제점이 있었다는 게 공정위 측 설명이다. 신영호 공정위 카르텔총괄과장

은 "자의적인 법 집행 소지가 있기 때문에 삭제하기로 했다"고 설명했다. 대신 리니언시로 감면받은 자가 '감면 의결일'부터 5년 안에 다시 위반 행위를 하는 데 대한 규정은 현행을 유지하기로 했다. 결국 리니언시로 과징금을 받게 됐다면 '의결일로부터 5년'이라는 규정이 명확해지는 것이다. 아울러 리니언시를 하고 소송 과정에서 담합 행위를 부인하는 사례를 막기 위한 제도적 장치도 만들어진다. 개선안에 '자진 신고 감면을 인정받은 자가 사실관계를 부정하는 주장을 해서는 안 된다'는 주의적 규정을 신설하기로 한 것이다.

김유태 기자

매일경제신문 2014년 11월 20일자

리니언시Leniency란 '담합자진신고자감면제도'라고도 하는데 말 그대로 담합을 했던 기업들 가운데 가장 먼저 규제 당국에 담합에 관한 신고를 한 기업에 한해 과징금을 면제해주거나 감면해주는 정책을 의미한다. 리니언시는 담합을 규제하는 발생하는 행정 비용을 절약하고, 기업 간에 담합을 파기할 유인을 늘려 사전적으로 담합이 형성되는 것을 어렵게 만드는 역할을 한다. 그러나 리니언시 제도를 악용하는 기업이 나타나는 부작용도 있다.

(3) 가격 선도 이론

과점 기업들 가운데 시장 점유율이 높은 대표 기업이 이윤을 극대화하기 위해 가격을 인상하거나 인하하면 다른 기업들도 이에 따라 암묵적으로 선도 기업의 전략을 따른다는 이론이다. 즉 선도 기업이 생산 비용과 매출액을 고려해 이윤을 극대화하는 수준에서 가격을 결정하면 추종하는 기업들은 이를 그대로 받아들인다는 말이다.

4) 독점적 경쟁 시장

최근 국내 영화 시장이 커지면서 1,000만 관객을 돌파하는 영화도 등장하고 있다. 이런 영화 산업은 어떤 시장으로 분류할 수 있을까? 영화 시장은 완전 경쟁 시장과 독점 시장의 특성을 부분적으로 가진 독점적 경쟁 시장이다. 많은 영화 제작들이 존재해 경쟁 시장과 같은 구조를 가지고 있으나 영화사마다 만드는 영화의 내용과 질이 모두 달라 경우에 따라서는 독점력을 가지기도 한다.

(1) 독점적 경쟁 시장의 특징

독점적 경쟁 시장은 다수의 기업이 존재하고 진입 장벽이 없어 기업들이 시장에 자유롭게 진입하고 퇴출한다. 이는 완전 경쟁 시장과 유사한 특징이다. 그러나 독점적 경쟁 시장에서는 기업들이 제공하는 상품의 질이 서로 달라 기간과 범위를 제한할 경우 시장 지배력을 갖는다는 특징이 있다.

예를 들어 서울 지역에는 많은 중국 음식점이 있다. 이들 식당들은 다수의 경쟁자들과 잠재적인 시장 진입자들로 인해 쉽게 가격을 조정할 수 없다. 그러나 각자 만드는 짜장면의 맛은 다르기에 충성도를 가진 단골 손님이 존재할 수도 있고, 거리상의 이점으로 가까운 위치의 고객들에게 독점력을 가질 수도 있다. 그러나 조금만 지역을 확대하거나 품질을 포기하면 이를 대체할 수 있는 경쟁자들이 많아 장기적으로는 독점력을 가질 수 없다. 따라서 독점적 경쟁 기업은 가격 결정자로 행동할 수 있지만, 장기적으로는 완전 경쟁 기업과 같이 정상 이윤밖에 누리지 못하게 된다.

(2) 독점적 경쟁 시장의 장기 균형

독점적 경쟁 시장에서 기업은 독점 기업과 유사한 형태의 의사 결정을 하게 되지만 장기적으로는 상황에 차이점이 있다. 독점 시장에서 기업이 손해를 볼 경우 그 재화를 유일하게 생산하던 기업이 없어지므로 시장 자체가 존재하지 않게 되고, 기업이 이윤을 얻더라도 진입 장벽 때문에 새로운 경쟁자가 들어오지 못한다. 하지만 독점적 경쟁 시장의 기업은 같은(질적으로 차이는 있지만) 종류의 재화를 생산하는 수많은 기업 중 하나이므로 손해를 보아서 시장에서 나가더라도 시장은 여전히 존재한다. 또한 자유로운 시장 진입이 가능하기 때문에 독점적 경쟁 기업이 초과 이윤을 얻으면 경쟁자가 늘어난다.

독점적 경쟁 시장에 참여하는 기업의 수가 늘어나면 각각의 기업이 직면하는 수요는 줄어든다. 시장 수요에는 변동이 없기 때문에 경쟁자가 늘어나면 각 기업이 갖는 몫이 줄어드는 것은 당연하다. 결국 완전 경쟁 시장과 마찬가지로 기업이 정상 수준의 이윤만 얻을 때, 즉 기업의 경제적 이윤이 0이 될 때 장기 균형을 이루게 된다. 이는 수요곡선이 평균총비용곡선과 접할 때 달성된다.

독점적 경쟁 시장에서 기업은 완전 경쟁 상태와 같이 장기적으로 이윤을 얻지 못하지만, 완전 경쟁 상태와 달리 가격은 한계비용보다 높다. 즉, 사회적으로 최적 배분이 실현되지는 못한다. 이는 상품의 차별화 정도에 따라 달라지는데, 상품의 차별화 정도가 낮을수록 서로 다른 기업의 상품으로 대체하기가 좋다. 대체재가 많을수록 수요의 탄력성이 높으므로, 독점적 경쟁 시장의 상품들이 서로 비슷할수록 수요의 탄력성도 높아진다. 결국 수요 곡선이 완전 경쟁 시장에서의 수요 곡선에 가까워지므로 독점적 경쟁의 장기 균형은 완전 경쟁 상태의 균형이자 사회적 최적 배분에 가까워지게 된다.

(3) 비가격 경쟁과 소비자 충성도

독점적 경쟁 기업은 자신의 상품이 타 상품과 차별화될수록 더 많은 이윤을 추구할 수 있다. 이는 차별화가 많이 진행된 제품일수록 수요가 비탄력적이어서 수요 곡선이 가파르거나 진입 장벽이 높아져 더 높은 수준에서 가격이 형성될 수 있기 때문이다. 제품의 차별성은 가격 이외의 요소들이 주로 고려되기 때문에 비가격 경쟁이 일어난다.

비가격 경쟁을 통한 상품 차별화의 궁극적인 목표는 소비자들의 충성도Loyalty를 얻는 것이다. 충성도는 소비자들이 다른 기업의 제품에 비해 자신의 제품을 얼마나 선호하는가를 나타내며 특정 상품에 대한 수요가 비탄력적이 되고, 기업이 독점적 지위를 유지할 수 있게 하는 가장 중요한 요소이다. 예컨대, 특정 브랜드를 선호하는 사람은 그 브랜드의 값이 타 브랜드에 비해 비싸더라도 구매하는 경우가 많은데, 이는 소비자의 충성도가 높기 때문이다.

❶ 브랜드화 전략은 기업들이 소비자의 충성도를 높이기 위해 기본적으로 사용하는 전략이다. 우리가 서로 다른 사람을 구분하는 가장 기본적인 요소가 이름이다. 기업들은 자신의 상품에 브랜드라는 이름을 붙임으로써 자신의 상품을 다른 상품과 차별화한다. 똑같은 콜라이지만 코카콜라와 펩시콜라는 우리에게 서로 다른 상품으로 받아들여진다.

또한 브랜드화 전략은 소비자에게 특정 브랜드의 상품은 일정 수준의 품질이 보장된다고 생각하게 해 선택을 쉽게 한다. 낯선 곳에서도 자신이 이용하던 브랜드의 음식점을 보면서 그 맛을 짐작해 본 경험이 있을 것이다.

이 때문에 기업은 자신의 상품에 브랜드를 입힐 뿐만 아니라 브랜드의 가치를 높이기 위해서도 노력한다. 백화점 명품 매장의 제품들이 원가에 비해 터무니없이 비싼 가격임에도 잘 팔리는 이유는 브랜드 가치가 높기 때문이다.

❷ 또 다른 전략은 광고이다. 광고는 기업이 자사의 상품을 홍보하고 소비자들의 충성을 유도하게 하는 주요 수단이다. 광고는 기본적으로 자신의 상품이 다른 상품에 비해 우수하다는 정보 전달을 목적으로 한다. 소비자들에게는 기업이 상품의 질에 자신이 있어 엄청난 비용을 광고에 들인다는 메시지를 주기도 한다. 그렇기 때문에 기업들은 비싼 돈을 주고 톱스타들을 고용해 화려한 광고를 만드는 것이다.

❸ 이 밖에도 기업은 자신의 상품을 질적으로 차별화시키기 위한 노력도 한다. 판매 과정에서 소비자들에게 더 나은 서비스를 제공한다거나, 상품의 질을 개량하는 등의 노력이 그것이다. 많은 기업들은 구매 상품에 대해 A/S해주고 더 좋은 상품을 만들어내기 위해 연구비를 투자하고 있다.

2. 시장 실패

애덤 스미스는 시장이 제대로 작동하면 개인들이 자기 이익만을 추구하더라도 결과적으로 자원이 효율적으로 분배된다고 생각했다. 하지만 자원 배분을 전적으로 시장에만 의존하는 경우에 문제점이 발생할 수 있다. 그중 하나가 소위 '시장 실패'이다. 시장 실패는 시장 가격 메커니즘이 효율적 자원 배분을 달성하지 못하는 현상을 말한다. 이러한 현상은 효율적인 자원 배분을 위한 정부의 시장 개입의 정당성을 부여하는 근거가 된다. 시장 실패는 크게 외부효과와 공공재의 공급 부족, 정보의 비대칭성에 기초한 것으로 나눌 수 있다.

1) 외부효과

외부효과란 의도하지 않은 나의 행동이 다른 사람에게 이익이나 손해를 끼치는 것을 말한다. 다시 말해, 한 경제 주체의 행동이 다른 경제 주체에게 의도하지 않은 혜택이나 손해를 주었음에도 불구하고 이에 대한 대가를 받지도 지불하지도 않은 상태를 말한다.

공해 문제와 같이 사회에 부정적인 영향을 초래하는 것을 외부 불경제 또는 부(-)의 외부성이라고 한다. 반면 시장에 긍정적인 영향을 초래하는 것을 외부경제 혹은 정(+)의 외부성이라고 한다. 폐수 방류나 소음 공해와 같이 타인에게 손해를 주는 부정적인 외부효과는 정부 규제나 중재 없이는 시장이 자체적으로 해결하기 어렵다.

시장의 구조가 독과점 체제이면 자원 배분에 왜곡이 발생해 사회적 손실을 지불해야 한다. 또한 상품 생산으로 인하여 공해·오염이 발생하면 사회적인 비용이 생산자의 사적인 비용보다 높아짐으로써 자원 배분의 왜곡이 발생한다. 또한 우리 사회의 선택 기준을 자원 배분의 효율성 측면에만 국한시키는 것이 타당한지에 대한 문제도 제기되고 있다. 자원 배분의 효율성 이외에도 분배의 형평성이라는 중요한 문제를 간과할 수는 없다. 이러한 시장 실패는 결국 정부라는 공적 기구의 시장 개입을 불러온다.

많은 사람들이 타고 있는 엘리베이터가 있다. 문이 닫히기 직전에 막 엘리베이터 앞에 도착한 사람이 버튼을 눌러 문을 다시 열었다. 늦게 도착해 문을 연 사람에게 비난할 수 있을까? 늦게 도착한 사람은 자신의 상황에서 비용을 최소화하는 최적의 선택을 했다. 그러나 그가 절약했던 비용의 크기보다 나머지 사람들이 잃어버린 비용이 크다면 이런 행동은 하지 말아야 한다는 주장이 제기될 수 있다. 이처럼 각자가 추구한 행동이 다른 사람에게 반대급부 없이 영향을 미치는 것을 외부효과라 한다. 이 엘리베이터 이야기는 부정적 외부효과의 예이다.

---

2) 공공재의 공급 부족

시장 실패가 발생하는 또 다른 요인으로 공공재의 공급 부족을 들 수 있다. 공공재Public Goods란 비경합성과 비배제성 등 두 가지 특성을 갖는 재화나 서비스를 말한다. 대부분의 공공재는 정부나 지방자치단체 등에 의하여 공급되나 민간부문에서도 공급되기도 한다(국방, 치안, 공중파 방송, 등대 등).

(1) 공공재란

우리 속담에 '목마른 놈이 우물 판다'는 말이 있다. 이 속담에는 경제학에서 말하는 공공재의 개념이 숨어 있다. 마을에 우물이 생기면 여러 사람들이 전보다 쉽게

물을 얻을 수 있지만, 막상 우물 얻기 위해 땅을 파는 사람은 가장 목이 마른 사람이라는 얘기다. 이러한 현상이 발생하는 이유는 바로 우물이 공공재의 특성을 가졌기 때문이다. 공공재의 특성은 누구나 사용할 수 있고(비배제성), 각 사람의 소비가 다른 사람들에게 영향을 미치지 않는(비경합성) 성질을 말한다. 다시 말해서 힘들게 우물을 파도 그 우물을 누구나 이용하고 아무리 사용해도 마르지 않는다면, 누구도 힘들여 우물을 파려 하지 않는다는 것이다. 다음은 비경합성, 비배제성에 대한 설명이다.

❶ 비경합성Non Rivaly
- 소비에 참가하는 사람의 수가 아무리 많아도 한 사람이 소비할 수 있는 양에는 변함이 없는 재화나 서비스의 특성을 의미
- 한 개인의 재화나 서비스의 소비가 다른 개인의 소비 가능성을 감소시키지 않으므로 재화나 서비스를 소비하기 위해서 서로 경쟁할 필요가 없음

❷ 비배제성Non Excludability
- 재화나 서비스에 대하여 대가를 치루지 않고 이를 소비하는 사람의 경우에도 이를 소비에서 배제할 수 없는 재화나 서비스의 특성을 의미
- 따라서 무임 승차자Free Rider의 문제가 발생함

❸ 공공재의 구분

	경합성	비경합성
배제성	• 사유재 - 꽉 막힌 유료 도로, 자동차, 볼펜, 냉장고	• 준공공재 - 한산한 유료 도로, 케이블TV
비배제성	• 준공공재(공유 자원) - 꽉 막힌 무료도로, 공유지	• 순수 공공재 - 국방, 일기예보, 치안

❹ 공유지(자원)와 공유지의 비극

공유 자원은 경합성은 있지만 비재제성의 성격을 갖는 재화를 말한다. 공유지의 비극이란 소유권이 명확하게 설정되어 있지 않은 공유 자원의 경우 과다 사용으로 고갈되는 비효율적인 현상을 의미한다. 대표적인 예로 연근해 어장, 마을 공동 목초지 등이 있다.

◀ 공유지의 비극이란 주인이 없거나 공동체에 속한 공유 자원을 무분별하게 사용해 자원을 낭비하거나 고갈시키는 현상을 말한다. 대기오염은 공유지 비극의 대표적 사례이다.

배제성과 경합성이 없는 순수 공공재의 사례는 국방 서비스이다.

(2) 무임 승차자 문제

공공재는 시장에서 어떤 문제를 일으키는가? 공공재는 내가 소비한다고 다른 사람의 소비에 영향을 주지 않으며, 대가를 지불하지 않더라도 내가 이용하는 데 아무런 제재를 받지 않는다. 이와 같이 재화나 서비스에 비배제성과 비경합성이 존재한다면 누구도 공공재를 생산하려고 하지 않고, 사용하기 위해 비용을 지불하려고 하지 않을 것이다. 이를 무임 승차자 문제Free Rider Problem라고 한다. 공공재의 특성을 가진 재화나 서비스를 대가 없이 사용하려는 행태를 빗댄 말이다. 무임 승차자 문제가 존재하는 한 공공재는 시장에서 스스로 공급과 수요의 균형을 이룰 수 없다. 이는 시장에서는 공공재가 효율적으로 생산될 수 없음을 의미한다.

무임 승차자 문제가 만연한 시장에서는 생활에 꼭 필요한 재화나 서비스라도 공급자들이 생산하기를 꺼려한다. 왜냐하면 소비자들이 비용을 지불하지 않고 재화나 서비스를 사용하려 해서 공급자들에게 돌아오는 이익이 없기 때문이다. 이는 결국 사회 전체적으로 볼 때 유익한 재화나 서비스임에도 불구하고 시장이 형성되지 않는 이른바 시장 실패가 발생하게 된다. 이러한 현상이 발생할 수 있는 사례는 국방 서비스나 도로를 들 수 있다. 외국 군대의 침입으로부터 보호받고, 잘 정비된 길을 다니는 것은 많은 사람들이 원하는 서비스이다. 이러한 서비스를 생산하기 위해서는 막대한 비용이 필요하지만 무임승차가 가능해 대부분의 사람들은 대가를 지불하려고 하지 않는다. 따라서 이와 같은 공공재는 민간이 아닌 국가가 생산해 국민에게 제공하고 있다.

01 회사채와 주식에 대한 일반적인 구분이다. 이 중 옳은 내용으로 짝지어진 것을 모두 고르면?

	채권	주식
㉠ 경영 참여	경영 참여 가능	경영 참여 불가능
㉡ 상환 여부	원금 상환	상환 없음
㉢ 수익 방식	기준 금리 연동 이자	배당 지급
㉣ 청산 분배	주식보다 우선 변제	가장 낮음

① ㉠, ㉡   ② ㉠, ㉢

③ ㉡, ㉢   ④ ㉡, ㉣

⑤ ㉢, ㉣

정답 ④

주식이 채권과의 가장 큰 차이점은 주식은 기업 경영에 참여가 가능하다는 점이다. 또한 주식은 자기자본으로 원금 상환에 대한 부담이 없고, 채권과 달리 확정이자 지급의 의무가 없다. 물론 주식에는 이자와 비슷한 성격의 배당이 있지만, 배당은 이자와 같이 확정 지급 성격이 아니고, 이익이 나지 않을 경우 등 상황에 따라 지급하지 않을 수 있다. 또한 주식은 기업이 청산될 때 잔여 재산에 대한 청구권 순위가 가장 낮다.

02 다음 중 우선주의 특징에 대한 설명으로 가장 거리가 먼 것은?

① 기업 의결사항에 대해 보통주에 우선

② 배당에 대해 보통주보다 더 많은 수익

③ 주식시세표에 1우, 2우 형식으로 표시

④ 잔여재산 분배 시 보통주보다 우선 지위

⑤ 기업에 보통주보다 더 선호되는 자금조달 방식

정답 ①

보통주는 일반적으로 주총에서 기업의 주요 경영 사항에 대한 의결권이 있고 배당을 받으며, 발행되는 신주를 인수하는 등 주주로서의 권리가 부여돼 있다. 반면 우선주는 보통주보다 재산적 내용(이익, 이자배당, 잔여재산 분배 등)에 있어서 우선적 지위가 인정되는 주식이다. 대신 우선주 소유자는 의결권을 가질 수 없어 회사 경영에는 참여할 수는 없다. 따라서 우선주는 대개 회사의 경영 참가에는 관심이 없고, 배당 등 자산소득에 관심이 높은 투자자를 대상으로 발행된다. 회사 입장에서는 경영권 위협 없이 자금을 조달할 수 있어서 보통주보다 선호되는 방식이기도 하다. 우선주는 주식시세에서 '1우' '2우'등으로 표기된다. '1우'는 1차로 발행한 우선주, '2우'는 2차로 발행한 우선주를 의미한다.

03 다음중 기업 분할을 추진하는 목적과 가장 거리가 먼 것은?

① 각 사업 영역에서 성공에 필요한 전문성을 강화할 수 있다

② 연관성 있는 사업 간에 범위의 경제를 추구하는 데 유리하다

③ 회사별 사업 구조가 단순해져 투자자들이 인식하는 투명성을 증대시킬 수 있다

④ 거대 기업을 유지하는 데 따른 비효율을 방지하고 의사 결정 속도를 높일 수 있다

⑤ 회사별 책임 경영 체제를 확립하여 성과에 대한 평가와 보상을 명확히 할 수 있다

정답 ②

최근 기업 M&A가 늘고 있지만, 반대로 회사의 특정 사업 부문을 분리하는 기업 분할도 종종 이뤄지고 있다. 사업 영역이 상이한 부문을 분리하여 독립적인 회사로 운영할 경우, 특정 영역에서의 전문성을 높이고, 보다 철저한 책임 경영을 유도할 수 있으며, 조직이 작아져 의사 결정을 신속하게 할 수 있다. 또한 여러 사업을 영위하는 기업에 비해 투자자들의 관찰과 예측이 쉽기 때문에 기업 분할 후 주가가 상승하는 경우도 많다. 이 밖에 경영권 승계, 대주주 간 갈등 해소, 재무구조 개선 등을 목적으로 기업을 분할하는 경우도 있다. 범위의 경제는 한 기업이 다수의 사업을 할 경우 각 사업을 별도 기업이 각각 수행할 때보다 평균 비용이 적게 드는 현상을 말한다. 이를 실현하기 위해서는 상이한 사업부문 간 교류와 협력이 필요한데, 독립적으로 존재하는 조직 간에는 원활한 상호작용이 상대적으로 쉽지 않기 때문에 기업 분할을 통해 범위의 경제 효과를 높일 수 있다고 보기는 어렵다.

04 어떤 기업의 CEO가 전문 경영자에서 오너 경영자(소유 경영자)로 변경됐고 이에 대한 시장의 평가가 호의적이었다. 다음 중 그 이유를 추론한 것 중 가장 거리가 먼 설명은?

① 오너 경영자는 전문 경영자보다 산업의 전문적인 지식이 더 풍부하고 학맥이나 인맥 등이 앞서기 때문이다.

② 오너 경영자는 전문 경영자보다 강력한 리더십을 통해 책임 있고 신속한 의사 결정이 가능하기 때문이다.

③ 오너 경영자는 전문 경영자보다 단기 실적에 얽매이기보다는 장기적으로 판단하는 경향이 크기 때문이다.

④ 오너 경영자는 전문 경영자보다 주주들의 입김이 상대적으로 덜 작용해 소신 경영이 가능하기 때문이다.

⑤ 오너 경영자는 주주와 대리인 간 정보 비대칭으로 발생하는 이른바 '대리인 문제'를 줄일 수 있기 때문이다.

정답 ①

일반적으로 경영환경이 어려울 때는 오너기업이 더 경쟁력을 갖는 것으로 평가된다. 오너경영의 장점은 신속한 의사 결정, 스피드 경영, 장기적·전략적 안목으로 경영, 소신경영이 가능하다는 것과 상대적으로 높은 재무건전성, 낮은 인재 이탈률, 높은 내부 기술 축적 비율을 꼽는다. 하지만 일반적으로 전문 경영자에 비해 산업 내 전문지식과 인맥 등의 경영자원이 상대적으로 부족한 점이 오너 경영의 단점으로 지적된다.

05 다음에서 공통적으로 설명하는 비용으로 올바른 것은?

- 정치 과목을 공부하던 C군은 수학능력시험을 대비해 이제까지 공부한 정치를 포기하고 경제 과목을 선택하였다.
- 3개월 동안 테니스 레슨에 등록한 B씨는 1개월 후, 팔꿈치 통증으로 치료를 받고 남은 기간 동안 테니스 레슨을 포기하였다.
- 사법시험을 5년째 준비하던 A씨는 이제 공부를 그만두려 한다. 주위에서는 이제까지 들어간 시간과 비용 때문이라도 공부를 더 하라고 하지만, A씨는 과감히 그만두기로 결심했다.

① 기회비용

② 매몰비용

③ 명시적 비용

④ 암묵적 비용

⑤ 회계학적 비용

정답 ②

매몰비용(Sunken Cost)은 이미 지출되었기 때문에 회수가 불가능한 비용을 말한다. 물건이 깊은 물속에 가라앉아버리면 다시 건질 수 없듯이 과거 속으로 가라앉아버려 현재 다시 쓸 수 없는 비용이라는 뜻이다. 경제학에 있어 매몰비용은 이미 지출되었기 때문에 합리적인 선택을 할 때 고려되어서는 안 되는 비용이다.

06 다음과 같은 현상의 원인으로 가장 적절한 것을 고르면?

> 현실에서 공기와 같이 우리 생활에 절대적으로 필요한 재화의 경우, 그 가격(교환가치)이 없거나 매우 낮다. 반면 다이아몬드는 생활에 필수적인 재화가 아닌데도, 그 가격(교환가치)이 매우 높다.

① 현재 다이아몬드의 교환가치는 왜곡되어 있다

② 공기의 총 효용이 다이아몬드의 총 효용보다 작다

③ 공기와 다이아몬드의 한계 효용은 이들 재화의 교환가치를 반영한다

④ 공기와 다이아몬드의 교환가치는 이들 재화의 총 효용에 의해서 전적으로 결정된다

⑤ 공기와 다이아몬드의 한계 효용이 크게 체감할수록 이들 재화의 교환가치는 증가한다

정답 ③

지문은 재화의 사용 가치가 재화의 교환가치와 일치하지 않는 가치의 역설을 설명한 것이다. 재화의 교환가치는 총 효용이 아니라, 한계 효용에 의해서 결정된다.

07 아래 그림과 같이 D₁에서 D₂로 수요 곡선을 이동시키는 원인으로 올바른 것은?

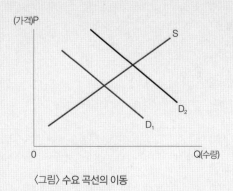

〈그림〉 수요 곡선의 이동

① 소득과 재산이 감소한다

② 구매자의 수가 감소한다

③ 대체재의 가격이 상승한다

④ 미래 경제를 비관적으로 생각한다

⑤ 재화에 대한 소비자들의 선호도가 감소한다.

정답 ③

수요 곡선을 오른쪽으로 이동시키는 요인으로는 소득이나 재산의 증가, 구매자의 증가, 미래에 대한 낙관적인 기대, 소비자들의 재화에 대한 선호 등을 들 수 있으며 대체재의 가격 상승은 수요 곡선을 오른쪽으로 이동시키는 요인이다.

08 다음 중 보완재와 대체재 관계에 있는 재화들을 올바르게 짝지은 것은?

	보완재	대체재
①	바늘과 실	설탕과 커피
②	우유와 두유	버스와 지하철
③	커피와 크림	콜라와 사이다
④	자동차와 오토바이	짜장면과 짬뽕
⑤	펜과 샤프	스마트폰과 앱

정답 ③

보완재는 커피와 설탕, 돼지고기와 상추, 버터와 빵과 같이 한 재화의 가격이 상승함에 따라 다른 재화의 수요가 감소하는 것을 말한다. 이와는 반대로 콜라와 사이다, 돼지고기와 소고기, 짜장면과 짬뽕처럼 한 재화의 가격이 상승함에 따라 수요가 증가하는 재화를 대체재라고 한다.

09 블랙프라이데이에 한국 등 미국 외 지역의 주문(해외직구)이 크게 증가해 미국 온라인 쇼핑 업체인 이베이와 아마존의 매출이 큰 폭으로 증가했다. 국내에서 해외직구의 증가 요인으로 볼 수 없는 것은?

① 통관 절차 간소화   ② 달러 대비 원화가치 상승

③ 구매·배송 대행업체 수 증가   ④ 국내 카드사의 해외 결제 할인혜택 제공

⑤ 해외 브랜드의 국내 직영점 할인행사가 확대될 수 있기 때문이다.

정답 ⑤

국내의 해외직구 증가 요인으로는 관련 비용 감소와 배송기간 단축 등을 들 수 있다. ②, ④는 해외직구 비용을 감소시킨다. 또한 ①은 해외직구 배송시간을 줄이고, ③은 해외직구의 접근성을 높이므로 해외직구의 증가 요인이다. 한편 국내에서 해외 브랜드 제품을 구입하려면 해외 브랜드의 국내 직영점을 이용하거나 해외직구를 이용할 수 있다. 해외 브랜드 국내 직영점은 해외직구에 비해 가격은 비싼 편이나 제품을 직접 보고 구입할 수 있다는 장점이 있고 사후 서비스 등을 이용하기가 편리하다는 점에서 유리하다. 따라서 해외 브랜드 국내 직영점의 할인행사 확대는 해외직구를 감소시키는 요인이다.

10 아래 그래프는 경제 개방 전 A국의 컴퓨터 시장 상황과 국제가격을 나타낸 것이다. 컴퓨터 시장을 완전 개방했을 때 A국에 나타날 수 있는 경제 현상을 [보기]에서 모두 고르면?

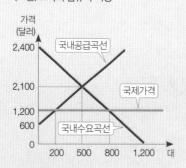

〈그림〉 A국의 컴퓨터 시장

〈보기〉

㉠ 컴퓨터 소비량은 감소한다.
㉡ 컴퓨터 시장 가격은 상승한다.
㉢ 컴퓨터 산업의 고용량은 감소한다.
㉣ 컴퓨터 생산자들의 총잉여는 감소한다.

① ㉠, ㉡
② ㉠, ㉣
③ ㉡, ㉢
④ ㉡, ㉣
⑤ ㉢, ㉣

정답 ⑤

컴퓨터 시장을 개방하기 전 A국 컴퓨터 시장의 균형 가격은 2,100달러이며 균형 거래량은 500대다. 국제시장에서 거래되는 컴퓨터 가격은 1,200달러이므로 컴퓨터 시장을 완전 개방하면 A국 컴퓨터 시장 가격은 국제시장 수준으로 하락해 1,200달러가 된다. A국의 컴퓨터 가격이 1,200달러로 하락하면 컴퓨터 소비량은 500대에서 800대로 증가하게 된다. A국 컴퓨터 가격이 하락하면 국내 생산자들은 공급량을 500대에서 200대로 줄이게 되고 생산자들의 총잉여는 감소한다. 고용량도 감소하게 된다. 개방 후 A국에서 소비되는 800대 컴퓨터 가운데 200대는 국내에서 생산되며, 나머지 600대는 해외에서 수입하게 된다.

11 다음 대화에서 '사원'이 주장하는 의견의 근거가 될 수 있는 경제 개념으로 가장 적절한 것은?

- 사장 : 요즘 경기가 침체돼 고객들 씀씀이가 줄었어요. 마땅한 대책이 있을까요?
- 부장 : 매출이 늘도록 이번 세일 기간에 전 품목 30% 할인 행사를 실시하겠습니다.
- 사원 : 제품에 따라 할인율을 달리 적용하는 것은 어떨까요? 가격을 내리면 매출이 감소하는 제품도 있습니다.

---

① 희소성   ② 기회비용

③ 매몰 비용   ④ 외부효과

⑤ 가격 탄력성

정답 ⑤

가격 탄력성이란 제품 가격 변화에 따라 수요량이 변화하는 비율을 말한다. 예를 들어 제품 가격이 10% 인상됐는데 판매량이 20% 감소했다면 가격탄력도는 2이다. 이 같이 제품의 가격 탄력도를 산출한 값이 1보다 크면 탄력적인 재화, 가격 탄력도가 1보다 작으면 비탄력적인 재화라고 한다. 제품 가격을 내려 매출액을 증가시키려면 판매하는 제품의 수요가 가격에 대해 탄력적으로 반응하는 특성을 가지고 있어야 한다. 만약 판매하는 제품이 비탄력적이라 가격을 내린 비율보다 판매량이 증가하는 비율이 작다면 매출액은 원래 의도와는 반대로 감소한다.

12 수요의 가격 탄력성이란 상품의 가격 변화율에 대한 상품의 수요량 변화율을 말한다. 수요의 가격 탄력성에 관한 설명으로 거리가 먼 것은?

① 재화의 분류 범위가 좁을수록 탄력적이다

② 대체할 수 있는 재화가 많을수록 탄력적이다

③ 재화가 일상생활에 반드시 필요할수록 탄력적이다

④ 탄력적인 재화일수록 가격 인하 시 매출 증가 효과가 크다

⑤ 탄력적인 재화일수록 세금 부과로 인한 매출 감소 효과가 크다

정답 ③

재화의 범위가 좁을수록 대체재를 찾기 쉽기 때문에 좁게 정의된 재화에 대한 수요는 넓게 정의된 재화의 수요에 비해 더 탄력적이며, 대체재가 많은 재화일수록 탄력적이다. 탄력적인 재화일수록 가격 인하에 따른 매출 감소보다 판매량 증가에 의한 매출 증가가 크고, 탄력적인 재화의 경우 세금 부과로 가격이 상승하면 매출 감소 효과가 더 크게 나타난다. 식료품이나 수돗물, 전기와 같은 생필품은 가격이 상승하여도 꼭 소비해야 하는 재화이므로 수요 변화가 거의 일어나지 않아 비탄력적이지만, 자동차나 해외여행과 같은 사치재는 가격이 상승하면 수요량이 크게 감소하므로 탄력적이다.

13 다음 중 완전 경쟁 시장의 조건으로 올바른 것을 모두 고르면?

> ㉠ 기업의 파산은 파산보호법에 따라 결정된다.
> ㉡ 생산자와 소비자는 시장과 상품에 대한 모든 정보를 가지고 있다.
> ㉢ 각 생산자들이 생산하는 상품에 약간씩은 차이가 있으며, 소비자도 그 차이를 인식하고 있다.
> ㉣ 한 상품을 생산하고자 하는 생산자가 많이 있으며, 또한 이 상품을 구매하고자 하는 소비자도 많이 존재한다.

① ㉠, ㉡   ② ㉠, ㉢

③ ㉡, ㉢   ④ ㉡, ㉣

⑤ ㉢, ㉣

정답 ④

㉠ 완전 경쟁 시장에서는 생산자(기업)의 진입 또는 퇴출(파산)에 대한 장벽이 없다. 따라서 영업 중인 기업이 손실을 보거나 다른 이유로 기업을 폐쇄하려고 할 때에도 다른 제한이 없다.

㉢ 완전 경쟁 시장에서 판매되는 제품은 모두 동질적이다. 즉 각 생산자들의 상품에 약간씩은 차이가 있을지 몰라도, 소비자가 보기에 그 어떤 차이도 발견하기 어려울 정도로 같다면 모든 상품은 동일하다.

14 다음 중 독점 기업에 대한 설명을 옳은 것을 모두 고르면?

> ㉠ 독점 기업의 공급 곡선은 존재하지 않는다.
> ㉡ 가격과 판매량을 모두 증가시킬 수 있다.
> ㉢ 수요의 가격 탄력성이 클수록 독점 가격이 높아진다.
> ㉣ 직접적인 대체재가 존재하지 않고 경쟁 상대가 없기 때문에 가격 결정자로 행동한다.

① ㉠, ㉡

② ㉠, ㉢

③ ㉠, ㉣

④ ㉡, ㉢

⑤ ㉢, ㉣

정답 ③

㉢ 수요가 탄력적일 때 높은 가격을 설정하면 판매량이 큰 폭으로 감소하기 때문에 수요가 탄력적일수록 독점 기업이 설정하는 가격은 낮아진다. ㉡ 독점 기업의 수요 곡선은 우하향하는 시장 전체의 수요 곡선이므로 판매량을 증가시키기 위해서는 반드시 가격을 낮춰야한다. 그러므로 독점 기업이라 하더라도 가격과 판매량을 모두 원하는 수준으로 결정할 수 없다.

15 다음 중 나머지 4개와 가장 거리가 먼 가격 차별 전략은?

① 심야에만 물건 값을 할인하는 동대문 의류 매장

② 한국과 미국에서 다른 가격을 책정하는 자동차 회사

③ 신문에 인쇄된 쿠폰을 가져가면 가격을 깎아주는 백화점

④ 성인에게는 정상 가격을 받지만 학생에게 10% 할인 혜택을 주는 음반 가게

⑤ 자신의 직영 판매점보다 슈퍼마켓에서 사과 가격을 더 높게 책정하는 유통 기업

정답 ③

①, ②, ④, ⑤는 지역, 시간대, 소비자 연령, 유통 경로를 근거로 소비시장을 분리하고 이에 따라 가격을 차별하는 상황이다. 반면 ③은 선험적인 시장 구분이 불가능해 기업이 어떤 장애물을 치고 이를 넘어오는 소비자와 그렇지 않은 소비자를 구분하는 가격 차별 상황이다. 쿠폰을 오려가는 귀찮음을 감수하는 소비자들은 가격에 민감한 소비자들로, 이들에게만 가격 할인 혜택을 제공함으로써 백화점은 고객 수를 늘릴 수 있다.

16 과점 기업들은 카르텔을 통해 독점 기업과 같이 행동할 수 있다. 다음 중 카르텔이 현실적으로 나타나기 어려운 이유를 모두 고르면?

> ㉠ 담합에 참여하는 기업의 수가 적다.
> ㉡ 시장에서 판매되는 제품들 간의 차이가 크다.
> ㉢ 진입 장벽이 낮아서 신규기업이 쉽게 시장에 진입한다.
> ㉣ 담합 위반 시 다른 기업들의 보복으로 큰 피해를 볼 수 있다.

① ㉠, ㉡

② ㉡, ㉢

③ ㉠, ㉢

④ ㉡, ㉣

⑤ ㉢, ㉣

정답 ②

카르텔은 동종 산업 내 기업들의 경쟁 제한 및 완화를 목적으로 동종·유사 산업 분야의 기업 간 결성되는 기업 담합형태를 말한다. 카르텔은 시장의 진입 장벽이 낮을 때, 기업의 수가 많을 때, 보복이 심하지 않을 때 유지되기가 어렵다.

17 독점적 경쟁시장이란 진입 장벽이 없어 다수의 경쟁자가 시장에 존재하지만 제품 차별화를 통해 생산자가 일시적으로 독점력을 행사하는 시장을 말한다. 다음 중 우리나라에서 이런 특징이 가장 잘 나타나는 산업은?

① 이동통신   ② 영화 제작
③ 주식 시장   ④ 정유화학
⑤ 우편, 상수도

정답 ②

이동통신 산업, 정유화학 산업은 소수의 생산자들이 과점 형태로 시장을 형성하고 있는 과점 시장의 예다. 동일 상품에 대해 동일한 가격으로 거래되며 다수의 판매자와 구매자가 존재하는 주식 시장은 완전 경쟁 시장에 가장 가까운 시장이라 할 수 있다. 우편과 상수도는 정부가 서비스 공급을 담당하고 있기 때문에 생산자가 하나인 독점 시장의 예다. 독점 시장은 생산자가 독점력을 이용해 시장마다 다른 가격을 매기는 가격차별 정책을 시행하기도 해 정부가 규제에 나서기도 한다. 마지막으로 영화 제작, 음반 제작은 경쟁적이지만 공급자가 일정한 독점력을 지니는 시장이다. 이 시장은 진입 장벽이 높지 않아 경쟁 자체는 치열하지만 생산자들이 차별화된 제품이나 서비스를 제공해 이른바 '단골'과 같은 독점적 수요를 창출하는 특징이 있다. 따라서 독점적 경쟁 시장이라 부른다.

18 시장 실패란 시장이 제 기능을 발휘하지 못해 자원이 효율적으로 배분되지 못하는 상태를 말한다. 시장 실패 요인을 [보기]에서 모두 고르면?

⊙ 외부효과　　　ⓒ 소비의 경합성　　　ⓒ 정보의 비대칭성　　　ⓔ 수확체감의 법칙

---

① ㉠, ㉡　　　　　　　　　　　② ㉠, ㉢

③ ㉡, ㉢　　　　　　　　　　　④ ㉡, ㉣

⑤ ㉢, ㉣

정답 ②

애덤 스미스는 시장이 제대로 작동하면 개인들이 자기 이익만을 추구하는 이기적 행동을 하더라도 결과적으로 자원이 효율적으로 분배된다고 생각했다. 그러나 현실에서는 시장이 스스로 해결하지 못하는 부작용이 발생하는데 외부효과, 공공재, 정보 비대칭이 대표적인 시장 실패 원인이다.

19 다음 현상이 발생했을 때 사회 전체의 편익을 극대화할 수 있는 정책을 고르면?

> 물을 농업 용수로 사용해 농산물을 재배하고, 이를 다시 가공해 판매하는 기업이 있다. 최근 강 상류에 염색공장이 이전해오면서 강물이 오염돼 이 기업이 피해를 봐 사회적 손실이 발생하게 됐다.

① 염색공장에 사회적 비용을 부담하게 한다.

② 농산물공장에 보조금을 지급하여 해결한다.

③ 농산물공장을 정부가 매입해 공기업화한다.

④ 염색공장이 생산 활동을 하지 못하도록 규제한다.

⑤ 비효율을 피하기 위해 시장 자율 기능에 맡긴다.

정답 ①

일반적으로 시장은 자원을 효율적으로 분배하고 사회 전체의 이익을 극대화한다. 그러나 공공재, 외부효과, 정보의 비대칭성, 독점과 같은 현상들이 발생하면 시장은 원활하게 작동하지 못한다. 이러한 이유로 시장 실패가 발생하면 시장은 스스로 자원을 효율적으로 사용하도록 개선할 수 없다. 문제에서는 부정적인 외부효과로 발생하는 시장 실패의 사례를 보여주고 있다. 염색공장은 피해를 보는 농산물 기업의 손실을 인식하지 못한다. 따라서 염색공장이 농산물 기업의 손해를 고려하지 않고 자신의 이익만을 추구해 생산 활동을 한다면 사회 전체의 편익은 감소할 수 있다. 따라서 정부가 세금이나 벌금을 부과해 염색공장의 의사 결정 과정에서 다른 경제 주체가 피해 본 만큼의 사회적 비용을 인식하도록 함으로써 사회 전체의 편익을 극대화할 수 있다.

PART
01 경제·경영 기본기

Ⅱ. 경제 분석

주요 경제 지표

학습 목표

- 국내총생산과 국민 소득의 개념을 안다
- 경제 성장과 경기 변동을 이해한다
- 실업률, 인플레이션 등의 경제 지표를 설명할 수 있다

| 들어가며 |

GDP를 개발한 공로로
노벨 경제학상을 수상한
사이먼 쿠즈네츠

GDP: 20세기의 위대한 발명 중 하나

미국 상무부는 〈경기현황조사Survey of Current Business〉 2000년 1월호에 "GDP: 20세기의 위대한 발명 중 하나"라는 제목의 글을 게재했다. GDP는 전 세계적으로 경제 분석과 정책 결정에 활용되고 있는 만큼 높은 평가를 받을 가치가 있다는 것이다.

GDP는 거시경제학과 함께 대공황을 계기로 탄생했다. 당시 루즈벨트 대통령과 그의 참모들은 경제가 전체적으로 어떻게 돌아가는지 추측에 의존할 수밖에 없었다. 이에 따라 미국 상무부는 전체 경제의 흐름을 파악할 수 있는 정보의 부족 문제를 해결하기 위해 사이먼 쿠즈네츠Simon Kuznets에게 GDP 통계를 개발하도록 했다. 쿠즈네츠는 GDP 통계 개발에 대한 공로로 훗날 노벨 경제학상을 수상한다. 이후 제2차 세계대전 중 정책담당자들이 경제의 활동수준을 보다 포괄적으로 측정할 필요성을 인식하게 되면서 GDP가 오늘날의 모습을 갖추게 됐다.

〈한국은행, '알기 쉬운 경제지표 해설' 中, 2014년 12월〉

1. 국내 총생산과 국민 소득

기업이 시장에 내다판 상품 값은 상품을 생산하는 과정에서 발생한 부가가치Value Added의 합과 일치한다. 부가 가치란 기업 등 경제 주체가 상품을 생산해 시장에 판 금액에서 원재료비를 뺀 부분이다. 이를 모두 더하면 생산 측면에서의 국민 소득인 국내 총생산GDP·Gross Domestic Product이 된다.

GDP의 유래

1929년 미국 경제는 장밋빛 전망이 넘쳐났다. 하지만 1929년 10월 24일을 기점으로 주가가 폭락하고 시장이 급격히 얼어붙으면서, 3개월 후 300억 달러 이상의 주식 가치가 증발했다. 이 충격으로 11명의 투자자들이 스스로 목숨을 끊은 사건이 발생한다. 이른바 '대공황'이다. 이후 사람들은 시장이 모든 것을 조정해주리라는 경제학자들의 주장에 의심을 품고 경제 상황을 판단할 수 있는 객관적인 지표를 요구했다. 이에 따라 1934년 경제학자 쿠즈네츠에 의해 한 나라의 총소득을 측정할 수 있는 GDP 개념이 소개됐다.

1) 국내 총생산GDP, Gross Domestic Product

GDP는 생산 측면에서 국민 소득을 파악한 것으로, 한 국가 내에서 기업 등 경제 주체가 일정 기간에 새로 생산한 재화와 서비스의 가치, 즉 부가가치의 합으로 정의된다. GDP를 통해 한 나라의 경제 활동 수준이나 경제 규모 및 생산 수준 등의 파악할 수 있다. GDP 개념을 더 구체적으로 살펴보면 아래와 같다.

일정 기간 동안	통상 1년 동안 생산된 생산물의 시장 가치를 의미함. 지난해 생산된 재고 상품의 판매는 포함되지 않음
한 나라 안에서	그 나라 국민이 생산한 것이든 외국인 및 외국인 소유의 생산 요소에 의해서 생산된 것이든 그 나라 국경 안에서 생산된 것은 모두 포함
생산된	이전되는 거래(상속, 증여, 연금, 이전 소득)나 물가 변동으로 인한 평가 차익 또는 비생산 활동은 GDP의 집계에서 제외
최종 생산물	이중 계산을 방지하기 위해 최종 단계 이전 생산물 제외

한 나라의 경제 활동은 생산자인 기업이 상품을 만들어 시장에 내다 팔고 받은 돈으로 이뤄진다. 이 돈은 원재료비, 종업원 임금 등 생산 비용에 지출되며 나머지는 기업의 영업이익으로 남게 된다. 기업이 생산을 하면 생산의 대가를 원재료 공급자, 종업원, 기업이 고루 나눠 갖는 것이다. 이런 개념을 이용해 GDP를 크게 생

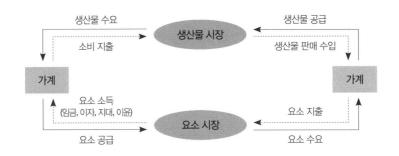

경제 내에서 만들고(생산) 나누어 가지고(분배=소득), 쓰는(지출)양이 각각 모두 GDP와 같다는 법칙

산, 지출, 분배의 세 가지 측면으로 측정할 수 있다. 즉, 그 해에 얼마나 많은 서비스와 재화를 생산했는지를 조사하는 방법과 얼마나 많은 서비스와 재화를 소비했는지를 조사하는 방법 또, 재화나 서비스로 얼마나 많은 소득을 얻었는지를 측정하는 방법으로 GDP의 크기를 파악하는 것이다. 이를 '삼면 등가의 법칙'이라고 한다. 생산, 지출, 분배 각기 다른 세가지 방법으로 GDP를 측정해도 같은 값이 나온다는 원칙이다. 예를 들어 사과를 생산해 시장에서 1,000원에 판매했다면 GDP는 다음과 같이 측정할 수 있다. 생산으로 측정하면 사과 생산량은 1,000원, 지출로 측정하면 사과에 대한 지출 1,000원, 분배 소득으로 측정하면 사과로 얻은 소득 1,000원이 된다.

이처럼 한 나라 안에서 생산된 최종생산물은 어떠한 목적으로든 누군가에 의해 구입되어 처분되기 마련이다. 즉 국민 소득 삼면 등가의 법칙으로부터 알 수 있듯이 GDP는 국내총지출과 같다. 나라경제를 구성하는 경제 주체는 가계와 기업 그리고 정부와 국외 부문이다. 따라서 지출 측면의 GDP는 경제 주체의 지출을 모두 합한 것, 즉 가계의 지출인 '소비지출'과 기업의 지출인 '투자지출' 그리고 '정부지출'에 국외 부문의 지출인 '순수출'을 모두 합한 것과 같다.

여기서 가계와 기업 그리고 정부의 지출은 국외에서 생산된 재화와 서비스에 대한 지출, 즉 수입을 포함하고 있기 때문에 중복 계산을 피하기 위하여 국외 부문의 지출은 국내 생산물에 대한 외국인의 지출, 즉 수출에서 수입을 뺀 순수출로 계산한다. 즉, 국민 소득(Y)은 가계 소비지출(C), 기업 투자지출(I), 정부 재정지출(G), 해외 부문 지출(X)로 구성된다. 이를 모두 합치면 GDP가 된다. 지출의 합으로 계산하면 GDP를 가지고 국민 경제 활동 중에서 어느 부문이 활발하고 어느 부문이 침체돼 있는지 알 수 있다.

$$Y = C + I + G + X$$

2) 명목 GDP와 실질 GDP

GDP는 경제 전체의 상황이나 국가의 부를 보여주기도 하지만 한 국가의 생산 능력을 나타내는 지표이기도 한다. 따라서 산출된 GDP 크기에 따라 경제 능력이 향상됐는지 후퇴했는지를 가늠해볼 수 있다. 하지만 GDP는 생산 능력을 금액으로 환산한 개념이기 때문에 시간이 지남에 따라 가격(물가)이 달라지면, 생산 능력을 전과 비교하는 데 어려움이 발생할 수 있다. 그렇기 때문에 생산 능력의 정확한 변화를 파악하기 위해서는 명목 GDP와 실질 GDP에 대한 개념을 정확하게 파악해야 한다.

(1) 명목 GDP

당해 연도의 최종 생산물의 생산량에 당해 연도의 시장 가격을 곱해 산출된 GDP를 말한다.

이를 수식으로 표현하면 다음과 같다.

명목 GDP = 금년도의 가격 × 금년도의 생산량

명목 GDP는 동일 시점에서 각국의 경제력을 비교하는 데 유용하다. 하지만 물가 수준이 그대로 반영됐기 때문에 각국의 실질 생산량의 증감에 대해서 파악하기가 어렵다는 단점이 있다. 일반적으로 뉴스에 발표하는 GDP 금액은 명목 GDP이다.

(2) 실질 GDP

기준 연도를 정해 놓고 기준 연도의 가격으로 시장 가치로 계산한 GDP를 말한다. 이를 수식으로 표현하면 다음과 같다.

$$\text{실질 GDP} = \text{기준 연도의 가격} \times \text{금년도의 생산량}$$

실질 GDP는 물가 수준이 반영되지 않기 때문에 실질 GDP가 증가하려면 생산량이 전보다 늘어야 한다. 실질 GDP는 서로 다른 연도 간에 재화의 생산량을 비교할 때 유용하게 활용된다. 예를 들어 아이스크림만 생산하는 국가가 있다고 가정해보자. 2012년 아이스크림의 가격은 500원이고, 2014년에는 가격이 두 배가 올라 1,000원이 됐다. 이 국가의 아이스크림 생산량은 2012년에는 300개, 2014년에는 200개라고 한다. 2012년의 명목 GDP와 2014년의 명목 GDP, 실질 GDP는 각각 얼마일까?

명목 GDP는 당해 연도의 생산량과 가격만으로 산출하기 때문에, 2012년의 GDP는 15만 원, 2014년의 GDP는 20만 원이다. 명목 GDP의 금액으로 보면 이 국가는 분명 아이스크림 생산 능력이 증가했다고 볼 수 있다. 이를 실질 GDP로 다시 환산해보자. 기준 연도를 2012년이라고 했을 경우 2014년의 실질 GDP는 10만 원이다. 생산 능력은 오히려 5만 원만큼 감소한 것이다.

명목 GDP와 실질 GDP의 계산

구분	계산 방법
2012년의 명목 GDP	300개 × 500원 = 150,000원
2014년의 명목 GDP	200개 × 1,000원 = 200,000원
2014년의 실질 GDP	200개 × 500원(기준 연도 가격) = 100,000원

실질 GDP는 GDP의 수치 변화에서 가격의 변화를 고정시켜 순수하게 생산 능력(경제 능력)의 크기가 어떻게 변했는지 잘 보여준다. 위의 사례처럼 명목 GDP는 증가했지만 실질 GDP가 감소한 경우는 가격 상승(인플레이션)이 원인인 것으로, 실제 생산 능력이 증가했다고 해석할 수 없는 것이다.

3) GDP의 한계점

GDP에 포함되는 경제 활동은 기본적으로 그 가치를 계산할 수 있어야 하므로 시장에서 생산되고 거래되는 것만 포함한다. 따라서 주부의 가사 활동, 자원봉사 활동, 불법적인 지하경제 등은 제외된다. 하지만 같은 활동이라도 가사 도우미의 노동은 시장에서 거래되기 때문에 GDP에 포함된다. GDP의 한계점은 주로 다음과 같다.

디지털 시대 GDP의 한계

"디지털 시대 GDP통계 신뢰 떨어져"

매일경제신문 2016년 5월 26일자

❶ GDP는 삶의 질을 정확하게 반영하지 못한다

환경이나 근로시간, 여가 등은 경제 활동에 큰 영향을 미치지만 GDP에 포함되지 못한다. 측정될 수 없는 요소가 늘어나면 그 나라의 생산 수준을 과소평가할 가능성이 높아지기 때문에 전반적인 생산 활동의 수준을 파악하기 힘들어진다.

❷ GDP는 생산품의 질을 제대로 반영하지 못한다

예를 들어, 스마트폰이나 컴퓨터와 같은 정보·통신 기기들은 성능이 10년 전에 비해 크게 향상되고 가격은 저렴해진 경우가 많다. 이는 삶을 더 편리하게 만들지만 실제로는 생산물의 가격이 떨어졌기 때문에 GDP는 낮게 계산된다.

❸ GDP에는 생산 과정의 부작용들이 반영되지 못한다

즉 GDP는 생산 과정에서 파생되는 환경오염이나 자원 고갈을 경시하며 범죄, 양극화 등과 같은 사회문제를 제대로 고려하지 못한다.

로버트 케네디 美 상원의원
(1968년 대통령 선거 유세 중)

"GDP는 우리 아이들의 건강이나 교육,
놀이의 즐거움 등을 보장해주지 못합니다.

GDP에는 시문학의 아름다움이나 결혼이라는 제도의
강점, 공개 토론의 높은 지적 수준,
공무원들의 성실함 등이 포함되지 않습니다.

GDP를 가지고 우리의 용기와 지혜, 국가에 대한
충성심을 잴 수 는 없는 노릇입니다.

GDP에는 우리의 삶을 가치 있게 만들어주는 것이
빠져 있고, 왜 우리가 미국인임을 자랑스럽게
생각하는가를 말해주지도 못합니다."

4) 국민 총소득 GNI, Gross National Income

요즘 생산은 느는데 소득이 늘지 않는다는 목소리가 높다. 이는 GDP는 늘어나지만 그만큼 GNI가 늘어나지 않는다는 말도 된다. 위에 언급했던 경제 활동의 정

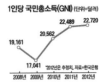

의에 따르면 생산과 소득이 일치해야 하는데 왜 이런 현상이 벌어질까?

(1) GNI의 개념

종업원이 기업에서 일한 대가로 받은 월급과 기업이 생산 활동을 해 남긴 영업이익을 모두 합친 것을 국민 총소득GNI, Gross National Income이라고 한다. GNI는 한 나라의 국민이 1년 동안 벌어들인 임금, 이자, 배당 등의 소득을 분배 측면에서 파악해 합산한 것이다. GNI는 이론상 GDP와 동일해야 한다. 다른 나라와 무역이나 자본의 유출입 거래가 없는 폐쇄 경제에서는 더욱 그렇다. 물가 변동에 의한 생산액의 증감분을 제거한 수량 변동만을 반영하는 지표를 쓸 때는 실질 GDP와 실질 GNI를 쓴다. 이때 가격은 위에 언급했듯이 특정 연도에 고정된다.

(2) GDP와 GNI의 차이

폐쇄 경제와 달리 무역과 자본의 유출입 거래가 자유로운 개방 경제에서는 GDP와 GNI 간에 차이가 발생한다. 이는 GDP는 그대로지만 개방 경제에 따라 GNI에 결손이 발생하기 때문이다. 요인은 크게 요소 소득과 무역 손실에서 찾을 수 있다.

❶ 요소 소득의 결손

요소 소득을 계산할 땐 외국인이 우리나라에 들어와 투자하거나 일한 대가로 받아 가는 임금·이자·배당 등은 차감하고 우리나라 사람이 외국에 투자하거나 일한 대가로 받아 온 임금·이자·배당 등은 더한다. 그래야 그 나라 국민이 1년간 벌어들인 소득을 알 수 있다. 우리나라의 경우 이 두 소득의 차이(국외 순수취 요소 소득) 규모는 GDP 전체 규모의 0.2~0.3% 정도에 불과해 그 차이가 미미하다.

❷ 무역 손실의 결손

무역 손실에서의 결손은 요소 소득보다 크다. 교역 조건 변화에 따른 실질 무역 손익이 발생하는 과정을 다음 사례를 통해 살펴보자.

한 국가가 작년 1달러짜리 반도체 300개를 생산해 이 중 국내에 200개를 공급하고 나머지 100개는 수출한다고 가정하자. 이 나라는 수출해 번 돈으로 배럴당 1달러인 원유 100배럴을 수입한다. 이 경우 작년 이 나라의 생산GDP과 소득GNI은 모두 300달러다. 하지만 2014년에도 전년도와 마찬가지로 반도체 300개를 생산했는데 반도체 수출가격은 0.5달러로 50% 하락한 반면 원유 수입 가격은 1.5달러로 50% 상승했다고 하자.

수출 가격은 하락하는 대신 수입 가격이 상승한 현상을 두고 교역 조건이 악화됐다고 한다. 교역 조건이 악화된 상황에서 이 나라는 원유 100배럴을 수입하기 위해 150달러가 필요하다. 그러기 위해서는 반도체 생산량 300개 모두를 0.5달러에 수출해야 한다. 이를 작년 가격 기준으로 생각해보면 이 나라는 결국 300달러어치의 반도체와 100달러어치의 원유를 교환한 것이 된다. 즉 작년에는 반도체 300개를 수출하면 원유를 300배럴 수입할 수 있었는데, 올해는 이제 100배럴밖에 수입해오지 못하는 상황이 된 것이다. 여기서 원유 도입량의 차이 200배럴이 교역 손실이 된다. 작년 가격 기준으로 200달러의 무역 손실이 발생한 것이다.

이 사례에 GDP와 GNI의 개념을 도입해보자. 이 나라는 2014년에도 반도체 300개를 생산했으므로 2013년 가격으로 평가한 2014년의 실질 GDP는 300달러로 변동이 없다. 하지만 이 돈으로 원유를 100배럴밖에 수입하지 못하니 2013년 원유가격(1배럴)으로 환산한 실질 GNI는 100달러밖에 안 된다. 결국 실질 GDP는 그대로지만 실질 GNI는 2013년보다 66.7%(200달러) 감소한 것이다. 이처럼 외국과의 거래가 활발한 개방 경제에서는 수출 및 수입상품의 가격 변화, 즉 교역 조건 변화로 인해 실질 생산은 동일하더라도 그 이득을 외국이 가져갈 수 있어 실질 소득은 달라진다.

(3) 경기 지표의 해석

일반적으로 실질 GNI는 구매력 수준을 파악하는 지표로 활용되고 실질 GDP는 생산 활동, 고용 사정 등 경제 활동 수준의 변동을 파악하는 데 활용된다. 따라서 경제 상황을 파악하기 위해서는 두 지표를 적절히 활용해 판단하는 것이 중요하다. 만약 실질 GNI의 움직임에만 지나치게 의존해 현 경제 상황을 파악할 경우, 생산 활동 및 고용 수준 등 경제 동향 판단에 오류를 범할 가능성이 높아진다. 현실에서는 무역 손실 규모가 크게 늘어나더라도 특정 산업에 집중돼 나타나는 경우가 많다. 따라서 실질 GNI의 증감만큼 일반 국민의 체감 경기가 변동하는 것으로 해석하면 곤란하다. 이러한 해석은 특정 시점에서 실질 무역 손실의 확대나 축소가 모든 경제 주체의 소비 지출에 균등하게 영향을 준다는 단순 가정에서 출발했기 때문이다

2. 경제 성장

일반적으로 한국은행을 비롯한 많은 경제 연구 기관들이 매년 초 국가의 경제 성장 전망치를 발표한다. 이를 경제 성장률이라고 하는데 이는 국내 총생산GDP의 증가 정도를 의미한다. 각 경제 주체들은 각자의 역할을 수행하며 재화와 서비스

를 생산하는데, 국내 총생산은 이렇게 생산된 재화와 서비스에 시장 가격을 곱해서 계산한다.

> 경제 성장률 = (금년도 실질 GDP − 전년도 실질 GDP) / 전년도 실질 GDP x 100

1) 경제 성장률 측정방법

경제 성장률을 측정하는 과정을 이해하기 위해 다음의 예를 들어보자. A국의 경제는 1년 동안 나무 의자 10개를 생산할 수 있는 공장과 1년 동안 10명의 머리를 다듬을 수 있는 미용실로 구성돼 있다. 이 경제의 구성원은 총 10명이다. 여기서 나무 의자는 재화 생산을 대표하고 머리 다듬는 일은 서비스 생산을 대표한다. 나무 의자 단가를 20만 원이라 하고 1인당 미용료를 1만 원이라 한다면 이 경제의 국내 총생산은 210만 원이 된다. 1인당 계산하면 21만 원이다. 나무 의자를 만들기 위해서는 우선 원목을 생산한 후 이를 목재로 만드는 과정이 필요하지만 이는 의자 가격에 모두 포함된다.

한 경제의 국내 총생산을 알기 위해서는 원료와 중간재를 투입해 만든 최종 생산물의 가치만 더하면 된다. 이 같은 상황에서 이 경제가 인구나 자본의 증가 혹은 기술 혁신으로 나무의자를 1개 더 만들 수 있게 됐다고 가정해보자. 그러면 이 경제 국내 총생산은 20만 원이 증가해 230만 원으로 늘어난다. 증가분인 20만 원을 전년도 국내 총생산 210만 원으로 나누면 9.5%가 도출된다. 이 수치가 곧 경제 성장률이다.

2) 경제 성장률 예측의 변수

경제 성장률 예측이란 쉽게 말해 A국이 내년에 몇 개 의자를 더 생산하고 몇 명이 더 미용실을 이용할지 예상해보는 것이다. 이를 위해서는 경제의 여러 요소를 고려해야 한다. 국내에서는 고용·투자·기술진보·소비 등을, 해외 측면에서 환율·세계경기·원자재 가격 동향 등을 미리 예상한 후 얼마나 더 생산할 수 있을지 예측한다. 이들 경제 요소들을 A국 상황에 대입해 설명해보면 아래와 같다.

❶ 고용 인구: A국 고용 인구가 늘면 의자를 생산하거나 미용실에서 일하는 사람이 늘어 의자와 미용 서비스 생산이 늘어난다.

❷ 국내 투자: A국이 설비를 개선한다면 같은 자원을 투입하고도 더 많은 의자를 생산할 수 있다. 또 기술 혁신이 이뤄져도 의자 생산이 늘 수 있다.

3분기 성장률 0.6% … 저성장 고착화

4분기 연속 0%대 … GNI 7년만에 2분기 연속 감소

대내외 악재가 겹치면서 3분기 경제성장률이 당초 예상에도 미치지 못한 것으로 나타났다. 국민총소득(GNI)도 금융위기 이후 처음으로 2분기 연속 감소했다.

2일 한국은행이 발표한 '3분기 국민소득'(잠정)에 따르면 올 3분기 국내총생산(GDP)은 377조 6445억원으로 전기 대비 0.6% 성장했다. 지난 10월 발표한 속보치(전기 대비 0.7%)보다 0.1%포인트 하향조정된 수치다. 분기 성장률은 메르스 여파로 성장률이 확 꼬꾸라진 데 따른 기저효과에다 대규모 추가경정예산 덕분에 1.2% 성장한 지난해 3분기 이후 4분기 연속 0%대에 머물렀다. 속보치보다 성장률(잠정치)이 떨어진것은 건설투자와 서비스 수출 관련 지출액이 당초 추정했던것보다 더 쪼그라들었기 때문이다. 또 자동차업계 파업과 삼성전자 갤럭시 노트7 단종 사태 등도 3분기 성장률을 끌어내렸다. 갤노트7은 지난 9월 초 리콜 사태가 시작된 이후 10월 초 최종적으로 단

국내총생산 (단위=%)

1.2 / 0.7 / 0.5 / 0.8 / 0.6

2015년 3분기 / 4분기 / 2016년 1분기 / 2분기 / 3분기

종 결정이 내려졌고 현대차 노조는 10월 중순까지 파업을 지속한 바 있다. 김영태 한은 경제통계국 국민계정부장은 "3분기 GDP 속보치 발표 후 새롭게 집계된 9월 건설기성액, 외국인 국내 소비 지표가 예상치를 밑돌았다"고 설명했다.

건설투자는 3.5% 증가에 그쳐 속보치 3.9%를 밑돌았고 수출 증가율도 0.8%에서 0.6%로 조정됐다. 업종별로는 제조업 둔화가 두드러졌다. 2분기 1.2% 성장했던 제조업은 3분기 0.9% 감소했다. 글로벌 금융위기 직후인 2009년 1분기(-2.5%) 이후 7년6개월래 가장 낮은 수치다. 갤노트7 사태와 현대차 파

업 탓이다.

3분기 실질 국민총소득(GNI)은 전 분기 대비 0.4% 감소해 2분기(-0.4%)에 이어 또다시 마이너스 성장세를 이어갔다. 실질 GNI가 2분기 연속 떨어진 것은 2008년 글로벌 금융위기 이후 처음이다. 국제 유가 상승 등으로 교역조건이 악화됐기 때문이다.

한은 관계자는 "수출·수입 가격이 동반 하락하는 가운데 주력 수출 품목인 IT 제품을 중심으로 수출 가격 하락폭이 더 컸다"고 설명했다. 이처럼 저성장 추세가 고착화되는 상황에서 정치 혼란이 가중되고 있어 국내 경제에 위기감이 갈수록 커지고 있다. 홍준표 현대경제연구원 연구위원은 "3분기 건설업 성장률이 속보치 4.4%에서 3.7%로 대폭 떨어졌다"며 "최근 수년간 경제 성장세가 부동산에 의존해왔는데 지방에서 시작되고 있는 건설경기 둔화가 내년 하반기부터 저성장을 심화시킬 수 있다"고 지적했다.

부장원 기자

매일경제신문 2016년 12월 3일자

❸ 국내 소비: A국 사람들이 갑자기 의자를 더 많이 필요로 하거나 미용실을 자주 이용하려 한다면 그에 맞춰 의자와 미용 서비스 생산을 늘리면 된다. 이를 위해서는 더 많은 시간 일하거나 공장 투자를 늘리면 된다.

❹ 해외 요인: A국이 생산한 의자 가운데 일부를 수출한다고 할 때 해외 경기가 호전돼 수출 주문이 증가하면 A국의 생산은 이에 맞춰 증가한다. 또 A국에 나무가 없어 원목을 수입한다고 할 때, 원목 가격이 내려가면 싼 값에 더 많은 원목을 들여올 수 있어 의자 생산이 늘어난다.

❺ 통화 가치: A국 통화 가치가 떨어지면(환율 상승) 수출품의 가격 경쟁력이 높아져 수출이 늘면서 더 많은 의자를 생산할 유인이 생긴다.

이 밖에도 소비에 큰 영향을 미치는 물가, 부동산 가격 등도 고려해야 하며 A국 정부의 역할도 주요 변수로 고려해야 한다. 한국은행 등 경제 연구 기관들은 이러한 모든 요소를 수치화한 후 수리 경제학 모델을 통해 경제 성장률을 추산한다.

경제 원리 중 '72의 법칙'이란 것이 있다. 몇 년 만에 성장률이 2배가 되는지 계산하는 법칙으로 '72/성장률'로 도출한다. 성장률이 만약 3.8%라면 성장이 2배가 되는 데 약 19년(72/3.8)이 소요된다. 72의 법칙에 따르면 향후 현재와 같은 성장률이 계속 유지된다고 가정하면 한국 경제가 현재 상태에서 2배가 되는 데 19년이 소요된다. 연평균 성장률이 8%인 중국의 경우는 어떨까? 이 계산에 의하면 중국이 현재 경제 규모의 2배가 되는 데 걸리는 시간은 9년(72/8)이 된다.

3) 잠재 성장률과 GDP갭

(1) 잠재 성장률

한 나라 경제는 인구 증가 등을 통해 자연히 성장한다. 경제 순환 구조에 따라 소비 생산 투자 등 각 경제 활동의 고리가 연결되면서 저절로 생산이 늘기 때문이다. A국의 경우 강제적 투자 증가 없이도 인구가 늘거나 의자 만드는 기술이 숙련되어

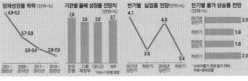

매일경제신문 2017년 7월 14일자

더 많은 의자를 만들 수 있다. 이처럼 경제가 별 무리 없이 자체 역량으로 규모를 키울 수 있을 때의 성장률을 잠재 성장률이라 한다. 잠재 성장률은 노동과 자본 등의 생산 요소를 정상적으로 완전히 사용하여 달성할 수 있는 성장률, 또는 인플레이션을 일으키지 않고 달성할 수 있는 성장률로 정의된다.

우리나라의 잠재 성장률은 몇 년 전만 하더라도 7~8%를 상회했지만 계속해서 하락하고 있다. 이는 수년째 지속되고 있는 저성장 구조가 고착화되고 있기 때문에 발생하는 현상이다. 현재 한국 경제에 가장 큰 문제점으로 지적되는 것은 수년째 소비와 투자 부진이 지속되면서 경제가 자동적으로 생산을 증가시킬 유인을 잃은 것이다. 또 저출산으로 인구 증가율이 적정 수준에 미치지 못하고 있다.

잠재 성장률이 떨어진 상황에서 경제가 무리하게 성장을 추구하다보면 과도한 물가 상승 등 각종 부작용이 발생한다. 이에 경제가 무리 없이 고성장을 유지하게 위해서는 잠재 성장률을 끌어올리는 것이 필요하다. 지속 가능한 경제 성장을 위해 경제 주체들의 적극적인 노력이 필요하다.

(2) GDP 갭

한국은행은 정기적으로 우리나라의 실질 성장률을 발표하는데 그 수치는 우리
나라 잠재 성장률과는 매번 다르게 나온다. 그 이유는 한 나라의 경제 성장이 여러
가지 대외 요건에 의해 바뀔 수 있기 때문이다. 여기에서 실질 경제 성장률과 잠재
성장률의 차이를 GDP 갭이라고 한다. GDP 갭이 플러스(+)면 인플레이션 갭Inflation
Gap, 마이너스(-)면 디플레이션 갭Deflation Gap이라고 하는데 이 갭을 이용해서 경기를
어느 정도 진단할 수 있다. 인플레이션 갭 상태는 수요가 경제의 공급 능력을 초과
하는 것으로 그만큼 물가 상승 압력이 높고 경기가 과열된다는 것을 의미한다. 반
대로 디플레이션 갭은 그 나라 생산 능력 안에서 경제 활동이 일어나고 있다는 것
을 의미하며, 인플레이션 압박이 발생하지 않지만 생산 능력을 다 써보지도 못한
채 경기 침체에 빠진다는 것을 의미하기도 한다. 즉 가만히 놔둬도 성장할 수 있는
정도마저 제대로 이뤄내지 못한다는 뜻이다. 이는 곧 경제 순환 구조의 특정 부분
에 문제가 있다는 것을 의미한다.

Key-point

- **잠재 성장률**

한 나라 경제가 보유하고 있는 자본, 노동, 기술 등 생산 요소를 모두 활용했을
때 물가 상승을 유발하지 않고 달성할 수 있는 최적 성장률을 말한다. 잠재 성
장률은 한 나라가 실제로 달성한 성장률이 아니라, 여러 전문가들이 추정해낸
성장률이다. 다시 말해 다른 조건들이 일정하다면 한 나라가 달성할 수 있을 것
으로 기대되는 최고 성장률인 것이다.

- **GDP 갭**

실질 GDP와 잠재 GDP의 차이를 말한다. 이 수치가 마이너스라는 것은 경제
가 잠재력에 미치지 못하는 성장을 하고 있다는 의미다.

4) 경기 변동

(1) 경기 변동과 순환

경제 신문에서는 경제에 대해 평가할 때 '경기가 좋아졌다'나 '경기가 나빠졌다'라는 표현을 사용한다. 경기는 국민 경제의 총제적인 상태를 의미한다. 경기가 좋다는 말은 경제 상황이 좋다는 의미고, 경기가 나쁘다는 말은 반대로 경제 상황이 좋지 않다는 의미이다. 이러한 경기는 항상 안정적으로 머물러 있지 않고 변동한다. 경제는 경제 활동이 활발하여 실업률이 낮고, 성장률은 높으며, 국민 소득의 크기가 커지는 호황 상태에 놓이기도 한다.

호황 상태에서 경제 활동이 점차로 위축되어 나갈 때를 가리켜 경기가 후퇴한다고 한다. 경기 후퇴가 심해지면 경제는 침체 상태에 놓이게 된다. 침체가 심할 때를 가리켜 불황이라고 부른다. 경기 침체 상태에서 경제 활동은 위축되고, 실업률은 높아지며, 성장률은 낮아진다.

이후 경제가 침체 상태를 벗어나 경제 활동이 다시 활발해지기 시작하는 국면이 오게 되는데, 이를 경기 회복이라고 부른다. 이처럼 경제 상황이 변동 순환하는 현상을 가리켜 경기 변동 또는 경기 순환이라고 한다. 일반적으로 경기 곡선은 아래

경기 순환

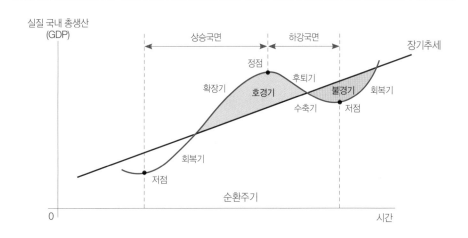

경기 국면별 경제 상황

	생산	실업·재고	고용·소득	물가·임금	주가
회복기	⬆	⬇	⬆	⬆	⬆
확장기	최고	최저	최고	최고	최고
후퇴기	⬇	⬆	⬇	⬇	⬇
수축기	최저	최고	최저	최저	최저

그림과 같이 호황-후퇴-불황-회복의 네 가지 국면이 구분되는데, 이때 경기 회복기와 호황기를 확장기, 경기 후퇴기와 불황기를 수축기라고 한다.

생산이나 고용 상황, 물가, 주가 등은 경기 변동과 맞물려 움직이는 경향이 있다. 경기의 4국면에 대한 이들 경제 요소들의 변화는 위의 표와 같이 정리할 수 있다.

우리나라의 경기 변동 주기는 통계청에서 경기 종합 지수를 편제해 발표한다. 이에 따르면 우리나라의 경기 순환 주기는 약 50개월이고, 이 중 확장기는 31개월, 수축기는 19개월로 확장기가 수축기보다 더 길다. 미국의 경기 순환 주기는 61개월이고 일본은 53개월로 조사됐다.

경기 주기를 알면 경기 변동에 대한 타이밍을 예측하는 데 큰 도움이 된다. 특히 수축기가 확장기보다 짧다는 것은 수축기가 경기 상승보다 더 급격하게 진행됨을 의미한다. 따라서 개인이던 기업이던 수축기를 미리 대비하지 못하면 급격한 경기 변화로 피해를 볼 수 있다.

(2) 다양한 경기 곡선과 경제 상황

경기 곡선은 경기 변화에 대한 여러 전망과 함께 경기의 복잡한 움직임을 쉽게 표현하기 위해 사용되고 있다. 2008년 금융위기 이후 세계 경제 회복과 관련한 전망이 나오면서 경기 곡선도 다양하게 나타났다. 경기가 언제, 어떻게 바닥을 치느냐에 따라 기업과 가계의 경제적 운명이 뒤바뀌게 된다. 그리고 경기가 언제, 어떻게 꺾이느냐에 따라 멀쩡하던 기업이 도산하고, 여유로웠던 가계 경제가 어려움에

처하기도 한다. 경기의 복잡한 움직임을 직관적으로 표현하기 위해 알파벳을 사용하는 경우가 많다.

먼저 경기 변화를 나타내는 경기 곡선은 대표적으로 V형, U형, L형 등이 있다. V형은 경기 침체 후 단기적으로 회복하는 것을 나타내고 U형은 장기적인 완만한 회복을 나타낸다. 반면 L자은 침체가 오랫동안 지속되는 장기 침체를 나타내는 것으로 주로 부정적인 경기 전망에 쓰인다.

최근 가장 많이 언급된 경기 관련 용어는 더블딥Double Dip이다. 이 용어는 1980년대 초 오일쇼크 때 유래했다. 즉 침체가 두 번 온다는 것인데, 이는 침체 후 회복세를 보이는 듯하다가 한 번 더 침체기를 맞는 상황을 의미한다. 이는 두 번의 침체후 본격적인 회복세로 접어든다는 의미의 W자형 회복 패턴과 비슷하다. 일반적으로 경기 침체는 2분기 연속 마이너스 성장을 기록할 때를 말한다. 따라서 기술적으로는 2분기 이상의 연속 마이너스 성장이 끝나고 일시적으로 회복 징후를 보이던 경기가 2분기 이상의 연속 마이너스 성장으로 추락하는 것을 더블딥이라 표현한다. 일반인들 사이에 더블딥이 유행어가 된 것은 2008년 글로벌 금융위기 이후

경기 곡선과 경제 상황 조어

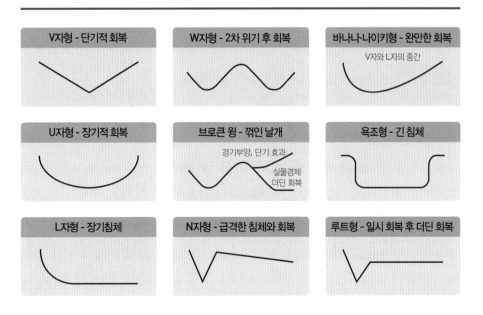

이다. 당시 위기 이후 일시적으로 생산과 소비가 늘어나 경기가 반등하는 것처럼 보였지만, 구조 조정 등 경기를 활성화시킬 근본적인 조치가 지연되면서 다시 경제가 침체할 것이란 비관적 예상이 컸기 때문이다.

더블딥을 보다 구체적으로 나타낸 말은 브로큰 윙Broken Wing이다. 글자 그대로 '부러진 날개'를 말하는 브로큰 윙은 L형과 W형의 중간 형태로 글로벌 경제가 단기에 회복되더라도 장기 침체에 빠질 가능성이 높다는 점을 시사한다. 침체에 빠진 경제 상황이 정부의 다양한 경기부양 정책으로 단기에는 회복되는 것처럼 보이다가 마치 새의 날개가 꺾이듯 다시 장기 침체에 빠지게 되는 상황을 의미한다.

3. 실업과 실업률

1) 실업률과 고용률

국가가 발전하기 위해서는 생산 활동과 소비 활동 그리고 분배 활동이 효율적으로 이뤄져야 한다. 이것을 경제 활동이라고 한다. 그중 가장 기본적인 활동은 생산 활동이고 이를 위해서는 노동의 공급이 필요하다. 하지만 모든 사람들이 생산 활동에 필요한 노동을 제공할 수 없다. 통계청에서는 이러한 인구 상황과 일정 기간의 구직 활동 상태 등을 파악하여 고용에 관한 통계 지수를 발표한다. 이를 고용 통계라 하며 가장 대표적인 지표가 실업률과 고용률이다.

(1) 실업률

국제 기준에 따르면 실업자란 일반적으로 △일을 하지 않고without work, △적극적으로 일을 찾았으며actively seeking work △일이 주어졌을 때 할 수 있는 상태available for work의 조건을 충족하는 경우를 말한다. 실업률과 고용률을 이해하기 위해 가장 먼저 고려해야 할 사항은 바로 경제 활동 인구의 파악이다. 경제 활동 인구란 만 15세 이상 인구 중 조사 기간에 실제로 수입이 있는 일을 한 취업자와 일을 하진 않았지만 구직 활동을 한 실업자를 더한 숫자다. 반면 비경제 활동 인구란 취업도 실업도 아닌 상태에 있는 사람을 가리킨다. 한마디로 수입이 있는 일을 하지 않지만 동시에 취업할 의사도 없는 사람이다.

경제 활동 인구의 구분

통계청은 매월 15일을 전후로 일주일간 표본조사 대상인 전국 3만 2,000가구를 대상으로 경제 활동 인구를 조사해 각종 고용 통계를 낸다. 만 15세 이상인 사람이 조사 대상이고 의무 복무 중인 군인, 공익근무요원, 교도소 수감자 등은 제외된다. 구직 활동이 전혀 없는 전업주부나 재학생, 구직 단념자, 취업 준비자 등도 대표적인 비경제 활동인구에 속한다. 실업률은 실업자 수를 경제 활동 인구로 나눈 값이기 때문에 비경제 활동인구는 실업률 계산에 포함되지 않는다. 실업률을 구하는 식은 다음과 같다.

실업률 = (실업자 / 경제 활동 인구) X 100

(2) 실업률 통계의 착시와 한계

2011년 기준 우리나라의 15~64세 전체 실업률은 약 3.5%로 OECD 중 최저 (OECD 평균 8.1%) 수준이다. 이는 일반 사람들의 체감 실업률과 괴리가 있다는 지적이 많다. 왜 이런 현상이 생길까? 일반 사람들은 고시생, 재취업 포기자, 단기 아르바이트생도 실업자라 생각하지만, 실제 실업률 계산에는 해당되지 않기 때문이다. 통계의 착시효과이다.

정부가 발표하는 청년 실업률에도 착시가 생길 가능성이 높다. 특히 청년 실업률은 나라마다 기준 연령대가 다르다. 한국은 청년을 만 15~29세로 잡는 데 비해 일본·독일·프랑스·호주는 만 15~24세, 미국은 만 16~24세로 우리보다 최고 범위가 5세 정도 낮다. 우리나라는 남성이 군대를 다녀오기 때문에 연령대를 높게 설정했다고 하지만 여성은 군대에 가지 않고 군 복무 기간도 2017년 육군 복무 기준

노동 인구의 구분

구분	내용
생산 가능 인구	15세 이상의 일할 능력을 갖춘 인구
경제 활동 인구	생산 가능 인구 중 일할 의사와 능력이 있는 사람
비경제 활동 인구	주부, 학생, 노약자 등과 같이 일할 의사가 없거나 또는 일할 능력이 없는 사람으로 실업률 산정에 포함되지 않음
취업자	• 수입을 목적으로 주당 1시간 이상 일하는 사람 • 자신에게 직접적으로 수입이 오지 않더라도 가구주의 사업을 도와 주당 18시간 이상 일하는 가족 사업 종사자 • 직업이 있지만 일시적인 질병, 휴가, 노동 쟁의, 조업 중단 등으로 인한 휴직자
실업자	• 일할 의사와 능력이 있으나 일자리를 구하지 못한 사람 • 조사 기간 중 1주일 간 전혀 일을 하지 않았고 바로 일을 할 수 있으며, 지난 4주 동안 적극적으로 구직 활동을 한 사람

21개월로 짧아진 상황에서는 적합하지 않다.

만약 다른 나라처럼 최고 연령대를 낮춘다면 우리나라 청년 실업률은 평균 2% 포인트 정도 올라갈 것으로 추산된다. 일자리를 찾지 못하고 부모에게 기대어 사는 20대 청년 백수, 이른바 니트족NEET이 100만 명을 넘어선 지금 실제 실업률은

그림으로 이해하는 실업률 조사

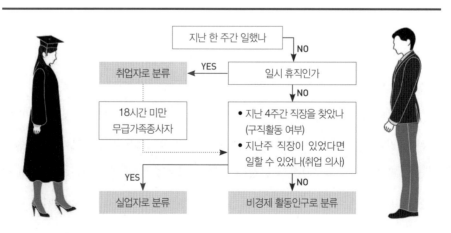

정부가 집계 발표하는 공식 실업률보다 클 수밖에 없다. 이처럼 각종 통계가 실제 체감 고용 경기와 다르게 나타나기 때문에 경기 상황을 정확하게 판단하기 위해서는 고용률 등 다양한 보조 지표를 함께 살펴야 한다.

(3) 고용률

실업률은 경제 활동 인구 대비 실업자 수의 비율인 반면, 고용률은 취업자 수를 생산 가능 인구(경제 활동 인구+비경제 활동 인구)로 나눈 값이다. 즉 15세 이상 노동 가능 인구 중 취업자가 차지하는 비율로 실질적인 고용 창출 능력을 나타내는 수치라 할 수 있다. 고용률을 보면 실질적인 취업자의 증감을 파악할 수 있기 때문에 간접적으로 실업자들의 동향까지 파악할 수 있다.

$$고용률(\%) = [\,취업자 \div 15세\ 이상\ 노동\ 가능\ 인구\,] \times 100$$

2) 실업의 종류

한 나라의 경제가 생산 요소를 충분히 활용하고 있을 때에도 실업은 존재한다. 이를 자연 실업률이라고도 부르지만 적정한 수준의 실업률을 보이는 완전 고용에 대해 말하기는 어렵다. 실업률은 높은 것보다는 낮은 게 좋지만, 실업률이 낮은 상태에서 생산 능력 이상으로 수요가 늘어나면 임금 상승으로 인플레이션이 발생할 수 있다. 일반적으로 균형을 이루고 있는 노동 시장, 즉 취업자의 수와 실업자의 수가 변하지 않는 상태에서의 실업률로 경제에서 자발적 실업만이 존재하는 경우에 포착할 수 있다. 이에 따라 실업은 크게 발생 원인과 자발적 선택 여부에 따른 실업으로 구분할 수 있다.

 자연 실업률

1968년 밀턴 프리드먼이 〈화폐 정책의 역할〉이라는 논문 가운데 처음으로 주장한 개념으로, 구조적 특성에 의해 결정되는 실업률을 의미한다. 완전 고용 상태에서의 실업률 또는 물가 상승 속도를 가속화시키지 않고 현재 수준에서 안정시킬 수 있는 실업률이다. 자연 실업률 상황에서는 인플레이션 정책을 실시해도 실업률을 낮출 수 없다.

(1) 발생 원인에 따른 실업의 유형

❶ 경기적 실업: 불경기로 노동의 수요가 줄면서 발생한 실업이다. 우리나라도 외환위기로 대량 실업을 경험했다. 경기적 실업은 경기가 회복되면 어느 정도 줄어든다.

❷ 계절적 실업: 계절의 영향을 받아 일자리가 사라져 발생하는 실업이다. 농민들은 봄, 여름, 가을에는 농사를 짓지만, 겨울에는 농사를 짓지 않아서 계절적 실업을 겪는다. 계절적 실업은 실업의 유형들 중에서 큰 비중을 차지하지는 않는다.

❸ 구조적 실업: 산업 구조가 자동화 등 점차 고도화되면서 노동자들의 인력이 불필요해져 발생하는 실업이다. 구조적 실업을 줄이기 위해서는 재교육을 통해 새로운 산업에서 요구하는 기술을 익히도록 시간과 노력을 투자해야 한다.

❹ 마찰적 실업: 더 좋은 직장을 찾아 직장을 옮길 때 생기는 잠시 동안의 실업을 말한다. 나은 일자리를 탐색하는 과정에서 발생하기 때문에 탐색적 실업이라고도 한다. 경제가 호황일 때도 존재하고 사회적으로 적재적소에 인력을 배치하기 위한 준비라 볼 수 있기에 큰 문제가 되지 않는다.

(2) 자발적 선택 여부에 따른 실업의 유형

❶ 자발적 실업: 일할 의사나 일자리가 있지만 급여 등 근무 조건에 만족하지 않아 스스로 일을 하지 않는 경우를 말한다.

❷ 비자발적 실업: 일을 하려는 의지는 있으나 일자리를 찾지 못하는 경우를 말한다. 근무 조건과 상관없이 일자리만을 원하는 상태라고도 할 수 있다.

• 자발성 유무 및 발생 원인에 따른 실업 유형

자발성	실업 유형	발생원인
비자발적 실업	경기적 실업	경기 변동으로 인한 불경기 때의 노동 수요 감소
	계절적 실업	계절의 변동으로 인한 비수기 때의 노동 수요 감소
	구조적 실업	산업 구조와 기술 변화 등으로 기존 인력에 대한 수요 감소
자발적 실업	마찰적 실업	더 좋은 직장을 찾기 위한 직종 탐색 및 직장의 이동(일시적)

4. 인플레이션

물가의 지속적인 상승을 인플레이션이라고 한다. 인플레이션은 물가 지수가 상승하는 것으로 표시한다. 제품이나 서비스의 가격이 올라 물가 지수가 상승하게 되면 인플레이션이 발생했다고 부른다. 인플레이션은 물가 상승을 의미하다 보니 개인의 구매력 하락을 요약적으로 보여주는 지표로 활용된다. 인플레이션은 적당한 수준으로 유지되면 경제 건전성을 나타내는 징후이지만 통제 범위를 벗어나거나 이와 반대로 디플레이션(지속적인 물가 하락)이 나타나면 문제를 초래할 수가 있다.

1) 물가와 물가 지수

시장에서는 수많은 상품들이 거래된다. 각 상품은 우리 생활에서 차지하는 중요도가 다르고, 값이 오르고 내리는 변동폭도 다양하다. 이처럼 수많은 상품들의 가격을 하나로 종합하여 전반적인 가격 동향을 파악하게 해주는 개념이 물가이다. 이러한 물가의 움직임을 측정하기 위하여 작성하는 것이 물가 지수이다.

가장 대표적인 물가 지수는 소비자 물가 지수인데 이는 상품의 종류와 수량을 고정시켜 놓고 기준 연도의 물가 수준을 100으로 해 비교 시점의 물가를 숫자로 나타낸 지표이다. 현재 우리나라에서 흔히 쓰이는 일반적인 물가 지수에는 생산자 물가 지수·소비자 물가 지수·GDP 디플레이터 등이 있다. GDP 디플레이터는 본래 물가의 변동을 보고자 작성되는 것은 아니지만 그 정의상 일종의 물가 지수가 된다.

(1) 물가와 경제

물가는 시장에서 거래되는 모든 재화와 서비스의 가격을 일정한 기준으로 평균한 종합적인 가격 수준을 말한다. 물가 지수는 물가의 움직임을 측정하기 위하여 작성되는 것으로 경기를 판단하는 지표로도 사용된다. 일반적으로 물가 지수가 상승하면 대체로 경기가 상승 국면이고, 물가 지수가 하락할 경우 경기가 하강 국면이다.

물가는 시장에서 거래되는 상품과 서비스의 가격 수준을 나타내기도 하지만 한편으로는 화폐의 가치 변동을 보여주는 지표가 된다. 예컨대 물가가 상승했다는 말은 재화나 서비스의 가격이 올랐다는 의미뿐 아니라 화폐의 가치가 다른 재화에 비해 상대적으로 하락했다는 의미가 되기도 한다. 따라서 물가가 상승할 경우 정책 당국은 떨어진 화폐 가치를 회복시키기 위해 통화 공급을 감소시키기도 한다.

(2) 소비자 물가 지수

소비자 물가 지수는 도시에 있는 일반적인 가정에서 구입하는 상품과 서비스 가격의 변동을 측정할 수 있도록 지수에 들어갈 품목을 구성한다. 따라서 소비자 물가 지수는 도시 가계의 평균 생계비를 판단하는 지표로도 사용된다. 지수에 이용되는 가격은 소비자가 구입하는 소비자 판매 가격을 원칙으로 하고 있다.

실제 추계는 통계청 경제통계국에서 담당하는데, 서울을 비롯한 전국 36개 도시 지역에서 약 1만 3,000개 소매 점포 및 서비스 업체를 대상으로 516개 생활 필수품의 소매 가격을 중요도에 따라 가중치를 두어 산출한다. 소비자 물가 지수에 포함된 품목들의 가중치를 살펴보면 식료품 27.1%, 교통·통신 15.9%, 주거비 15.6%, 교육 11.5%, 광열·수도 5.8%, 피복 및 신발 5.7%, 교양·오락 5.4% 등으로 식료품의 비중이 가장 높다.

이렇게 산출된 결과는 각종 경제 정책을 수립하거나 경제·사회현상을 분석할 때 기초 자료로 이용한다. 중요도와 대표성을 고려하여 선정된 조사대상 품목은 통계청에서 정기적으로 가격을 조사하는데 농축수산물은 월 3회, 공업 제품과 서비스 품목은 월 1회 조사하고 있다.

(3) GDP 디플레이터

GDP 디플레이터는 한국은행이 산출하는 물가 지수로 명목 GDP를 실질 GDP로 나누어 계산한다. GDP 디플레이터 값이 100보다 크면 기준년도에 비해 물가가 상승한 것이고, 100보다 작을 때는 물가가 하락한 것이다. 소비자 물가 지수가 가계에서 소비하는 상품과 서비스만 지수에 포함되는 반면 GDP 디플레이터는 국내에서 생산된 모든 재화와 서비스가 지수를 산정하는 데 포함된다.

$$\text{GDP 디플레이터} = \text{명목 GDP} / \text{실질 GDP}$$

(4) 생산자 물가 지수

생산자 물가 지수는 한국은행이 제1차 거래 단계에서 기업 상호 간에 거래되는 상품과 서비스의 평균적인 가격 변동을 측정하여 작성한다. 실제 추계는 서울을 비롯한 전국 16개 주요 도시 지역에서 거래되는 중요 품목 923개(상품 846개, 서비스 77개)의 생산자 판매 가격을 중요도에 따라 가중치를 두어 산출한다. 생산자 물가 지수 대상 품목을 크게 분류해 그룹별 가중치를 보면 원재료 8.9%, 중간재 54.0%, 최종재 37.0%(자본재 11.7%, 소비재 25.3%)이다.

• 다양한 물가 지수

	소비자 물가 지수	생산자 물가 지수	GDP 디플레이터
작성 기관	지식경제부(통계청)	한국은행	한국은행
작성 목적	일반 가계가 소비하는 상품의 가격 변동 측정	기업 간 대량 거래되는 상품의 가격 변동 측정	명목 GDP를 실질 GDP로 나누어서 계산
포괄 범위	가계의 소비 지출 대상인 모든 재화와 서비스	국내에서 거래되는 모든 재화와 서비스	GDP에 포함되는 모든 재화와 서비스
	원자재, 자본재 제외	원자재, 자본재, 소비재 포함	국내에서 생산된 최종 생산물 모두 포함
	수입품 가격 포함	수입품 가격 제외	수입품 가격 제외
	주택 임대료 포함	주택 임대료 제외	주택 임대료 포함
	주택 가격 제외	주택 가격 제외	신규 주택 가격 포함
조사 대상 품목 수	500여 개	900여 개	직접 조사가 아니라 GDP 통계에서 사후적으로 산출
작성 방법	라스파이레스 방식	라스파이레스 방식	파셰 방식
비고	생계비 변동, 임금 협상의 기초자료	산업 정책에 필요한 기초 자료	

2) 인플레이션의 원인

인플레이션은 크게 총수요의 증가로 발생하는 인플레이션과 총공급의 감소로 발생하는 인플레이션으로 구분할 수 있다. 총수요의 증가로 발생하는 인플레이션을 수요 견인 인플레이션Demand-Pull Inflation이라고 하며, 총공급이 감소해 발생하는 인플레이션을 비용 상승 인플레이션Cost-Push Inflation이라고 한다. 일반적으로 인플레이션은 수요와 공급 가운데 한 가기 단편적인 원인으로 발생하는 것이 아니라 두 가지 원인이 복합적으로 작용해 발생한다. 이와 같은 인플레이션을 혼합형 인플레이션Mixed Inflation이라고 한다.

(1) 수요 측면에서의 요인

가계의 씀씀이가 커지고 기업의 투자 규모가 늘어나면 국민 경제의 총수요는 증가한다. 또, 수출이 증가하고, 정부가 경기를 부양하기 위해 확장적 재정 정책이나 시중 통화량을 증가시키는 금융 정책을 시행할 때에도 총수요는 증가한다. 이렇게 총수요가 증가해 발생하는 인플레이션을 수요 견인 인플레이션이라고 한다. 일반적으로 부동산 등 실물 부분에서 시작한 총수요의 변화는 일시적인 인플레이션만 유발할 수 있다. 하지만 확장적 통화 정책(유동성 증가)으로 발생한 총수요 변화로 인해 정부가 유동성을 증가시키는 한 인플레이션이 장기간 지속될 수 있다.

(2) 공급 측면에서의 요인

국민 경제에서 총공급이 감소하면 비용 상승 인플레이션이 발생한다. 임금 인상, 원자재 가격 상승 등 생산 요소의 가격 상승과 기업의 인플레이션 기대 심리 확산이 비용 상승 인플레이션의 원인이다. 즉 생산 요소의 가격이 상승하거나 인플레이션이 예상되면 기업들은 생산량을 감소시킨다. 이는 결국 경제 내 총공급을 감소시킨다. 이는 국민 총생산과 총소득을 감소시키면서 동시에 물가를 상승시킨다.

3) 인플레이션의 영향

인플레이션으로 화폐 가치가 하락하면 금융 자산을 보유한 사람들은 구매력이 감소해 자신들의 생활 수준이 낮아질 것을 걱정한다. 그러나 사람들의 우려와는 달리 물가가 상승할 때는 사람들이 구매하는 상품 시장의 재화와 서비스 가격만 오르는 것이 아니다. 노동, 자본 등 가계에서 공급하는 요소 시장의 가격도 함께 상승한다. 따라서 인플레이션이 발생하면 가계는 지출액만 증가하는 것이 아니라 소득도 증가한다. 그러므로 물가가 오른다고 해서 반드시 생활 수준이 하락하지는 않는다. 경우에 따라서는 물가 상승률보다 명목 소득 증가율이 더 높을 수도 있다. 이때는 오히려 전보다 생활 수준이 향상될 수 있다.

인플레이션의 비용들

구두창 비용: 인플레이션에 직면한 경제 주체들이 현금 보유를 줄이는 과정에서 낭비되는 자원을 의미한다. 인플레이션에 대응하기 위해 은행에 자주 찾아가야 하는 일종의 거래 비용이라 할 수 있다.

메뉴 비용: 제품이나 서비스 판매가를 조정할 때 들어가는 비용을 총칭해 말한다. 생산비를 제품 가격에 시시각각 반영하고 그에 따라 메뉴판을 바꾸는 것은 상당한 유·무형 비용을 발생시킨다.

일반적으로 인플레이션은 경제에 부정적인 영향을 미친다. 먼저 물가 상승은 실물 자산을 가진 사람과 금융 자산을 가진 사람들 사이에서 부의 재분배를 가져온다. 또, 인플레이션은 거래 비용(구두창 비용, 메뉴 비용 등)을 증가시켜 사회 전체적인 비효율이 발생한다. 특히 급격한 물가 변동은 시장 참여자들에게 잘못된 가격 정보를 제공해 잘못된 의사 결정을 내리게 하고, 이는 자원을 비효율적으로 사용하는 결과를 낳기도 한다.

경제 주체들이 인플레이션 발생을 사전에 예상했는지, 아니면 하지 못했는지의 여부에 따라 실물경제에 미치는 영향도 달라진다. 일반적으로 대부분의 인플레이션은 사전에 예상되지 않았거나 예상치보다 더 크게 발생한다. 실제로도 예상된 인플레이션과 예상하지 못한 인플레이션으로 분리하기는 어렵다. 그리고 이 두 인플레이션의 영향이 동시에 나타날 때도 많다. 인플레이션을 이해하기 위해서는 이 둘을 구분할 필요가 있다.

(1) 예상하지 못한 인플레이션

일반적으로 인플레이션이 발생할 때는 모든 재화와 서비스의 가격이 같은 비율만큼 상승하지 않는다. 예상하지 못한 인플레이션이 발생하면 월급이나 예금 이자와 같이 수입이 고정된 사람이나 손해를 입는다. 물가가 상승해 화폐 가치가 하락하면 월급을 받는 사람의 명목 소득은 변하지 않았지만 임금의 구매력이 하락해 그만큼 손실을 입게 된다.

마찬가지로 화폐 가치가 하락하면 돈을 빌려준 채권자는 앞으로 받을 원금과 이자의 실질 가치가 하락해 손해를 입게 된다. 또, 인플레이션이 발생하면 화폐의 구매력이 감소하는데 이는 민간이 보유한 화폐의 구매력이 감소한 만큼 정부가 통화 발행으로 이익을 얻은 셈이 된다. 이는 정부가 화폐를 발행해 인플레이션으로 세금을 거둔 것과 같다고 해서 이를 인플레이션 조세Inflation Tax라 부른다.

일반적으로 국민 경제에서 월급 생활자·채권자·예금자는 자금 공급을 담당하는 가계이고, 채무자는 자금 수요자인 기업이다. 따라서 인플레이션이 발생하면 가계는 손실을 보고 기업은 이득을 보게 된다. 그러므로 예상하지 못한 인플레이션이 발생하면 단기적으로 기업이 고용과 생산을 증가시킬 수 있다. 그러나 예상치 못한 인플레이션이 장기간 지속되면 경제 주체들이 미래의 물가를 예상하기 어려워 안정된 소비와 투자 계획이 이뤄지지 못한다.

(2) 예상된 인플레이션

가까운 미래의 물가를 예측하는 것은 어려운 일이다. 그러나 장기적으로는 시행착오와 학습 과정을 거치면서 상당히 정확히 인플레이션을 예측할 수 있다. 만일 사람들이 인플레이션을 정확히 예상한다면 앞서 설명한 바와 같이 채권자의 부가 채무자로 이전되는 소득 재분배 현상이 나타나지 않는다. 왜냐하면 채권자는 돈을 빌려줄 때 인플레이션을 정확히 예상하고 화폐 가치의 하락을 포함하는 내용을 계약에 반영할 것이고, 채무자는 이를 수용할 수밖에 없기 때문이다.

즉, 금융 시장에서 명목 이자율을 결정할 때는 정확한 물가 상승률이 반영된다. 인플레이션이 예상되면 합리적인 채권자는 명목 이자율이 아니라 실질 이자율에 관심을 갖는다. 채권자는 물가 상승분을 명목 이자율에 반영시켜 일정 수준의 실질 이자율을 유지하고자 할 것이고, 채무자도 명목 이자율을 기꺼이 부담해야 한다. 피셔I. Fischer는 방정식을 이용해 명목 이자율과 인플레이션, 실질 이자율의 관계를 설명했다.

> **명목 이자율 = 실질 이자율 + 인플레이션**

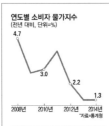

연도별 소비자 물가지수
(전년 대비, 단위=%)

4.7

3.0

2.2

1.3

2008년   2010년   2012년   2014년
자료=통계청

D의 공포

지난달 물가 0%대
작년 상승률 1.3%

지난해 12월 소비자물
가 상승률이 2013년 10월
이후 14개월 만에 0%대에
그쳤다. 지난해 1년간 소
비자물가 상승률도 사상
처음으로 2년 연속 1%대
를 기록하는 등 디플레이
션 염려가 커지고 있다.
통계청이 발표한 '2014
년 12월 및 연간 소비자물
가 동향'에 따르면 지난해
12월 소비자물가는 작년
같은 달보다 0.8% 상승했
다. 지난해 전체 소비자물
가도 전년보다 1.3% 증가
하는 데 그쳤다. 이는 201
3년과 같은 수준으로, 0.
8%를 기록한 1999년 이
후 최저다. 김보경 통계청
물가동향과장은 "국제 유
가 하락으로 석유류 가격
이 하락하면서 월간 물가
상승률이 다시 0%대에 진
입했다"며 "유가 하락이 계
속되고 있어 당분간 물가
하방 압력이 이어질 것"이
라고 전망했다.
경기 회복세가 미약한
가운데 물가마저 낮은 수
준을 유지하면서 한국 경
제에 대한 디플레이션 염
려도 높아지고 있다. 물론
담뱃값 2000원(80%) 인
상으로 물가가 0.6%포인
트가량 올라 2%대 상승을
회복할 것으로 보이지만
이것이 한국 저물가를 해
소할 수 있는 대책은 아니
라는 지적이다.
실제 2011년 4%를 기록
했던 한국 물가상승률은 2
012년 2.2%, 2013년과 지
난해 각각 1.3%로 해마다
둔해지고 있다. 특히 지난
3년 동안 물가상승률은 한
국은행 중기 물가안정목표
(2.5~3.5%) 하단에도 미
치지 못했다.   박윤수 기자

매일경제신문
2012년 12월 1일자

4) 디플레이션과 스테그플레이션

물가와 관련한 설명에서 인플레이션과 더불어 가장 많이 나
오는 개념은 바로 디플레이션Deflation이다. 디플레이션은 물가의
지속적 상승을 의미하는 인플레이션에 대응되는 용어로 사용
된다. 즉, 물가 수준이 지속적으로 하락하는 현상을 의미하는
것이다. 대부분의 국가는 경제 발전을 이뤄나가면서 총수요와
총공급을 증대시키고, 화폐 공급량을 늘려 나가기 때문에 이
과정에서 물가의 수준은 지속적으로 상승하는 경향이 있다.
즉, 인플레이션은 경제가 성장하는 과정에서 어느 정도 감수
할 수밖에 없는 것이다. 하지만 물가가 지속적으로 하락하는
디플레이션 현상은 그리 흔하게 발생하지는 않는다.

그렇다면 디플레이션은 왜 발생할까. 디플레이션이 발생하
는 원인으로는 생산물의 과잉 공급, 자산거품 붕괴, 과도한 통
화 긴축 정책, 생산성 향상 등의 다양한 이유가 제시되고 있다.
하지만 유통되는 통화의 양이 재화 및 서비스의 양보다도 적
기 때문에 화폐 가치가 상승하고 물가는 반대로 하락해 디플
레이션이 발생한다는 점에서는 학자마다 큰 이견이 없다. 디
플레이션이 발생하게 되면 통화의 가치는 상승하고 실물자산
의 가치는 하락함에 따라 인플레이션과 반대 방향으로 소득
및 부의 비자발적 재분배가 발생할 수 있다. 예를 들면 매달 고
정 급여를 받는 월급 생활자나 고정 이자를 받는 채권자는 유
리하지만 소득이 가변적인 자영업자나 채무자는 불리해진다.
하지만 디플레이션은 일반적으로 경제 전체의 생산 및 부의
감소, 실업 증가 등을 초래하기 때문에 고정소득자나 채권자
등이 상대적으로 일시적인 이익을 보더라도 궁극적으로는 경

기 침체로 인한 타격이 더 크게 나타날 수 있다.

따라서 디플레이션이 발생할 우려가 생기면 통화당국은 확장적인 금융 정책으로 물가를 인상하고 경기를 부양하기 위해 노력하게 된다. 통화당국이 시중에 통화량을 증가시키기 위해서는 일반적으로 기준 금리나 지급 준비율을 인하하고, 채권시장을 통해 국공채를 매각하는 정책을 시행하기도 한다.

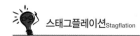 스태그플레이션Stagflation

제2차 세계대전 이전까지는 경기가 침체하면 물가가 하락하는 것이 일반적이었다. 하지만 제2차 세계대전 이후부터 경기침체와 함께 물가가 상승하는 현상이 나타나기 시작했다. 이처럼 침체를 뜻하는 스태그네이션(Stagnation)과 인플레이션(Inflation)을 합성한 말로 정도가 심하면 슬럼프플레이션(Slumpflation)이라고 한다. 즉, 국민 소득이 감소하는 경기침체와 전반적인 물가수준이 지속적으로 상승하는 인플레이션이 동시에 발생하는 현상을 의미하는 것이다. 스태그플레이션이 발생하게 되면 실업률과 물가상승률이 모두 상승하므로 국민들의 경제적 고통은 크게 증가하게 된다.

읽을거리

하이퍼 인플레이션

인플레이션과 비슷한 단어로 하이퍼 인플레이션_{hyper inflation}이란 말도 있다. 인플레이션이 심화된 것을 하이퍼 인플레이션이라고 오해하기 쉽지만 사실 이 두 가지는 엄밀히 구분할 필요가 있다. 중앙은행이 돈을 평소보다 많이 찍어내면 시중에는 통화량이 늘어나 물가가 상승한다. 이 정책은 미국 연방준비제도에서 여러 번의 양적완화_{QE}를 발표한 것처럼 주로 경기가 침체기일 때 활력을 불어넣기 위해 쓰인다. 그러나 인플레이션이 온다고 해서 물가가 한없이 오르는 것은 아니다. 통화량이 늘면 초기에는 이자율이 하락하더라도 이후 물가가 오르면 이자율도 따라서 올라가기 때문이다. 이자율이 인상되면 가계와 기업은 은행에서 대출을 받기가 힘들어진다. 그 결과 가계·기업의 소비·투자가 줄어들어 인플레이션이 억제된다.

반면 하이퍼 인플레이션은 초_超인플레이션이라고도 하는데, 시장과 정부가 억제할 수 있는 상황을 벗어나 물가가 1년에 수백 % 이상으로 오르는 것이다. 정부가 통화 시스템 원칙을 어기고 무리하게 돈을 찍어내면 이자율 기능이 상실된다. 따라서 전쟁이나 혁명 등 혼란기에 주로 나타난다. 하이퍼 인플레이션은 사회 전체의 자원 배분을 왜곡시키기 때문에 실물경제에 큰 타격을 준다. 이처럼 인플레이션과 하이퍼 인플레이션은 이름은 비슷하지만 물가 상승률 차이뿐만 아니라 성격과 구조가 완전히 다르다.

짐바브웨는 단순히 돈을 더 찍어내는 방법으로 과거의 경제적 실수를 만회하려다가 극심한 하이퍼 인플레이션에 시달렸다. 연간 물가 상승률은 2억 3천 만% 이상을 기록했고, 결국 정부는 물가 상승률 계산을 포기했다. 2008년 10월 미국 달러 1달러의 가치는 짐바브웨 달러 20억 달러의 가치보다 컸다.

국가공인시험 매경TEST 공식 기본서

경제·경영 핵심 정리

정부의 경제 정책

학습 목표

- 정부와 중앙은행의 경제 안정화 정책의 기본 원리를 학습한다
- 경기에 따른 경제 정책과 정부의 분배 정책을 이해할 수 있다

| 들어가며 |

케인스의 화려한 부활

현실 정치에 가장 큰 영향력을 끼친 경제학자 케인스
(1883.6.5~1946.4.21)

신자유주의에 가려 있던 경제학자 케인스$_{John M. Keynes}$가 60년 만에 부활했다. 2008년 리먼브라더스 파산으로 시작된 금융위기가 세계 경제에 공황의 그림자를 드리우자 신자유주의가 공공의 적으로 내몰렸기 때문이다.

영국 케임브리지셔에서 태어난 케인스는 스승인 앨프리드 마셜의 권유로 케임브리지에서 경제학자가 됐다. 이후에는 스승의 학문적 성과를 넘어 거시경제학이라는 새로운 영역을 창조해냈다. 1920년대부터 일찌감치 자본주의의 불완전성을 간파하고 정부의 적극 개입을 주장했다. 1929년 대공황이 발생하자 미국은 그의 이론에 기초한 뉴딜정책을 채택했고 이는 그의 천재성을 널리 알리는 계기가 되었다.

그는 시장주의자들이 신봉한 핵심 원리를 전복시켰다. '균형'은 '불균형'으로, '공급이 수요를 창출한다'는 '수요가 공급을 결정한다'로, '저축'의 미덕은 '소비'의 미덕으로 바뀌었다. 그는 더 나아가 시장주의자들의 주장은 실천적으로 아무런 의미도 갖지 못한다고 비판한다. 그의 경제학은 자본주의 체제 자체를 근본적으로 수정하는 계기가 됐다.

1. 재정 정책과 소득 분배

장기적인 경기 침체가 예상될 경우 정부는 민간 소비 확대를 위해 경기부양에 나서게 된다. 침체돼 있는 내수 경제를 활성화시키기 위해서는 무엇보다 공장이 원활히 돌아가고 내수 소비가 진작되어야 한다. 따라서 정부는 지출을 늘려 시장에 현금이 돌게 하고 세금 환급 등을 통해 소비를 촉진하며, 이때 재정 정책과 금융 정책을 병행한다.

대공황 전에는 경기부양 수단으로 금융 정책을 주로 사용했다. 하지만 1930년대 공황을 극복하기 위한 정부의 재정 정책이 크게 각광받으면서부터 경제 안정화에 정부의 비중이 점차 커져왔다. 당시 미국이 뉴딜이라는 명칭하에 각종 대규모 사업을 벌여 대공황을 극복한 것처럼, 불경기에는 정부가 공공 사업을 벌이고 재정 확대 정책으로 경제 활성화에 나서는 것이 상식이 됐다.

1) 재정과 추가경정예산

재정 정책은 정부가 경기를 안정화시키거나 부양하기 위해 조세와 정부 지출의 배분을 조절하는 정책을 말한다. 국가의 수입과 지출에 관련된 정부의 모든 경제 활동을 재정이라 한다. 정부는 국방이나 치안, 행정 및 사법 서비스 등 공공재를 공급하고 도로나 철도, 항만 등 사회 간접 자본을 건설하는 경제 활동을 한다. 이를 위해서는 많은 재화를 구매하고 인력을 고용해야 하는데, 이때 들어가는 돈이 정부 구매 지출, 줄여서 정부 지출이다.

정부는 매년 예산안을 수립해 수입(세입)과 지출(세출)에 관한 계획을 세운다. 예산은 크게 본예산과 추가경정예산으로 구분한다. 본예산은 해당년도 1월 1일부터 12월 31일까지의 회계 기간 동안 정부가 과세할 모든 수입과 지출을 사전에 구체적으로 계획한 것이다. 그러나 본예산을 운영

추가경정예산(추경)

정부는 매년 말 '내년에는 이런 사업들에 돈을 써야겠다'는 예산안을 편성한다. 이 예산안보다 많은 돈을 편성하는 것이 추경이다.

추경 13조~15조 편성해 경기 살린다

매일경제 2013년 3월 29일자

하는 가운데 국내외 정세 변화나 천재지변과 같은 돌발 사태 등으로 예산을 변경할 필요가 있을 경우에는 추가경정예산을 편성하기도 한다.

2) 재정 정책의 종류

(1) 조세 정책

국가가 조세 원칙에 입각해 세금을 거두는 규모와 방식을 조절하는 정책을 말한다. 정부의 정책은 예산을 활용해 경제의 안정적 성장을 실현하려는 것을 목표로 한다. 여기에는 국민의 소비, 저축, 투자에 효과를 미치는 소득세와 법인세 등이 포함된다. 이 같은 조세를 조정하는 정책이 조세 정책이다. 일반적으로 조세 정책은 다음과 같은 기능을 한다.

❶ 국가 경제 운영을 위한 재원을 확보

정부의 재정 활동의 대부분은 세금을 재원으로 한다. 정부가 세금을 거둬들이는 것을 세입, 정부의 지출은 세출이라 부르며. 세입과 세출의 차이를 재정 수지라 한다. 세입이 세출보다 커 재정 수지가 양(+)이면 재정 흑자, 반대로 세출이 세입보다 커서 재정 수지가 음(-)이면 재정 적자라고 한다.

❷ 경기 조절 및 투자 촉진

정부는 경기가 과열될 경우 세금을 더 많이 거둬들임으로써 시중에 돈의 공급을 줄여 경기를 안정화한다. 반대로 경기가 좋지 않아 실업자가 늘어나고 기업의 생산이 감소할 때는 세금을 적게 거둬들임으로써 가계나 기업이 더 많은 돈을 소비나 투자하도록 유도해 경기 회복을 촉진한다. 또 정부가 특정 산업을 지원하거나 육성할 필요가 있을 때는 그 산업의 세금을 줄이거나 면제하는 등의 인센티브를 제공해, 기업들의 투자를 촉진시키기도 한다.

❸ 빈부 격차를 줄이는 소득 재분배

소득 분배를 위해 조세 제도나 정부 지출을 변경한다면 이는 재정 정책이다. 소득 수준이 낮은 사람에게는 세율을 줄이고, 고소득자에게는 누진세율을 적용해 소득 격차를 줄이기도 한다. 사치품의 소비를 억제할 필요가 있을 때에도 해당 제품에 세금을 높게 부과하고, 생필품에 대해서는 세금을 적게 매겨 서민 생활을 보호하고 국민들의 건전한 소비를 유도하기도 한다.

조세에는 직접세와 간접세가 있다. 직접세는 소득세나 법인세와 같이 납세자에게 직접 부과되는 조세를, 간접세는 부가가치세처럼 납세자에게 간접적으로 부과되는 조세를 말한다. 한편 세율을 올린다고 세수가 반드시 많아지는 것은 아니다. 미국의 경제학자인 아서 래퍼Arthur Lapper는 세수와 세율 사이에 역설적인 관계가 있다는 래퍼 곡선을 주장했다. 세수를 늘리기 위해 무작정 세율을 올리는 것은 신중해야 한다.

래퍼 곡선

미국의 경제학자인 아서 래퍼가 주장한 세
수와 세율 사이의 역설적 관계를 나타낸 곡
선이다. 일반적으로는 세율이 높아질수록
세수가 늘어난다고 알고 있지만, 이 곡선에
따르면 세율이 일정 수준(최적 조세율)을 넘
으면 근로 의욕이 감소하거나 각종 절세 수

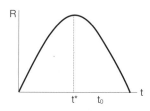

단이 동원돼 세원이 오히려 감소하므로 경우에 따라 세율을 낮춰야 경제 성장률
이 높아지고 세수를 증가시킬 수 있다고 한다. 이는 1980년대 미국 레이건 행정
부의 조세 인하 정책의 이론적 근거가 되었으며, 결국 미국 정부의 거대한 재정
적자를 초래하게 되었다.

(2) 정부 지출

재정 정책은 정부가 '조세(세입)'와 '정부 지출(세출)'을 통해 총수요를 관리하고
시장에 개입해 경제를 안정화시키는 것이다. 정부 지출이 늘어나면 총수요가 증가
해 물가는 상승하고 생산량이 증가하며 경기가 활성화될 수 있다. 정부 지출의 증
대는 경기가 침체되었을 경우 사용하는 수단이다. 반대로 정부 지출이 감소하면
총수요가 감소하고 물가는 하락하며 생산량은 감소한다. 즉, 정부 지출 축소는 과
열된 경기를 안정시키는 방법이다. 이러한 정책은 크게 확대 재정 정책과 긴축 재
정 정책으로 구분할 수 있다.

❶ 확대 재정 정책 vs. 긴축 재정 정책

확대 재정 정책은 경기가 불황일 때 위축된 경기를 회복시키려는 목적으로 시
행하는 재정 정책이다. 일반적으로 경기 불황으로 시중의 통화량이 감소하면 화폐
가치가 상승하고 물가는 하락한다. 따라서 정부는 경기부양을 위해 감세와 사회

확대 재정 정책과 긴축 재정 정책 비교

정책 수단	정책 수단	방법
확대 재정 정책 (적자 재정)	경기 침체 시	세입 감소(세율 인하, 세금 감면)·세출 증가(정부 지출 증가) → 민간 소비 증가(총수요 증가) → 생산 증대·실업 감소
긴축 재정 정책 (흑자 재정)	경기 과열 시 (인플레이션 우려)	세입 증가(세율 인상, 세금 감면 축소)·세출 감소(정부지출 축소) → 민간 소비와 투자 억제(총수요 감소) → 물가 안정 (생산 감소·실업 증가 부작용)

※적자 재정 정책을 실시할 경우 소요되는 자금을 국채의 발행을 통해 민간 부문에서 조달할 경우 민간 부문의 투자가 위축될 수 있다.

간접 자본 사업을 늘리거나 조기에 재정을 집행하는 등의 재정 정책을 실시한다. 이 경우 정부 세출이 세입보다 커질 수 있어서 적자 재정이라고도 한다.

반대로 경기가 과열되었을 때 이를 억제하려 시행하는 정책을 긴축 재정 정책이라고 한다. 일반적으로 경기가 활발해져서 시중의 통화량이 늘어나면 화폐의 가치가 떨어지고 물가는 상승한다. 따라서 정부는 과열된 물가를 조절하기 위해 세금 인상, 세금 감면 축소, 정부 지출 축소 등의 정책을 실시한다.

❷ 재정 정책과 구축 효과

정부가 댐이나 도로를 건설하는 재정 정책은 민간 경제에 적지 않은 영향을 준다. 정부 지출은 총수요의 구성 항목이기 때문에 정부 지출의 증감은 총수요의 증감과 연결된다. 위에서 언급했듯이 정부 지출을 증대시키면 가계 소득을 증가시키고 소득 증가는 소비 확대로 이어져 경기를 활성화하는 효과를 기대할 수 있다.

하지만 언제나 기대했던 효과가 나타나는 것은 아니다. 시중에 통화량이 늘어나지 않은 상황에서는 오히려 그 효과를 기대하기 어렵다. 정부가 지출 재원을 마련하기 위해 국공채 발행을 늘리면 시중의 한정된 자금을 정부가 더 많이 이용하게 되면서 시중의 자금 사정이 빡빡해진다. 즉 정부 지출을 늘리려고 국채를 발행하는 과정에서 금리가 상승해 민간의 투자가 위축된다. 이는 정부가 재정 정책으로 기대한 경제 효과를 상쇄시킨다.

이와 같이 정부가 확대 재정 정책을 시행했으나 이자율 상승으로 민간 소비와 투자가 감소해 정책 효과가 상쇄되는 것을 내몬다는 뜻의 '구축 효과'라고 한다. 극단적으로는 구축 효과로 인해 정부의 재정 정책은 경제에 아무런 영향을 주지 못하고 이자율만 상승시킬 수 있다. 구축 효과를 걱정하는 경제학자들은 재정 정책보다는 통화 정책이 더 효과적인 경기 활성화 정책이라고 주장한다.

3) 소득 불균형과 소득 분배

시장 경제 체제하에서는 경제주체들이 자신의 이익을 위해 자유롭게 경쟁하면서 국가 전체적으로는 자원이 효율적으로 사용되지만 이로 인한 결과로 사람들 간에는 소득의 격차, 즉 소득 불균형이 발생하게 된다. 소득 불균형이 발생하는 주된 이유는 사람마다 일을 해서 만들어내는 생산성에 차이가 나서 받게 되는 임금의 수준이 다르기 때문이다. 생산성은 타고난 재능이나 역량에 따라 다르기도 하고 후천적인 교육이나 훈련에 의해 영향을 받기도 한다. 소득 불균형은 임금 수준 외에도 상속 재산이나 자본 투자로 얻은 소득 또는 복권 당첨 같은 행운 등에 따라서 소득과 재산의 격차가 생겨나기도 한다. 그렇다면 소득 분배가 어떻게 나타나고 있는지를 어떻게 알 수 있을까. 보통 국민 전체적인 생활 수준을 알아보기 위해서는 1인당 GDP 지표를 사용한다. 하지만 이러한 지표는 전체 소득을 국민 수로 나눈 국민 평균적인 소득이기 때문에 각 소득 계층에 따라 얼마나 소득이 분배되고 있는지는 알 수 없다. 이러한 단점을 보완하고 소득 분포의 정도를 더 정확하게 분석하기 위해 사용되는 경제 지표로는 대표적으로 '로렌츠 곡선'과 '지니계수'가 있다. 이들 지표를 통해 계층 간 부의 편중 정도를 알 수 있다.

(1) 로렌츠 곡선

소득 분포의 불평등한 정도를 나타내는 곡선을 말한다. 인구의 누적 백분율을

로렌츠 곡선

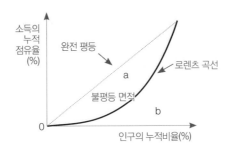

횡축에 표시하고 소득 금액의 누적 백분율을 종축에 표시해 각각에 대응되는 점으로써 소득 분포 곡선을 그릴 수 있는데, 이때의 곡선을 로렌츠 곡선이라 한다. 미국의 통계학자 로렌츠의 이름을 따 명명되었다.

그래프에서 누적 인구수와 누적 소득액이 같은 비율로 증가하는 45° 대각선은 소득이 고르게 분포되는 것을 뜻하므로 완전 평등선이라고 부른다. 이 완전 평등선과 로렌츠 곡선이 이루는 면적을 불평등 면적이라 한다. 불평등 면적이 넓을수록 소득의 분포는 불평등한 것이다. 만약 모든 구성원들이 동일한 소득을 가진다면 로렌츠 곡선은 대각선이 될 것이다. 로렌츠 곡선은 소득 분배 상태를 쉽게 파악할 수 있지만, 서로 다른 두 곡선이 교차할 경우 불평등 정도를 비교할 수 없다는 단점도 존재한다.

(2) 지니계수

로렌츠 곡선은 유사해보이는 두 집단을 정확하게 비교하기 어렵다는 단점이 있다. 이러한 비교 가능성의 단점을 보완하기 위해 만들어진 것이 바로 지니계수이다. 지니계수에서 불평등도는 완전 평등선과 로렌츠 곡선으로 둘러싸인 면적(λ)으로 나타난다. 즉, 지니계수는 로렌츠 곡선과 완전 평등선 사이의 면적을 수치화한 값이라 할 수 있다. 따라서 완전 평등선과 횡축, 종축으로 둘러싸인 삼각형의 면적

통계상 계속 호전되는 지니계수

연도	지니계수
2006년	0.306
2007년	0.312
2008년	0.314
2009년	0.314
2010년	0.310
2011년	0.311
2012년	0.307
2013년	0.302

자료: 통계청

을 S라 할 때, λ/S를 지니계수라고 부른다. 지니계수는 0과 1 사이의 값을 가지고 그 값이 1에 가까울수록 불평등도가 높아진다. 0.4를 넘으면 상당히 불평등한 소득 분배의 상태에 있다고 할 수 있다.

하지만 최근 통계청의 가계동향조사를 토대로 산출한 지니계수에 대해 신뢰성 논란이 일고 있다. 통계청의 자료에 따른 우리나라 지니계수는 2013년에는 0.302로 2012년 0.307보다 0.005 감소했다. 이러한 추이는 관련 통계를 집계하기 시작한 2006년 이후 가장 낮다고 할 수 있다. 중위소득 50~150%에 해당하는 중산층 비중도 지난해 65.6%로 2006년 이후 최대를 기록했다.

이러한 자료에 대해 학계에서는 통계청 가계동향조사 표본이 8,700가구(농가 2,800가구 제외)로 그 표본수가 적고 무응답률도 20%에 이르며 소득 상위 계층은 가계조사에서 과소 보고 등 편향된 점 등에 대해서 문제를 제기하며 논란이 일고 있

한국, 상위 10%가 소득 45% 차지

한국판 피케티 보고서 ①

1%는 전체 12% 점유
日·佛보다 '불평등'

토마 피케티 파리경제대 교수의 '21세기 자본론' 이전 세계적으로 큰 파장을 일으키고 있는 가운데 한국 소득 불평등이 미국 수준에 달한다는 최신 분석 결과가 나와 주목을 끈다.

피케티는 3세기에 걸친 20여 개 국가의 경제 성장과 자본 집적 및 분포를 분석한 결과 미국의 소득불평등 현상이 세계대전 이전보다 크게 높아졌으며 앞으로도 이 같은 추세가 더욱 심화될 것이라고 주장하며 화제를 낳았다.

1일 매일경제신문이 김낙년 동국대 경제학과 교수의 주요 5개국 상위 10% 소득 비중 분석 결과를 검토한 바에 따르면 2012년 기준 우리나라 상위 10%의 소득 비중은 45.51%에 달한다. 이는 미국(48.16%)에 비해 불과 2.65%포인트 낮은 수치다. 이 분석에는 피케티가 고안한 방법론이 적용됐다.

심각한 문제는 우리나라 상위층의 소득 비중이 미국과 마찬가지로 점점 높아지고 있다는 점이다. 1979~1995년 30%에 머무르던 상위 10%의 소득 비중은 2000년 35%를 넘었고, 2006년 42%로 치솟았다. 김대중-노무

현-이명박 대통령으로 이어지는 15년 동안 상승 일로였다. 일본과 영국은 금융위기를 지나며 최근 이 비중이 떨어지고 있다. 상위 10%의 소득 점유율이 2000년 이후 지속적으로 상승한 국가는 미국과 한국 정도다.

이 같은 분배불균형의 원인으로는 최근 한국의 경제 성장률 둔화와 고용 위축이 지목된다. 김 교수는 "한국 일본 미국 모두 고도성장기에는 각 계층의 평균 소득이 함께 상승했기에 불균형 문제가 심각하지 않았다"며 "성장 둔화가 분배 악화의 원인일 수 있다고 본다"고 말했다. 성장 둔화→분배불균형 심화→소비심리 악화→성장 둔화로 이어지는 악순환이 문제라는 지적이다.

우리나라는 청년·여성 일자리 여건이 열악하고 고용 유발 효과가 큰 서비스산업이 낙후돼 있어 일자리 창출을 통한 분배 문제 해결이 모색되지 않는 한 성장도 어려울 수 있다. 한편 우리나라의 소득불평등 현상은 갈수록 심화되고 있지만 통계청이 발표하는 지니계수는 실상을 제대로 반영하지 못하고 있다. 지난해 지니계수는 0.302로 2006년 이후 가장 낮다.

노영우·신현규 기자

국가별 상위 10%의 소득집중도 (단위=%)

미국	한국	일본	프랑스
48.16	45.51	40.50	32.69

*한국과 미국은 2012년, 일본은 2010년, 프랑스는 2009년 기준.
자료=김낙년 동국대 교수

▶관련기사 A3면

한국에서 부의 상위층의 집중 현상이 두드러지게 나타나고 있지만 지니계수가 이를 적절하게 반영하지 못한다는 비판도 존재한다. 우리나라 상위층의 소득 비중은 1979~1995년 30%에 머무르던 상위 10%의 소득 비중은 2000년 35%를 넘었고, 2006년 42%로 급등했다.

다. 예를 들면 가계조사에서 파악된 금융소득은 전체 금융소득의 5% 정도에 불과하며 2억 원이 조금 넘는 소득자는 아예 반영되지 않았다는 것이다. 통계청 가계동향조사의 문제점을 국세청의 소득세 징수 자료 등으로 보정한 김낙년 동국대 교수의 수정 지니계수 산출 결과는 0.371로 나타났다. 이는 2014년 기준 OECD 국가 중 5번째로 소득 불평등이 심한 수치로 알려져 있다.

(3) 분위배율과 중위소득계층

❶ 분위배율

분위배율이란 균등화시킨 개인소득을 오름차순(적은 금액에서 많은 금액 순서)으로 정리해 이들을 순서에 따라 동일한 규모의 집단으로 묶었을 때 집단별 평균소득을 서로 비교한 값을 말한다. 지니계수와 함께 국민 소득의 분배 상태를 나타내는 대표적인 지표이다. 지니계수는 모든 정보를 이용하는 데 반해, 분위배율은 해당 분위의 소득만을 이용하여 간편하게 소득 불평등의 정도를 측정할 수 있는 장점이 있다. 일반적으로 소득 5분위 배율과 10분위 배율을 가장 많이 사용한다.

소득 5분위 배율이란 5분위계층(최상위 20%)의 평균소득을 1분위계층(최하위

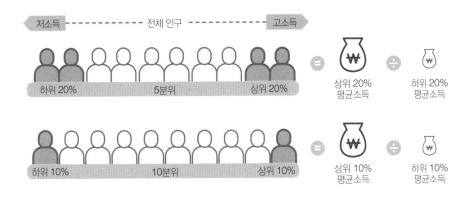

자료: 통계청 소득분배지표 (http://kostat.go.kr/incomeNcpi/income/income_dg/4/2/index.static)

20%)의 평균소득으로 나눈 값을 말한다. 마찬가지로 10분위 배율은 마찬가지로 10분위에 해당하는 개인들의 평균소득과 1분위에 해당하는 개인들의 평균소득 사이의 비율을 의미한다. 소득 5분위 배율은 이론상 1부터 무한대까지의 수치를 가질 수 있는데 소득 분배가 완전 균등한 경우에는 소득 5분위 배율 값은 1이 되고, 반대로 모든 소득이 상위 20%에만 집중되어 있는 경우에는 하위 20%의 소득이 0이 되기 때문에 5분위 배율은 무한대의 값을 가지게 된다. 따라서 소득 5분위 배율의 값이 클수록 소득 분배의 불균등 정도는 커지게 된다.

❷ 중위소득계층

소득만을 고려하여 중위소득의 50% 이상 150% 미만에 해당하는 사람들을 중위소득계층이라 부른다. 중위소득계층에 대한 통계는 전체 인구에서 중위소득계층에 해당하는 인구의 비율로 작성하는데, 아래 그림을 보면 인구누적비율 50%에 해당하는 소득, 즉 중위소득이 183만 3,000원임을 알 수 있다. 중위소득의 50%에 해당하는 소득 91만 7,000원과 중위소득의 150%에 해당하는 소득 275만 원에 해당하는 인구누적비율은 14.6%와 80.2%이다. 따라서 중위소득계층에 해당하는 인구비율은 65.6%라 할 수 있다(통계청 자료 참고).

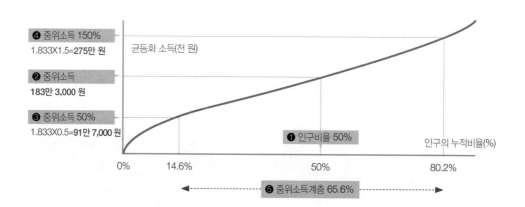

자료: 통계청 중위소득계층 (http://kostat.go.kr/incomeNcpi/income/income_dg/4/4/index.static)

중위소득계층의 인구비율 통계는 하위소득계층이나 상위소득계층의 인구비율과 함께 최근 사람들의 소득계층 이동을 분석하는 데 이용된다. 즉 중위소득계층의 인구비율이 증가한 경우 이것이 하위소득계층에 속했던 사람들이 이로부터 벗어났기 때문인지 아니면 상위소득계층에 속했던 사람들의 소득이 줄었기 때문인지를 파악하는 것은 소득 분배 정책의 중요한 지표로 활용된다.

매일경제 2015년 7월 28일

2. 금융 정책

금융 정책은 경제 안정이나 성장을 위해 통화량과 이자율을 조절하는 정책으로 통화 정책이라고도 부른다. 구체적으로 경제 내의 투자 수준을 변화시켜 총수요와 물가 수순을 조정하려는 정책이다. 국가 소득GDP의 구성 항목으로 보면 소비(C) + 투자(I) + 정부 지출(G) + 순수출(NX) 중 주로 투자ı를 증대시켜 경제를 활성화시키는 방법이라 할 수 있다. 주로 중앙은행이 통화량 조절을 위해 지급 준비율 정책, 재할인율 정책, 공개 시장 운영 정책 등의 방법을 사용한다.

1) 이자율 결정

이자율(금리)은 화폐 시장에서 통화의 수요와 공급에 따라 결정되는 일종의 돈의 가격이라 할 수 있다. 이자율이 변동함에 따라 시중 통화량이 변동하고, 통화량의 변화는 다시 이자율의 변동에 영향을 미친다. 따라서 이자율의 결정 원리에 대한 이해는 금융 정책을 이해하는 데 중요한 밑

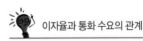
이자율과 통화 수요의 관계

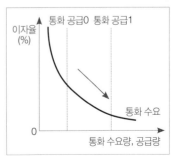

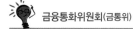

바탕이 된다.

이자율은 시장에서의 화폐에 대한 수요와 공급으로 결정된다. 현금을 보유하면 유동성이 높아 거래가 편리하지만, 채권 투자와는 달리 이자 수익을 얻을 수 없다. 따라서 이자율은 화폐 보유에 대한 기회비용을 의미한다. 이자율이 상승하면 화폐의 수요는 감소하고, 반대로 하락하면 수요는 늘어난다. 즉 이자율과 화폐 수요에는 음(-)의 상관관계가 있다. 이는 상품 시장에서 수요 곡선이 우하향하는 그래프를 그리는 것과 같다. 반면 화폐의 공급 곡선은 일반적인 공급 곡선과 다른 형태를 보인다. 상품 시장에서 공급 곡선은 가격이 올라감에 따라 공급량이 증가하는 우상향하는 그래프를 나타내는 데 비해 금융 시장에서 화폐의 공급 곡선은 이자율에 대해 수직의 형태(앞 페이지 그래프의 통화 공급0, 통화 공급1)를 나타낸다. 이는 상품 시장에서 공급자들은 이윤을 목적으로 가격에 따라 공급량을 늘리지만 정부의 경우 이윤을 목적으로 화폐를 공급하는 것이 아니라 원활한 실물경제를 보조하기 위해 통화량을 조절하기 때문이다. 따라서 정부의 화폐에 대한 공급 곡선은 이자율의 영향을 받지 않는 수직선을 나타낸다.

2) 기준 금리가 실물경제에 미치는 영향

❶ 기준 금리

위에서 언급했듯이 금리는 시장에서 결정된다. 시장 상황에 따라 낮은 금리로 돈을 빌릴 수도, 높은 금리로 빌릴 수도 있다. 금리 결정에는 물가 조정을 위해 중앙은행이 개입하는 때도 있다. 이때 중앙은행 정책에 따라 조정하는 금리가 바로 기준 금리이다. 기준 금리는 금리 체계의 기준이 되는 금리로 우리나라의 경우 한국은행의 금융통화위원회에서 결정한다. 기준 금리는 한 국가의 금리를 대표하고, 경제 상황에 따라 변동하며 금융 시장에서 각종 금리를 지배한다. 기준 금리를 올리거나 내리면 이 효과가 여러 단계를 거쳐 실물경제에 전달돼 국민 경제 내 총수요를 변동시킨다.

❷ 기준 금리 변경 효과의 파급

한국은행의 기준 금리 변경은 다양한 경로를 통하여 경제 전반에 영향을 미친다. 이러한 파급 경로는 길고 복잡하며 경제 상황에 따라 변할 수도 있기 때문에 기준 금리 변경이 물가에 미치는 영향의 크기나 그 시차를 정확하게 측정할 수는 없지만 일반적으로 다음과 같은 경로를 통해 통화 정책의 효과가 파급된다고 할 수 있다.

내년 韓기준금리는 "동결 6명 vs 인상 4명 vs 인하 5명" 팽팽

전문가 15인 긴급 설문조사

시장금리는 올라 가계부실 악화 우려

미국 연방준비제도이사회(Fed·연준)가 기준금리를 0.25%포인트 올리는 한편 내년 세 차례 금리 인상을 시사하면서 한국 경제에 미칠 영향과 대응 방안에 관심이 쏠리고 있다.

15일 매일경제신문이 경제 전문가 15명에게 설문조사를 실시한 결과 미국 금리 인상에 따른 우리 경제의 가장 큰 리스크 요인으로는 가계부채 문제와 외국인 자본 유출 문제가 꼽혔다.

전문가들은 미국 금리 인상이 초래할 가계부채 부실 문제가 '발등의 불'이라고 지적했다. '미국 기준금리 인상→한국 시중은행 대출금리 상향→원리금 상환 부담 능력 없는 가계 부실 심화→은행권 위험 전이'의 최악의 시나리오를 대비해야 한다는 것이다.

남주하 서강대 교수는 "한국은행이 정책금리를 동결하더라도 국내 시장금리의 상승으로 한계가구의 상환 능력 악화 등의 문제가 초래될 수 있다"고 우려했다.

최경욱 서울시립대 교수도 "한국 경제의 가장 큰 문제는 실물 부문의 구조조정 미흡이지만 만약 가계부채 부문에 문제가 생긴다면 심각한 경제위기로 발전할 수 있다"며 "미국 금리가 연 1%대로 오르고 국내 경기가 위축될 경우 가계부채 부실과 함께 금융 부문 전이도 우려되는 상황"이라고 설명했다.

미국이 향후 빠른 속도로 금리를 올릴 경우 단기적으로 국내 환율 변동성이 커지고 대내외 금리 차이가 줄면서 외국자본이 빠져나갈 수 있어 적극적인 대책이 필요하다는 의견도 높았다.

김소영 서울대 교수는 "미국이 0.75% 이상 금리를 올릴 경우 대규모 자본 유출이 발생할 수 있다"며 "이 경우 환율 변동성이 확대되고 채권, 주식 등 포트폴리오 자본 유출에 따라 채권, 주식 시장 변동성이 확대될 것"이라고 말했다.

허정 서강대 교수도 "미국 경제와 달리 한국 경제는 여러 구조적인 문제점을 안고 있어 한국은행이 미국 금리 상승에 대응해 기준금리를 소폭 올릴 것"으로 봤다.

반면 적정 내외 금리차에 대해서는 '1%포인트 이상 유지해야 한다'는 의견이 5명, '내외 금리차는 중요하지 않다'는 의견이 5명으로 의견이 엇갈렸다.

최경욱 교수는 "국내 유입된 외국인 자본은 투자적 성격이 강하기 때문에 내외금리차가 1~1.25%포인트 이상 벌어지지 않는 이상(미국 금리>국내 금리) 급격한 대규모 자본 유출은 발생하지 않을 것"으로 봤다.

반면 허정 교수는 "한국 경제가 침체기에 들 가능성이 높은 상황에서 금리 차이를 1%포인트 이상 가져간다면, 정부와 통화당국이 이러한 경제 침체 상황을 외부에 인정하는 '신호 효과'를 주기 때문에 큰 폭의 금리 차이는 바람직하지 않다"고 설명했다.

향후 한은의 금리정책에 대해서는 동결을 전망한 응답자가 6명으로 가장 많았다.

유항근 중앙대 교수는 "정부나 국민의 경기 인식이 심각한 상황으로 통화당국이 완화적인 통화정책을 유지할 것으로 보인다"고 말했다. 이두원 연세대 교수는 "미국 금리 인상 등에 따른 호재와 악재가 동시에 있어 금리 인상, 인하 모두 어려운 상황"이라고 봤다.

부장원 기자

고민하는 이주열 이주열 한국은행 총재가 15일 오전 서울 중구 한국은행에서 열린 금융통화위원회 본회의를 주재하며 잠시 생각에 빠져 있다. 〈이승환 기자〉

매일경제신문 2016년 12월 16일자

㉠ 금리 경로

기준 금리 변경은 단기 시장 금리, 장기 시장 금리, 은행 예금 및 대출 금리 등 금융 시장의 금리 전반에 영향을 미친다. 예를 들어 한국은행이 기준 금리를 인상할 경우 콜금리 등 단기 시장 금리는 즉시 상승하고 은행 예금 및 대출 금리도 대체로 상승하며 장기 시장 금리도 상승압력을 받는다. 이와 같은 각종 금리의 움직임은 소비, 투자 등 총수요에 영향을 미친다. 예를 들어 금리 상승은 차입을 억제하고 저

통화 정책 효과의 파급

자료: 한국은행

축을 늘리는 한편 예금 이자 수입 증가와 대출 이자 지급 증가를 통해 가계의 소비를 감소시킨다. 기업의 경우에도 다른 조건이 동일할 경우 금리 상승은 금융 비용 상승으로 이어져 투자를 축소시킨다.

㉡ 자산 가격 경로

기준 금리 변경은 주식, 채권, 부동산 등 자산 가격에도 영향을 미친다. 예를 들어 금리가 상승할 경우 주식, 채권, 부동산 등 자산을 통해 얻을 수 있는 미래 수익의 현재 가치가 낮아지게 되어 자산 가격이 하락하게 된다. 이는 가계의 자산, 즉 부$_{Wealth}$의 감소로 이어져 가계 소비의 감소 요인이 된다.

㉢ 환율 경로

기준 금리 변경은 환율에도 영향을 미치게 된다. 예를 들어 타국의 금리가 변하지 않은 상태에서 우리나라의 금리가 상승할 경우 국내 원화 표시 자산의 수익률이 상대적으로 높아져 해외 자본이 유입될 것이다. 이는 원화를 사려는 사람들이 많아진다는 의미이므로 원화 가치의 상승으로 이어진다. 원화 가치 상승은 원화 표시 수입품 가격을 하락시켜 수입품에 대한 수요를 증가시키고 외화 표시 수출품 가격을 상승시켜 우리나라 제품 및 서비스에 대한 해외 수요를 감소시킨다. 특히 환율 경로에서는 원화 가치 상승으로 인한 원화 표시 수입 물가의 하락이 국내 물

기준 금리 변동과 실물경제의 변화

기준 금리 인하	기준 금리 인상
이자율 하락 → 투자의 증가	이자율 상승 → 투자의 감소
자산 가격 상승 → 소비 증가	자산 가격 하락 → 소비 감소
부동산 가격 상승 → 주택 투자 증가	부동산 가격 하락 → 주택 투자 감소
자본의 해외 유출로 인한 환율 상승(원화 가치 하락) → 순수출 증가	해외 자본의 유입으로 인한 환율 하락(원화 가치 상승) → 순수출 감소

가를 직접적으로 하락시키는 요인으로 작용한다.

ㄹ 기대 경로

기준 금리 변경은 일반의 기대 인플레이션 변화를 통해서도 물가에 영향을 미친다. 예를 들어 기준 금리 인상은 한국은행이 물가 상승률을 낮추기 위한 조치를 취한다는 의미로 해석되어 기대 인플레이션을 하락시킨다. 기대 인플레이션은 기업의 제품 가격 및 임금 근로자의 임금 결정에 영향을 미쳐 결국 실제 물가 상승률을 하락시키게 된다.

3) 금융 정책의 수단

(1) 지급 준비율 정책

지급 준비율이란 은행이 예금자들의 예금 인출 요구에 대비하여 남겨둔 지급 준비금이 총예금액 중에서 차지하는 비율을 의미한다. 지급 준비 제도란 금융 기관으로 하여금 지급 준비금 적립 대상 채무의 일정 비율(지급 준비율)에 해당하는 금액을 중앙은행에 지급 준비금으로 예치하도록 의무화하는 제도이다. 이 정책을 통해 중앙은행은 시중 은행의 지급 준비율을 조절함으로써 통화량을 조절하고 금융 안정을 도모할 수 있다.

韓銀 '지급준비율 카드' 꺼낼까

금융안정 수단 주목… 김진일 고대교수에 용역과제

한국은행이 거시적 금융의 안정을 위한 정책 수단으로 지급준비금 제도 도입을 연구하고 있다.

한은은 통화 정책 기본 틀을 기준금리에 맞추고 있지만, '금융 안정'이라는 또 다른 책무를 수행하기 위해 지준 제도를 검토하고 있는 것이다.

13일 한은 관계자에 따르면 거시금융 안정성을 위한 정책 수단으로 지준 제도를 외부 학자와 한은이 공동 연구하고 있다. 아직은 정책의 활용 가능성을 살펴보는 초기 단계에 불과하지만, 그동안 사용하지 않았던 지준 제도를 한은이 다시 꺼내 들 가능성이 커졌다는 점에서 관심이 쏠리고 있다.

한은은 지난 7일 열린 국회 기획재정위원회 국정감사에서 이같은 사실을 공개했다.

강석훈 새누리당 의원의 질의 자료에 따라 한은이 공개한 외부 연구용역 목록에 따르면 한은 거시건전성분석국은 '지급준비율 변경의 파급 경로 및 금리 정책과의 조화적 운영 방안'이라는 용역 과제를 김진일 고려대 교수에게 맡겼다. 용역을 의뢰한 시점은 지난 4월로 이달 중 계약 기간이 종료된다.

통상적으로 용역 연구가 당초 계약 기간보다 더 길어질 수 있다는 점을 감안하면 결과물이 나오는 시점은 연말께가 될 것으로 예상된다.

한은은 공동 연구 결과물을 분석한 뒤 지준 제도가 거시금융 안정성 정책으로 효과가 있는지를 들여다볼 계획이다. 실제 정책이 되기까지는 다소 시간이 걸릴 전망이다.

한은은 2006년 12월 요구불예금과 수시입출금식예금에 대한 지급준비율을 5%에서 7%로 올린 이후 사실상 지준 제도를 쓰지 않았다.

이주열 한은 총재는 7일 국감에서 "기준금리 중심의 통화 정책하에선 지준율 정책은 제한적이고 보완적인 역할밖에 못한다"며 통화 정책으로서의 지준 제도 도입에 대한 부정적 시각

지급 준비율

은행 예금 종류별 지급준비율

예금 종류	지급준비율
장기주택마련저축, 재형저축	0%
정기예금, 정기적금, 상호부금, 주택부금, 양도성예금증서(CD)	2%
수시입출금 등 기타 예금	7%

을 드러내기도 했다.

하지만 거시금융 안정을 위한 수단으로는 활용할 여지가 있다. 실제 해외 중앙은행은 거시금융 건전성을 유지하기 위한 수단으로 지준 제도를 활용하는 사례가 있다. 금융사에서 대규모 부실이 발생하거나 부실이 발생할 위험 신호가 나타났을 때 지준 제도로 대응하는 방식

이다. 정책 효과에 대해서는 학계에서도 대체적으로 긍정적인 시각이다.

한은은 2012년 한은법 개정으로 금융 안정이라는 책무를 추가로 부여받았지만, 마땅한 정책 수단이 없다는 비판을 받기도 했다. 이에 따라 한은 안팎에서는 금융 안정을 위한 정책 수단이 필요하다는 주장이 대두돼 왔다.

한은 관계자는 "다양한 각도로 거시건전성 정책 수단을 검토하고 있고, 지준 제도에 대한 외부 학자와의 공동 연구는 그 첫발이라고 할 수 있다"며 "실제로 정책이 시행될지는 아직 결정될 단계가 아니다"고 설명했다.

최승진 기자

[용어] 지급준비금 : 은행들이 받은 예금 중 일정 부분을 한국은행에 의무적으로 적립해야 하는 금액을 말한다. 한은이 지급준비율을 올리면 그만큼 은행도 한은에 적립해야 할 돈이 늘어나기에 시중 자금이 줄게 된다.

매일경제신문 2014년 10월 14일자

예를 들어 지급 준비율을 올리면 은행들은 더 많은 자금을 지급 준비금으로 예치해야 하므로 대출 취급이나 유가 증권 매입 여력이 축소되고 결국 시중에 유통되는 돈의 양이 줄어들게 된다. 이에 따라 시중 유동성이 줄어들게 되고, 과열된 경기를 진정시킬 수 있다. 더불어 과도한 대출 증가로 인한 금융 불안 가능성도 방지할 수 있게 된다.

경기 침체	지급 준비율 인하 → 시중 은행 대출 증가 → 통화량 증가·이자율 하락
경기 과열	지급 준비율 인상 → 시중 은행 대출 감소 → 통화량 감소·이자율 증가

(2) 재할인율Rediscount 정책

재할인율은 중앙은행이 시중 은행에 자금을 빌려줄 때 적용하는 이자율을 말한다. 재할인율은 이후 은행들의 대출 금리 기준이 된다. 따라서 재할인율이 높아지면 시중 은행들의 대출 금리도 오르고, 재할인율이 낮아지면 시중 은행의 대출 금리도 낮아진다. 따라서 재할인율 정책은 중앙은행이 시중 은행에 대한 이자율을 조절해 통화량을 조절하는 정책이다.

경기 침체	재할인율 인하 → 중앙은행 대출 증가 → 통화량 증가, 이자율 하락
경기 과열	재할인율 인상 → 중앙은행 대출 감소 → 통화량 감소, 이자율 증가

(3) 공개 시장 운영 정책

공개 시장 운영이란 한국은행이 금융 시장에서 금융 기관을 상대로 국채 등 증권을 사고팔아 시중에 유통되는 화폐의 양이나 금리 수준에 영향을 미치려는 가장 대표적인 통화 정책 수단이다. 시장에 통화량이 너무 많아서 경기가 너무 과열되면 중앙은행은 보유하고 있던 국·공채를 매각하여 시중의 통화를 회수하거나 새로운 채권을 발행하여 판다. 그렇게 되면 시중의 통화가 중앙은행으로 들어가 통화량이 감소하게 된다. 반대로 경기가 너무 침체되어 있으면 중앙은행은 민간들이 보유하고 있는 국·공채를 매입해서 시중에 통화를 공급한다. 그러면 중앙은행에서 시중으로 통화가 들어가 통화량이 증가하게 된다. 한국은행의 공개 시장 조작은 증권 매매, 통화 안정 증권 발행·환매, 통화 안정 계정 예수 등 세 가지 대표적인 형태로 이루어진다.

공개시장운영

한국은행은 1977년부터 '공개 시장 조작'이라는 용어를 써왔으나 '조작(操作)'이란 단어가 동음이의어인 '조작(造作)'과 혼동돼 부정적 이미지를 준다는 지적이 계속 제기됐다. 그간 써온 공개 시장 조작에서의 조작의 원래 뜻은 작업 등을 잘 처리한다는 의미이다. 한국은행은 기존에 사용한 조작이란 말이 금융 시장을 객체로만 보도록 하는 느낌을 주고 부정적 이미지도 해소할 목적으로 2016년 1월 말부터 공개 시장 운영으로 바꿨다.

(4) 통화 정책과 통화 승수

중앙은행은 시중에 통화를 공급하면서 '돈이 돈을 번다'는 속담을 떠올릴 것이다. 가령 중앙은행이 시중에 100달러를 공급하면, 이른바 승수 효과에 따라 이보다 큰 금액이 창출된다. 승수 효과는 은행 대출의 결과로 발생한다. 승수 효과의 정도는 은행이 예금주의 지급 요구에 응하기 위해 중앙은행에 예탁하는 비율에 좌우된다.

예를 들어 지급 준비율이 10%라는 것은 은행에 수신하는 예금 100달러마다 10달러를 중앙은행에 예탁해야 하고, 나머지 90달러는 대출해줄 수 있다는 의미이다. A은행에서 90달러를 빌린 고객이 B은행에 그 돈을 예금한다고 가정해보자. B은행은 9달러(90달러의 10%)를 제외한 81달러를 다른 고객에게 빌려준다. 그 고객은 다시 81달러는 C은행에 맡기고, C은행은 8.1달러(81달러의 10%)를 제외한 72.9달러를 제 3의 고객에게 대출해준다. 이런 상황이 반복되면 중앙은행이 시중에 100달러를 풀면 총 1,000달러의 예금이 창출된다.

새롭게 창출되는 통화량의 최대 가치는 중앙은행이 맨 처음에 공급하는 금액을 지급 준비율로 나누면 쉽게 구할 수 있다. 지급 준비율이 낮을수록 승수 효과는 커진다. 앞서 살펴본 예에서 중앙은행이 시중에 공급한 100달러를 지급 준비율인 10%로 나누면 새로 창출되는 통화량의 최대 가치인 1,000달러를 구할 수 있다. 지급 준비율이 5%인 경우 새로 창출되는 통화량은 2,000달러일 것이다(100달러/0.05). 그리고 지급 준비율이 20%일 경우 새로 창출되는 통화량은 500달러일 것이다(100/0.2).

4) 유동성 함정

유동성 함정이란 통화 공급을 증가시켜도 이자율이 더 감소하지 않고, 따라서 총수요 증가도 일어나지 않는 현상으로, 영국 경제학자 존 케인스가 만들어낸 용어다. 즉 정부가 통화량, 즉 유동성을 늘려도 금리가 매우 낮은 상태에서는 사람들이 현금을 보유하려고만 하고 소비나 투자를 하지 않는다는 것이다. 일반적으로는 중앙은행이 유동성 공급을 늘리면 돈을 빌리기가 쉬워져 기업 투자와 고용이 늘어나고 가계 소비는 확대된다. 그러나 이자율이 지나치게 낮은 한계 수준에 이르면 가계는 가까운 장래에 이자율이 상승할 것으로 기대해 장기 채권 대신 현금 내지 단기 금융 상품만을 보유하고 기업은 경기 하락을 염려해 투자를 미루게 된다. 이런 국면에서는 정부가 아무리

트릴레마 trilemma (3각 딜레마)

금융위기 직후 2010년경 우리나라도 유동성 함정에 대한 우려가 높았다. 하지만 그 당시 유동성 함정보다는 트릴레마에 빠졌다는 주장도 있다.

정부가 추구하려는 3대 정책 목표 가운데 두 가지를 달성하기 위해서는 다른 하나는 반드시 포기해야 한다는 딜레마를 말한다. 이때 세 가지 정책 목표란 환율 안정, 통화 정책 독립성 그리고 완전한 자본 이동이다. 예를 들어, 자본 이동이 자유로운 상태에서 환율을 안정시키려면 통화 정책권을 포기해야 한다는 것이다.

통화 공급을 늘려도 경기부양은 이루어지지 않고 투자자들은 여유 자금을 단기 금융 상품에만 투자하는 행태를 보인다. 금리가 너무 낮아져 통화정책이 무력화되는

돈 풀었더니 가계부채만 급증…
딜레마 빠진 韓銀

돈을 풀어도 돈이 돌지 않는 '유동성 함정'에 한국 경제가 봉착하면서 오는 11일 통화정책방향 결정을 앞둔 한국은행의 고민도 깊어지고 있다.

저성장·저물가 국면을 타개하기 위해 2011년 이후 한은은 꾸준히 기준금리를 인하해 왔지만 풍부한 유동성이 기업과 투자, 소비 부문으로 흘러드는 선순환 효과보다 특정 부문에 쏠림 현상만 가중되면서 가계부채 증가와 부동산 경기 과열이라는 부작용을 키우고 있기 때문이다. 풀린 돈이 개인 금고에서 잠자고 있다는 비판도 나온다.

9일 한은에 따르면 명목 국내총생산(GDP)을 통화량(M2)으로 나누어 구하는 통화유통속도는 올해 1분기 0.71을 기록했다. 10년 전인 2006년 1분

기(0.92)와 비교해보면 0.21포인트 떨어진 것이다.

이근태 LG경제연구원 수석연구위원은 "국내외 경제 성장세가 매년 하향 조정되고 있다"며 "기업은 수익을 환수하기 어려워 투자에 나서기 힘들고 가계로서는 미래 기대소득 감소가 우려되는 만큼 소비를 줄일 수밖에 없다"고 설명했다.

투자는 올해 1분기 총투자율 27.4%를 기록해 글로벌 금융위기 직후인 2009년 2분기(26.7%) 이후 최저 수준으로 떨어졌다. 하지만 이마저도 건설 부문에 몰려 있는 게 현실이다. 지난해 예금 취급기관의 산업대출 잔액은 943조3000억원으로 전년 대비 6.9% 증가했고 이 가운데 부동산 및 임대업 대

동산 및 임대업 부문 매출은 24.76%나 폭증했다.

각종 저축 관련 지표가 연일 사상 최고치를 경신하는 가운데 돈이 은행도 아닌 개인 금고에서 잠자고 있다는 지적이 나온다. 올해 상반기 5만원권 환수율은 50.7% 수준으로 전년도(40.1%)에 비해 소폭 올랐다. 하지만 1만원권 환수율(111.2%)은 물론 100달러 75.3%, 500유로 88.7% 등 외국의 고액권 환수율과 비교해도 낮은 수준이다.

금리를 인하한 지난 6월 금융통화위원회에서도 "대내외 여건 변화를 반영해 유동성 함정 및 자본유출 가능성 측면에서 기준금리의 실효 하한을 재추정해볼 필요가 있다"는 의견이 나왔다. 기준금리를 인하한 지 두 달밖에 지나지 않았고 7월 금

출이 153조8000억원으로 전년 대비 17.9% 늘었다. 같은 기간 전산업 매출액은 -2.39%로 마이너스 성장을 기록했지만 부

채권시장 전문가들 96%
"내일 금통위 금리동결 예상"

위에서 가계부채 급증에 대한 우려가 컸다는 점에서 당장 이번 금통위에서는 금리를 동결할 것이라는 전망이 높다.

9일 금융투자협회가 채권시장 전문가 200명을 상대로 진행한 설문조사에서 응답자 중 96%는 11일 금통위에서 현행 연 1.25%인 기준금리가 동결될 것으로 예상했다. 하지만 경기 부진이 심화되고 원화 강세 기조가 계속되면 한은이 결국 유일한 정책 수단인 금리 카드를 또 빼들 수밖에 없다는 관측이 나온다.

정의현 기자

용어 유동성 함정(liquidity trap) : 영국의 경제학자 존 메이너드 케인스가 1930년대 대공황 당시 금리정책이 함정에 빠진 상황 같다고 해서 붙인 용어다. 금리를 아무리 낮춰도 투자가 늘어나지 않아 경기가 살아나지 않는 상황을 뜻한다.

사상 최저 금리로 시중에 돈은 많이 풀렸지만 자본시장 유입이나 실질 투자로 이어지지 못하는 돈맥 경화 현상이 계속되고 있다는 점을 짚은 매일경제신문 2016년 8월 10일자 기사. 이 당시 글로벌 경제 불확실성과 국내 경기 위축에 마땅한 투자처를 찾지 못한 시중 자금이 초단타 투자 상품으로 몰렸다.

것이다.

유동성 함정은 이자율이 0%에 가까운 상황에서 일어나기 때문에 통화를 보유하고 있는 기회비용(이자율)은 없다고 볼 수 있다. 따라서 개인은 증가된 통화를 저축하지 않고 현금으로 보유하여 이자율 하락은 일어나지 않는다. 유동성 함정 상황은 20세기 들어 1930년대 미국 대공황, 1990년대 일본 장기 침체, 그리고 최근 금융위기 이후 미국과 일부 선진국에서 일어났다.

경제는 살림

사람은 갖고 싶은 것을 모두 가질 수는 없다. 돈도 시간도 물건도 모두 한정돼 있다. 이처럼 이 세상의 유한한 자원에서 어떤 가치를 생산해 분배할 것인가를 판단하고 결정하는 학문이 바로 경제학Economics이다. 다시 말해 경제학은 선택에 관한 학문이라고 할 수 있다. 경제학을 알면 자신의 삶을 나아지게 하는 힌트를 얻을 수 있고 정부 정책이나 기업의 움직임, 세상의 흐름을 이해할 수 있게 된다. 경제학이란 말은 과거 동양의 經世濟民(경세제민)에서 유래한 말로 세상을 다스리고 백성을 구한다는 의미이다. 반면 서양에서 경제학은 그리스어의 'oiko(집안, 가정)'와 'nomos(살림)'에서 파생됐다. 이는 '집안 살림'이란 의미를 지닌다. 이처럼 동서양은 경제에 대한 개념이 달랐다. 동양에서는 국가 운영이라는 거시적 차원의 개념이고, 서양에서는 집안 살림이라는 미시적이고 실질적 차원의 개념이다. 하지만 사람이 살아가기 위해 무엇을 어떻게 해야 하며, 일한 결과를 어떻게 배분할지의 문제는 국가든 가정이든 동일한 문제라 할 수 있다. 따라서 가정 경제는 다른 말로 '집안 살림'이요, 국가 경제는 곧 '나라 살림'인 것이다.

집안 살림과 나라 경제 비교

집안 살림	나라 경제
어떻게 소득을 늘릴 수 있을까?	어떻게 더 많은 재화와 서비스를 생산할 수 있을까?
어디에다 돈을 써야 할까?	생산물을 어떻게 분배해야 할까?
저축을 얼마나 해야 할까?	얼마만큼 투자(설비투자 등)를 해야 할까?

국제 수지와 통상 환경

학습 목표

• 환율과 환율의 결정 요인을 이해한다
• 국제 수지와 국제 수지 균형의 요건을 안다
• 세계 통상 환경을 설명할 수 있다

| 들어가며 |

WTO는 테이블?!

WTO를 바라보는 시각은 다양하다. 한번은 WTO에 대해 토론에 참여한 사람들은 다양한 아이디어를 제시했다. 'WTO가 이걸 해야 한다' 또는 '이런 것은 하면 안 된다' 등. 그중 한 사람은 이렇게 말했다. "잠깐만. 결국 WTO는 테이블이다. 사람들이 둘러 앉아 협상하는 테이블이다. 테이블에게 무엇을 바라는가?"

WTO 회의 장면

어떤 사람들은 WTO가 전 세계 모든 문제를 해결하거나 어떤 문제를 야기한다고 하는데, 사실 WTO는 슈퍼맨이 아니다. 원칙적으로 WTO는 회원국 정부들이 다른 회원국들과의 통상 문제를 해결하기 위해 찾는 협상의 장이다. 그러므로 첫 단계는 대화. WTO는 협상으로 탄생했으며 WTO가 하는 모든 것은 협상의 결과이다.

1. 국제 수지

1) 국제 수지표

정부가 대외적으로 거래한 내용을 잘 알아볼 수 있게 정리한 표를 국제 수지표라고 한다. 국제 수지표는 1년 동안 한 국가의 국제 거래를 통한 외화의 지급과 공급의 차액을 나타낸 표이다. 국제 수지는 어떤 상품이 거래되었는지에 따라 크게 경상 수지, 자본 수지로 나뉜다.

❶ 경상 수지

경상 수지는 재화 및 서비스의 거래와 현금의 거래를 나타낸다. 경상 수지는 상품 수지, 서비스 수지, 소득 수지, 경상 이전 수지로 구성돼 있는데 그중 상품을 수출해서 벌어들인 외화와 수입할 때 지출한 외화의 차이를 나타내는 상품 수지가 주를 이루고 있다.

국제 수지의 분류

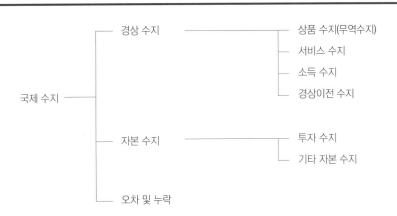

❷ 자본 수지

자본 수지는 외국으로부터 빚을 얻어오거나 돈을 빌려주는 자본 거래로 나타난 외화의 차이를 말한다. 즉 국제 거래에서 자본 거래에 따른 수입과 지급의 차액으로 투자 수지와 기타 자본 수지로 구분한다.

2) 국제 수지와 국가 경제

일반적으로 국제 수지라 하면 경상 수지를 의미한다. 경상 수지가 국민 소득, 고용 등 경제 각 분야에 미치는 효과가 클 뿐만 아니라 수출입 등 가장 중요한 내용을 담고 있기 때문이다. 그래서 보통 경상 수지가 흑자이면 국제 수지도 흑자, 경상 수지가 적자면 국제 수지도 적자라고 말한다.

❶ 국제 수지 흑자

국제 수지(경상 수지)가 흑자일 땐 우리나라에서 만든 상품이나 서비스를 더 많이 수출해 국내 생산 및 소득의 증가, 고용 확대, 외화 자산 증가로 외채 상환이 가능해진다. 국제 수지는 흑자의 규모가 과도하게 큰 경우 경제에 부정적인 영향을 미칠 수 있다. 만약 국제 수지의 흑자 규모가 과도하게 크면 국내로 들어온 외화의 양이 크게 증가한다. 국내로 들어온 외화는 원화로 환전돼 시중에 유통된다. 이는 시중 자금 공급량을 크게 늘려 물가의 상승을 자극하게 된다. 또 지나친 경상 수지 흑자는 상대적으로 적자가 발생하는 상대국의 수입 규제를 유발하거나 무역 마찰을 일으키는 등 국제 관계를 악화시킬 가능성도 있다.

❷ 국제 수지 적자

경상 수지가 적자라는 말은 우리나라가 외국 물건을 구입하기 위해 쓴 돈이 물건을 팔아서 벌어들인 돈보다 더 크다는 것을 의미한다. 이 경우 국내 생산 활동은 위축되고 실업자가 늘어나며, 수출로 번 돈만으로는 수입 대금을 지급하기에 모자라므로 외국에서 돈을 빌려 와야 하고 빚이 늘어나게 된다.

❸ 국제 수지의 균형

이러한 이유로 국제 수지는 한쪽으로 치우치기보다는 균형으로 이어지는 것이 바람직하다. 특히 우리나라와 같이 자원이 부족하고 국내 시장이 좁아 경제를 해외에 크게 의존하고 있는 경제의 경우에는 적정한 수준의 국제 수지 흑자(확대 균형)가 이뤄지도록 노력해야 한다.

3) 경상 수지와 자본 수지의 관계

경상 수지와 자본 수지는 보완적인 관계에 있기 때문에 보통 경상 수지가 흑자이면 자본 수지는 적자가 되고 반대로 경상 수지가 적자이면 자본 수지는 흑자가 되는 경향이 있다. 경상수지 적자는 우리나라가 벌어들인 돈보다 지출한 돈이 많다는 것을 의미한다. 하지만 이는 우리나라가 그 차액에 해당하는 만큼의 돈을 외국에서 차입했다는 의미가 된다. 따라서 자본 수지는 그 차액만큼 늘어나게 되는 것이다.

반대로 경상 수지가 흑자가 되면 우리나라가 지출한 돈보다 벌어들인 돈이 더 많다는 의미이다. 이럴 경우 그 차액을 이용해 대외 채무를 상환하거나 해외 자산을 구입할 수 있게 된다. 따라서 자본 수지는 그 차액만큼 줄어든다. 경상 수지와 자본 수지가 같은 크기로 변하여 완전히 상쇄될 수도 있으나 항상 그런 것은 아니다.

불황형 흑자

경기가 불황일 때 수출과 수입이 함께 둔해지는데, 수출 감소폭보다 수입 감소폭이 더 커지면서 경상수지가 흑자를 나타날 때 '불황형 흑자'라고 한다. 우리나라에서는 불황형 흑자가 주로 환율 변동에 의해 나타나는데, 세계적인 경제 불황으로 수입과 수출이 줄었지만 높은 환율로 인한 가격 경쟁력에 힘입어 수입보다는 수출이 덜 줄어 전반적인 불황 속에서도 무역 수지 흑자를 기록하는 것이다.

경상수지 26개월 흑자행진… 3대 미스터리

❶ 수입은 줄어 '불황형 흑자'

우리나라 경상수지가 26개월째 흑자 행진을 이어갔다. 이는 관련 통계가 집계되기 시작한 후 역대 두 번째 기록이다. 한국은행은 4월 경상수지가 71억2000만달러의 흑자로 집계됐다고 29일 밝혔다. 경상수지는 2012년 3월 38억1000만달러의 흑자를 낸 이후 26개월째 흑자를 이어가고 있다. 이는 역대 두 번째 연속 흑자 기록으로 1986년 6월부터 1989년 7월까지 38개월 연속 흑자를 낸 것이 역대 최장 기록이다.

❷ 원화값 올라도 수출 차질없어

❸ 체감경기 회복이론 연결 안돼

경상수지 흑자 행진(단위·백만달러)

4월 경상흑자 규모는 전월에 비해 1억7000만달러가 줄었다. 지난해 같은 달과 비교하면 29억7000만달러가 늘었다. 전년 대비 56.5%가 늘어난 것이다. 상품 수출입에 따른 상품수지 흑자는 108억5000만달러로 3월(79억7000만달러)에 비해 증가했다.

품목별로는 가장 비중을 차지하는 전기·전자제품이 148억달러로 전년 대비 4.2%가 늘었다. 석유제품 등 수출은 48억달러로 지난해 같은 기간에 비해 17%가 상승했고, 승용차·부품(69억1000만달러)과 철강(41억8000만달러)도 전년 대비 각각 16.1%, 15%가 증가했다.

일부에서는 계속되는 경상수지 흑자 행진이 '불황형 흑자'라는 분석을 내놓고 있다. 수출은 증가하는 데 반해 수입이 늘어나는 이유에서다. 4월 경상수지 수출은 567억2000만달러로 전년 동기 대비 10%가 늘었지만, 수입은 460억7000만달러로 0.9% 소폭 감소했다.

신민영 LG경제연구원 수석연구위원은 "지금의 경상수지 흑자는 전형적인 불황형 흑자라 볼 수 있다"며 "투자와 소비 등 국내 수요가 늘어나지 않고 있다"고 설명했다.

하지만 경기상황 자체가 나쁘지 않다는 분석도 있다. 우리나라 기업들이 전자제품 등의 분야에서 시장지배력 위에서 있기 때문에 환율의 영향도 그만큼 덜해졌다는 실정에서다. 하지만 실제 환율이 무역에 미치는 영향은 시차를 두고 나타나는 만큼 상황을 좀 더 지켜봐야 한다는 견해도 있다. 임희정 현대경제연구원 연구위원은 "무역거래는 단기적으로 이뤄지지 않기 때문에 몇 개월 뒤 시차를 두고 영향을 미칠 것"이라고 말했다.

수출 호조에 따라 가시지표는 좋아지고 있지만, 체감경기는 여전히 침체 상태를 보이고 있다. 임 연구위원은 "소비자물가가 1%대로 낮은 수준이지만 가계는 여전히 소비를 제대로 못하고 있다"며 "가계는 아직도 불안감이 지급을 열지 못하고 있고, 임금 증가도 물가상승률보다 같거나 하회하기 때문으로 해석된다"고 분석했다.

기업이 너무 많은 돈을 쌓아두고 있다는 지적도 나온다. 지난달 한은 금융통화위원회에 한 금통위원은 "기업의 사내유보금 등 통화완화정책으로 금융자산이 투자로 이어지지 않고 있다.

기업 배당의 확대가 민간소비의 증대를 유발하고 기업의 수익성 개선과 투자 확대로 이어지는 선순환 구조를 기대하는 것이 실질적이야고 밝히기도 했다.

최희진 기자

매일경제신문 2014년 5월 30일자

2. 국제 통상 환경과 경제 블록

1) 경제 블록의 가속화

후발국이던 독일과 미국은 1차 대전 이후 불황 속에서 고관세에 기초한 보호 무역을 강도 높게 실시했다. 미국은 1930년 '스무트-홀리 관세법'을 통해 무려 2만 개가 넘는 수입품 관세를 급격히 올렸다. 그러나 보호무역주의는 2차 대전의 도화선이 됐고 이에 대한 반성으로 금융에선 브레턴우즈협정, 통상에선 GATT가 탄생했

갈수록 늘어나는 지역 무역 협정 (단위 : 건)

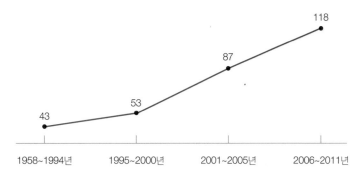

자료 : 국제무역연구원

다. GATT의 핵심은 관세율 인하, 보조금 축소, 차별 대우 금지에 있었다. 1995년 엔 상설 기구인 세계무역기구wto로 거듭났다.

하지만 2000년대 들어 개발도상국이 제 목소리를 내기 시작했다. 이는 무역 자 유화를 향한 전 세계의 발걸음을 더디게 만든 원인이 됐다. GATT에서 진화한 WTO는 제네바부터 우루과이까지 8번의 라운드를 마친 뒤 카타르 도하에서 막혔 다. 2001년에 시작된 도하 개발 어젠다는 농업, 서비스, 지적재산권 등의 대대적 무역 자유화를 목표로 했다. 그러나 10년 세월이 지나는 동안 선진국과 개발도상 국 간 이견만 확인하고 더 이상 나아가지 못하고 있다. 게다가 거침없이 통화 통합 단계까지 나아갔던 유럽연합EU이 글로벌 경제위기로 흔들리고 있다.

이러한 상황은 잠복해 있던 보호무역주의를 자극했다. 최근 글로벌 경제위기 속 에 주요 국가들은 내수 진작을 위한 재정과 통화 정책 수단이 마땅치 않은 상황이 다. 따라서 수입을 억제하고 수출을 지원하는 방식으로 다시 보호무역주의(지역 경 제 통합)를 증가시키고 있다.

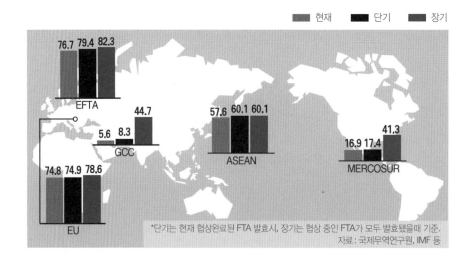

갈수록 늘어나는 지역 무역 협정 (단위: %)

- 현재
- 단기
- 장기

EFTA 76.7 79.4 82.3

GCC 5.6 8.3 44.7

ASEAN 57.6 60.1 60.1

MERCOSUR 16.9 17.4 41.3

EU 74.8 74.9 78.6

*단기는 현재 협상완료된 FTA 발효시, 장기는 협상 중인 FTA가 모두 발효됐을때 기준.
자료: 국제무역연구원, IMF 등

美 재계에 '미국인 우선 고용' 주문 도널드 트럼프 미국 대통령(오른쪽 둘째)이 23일(현지시간) 백악관에서 미국을 대표하는 기업인 12명을 불러 조찬을 함께했다. 트럼프 대통령은 이날 이들 기업인에게 "생산시설을 외국으로 이전하면 막대한 국경세를 부과할 것"이라고 경고하는 한편 "미국 내 규제를 75% 철폐할 수 있다"며 기업활동을 위한 당근도 함께 제시했다. 왼쪽부터 일론 머스크 테슬라 CEO, 웬들 위크스 코닝 CEO, 트럼프 대통령, 앨릭스 고스키 존슨앤드존슨 CEO. [카메라]

트럼프, 위험한 보호무역 질주

업무 첫날 TPP탈퇴 서명 … 대공황 닮아갈 우려

도널드 트럼프 미국 대통령이 오랜 자유무역의 전통을 폐기하고 '무역장벽' 설치에 속도를 내고 있다. 트럼프 대통령은 취임 후 공식 업무 개시일인 23일 오전(현지시간) 환태평양경제동반자협정(TPP) 탈퇴 계획을 담은 행정명령에 서명했다. 취임과 동시에 오바마케어 폐지 행정명령을 발효한 데 이어 곧바로 북미자유무역협정(NAFTA) 재협상을 선언하더니 TPP 탈퇴를 위한 행동에 돌입한 것이다. 백악관은 이번주 안에 보호무역과 관련된 추가적인 행정명령 발동이 있을 것임을 예고했다.

미국 우선주의에 입각한 트럼프 대통령의 이 같은 보호무역 기조는 1929년 대공황 전조와 유사하다는 우려를 낳고 있다.

스트로브 탤벗 브루킹스연구소장은 미 대선 직전인 지난해 11월 "보호주의가 순수한 의도로 시작된 적이 있었지만 이는 결국 대공황으로 이어졌다"며 "역사적 경험에 비춰볼 때 보호무역은 미국과 세계 경제에 악영향을 가져올 것"이라고 지적했다. 노벨상 수상자인 로버트 실러 예일대 교수도 지난 7일 전미경제학회에서 "경제 문제가 정치적인 이기주의로 비화하고 결국에는 더 심각한 경기 침체로 이어진다"며 "현재 미국은 1929년 대공황 당시와 유사한 패턴"이라고 진단했다.

미국의 TPP 탈퇴가 1930년 '스무트-홀리 관세법(Smoot-Hawley Tariff Act)'처럼 전 세계의 보호무역주의를 강화해 경기 침체를 불러일으킬 것이라는 전망도 나오고 있다. 오정근 건국대 특임교수는 24일 "대공황 이후 각국이 보호무역과 자국 중심주의를 강화하면서 선진국과 후발국 간 시장 쟁탈전이 벌어졌고 2차대전으로 격화됐다"며 "최근에도 미국을 비롯한 선진국과 중국 등 후발국 간 신경전이 비슷한 흐름을 보이고 있다"고 말했다.

같은 날 크레디트스위스는 트럼프의 보호무역주의가 미·중 무역전쟁을 촉발하고, 중국에서 미국 제품 불매운동이 일어나면 나이키, GM 등이 타격을 입을 것이라고 내다봤다. 특히 골드만삭스는 트럼프 정부의 보호무역 정책으로 한국의 기아자동차를 포함해 미국 수출 비중이 높은 아시아 기업들이 피해를 볼 것이라고 예상했다.

워싱턴/이진명 특파원·서울 조시영 기자

매일경제신문 2017년 1월 25일자

2) 지역 경제 통합의 유형

세계 경제의 커다란 두 흐름 중 하나가 세계화라면 또 하나는 지역주의Regio-nalism다. 지역주의 흐름에 부합하는 지역적 경제 통합에는 크게 네 가지 형태가 있다. 그중에서 통합 강도가 가장 약한 형태가 자유무역협정FTA이다. FTA는 국가 간 무역 장벽, 특히 관세를 완화해 무역 자유화로 이뤄진 지역 경제 통합이다. 최근에는 관세 철폐 외에도 서비스와 투자 자유화까지 포괄하는 추세이며 그 범위는 지적재산권, 정부 조달 등까지로 확대되고 있다.

FTA보다 통합 강도가 강한 '관세 동맹'은 가맹국 간 관세 철폐뿐만 아니라 비가맹국에도 공통적인 관세 정책을 취한다. 통합 강도가 더 강한 '공동 시장'은 생산 요소를 자유롭게 이동하는 단계다. 통합 강도가 가장 강한 '완전 경제 통합'은 FTA, 관세 동맹, 공동 시장의 내용을 모두 포함할 뿐만 아니라 초국가적 기구를 통해 가맹국 간 재정·금융 정책까지 상호 협조하는 단계다. 최근에는 FTA의 적용 범위가 점점 확대되어 상품의 관세 철폐 이외에도 서비스 및 투자 자유화까지 포괄하는 추세다. 그 밖에 협정의 범위가 지적재산권, 정부 조달, 경쟁 정책, 무역 구제 제도 등 정책의 조화 부문까지 점차 확대되고 있다.

3) 경제 통합의 경제적 효과

FTA 등 경제 통합의 경제적 효과로는 크게 '무역 창출 효과'와 '무역 전환 효과'를 들 수 있다.

(1) 무역 창출 효과

무역 창출 효과는 FTA 체결로 관세가 철폐돼 체결국 간 비교 우위에 따른 특화와 자원의 효율적 사용으로 교역량이 늘어나고 역내국의 후생Welfare이 증가하는 긍정적인 효과를 말한다. 수입 자동차를 예로 들어보자. 자유 무역하에서 국내 수입 자동차 가격은 국제 가격과 같다. 그러나 수입 자동차에 관세가 부과되면 국내 수입 자동차 가격은 부과된 관세만큼 높아진다. 이때 FTA로 관세가 철폐되면 수입량이 증가한다. 국내 자동차 가격이 하락하면 국내 생산자들은 생산을 줄이려고 하고 국내 소비자들은 소비를 늘린다.

원산지 증명

한·EU FTA가 발효되면서 우리 기업들도 관세 혜택을 받기 위해서는 한국산이라는 원산지 증명을 해야 한다. 하지만 원산지 증명 체계를 갖추려면 비용이 든다. 대기업은 이미 수십억 원을 투자해 원산지 증명 시스템을 구축했지만 문제는 중소 협력업체들이다. 이들이 공급한 부품이 한국산이라는 것을 EU에 증명하지 못할 경우 그동안 면제받은 모든 관세를 납부하는 것은 물론이고 이자까지 부담해야 한다.

하지만 수출 기업마다 수출선은 몇 개로 한정돼 있는 데다 생산 품목은 더욱 제한적이어서 가장 높은 원산지 기준 하나에 맞추면, 앞으로 체결될 FTA에도 자연스럽게 대처할 수 있기 때문에, 지나친 우려라는 해석도 있다.

(2) 무역 전환 효과

무역 전환 효과는 특정 국가와 FTA를 맺으면 해당 국가 제품 가격이 낮아져 예전에는 다른 국가에서 수입하던 것들을 FTA 체결 국가로 바꾸는 것을 말한다. 칠레와 FTA를 맺어 칠레산 와인이 크게 늘어난 것이 대표적인 예다. 하지만 역내국 간 관세 철폐로 생산비가 낮은 역외국으로부터 수입하던 상품이 생산비가 더 높은 역내국으로 수입처가 전환되면서 발생하는 일종의 부정적 효과를 의미하기도 한다.

4) FTA의 딜레마: 스파게티 접시 효과

FTA를 많은 나라와 체결하는 것이 긍정적인 효과만을 가져오지는 않는다. FTA가 양국 교역 확대에 긍정적인 역할을 하는 것은 분명하지만 오히려 수출 기업에 부담이 되는 부작용도 존재한다. 자그디시 바그와티 미국 컬럼비아대 교수는 이를 '스파게티 접시Spaghetti Bowl 효과'라고 정의했다. 동시다발적 FTA 체결의 비효율성을 지적한 용어다. 즉 많은 나라와 동시에 FTA를 맺게 되면, 마치 면이 복잡하게 얽혀 있는 스파게티 접시 속 국수 가닥처럼 국가마다 다른 원산지 규정과 통관절차, 표준 등을 확인하는 데 시간과 비용이 더 들어가게 돼, 거래비용 절감이라는 애초의 협정 체결 효과를 반감시키는 현상을 말한다. 이는 결국 국가별로 서로 다른 원산지 규정을 충족하기 힘들어져 관세 혜택을 포기하거나 규제 당국으로부터 엄청난

스파게티 접시 효과

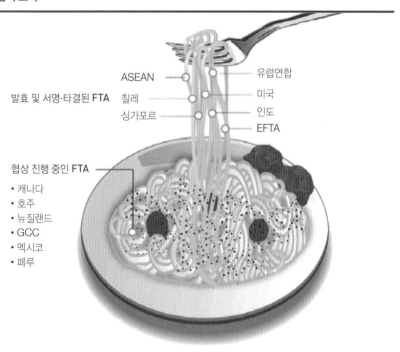

발효 및 서명·타결된 FTA
- ASEAN
- 칠레
- 싱가포르
- 유럽연합
- 미국
- 인도
- EFTA

협상 진행 중인 FTA
- 캐나다
- 호주
- 뉴질랜드
- GCC
- 멕시코
- 페루

벌금을 받을 수도 있는 위험이 존재한다.

실제로 1994년 북미자유무역협정NAFTA이 발효된 후 포드사는 멕시코 소재 자회사에서 자동차부품의 원산지 증명 서류를 구비하지 못해 5년간 관세를 소급당해 4,100만 달러에 달하는 벌금을 낸 적이 있다. 현재 50여 개국과 FTA를 체결한 멕시코가 더 이상 추가 협상에 매달리지 않는 이유도 여기에 있다. 너무 많아진 FTA로 인해 오히려 무역하기 더 복잡하다는 자국 내 기업인들의 불만이 크기 때문이다. 이런 딜레마 때문에 우루과이라운드나 도하라운드 같은 다자간 무역 협상이 더욱 중요해지고 있다.

英 깔끔한 이혼 선언… 경제충격 감수하며 이민 장벽 높이기

국경통제권·사법재판소 독립 등 4원칙 내세워

EU와 포괄적 FTA 추구…협상 기선제압 포석

테리사 메이 英총리 하드 브렉시트 로드맵

유럽연합 주요 회원국 경제 규모 (단위=달러) *2015년 GDP 기준. 자료=EU·세계은행

영국	독일	프랑스	이탈리아	스페인
2조8,500억	3조3,600억	2조4,200억	1조8,200억	1조2,000억

테리사 메이 영국 총리가 영국의 유럽연합EU 탈퇴(브렉시트) 전략을 공개함에 따라 향후 EU와 치열한 협상을 예고했다. 영국은 EU와 새로운 무역관계를 설정하기 위해 노력한다는 입장인 반면 독일과 프랑스 등은 절대 불가 방침을 고수할 가능성이 크기 때문이다. 아울러 브렉시트가 몰고 올 유럽 투자자금 이탈과 다른 회원국의 추가 EU 이탈을 부추길 가능성 등 후폭풍이 만만치 않을 전망이다.

메이 총리는 17일 EU와의 협상에서 4가지 원칙과 12가지 목표를 제안했다. 메이 총리는 3월 말 브렉시트 협상 공식 개시를 뜻하는 리스본 조약 50조를 발동할 것이라고 예고한 바 있다. 메이 총리가 제시한 12가지 구체적인 목표에는 영국 국경에 대한 통제권을 비롯해 EU 법원인 유럽 사법재판소로부터의 독립, 노동조합 보존, 노동자 권리 유지, 세계 주요 국가나 블록과의 자유무역협정FTA 체결 등이 포함됐다. 영국 집권 보수당에서 주도하는 이러한 하드 브

브렉시트 주요 일지

2016년 6월 23일	국민투표 실시, 브렉시트 결정
2016년 7월 13일	데이비드 캐머런 총리 사임 및 메이 총리 취임
2016년 10월 2일	메이 총리, 2017년 3월 리스본조약 50조 발동 계획 발표
2016년 11월 3일	고등법원, 의회 승인 없이 브렉시트 발동 불가 판결
2016년 12월 5일	대법원, 브렉시트 의회 승인 관련 심리 착수
2017년 1월 17일	메이 총리, 첫 공식 브렉시트 로드맵 발표

렉시트는 이민 통제에 초점을 두고 있다. 이민 통제를 통해 주권을 단일시장 관세·동맹 접근권보다 우선순위에 두는 결단을 내린 것이라는 분석이다.

메이 총리는 하드 브렉시트의 명분으로 EU가 영국에 도움이 되지 않는다는 자국 이기주의를 내세웠다. 그는 영국이 EU에 가입한 후 무역량과 국내총생산GDP 성장률이 저조한 상태로 지속됐다. 바로 이 같은 이유 때문에 우리가 EU를 떠나려는 것이라며 모든 탓을 EU에 전가했다. 메이 총리는 브렉시트로 영국이 그 어느 때보다 한층 강하고, 더 공정하며, 한층 통합되고 또 외부지향적인 나라로 변하기를 바란다고 강조했다.

메이 총리가 시장 접근권을 포기하며 고립주의를 택한 것은 포퓰리즘(대중인기영합주의)에 편승했다는 지적이다. 국내 브렉시트 반대 목소리가 절반가량을 차지하지만 이민자로 인해 일자리가 줄어든다는 논리로 민심을 자극해 정권을 공고히 하기 위한 전략이라는 것이다. 일각에서는 초반에 강경한 입장을 고수해 2년간 진행될 EU와의 협상에서 유리한 고지를 점하기 위한 고도의 술책이라는 분석도 나온다. 난민 쿼터제 등 '강력한 EU'에 불만이 많은 나라를 부추겨 EU로부터 최대한 양보를 끌어내기 위한 전략이라는 것이다.

메이 총리가 마침내 구체적인 브렉시트 협상안을 내놓으면서 EU가 어떠한 전략으로 맞설지에 관심이 쏠리고 있다. EU는 회원국 내 이동의 자유가 보장되지 않으면 단일시장과 같은 혜택을 영국에 제공할 수 없다는 강경한 방침으로 맞서고 있다. 앙겔라 메르켈 독일 총리는 영국의 체리 피킹(유리한 것만 챙기는 행위)을 용납하지 않겠다고 경고한 바 있다.

메이 총리는 EU와 새로운 파트너십을 구축하겠다는 방침이다. 그는 "EU와의 무역만이 우리가 관심 있는 것이 아니다"라는 한마디로 EU와의 관계를 정리했다. EU의 통제를 벗어나 중국과 브라질 등 역외 국가와 자유로운 무역협정을 체결하려 한다는 것이다. 그러면서도 그는 "영국은 EU 동맹국들과 계속해서 가까운 관계를 유지하고 싶다. EU와 영국 모두에게 도움이 되는 파트너십을 원한다"며 영국에 유리한 점은 모두 취하겠다는 의지를 피력했다.

이날 파운드화 가치가 급반등하기는 했지만 하드 브렉시트는 영국 경제뿐만 아니라 다른 나라에도 영향을 미칠 전망이다.

다카시마 오사무 시티글로벌마케츠 수석외환전략가는 "브렉시트로 투자 자금 유입이 둔화할 것이기 때문에 파운드화 약세는 자연스러운 현상"이라고 말했다. 그는 "영국 증시 약세로 글로벌 금융 시장의 심리가 악화할 수 있다"며 "하드 브렉시트가 간접적으로 엔화 강세를 촉발할 수 있다"고 경고했다.

키트 주크 소시에테제네랄(프랑스계 글로벌 은행) 글로벌 전략분석가는 "이민 통제와 유럽사법재판소로부터의 자유는 메이 총리에게 물러설 수 없는 원칙"이라며 "단일시장 탈퇴는 향후 몇 년간 영국 경제 성장의 발목을 잡을 것"이라고 말했다. 또 다른 EU 국가에 불고 있는 포퓰리즘 바람을 강화할 가능성도 크다. EU 국민의 상당수는 1993년 EU 창설 이후 경제 성장에는 별다른 도움이 되지 않고 EU 분담금 등 세금만 내고 있다는 불만이 팽배해 있다. 아울러 국경을 열어놓아 불법 이민자가 몰려들어 자신들의 일자리를 빼앗고 있다는 '피해 의식'이 지배하고 있다.

- 매일경제신문 2017년 1월 18일자

01 다음은 A국과 B국의 GDP에 관한 자료이다. 이에 대한 분석으로 가장 옳은 것을 고르면?

〈표〉 A, B국의 실질·명목GDP 추이(2006~2009년)   (단위: 억 달러)

국가	구분	2006년	2007년	2008년	2009년
A국	실질 GDP	200	220	240	260
	명목 GDP	210	240	270	300
B국	실질 GDP	400	430	460	490
	명목 GDP	440	460	480	500

① B국보다 A국의 경제 규모가 크다

② A국의 경제 성장률은 증가하고 있다

③ B국의 경제 성장률이 10%를 넘은 적이 있다

④ 2008년, 2009년 모두 B국이 A국보다 물가 상승률이 높다

⑤ 인구가 같다면 A국보다 B국에 거주하는 사람들의 생활 수준이 높다

정답 ⑤

국가의 경제 규모나 성장률을 측정할 때는 실질 GDP를 사용한다. 명목 GDP는 실물경제가 변하지 않고 물가만 상승해도 그 값이 증가할 수 있기 때문이다. ① B국이 A국보다 언제나 실질 GDP가 크므로 경제 규모도 A국보다 크다. ② 경제 성장 속도는 경제 성장률 정도로 나타난다. 표에 따르면 2007년부터 2009년까지 실질 GDP 증가분은 20억 달러로 일정하다. 반면 분모가 되는 전년도의 실질 GDP는 커지고 있음으로 경제 성장은 감소한다. ③ 2006년부터 2009년까지의 B국의 GDP 증가분은 30억 달러로 일정한데, 분모는 모든 년도가 400억 달러 이상이다. 따라서 경제 성장률이 10%이었던 해는 없다. ④ 2008~2009년 A국의 GDP 디플레이터는 112.5(=270/240 ×100)와 115.4(=300/260×100), B국의 GDP 디플레이터는 104.3(=480/460×100)과 102.0(=500/490×100)이다. A국이 2008~2009년 모두 크다. ⑤ 한 나라에 거주하는 사람들의 생활 수준은 1인당 GDP로 알 수 있다. 두 국가는 인구가 같기 때문에 GDP가 큰 B국의 1인당 GDP가 A국보다 크다.

02 다음은 A국의 고용 상황을 나타낸 것이다. 올바르지 않은 설명은?

- 실업자: 40만 명
- 비경제 활동인구: 50만 명
- 취업률: 84%

① 고용률은 70%다.   ② 실업률은 20%다.

③ 취업자 수는 200만 명이다.   ④ 생산가능인구는 300만 명이다.

⑤ 경제 활동인구는 250만 명이다.

정답 ③

주어진 조건에서 취업률은 84%이므로 실업률은 16%이다. 이를 바탕으로 경제 활동인구를 추정하면 250만 명(40만 명÷0.16)이다. 경제 활동인구는 실업자와 취업자로 구성되어 있음으로 취업자는 210만 명이라는 것을 알 수 있다. 또 생산가능인구는 '취업자＋실업자＋비경제활동인구'이므로 300만 명이다. 고용률은 취업자를 생산가능인구로 나눈 수치이므로 70%가 된다.

03 다음의 기사에서 빈 칸의 범주에 속하지 않는 사람은?

최근 한국의 실업률은 4.8%인데 비해 경제협력개발기구OECD의 평균은 8.7%, 선진7개국 G7은 8.3%, 유럽연합EU은 9.5%로 큰 차이를 보이고 있다. 이는 한국의 경우 [   ](이)가 많아 실업률이 선진국보다 낮게 계산된 것으로 풀이된다.

① 졸업 후 구직 활동을 하는 사람

② 졸업 후 공무원 시험을 준비 중인 사람

③ 은퇴 후 손자들을 돌봐주는 전직 회사원

④ 가사와 육아 부담으로 취업을 포기한 전업주부

⑤ 저녁 시간에만 무보수로 가족의 음식점에서 일하는 청년

정답 ①

비경제 활동 인구는 만 15세 이상 인구 중 취업자도 실업자도 아닌 사람, 즉 일할 능력은 있어도 일할 의사가 없거나 아예 일할 능력이 없는 사람을 말한다. 이를테면 집안에서 가사에 종사하는 가정주부, 학생, 고령자와 불구자 자발적으로 자선 사업이나 종교 단체에 관여하고 있는 사람들이 포함된다. 통계청에서 조사 발표하는 실업률 통계는 경제 활동 인구만을 대상으로 하기 때문에 비경제 활동 인구는 실업 통계에서 제외된다.

04 아래 A국의 경제 지표의 변화를 보고 A국 경제 상황에 대한 올바른 분석을 고르면? (단, 15세 이상 인구는 일정하다.)

고용탄성치 = 취업자 증가율 / 경제성장률

① 취업자 수는 증가했다.

② 경제 규모는 변함이 없다.

③ 명목임금은 하락했을 것이다.

④ 노동집약 산업 비중이 증가했다.

⑤ 경제 성장이 고용 창출로 이어지는 효과가 증가했다.

정답 ①

2013년과 2014년 경제성장률은 모두 5%로 동일하다. 경제 규모가 전년 대비 5%씩 성장한 것이다. 고용탄성치는 경제가 성장함에 따라 취업자가 증가하는 정도를 나타내는 수치로 2013년에 0.6이었으나 2014년에는 0.3으로 감소했다. 이를 고용탄성치 계산 공식에 대입해보면 2013년에는 취업자 수가 전년보다 3% 증가했고, 2014년에는 1.5% 증가했음을 알 수 있다. 이는 A국의 경제 성장이 일자리 창출로 이어지는 정도가 악화됐다는 것을 의미한다. 또 경제성장률보다 취업자 증가율이 낮다는 사실에서 노동보다 기술이나 자본에 의해 창출되는 부가가치가 더 크다는 것을 유추할 수 있다. 노동 가능 인구는 늘지 않는데 절대적인 고용량은 증가했으므로 노동 인구에 대한 수요 증가가 반영돼 임금이 상승했을 것으로 추정할 수 있다.

05 다음 중 인플레이션이 발생했을 때 나타날 수 있는 문제점으로 가장 거리가 먼 것은?

① 이자 소득에 과세되는 세금이 상대적으로 감소한다.

② 화폐의 가치측정 기능이 저해돼 시장에 혼란이 발생한다.

③ 자금을 빌려준 사람과 빌린 사람 사이에 의도치 않은 소득 재분배가 발생한다.

④ 제품의 상대가격이 바뀌어 자원 배분이 왜곡돼 시장 전체의 효율성이 감소한다.

⑤ 현금 인출을 위한 은행방문 횟수가 늘고 가격 조정에 따른 부대비용이 발생한다.

정답 ①

인플레이션이 발생하면 시장 가격이 제 기능을 수행하지 못해 시장에서 자원의 배분이 왜곡되고 경제의 효율성이 떨어진다. 또 물가가 급격히 상승하면 사람들은 현금을 인출하기 위해 은행을 방문하는 횟수가 늘어 소위 말하는 '구두창 비용'이 발생한다. 기업의 경우 가격을 조정하고 공지하는 '메뉴 비용'을 부담해야 한다. 인플레이션이 발생하면 임금과 이자는 그에 맞춰 상승한다. 이는 물가 상승에 따라 명목소득이 증가한 것이다. 이에 따라 물가 상승 전보다 더 많은 세금을 납부하게 된다.

06 다음 그래프는 어떤 해의 A국 분기별 예상 인플레이션율과 실제 인플레이션율을 나타낸 것이다. 이를 바탕으로 A국 경제 상황을 추론한 것 중 가장 적절하지 않은 것은?

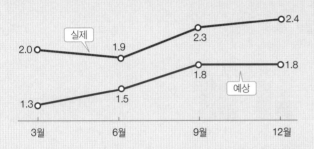

① 연금 생활자의 생활비 부담이 증가했다.

② 고정금리 대출의 상환 부담이 증가했다.

③ 실물자산에 대한 투자 수요가 증가했다.

④ 연봉제 근로자들의 실질임금이 감소했다.

⑤ 채권 투자자들의 실질 수익률이 감소했다.

정답 ②

예상했던 인플레이션율보다 실제 인플레이션이 더 상승하면 의도하지 않게 이익을 얻거나 손실을 보는 사람들이 나타난다. A국과 같이 물가가 예상치보다 상승하면 채무자나 고정금리로 대출을 받은 사람들은 채무 상환 부담이 감소한다. 반면 정해진 금액의 임금이나 연금을 받는 사람들은 물가 상승으로 인한 구매력 감소로 손해를 본다. 채권 역시 미래에 받을 수 있는 금액이 정해져 있으므로 인플레이션이 발생하면 투자자들은 손해를 보게 된다. 물가가 상승하면 화폐 가치가 하락하므로 투자자들은 현금이나 금융 자산보다는 실물자산에 투자하는 것을 선호한다.

07 아래 그래프는 연도별 명목임금과 실질임금의 상승률을 나타낸 것이다. 이들 지표를 분석한 것으로 올바르지 않은 것은?

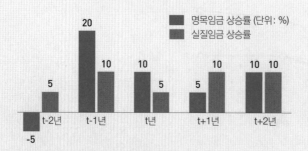

① 물가 수준이 가장 높은 해는 t년이다.

② t+2년의 물가 수준이 t+1년보다 높다.

③ 물가 상승률이 가장 높은 해는 t-1년이다.

④ 물가 상승률이 하락한 해는 t-2년과 t+1년이다.

⑤ 명목임금은 매년 오르지 않았고 실질임금은 매년 올랐다.

정답 ②

위 그래프와 같이 명목임금의 상승률과 실질임금의 상승률이 주어지면 물가 상승률을 역산할 수 있다. 명목임금 상승률에서 실질임금 상승률을 차감해 연도별 물가 상승률을 계산하면 t-2년 -10%, t-1년 10%, t년 5%, t+1년 -5%, t+2년 0%이다. t+2년 물가 상승률은 0% 이므로 t+1년과 t+2년의 물가 수준은 같다. 명목임금은 t-2년에 하락한 바 있지만 실질임금은 정도의 차이가 있으나 매년 상승했다.

08 아래 그래프는 과거 우리나라의 소비자물가상승률 추이를 나타낸다. 같은 기간 경제성장률이 3.5%에서 2.7%로 변했다면 이를 바탕으로 유추할 수 있는 경제 현상으로 가장 거리가 먼 것은? (단, 명목이자율은 일정하다.)

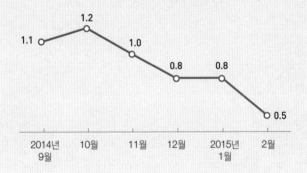

〈그림〉 우리나라 소비자물가 상승률
(단위: %)

① 실업률의 증가 ② 총생산량의 감소

③ 실질이자율의 하락 ④ 기업의 재고자산 증가

⑤ 기업의 영업실적 악화

정답 ③

경기 하락과 물가 하락이 동시에 일어나는 경제 현상을 디플레이션Deflation이라고 부른다. 디플레이션이 발생하면 상품이 팔리지 않아 재고가 늘어 기업의 수익이 감소하게 된다. 이러한 수익 악화는 투자와 고용을 감소시켜 소비를 줄이는 악순환을 가져온다. 명목이자율이 동일하다면 디플레이션 발생은 실질이자율 상승을 가져온다.

09 아래 표는 A국의 명목 GDP와 실질 GDP의 연도별 변동률을 나타낸 것이다. 이와 같은 경기 추세가 지속될 때 A국 정부가 시행할 것으로 예상되는 정책을 올바르게 짝지은 것은?

	2012년	2013년	2014년
명목 GDP 증가율	-0.8%	-1.0%	-1.8%
실질 GDP 증가율	-1.2%	-1.0%	-1.4%

	기준 금리	지급 준비율	국공채
①	인상	인하	매입
②	인상	인상	매각
③	인상	인상	매입
④	인하	인상	매각
⑤	인하	인하	매각

정답 ⑤

문제 속 표에서 A국의 실질 GDP는 지속적으로 감소하고 있으므로 A국 경기는 침체 국면에 있음을 유추할 수 있다. 이 표에 나타난 명목 GDP와 실질 GDP 차이를 이용해 A국의 물가 변화를 추정해보면 2012년은 0.4%, 2013년은 0%, 2014년은 -4%임을 알 수 있다. 이처럼 A국 경제는 생산량과 물가가 모두 하락하고 있으므로 디플레이션 상황이라고 할 수 있다. 디플레이션하에서 통화당국은 확장적 금융 정책으로 물가를 인상하고 경기를 부양한다. 통화당국이 시중에 통화량을 증가시키기 위해서는 기준 금리와 지급 준비율을 인하하고, 채권시장을 통해 국공채를 매각해야 한다.

10 다음은 A국의 경기 변동을 그래프로 나타낸 것이다. ㉠시기에 취해야 할 정책으로 가장 적절한 것은?

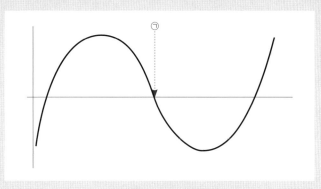

A국의 경기 변동

	국공채	지급 준비율	재할인율	예산 편성
①	매각	인하	인하	적자
②	매각	인하	인상	적자
③	매각	인상	인하	흑자
④	매입	인상	인상	흑자
⑤	매입	인하	인하	적자

정답 ⑤

㉠ 시점은 경기 변동 가운데 쇠퇴기로 경제가 점점 침체되고 있는 시점이다. 따라서 이때정부는 경기 회복을 위해 확대 재정 정책을 시행하는데, 이 경우 국공채를 매입하고, 지급 준비율 및 재할인율을 인하하여 통화량을 늘림으로써 총수요를 증가시킨다. 또한 이 경우 정부의 재정 지출이 늘어나게 되므로 예산은 적자가 된다(정부 지출-조세 수입)0).

11 한국은행 금융통화위원회가 기준 금리를 0.25%포인트 인하했다면 이러한 금리 인하의 배경으로 가장 거리가 먼 사항은?

① 대출이자 부담 증가에 따른 가계소비 감소

② 기업설비 투자 부진에 따른 주요 고용지표 악화

③ 엔화 약세에 따른 우리 기업의 수출 경쟁력 약화

④ 미국 양적완화 축소로 국내 자본 해외 유출 가능성 증대

⑤ 소비자동향지수$_{CSI}$, 제조업 경기실사지수$_{BSI}$ 등 주요 경기선행지표 악화

정답 ④

기준 금리는 한국은행에서 시중 은행에 대출해주거나 채권, 환매조건부채권(RP) 등을 매매할 때 적용하는 금리로 모든 금융거래의 기준이 되는 정책 금리로, 쉽게 말해 중앙은행이 금융회사와 자금 거래를 할 때 기준이 되는 금리를 말한다. 우리나라에서는 한국은행 금융통화위원회에서 기준 금리를 결정한다. 기준 금리를 내리면 예금, 대출 금리 등 시중금리도 같이 내려가는데 이는 총수요를 늘려 경기를 회복시키는 효과가 있다. ①, ②, ③, ⑤는 모두 경기침체 상황을 나타낸다. 따라서 이들은 모두 정부의 경기부양책 실시의 근거가 된다. 하지만 ④와 같은 상황은 금리 인하보다는 금리 인상의 배경으로 작용한다.

12 다음 중 기준 금리 인하 정책이 추구하는 경제 효과로 가장 거리가 먼 것은?

① 자금 조달 비용 감소로 기업의 투자 유도

② 물가를 안정시켜 가계 생활의 부담 경감

③ 은행 대출 금리를 낮춰 대출자의 이자부담 감소

④ 시중 통화량 증가로 주식, 부동산 등의 투자 활성화

⑤ 원화가치를 하락시켜 국내 기업들의 수출경쟁력 강화

정답 ②

기준 금리의 변화는 콜금리에 영향을 주고 이는 다시 장단기 시장 금리, 예금·대출 금리 등의 변동으로 이어져 최종적으로 실물경제에 영향을 미치게 된다. 경기가 침체되면 정부는 경기부양을 위해 기준 금리를 인하한다. 기준 금리가 인하되면 은행 대출 금리가 낮아져 기업의 자본조달 비용뿐만 아니라 대출자의 이자 부담도 줄어든다. 또 시중에 통화량이 늘어 주식이나 부동산 등의 투자 활성화에 효과가 있다. 기준 금리 인하는 해외로의 자금 유출을 늘린다. 이는 원화값을 하락시키는 압력으로 작용해 국내 수출품의 가격 경쟁력을 높이는 효과로 이어진다. 반면 기준 금리 인상은 총수요를 늘리는 효과가 있기 때문에 물가 안정보다는 인플레이션 가능성을 높인다.

13 최근 M국 중앙은행 금융통화위원회는 기준 금리를 3%에서 2%로 인하한다고 발표했다. 다음 중 M국 통화 정책의 근거가 되는 그래프를 모두 고르면?

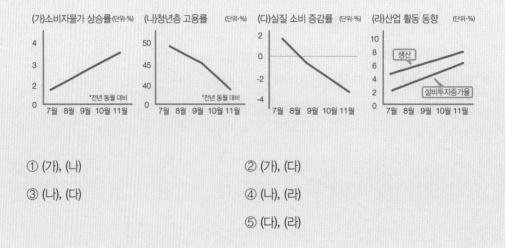

① (가), (나)　　　　　　　② (가), (다)

③ (나), (다)　　　　　　　④ (나), (라)

　　　　　　　　　　　　⑤ (다), (라)

정답 ③

일반적으로 경기 침체기에 중앙은행은 기준 금리를 낮춰 시중 유동성을 증가시키는 확장적 통화 정책을 실시한다. (가), (라)와 같이 소비자 물가 지수가 상승하거나 생산 및 투자가 증가하고 있는 경제 상황에 놓인 국가에서 중앙은행은 경기 과열과 물가 상승에 따른 부작용을 방지하려 한다. 이를 위해 통화량을 감소시키거나 기준 금리를 인상하는 긴축적 통화 정책을 실시한다. (나), (다)와 같이 고용 여건이 악화되거나 소비가 감소하면 이는 경기 침체로 이어질 수 있어 중앙은행은 확장적 통화 정책을 실시한다.

14 다음 현상을 가장 올바르게 표현한 경제학 용어는?

> 시중금리가 지나치게 낮은 수준으로 하락하면 가계는 가까운 장래에 이자율이 상승할 것
> 으로 예상해 여유자금을 채권 대신 현금이나 단기 금융 상품에 투자한다. 또 기업은 같은
> 상황에서 경기 하락을 염려해 설비 투자와 채용 계획을 미루게 된다. 이런 국면이 지속되
> 면 중앙은행이 아무리 통화 공급을 늘려도 시중금리는 더 하락하지 않고, 소비와 투자 역
> 시 기대만큼 늘지 않아 경기부양은 이뤄지지 않게 된다.

① 구축효과 ② 유동성 함정

③ 유효 수요 부족 ④ 트리핀 딜레마

⑤ 트릴레마Trilemma

정답 ②

유동성 함정(liquidity trap)이란 정부가 통화량, 즉 유동성을 늘려도 금리가 매우 낮은 상태에서
는 개인이나 기업들이 현금을 보유하려 하고 소비나 투자를 하지 않는 현상을 말한다. 이 같은 유
동성 함정을 염려하는 경제학자들은 통화 정책보다 유효 수요를 증가시키는 재정 정책을 더 지지
한다. 트릴레마(Trilemma)란 정부가 추구하려는 3대 정책 목표 가운데 두 가지를 달성하기 위해
다른 하나는 반드시 포기해야 한다는 딜레마를 말한다. 트리핀 딜레마는 국제통화로 사용되는 기
축통화가 가진 근본적인 모순을 의미한다. 특정 국가 화폐가 국제 거래에서 사용되는 기축통화가
되기 위해서는 유동성과 신뢰도를 모두 갖춰야 하는데, 이것을 동시에 추구하는 것은 불가능하다.
유동성을 확보하기 위해 화폐 발행을 증가시키면 화폐 신뢰도가 하락하고 신뢰도를 상승시키기 위
해 화폐 발행을 제한하면 유동성이 감소하기 때문이다.

15 다음의 영향을 나타내는 경제효과는?

> 확대 재정 정책 → 이자율 상승 → 투자 감소

① 구축효과   ② 저축효과

③ 피구효과   ④ 확대재정효과

⑤ 네트워크 효과

정답 ①

정부가 댐이나 도로를 건설하는 재정 정책은 민간 경제에 적지 않은 영향을 준다. 가계소득을 증가시키고 소득 증가는 소비 확대로 이어져 경기를 활성화하는 효과를 기대할 수 있다. 하지만 시중에 통화량이 늘어나지 않은 상황에서는 그 효과를 기대하기 어렵다. 정부가 재정 정책에 필요한 재원을 마련할 때 해야 하는데, 재원 마련을 위해 국채를 발행하는 과정에서 이자율이 상승하기 때문이다. 이자율이 상승하면 민간 소비와 투자가 위축돼 정부가 재정 정책으로 기대한 경제 효과를 상쇄시킨다. 이와 같이 정부가 확대 재정 정책을 시행하였으나 이자율 상승으로 민간 소비와 투자가 감소해 정책효과가 상쇄되는 것을 '구축효과'라고 한다. 극단적으로는 구축효과로 인해 정부의 재정 정책은 경제에 아무런 영향을 주지 못하고 이자율만 상승시킬 수 있다. 이 때문에 구축효과를 걱정하는 경제학자들은 재정 정책보다는 통화 정책이 경기 활성화 정책으로 효과적이라고 주장한다.

16 다음 중 우리나라의 경상 수지에 속하는 것을 모두 고르면?

ⓐ 우리나라 H기업의 소형 자동차 순수출액
ⓑ 미국의 C기업이 국내 D기업에 지급하는 특허권 사용료
ⓒ 우리나라 대기업에서 근무하는 외국인 존 씨가 받는 임금
ⓓ 외국인 투자자 마이클 씨가 우리나라의 S기업에 투자한 금액
ⓔ 우리나라 국적 김 대리가 미국 기업 M사의 주식에 투자해 얻은 배당금

---

① ⓐ, ⓑ, ⓔ

② ⓑ, ⓒ, ⓓ

③ ⓑ, ⓒ, ⓔ

④ ⓒ, ⓓ, ⓔ

⑤ ⓐ, ⓑ, ⓒ, ⓔ

정답 ⑤

ⓐ은 경상 수지 중 상품 수지, ⓑ은 경상 수지 중 서비스 수지, ⓒ, ⓔ은 경상 수지 중 소득 수지,
ⓓ 자본 수지 중 투자 수지(주식이나 채권 등의 투자)에 해당한다.

02 경제·경영 안목 높이기

I. 전략과 마케팅

전략 수립과 실행

학습 목표

- 경영 전략의 전반적인 흐름을 이해한다
- 경쟁 우위와 핵심 역량을 설명할 수 있다
- 전략적 의사 결정의 프로세스를 설명할 수 있다

| 들어가며 |

'장군의 술책'과 전략

전략Strategy이란 단어의 어원은 고대 그리스어인 'Strategus(장군의 술책)'에서 비롯됐다. 'Strategus는 '병력을 움직이게 하다'는 의미의 용어로 '용병술用兵術'과 유사한 개념이다. 오늘날에는 학계와 산업계에서 기업의 성과를 올리기 위한 방안들을 총칭하는 비즈니스 용어로 더욱 널리 사용되고 있다.

개인적으로도 기업의 경쟁 우위를 분석하고 구분하는 능력은 회사에 입사한 후 성공적인 경력을 위해 중요하다. 기업은 추구하는 전략에 따라 직원들에게 기대하는 역할이 바뀐다. 따라서 직원 개개인은 조직의 전략 실행과정에서 자신들의 역할을 신속하게 파악하는 것이 중요하다. 보통 대기업들은 소수의 고위 경영자만 전략 선택에 관여한다. 하지만 소규모·창업 기업에서는 보다 많은 직원들이 전략 선택에 참여한다. 이런 상황에서 전략 선택과 실행에 유용한 개념들을 숙지하는 것은 큰 도움이 된다.

1. 경영 전략의 이해

지속적으로 성공하는 기업의 성공 비결은 무엇인가? 왜 어떤 기업은 흥하고 어떤 기업은 망하는가? 아쉽게도 명쾌한 답은 어디서도 찾아볼 수 없다. 기업 성공을 보장할 수 있는 절대 법칙은 존재할 수 없을지 모른다. 그러나 경영학에서 이른바 '경영 전략'이라는 분야는 기업 성공의 원천을 찾아내기 위해 지금도 부단한 노력을 기울이고 있다. 아래의 질문은 전략을 세우기 위해 항상 고민해야 할 내용이다.

1) 경영 전략의 필요성

경영 전략이란 갈수록 치열해지는 경쟁에서 기업이 목표를 달성할 목적으로 여러 환경 요인들의 변화를 고려하고 대응책을 강구하려는 활동이다. 주로 '경영 자원을 배분해 경쟁 우위를 창출하고 유지시키는 의사 결정'이라 정의한다. 하지만 이 외에도 경영 전략에 대한 다양한 정의가 있다. 비단 기업뿐만 아니라 비즈니스에 종사하는 사람들에게 기업의 경쟁 우위를 분석하고 구분하는 능력은 성공적인 경력을 위해서도 중요하다.

기업은 추구하는 전략에 따라 직원들에게 기대하는 역할이 바뀐다. 따라서 직원들은 조직의 전략 실행과정에서 자신들의 역할을 신속하게 파악해야 한다. 보통 대기업에서는 소수의 고위 경영자만 전략 선택에 관여한다. 하지만 소규모 또는

경영 전략의 정의

창업 기업에서는 보다 많은 직원들이 전략 선택에 참여한다. 이런 상황에서 전략 선택과 실행에 유용한 개념들을 숙지하는 것은 큰 도움이 된다.

2) 경영 전략의 특징

경영 전략은 대개 기업 전체를 관심의 대상으로 하고, 주로 최고 경영자의 입장에서 수립하며 파급 효과가 매우 크다. 그리고 전략을 결정한 후 구체적인 실행을 위해 하위 내용을 결정한다. 즉 다른 모든 결정을 통제하는 특징이 있다. 그리고 여타 부서를 망라해 동시에 관여함으로써 상당한 수준의 자원 재분배를 가져온다.

3) 전략의 본질

하버드 대학의 마이클 포터Michael Porter 교수는 단순히 1등 기업을 모방하는 벤치마킹의 운용 효과성을 높이는 것은 전략이 아니라고 주장한 바 있다. 보통 운용의 효과성은 기업이 활동을 더 잘 수행해내는 것을 의미한다. 더 빨리, 더 저렴하게, 더 뛰어난 품질로 생산하는 것이다. 이렇게 다른 경쟁자와 유사한 활동을 조금 더 잘하는 것을 경영의 핵심으로 인식하고 있다. 하지만 이런 활동은 일반적인 활동일 뿐 전략은 아니라는 것이 포터 교수의 주장이다.

그 이유로는 운영의 효과성은 경쟁자에 의해 쉽게 모방될 가능성이 높다는 것을 들 수 있다. 전사적품질관리TQM이나 리엔지니어링, 아웃소싱 등 운용의 효과성을 높이는 경영 기법들은 쉽게 모방되었다. 운용의 효과성으로 유명했던 일본 기업들도 1990년대 들어 전략의 부재로 인해 부침을 겪었다.

그렇다면 전략은 무엇인가? 포터는 전략의 특징을 세 가지로 구분했다. 첫째, 전략의 본질은 차별화이다. 둘째, 전략은 트레이드 오프Trade Off를 요구한다. 셋째, 전략은 적합

트레이드 오프

한 가지를 택하려면 다른 하나를 포기해야 하는 상충관계를 말한다. 상품이나 서비스 품질을 높이면 고객이 얻는 가치는 높아지지만 비용 상승의 문제가 수반된다. 이런 이율배반적 관계를 트레이드 오프라고 한다.

성을 만드는 것이다. 이 세 가지 내용의 요체는 결국 전략에는 차별화 포인트가 필요하며 이것이 지속적인 경쟁 우위를 가져온다는 것이다. 열심히 일하는 것은 필요조건일 뿐이다. 더 나은 성과를 위해서는 특정 분야에서 독보적인 경쟁력을 확보해야 한다. 그것이 전략에서 말하는 경쟁 우위의 조건이다.

4) 전략 수립 프로세스

전략을 수립하는 절차는 기업이 경쟁 우위를 창출할 수 있는 전략을 선택하기 위해 다음과 같이 분석과 선택의 절차를 나열한 것이다.

(1) 전략과 목표, 미션과 비전

등산과 마찬가지로 경영도 전략 방법에 대해 생각하기 전에 먼저 자신이 도달하고자 하는 목표를 결정해야 한다. 기업은 이정표라 할 수 있는 경영 목표와 이념을 정확히 세워야 잘못된 길에 들어서지 않고 목표를 향해 나갈 수 있다.

전략 수립 프로세스

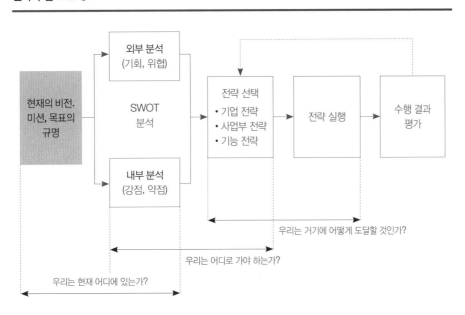

❶ 미션_{Mission}

기업의 본원적인 존재의 이유이자 기업이 수행해야 할 사업의 본원적 영역과 해당사업을 수행하는 원칙을 명시한 것으로 궁극적으로 달성하고 싶은 목표를 의미한다. 장기적으로 기업이 하고자 하는, 되고자 하는 것에 대한 최고 경영자의 관점이다.

❷ 비전_{Vision}

기업이 미션에서 선택한 사업 영역 안에서 구체적으로 어떤 미래 모습과 시장 지위를 지향할 것인지를 밝히고, 그것을 달성하기 위한 대안들을 명시하는 것을 말한다. 즉 미션에 포함된 각 영역에 있어서 구체적인 성과 지표이다. 전략은 미션과 목표를 달성하기 위한 수단이며 하위 개념인 전술이나 정책은 전략을 수행하기 위해 취하는 행동을 말한다.

(2) 외부 환경과 내부 역량 분석

목표 수립이 끝나면 기업은 외부 환경과 내부 역량 분석을 실행해야 한다. 이때 가장 많이 사용되는 분석 도구가 바로 SWOT 분석이다. SWOT 분석은 내부 역량 분석과 외부 환경 분석을 하나의 도표로 만들어 한 눈에 알기 쉽게 정리함으로써 기업이 찾아내야 하는 전략적 시사점을 보다 효율적으로 수행할 수 있도록 도와주

SWOT 분석 틀

내부 분석 / 외부 분석	Strengths S1; … S2; …	Weaknesses W1; … W2; …
Opportunities O1; … O2; …	S-O 전략 (주어진 기회에 강점을 최대한 활용하는 전략)	W-O 전략 (기회를 활용해서 약점을 보완하는 전략)
Threats T1; … T2; …	S-T 전략 (강점을 활용하여 위협요인을 회피하는 전략)	W-T 전략 (약점을 보완, 극복하면서 위협요인을 회피하는 전략)

는 도구이다. SWOT 분석의 목적은 네 가지 요소를 조합해 상황에 알맞은 대응 전략을 수립하고자 하는 것이므로 각 상황에 대처할 전략이 제시되지 않은 SWOT 분석은 효용이 없다.

(3) 전략의 선택

목표 설정, 외부 환경, 내부 역량 분석이 끝난 기업은 전략을 수립할 준비가 완료됐다고 볼 수 있다. 기업이 경쟁 우위를 창출하는 방법을 선택할 준비가 된 것이다. 기업은 전략 선택은 크게 세 가지 차원으로 나뉜다. 즉 전사적인 수준의 전략, 사업부 수준의 전략 그리고 기능 수준의 전략이다.

전사적 수준의 전략은 기업 전략이라고 부르기도 하는데, 기업이 여러 시장이나 산업에서 여러 사업을 동시에 추구함으로서 경쟁 우위를 창출하는 것을 말한다. 사업부 수준의 전략은 좀 더 하위 개념으로 기업이 한 시장이나 특정 산업에서 경쟁자와 구별되는 경쟁 우위를 창출하는 행동이다. 마지막으로 기능 전략은 기업 내부의 다양한 기업 활동으로 상위 전략 수준에서 결정된 전략적 방침들을 뒷받침해주는 활동을 말한다.

(4) 전략 실행

전략 경영이 잘 수립되었다고 하더라도 그것이 실천에 옮겨지지 않으면 아무런 의미가 없다. 따라서 경영 현장에서 실제로 적용되기 위해서 상세한 활동 계획은 물론이고 실행과정에서 발생할 수 있는 다양한 경우에 대처하는 방법도 제시되어야 한다.

❶ 일정 계획 작성

수립된 전략 대안이 적용되기 위해서는 상세하고 구체적인 실행 계획을 세워야 한다. 그와 같은 실행 계획으로는 전략 목표, 중간 목표의 설명, 담당할 실무 부서의 선정 및 담당자, 각 활동별 일정 목표 등이 포함될 수 있다. 이때 가급적 참여자의 수를 많게 하여 협조를 얻어내는 것이 중요하다. 전략은 단순히 희망사항을 나열하는 것이 아니라 곤란하고 반드시 실행되어야 할 목표를 담아야 한다. 전략이 성공적 효과를 거두기 위해서는 반드시 자신이 처한 환경, 자신과 경쟁사가 가진 능력을 알아야 한다.

❷ 평가 방법 설계

전략을 성공적으로 유도하기 위해서는 무엇보다도 구체적인 목표를 수립해야 한다. 경영 전략의 차원에서 목표를 설정할 때에는 기업 전체를 포괄하는 성과 지표를 설정해야 한다. 경영 목표로는 시장 점유율, 매출액 증가율, 성장률, 수익 상승률 등이 제시되는데 각기 구분하여 활용할 수 있겠지만 동시적으로도 가능하다.

수립된 전략을 잘 실행하기 위해서는 이를 달성하기 위한 과정이 충분히 구체적으로 표시되어야 한다. 전략은 계획을 단순히 제시하는 데 그치는 것이 아니라 어떻게 실행하는지 찾고 수정하는 과정이기도 하다. 따라서 달성하고자 하는 목표를 과감하게 설정하고 이 과정에서 구체화된 실천 계획을 수립해 행동에 옮겨야 한다. 예컨대 '누가, 언제까지, 어떤 분야의 신제품을 어떻게 개발하며 그 예산은 얼마 정도가 되어야 하는가'이다.

전략 수립의 과정

환경 분석	전략의 선택	실행 계획 및 전략 수정
1) 시장 및 경쟁 환경 분석 : 시장의 규모, 성장성, 수익성, 경쟁 구도 및 주요 경쟁자, 주요 경쟁자의 역량 등	1) 전략 대안의 풀(Pool) 구성 : 환경 분석의 결과를 충분히 반영하여 가능한 전략 대안의 아이디어를 충분히 도출	1) 일정 계획 작성 : 단계별 일정 목표의 설정, 실행 담당 부서 및 담당자 명시
2) 외부 환경 분석 : 경제의 성장성, 환위험, 법 및 제도, 사회관습 등	2) 대안의 평가 : 기술적, 재무적 가능성 평가, 성과기여도 측정, 성공 체험으로서의 파괴력 등 성공 시의 영향 평가, 최종 대안 선택	2) 평가 방법 설계 : 평가 항목 구성, 측정방법 설계
3) 내부 환경 분석 : 내부 보유 자원의 양과 특성, 경쟁 우위 요소 등		3) 전략의 수정과 소통 : 바뀐 환경에 대응해 전략을 수정하고 효과적인 커뮤니케이션 활동을 장려

❸ 전략의 실행과 수정, 커뮤니케이션

새로운 전략을 실행할 때는 예상하지 못했던 상황이 자주 발생한다. 고객이 생각보다 보수적이거나, 비용이 줄어들지 않거나, 경쟁 상대가 새로운 기술로 대항해오는 문제가 얼마든지 발생할 수 있다. 실행 장벽이라 불리는 위험이 도처에 있는 것이다. 따라서 전략을 실행한다는 것은 그러한 위험이 닥쳤을 때 중간중간 전략을 수정한다는 것이기도 하다. 결국 전략 수정이란 전략 실행의 다른 이름이라 할 수 있다.

신속하게 전략을 실행하고 수정하기 위해서는 내부의 커뮤니케이션이 원활해야 한다. 잭 웰치는 조직 속에서 솔직한 커뮤니케이션을 위해 노력할 것을 끊임없이 강조했다. 사장과 현장 직원을 포함해 조직 내부의 모든 구성원들이 각자의 역할을 통해 시너지 효과를 내기 위해서는 솔직하게 의견을 교환할 필요가 있다. 조직이 원하는 바가 정말 무엇인지를 서로 공유하려는 노력은 성공적인 전략 실행의 필수 요소이다. 조직의 존재 이유와 성공적인 전략 실행을 위해서는 효과적인 커뮤니케이션이 필수이다.

전략의 단계와 단계별 고려 사항

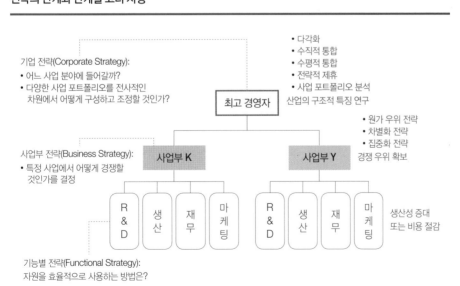

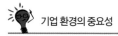
기업 환경의 중요성

애플의 아이폰 등장으로 과거 세계 휴대폰 시장의 1·2위 기업들이 속절없이 무너지는 지각 변동이 일어났다. 세계 시장의 1/3을 차지했던 핀란드의 자존심 노키아, 미국 휴대폰 업계 최강자이자 혁신의 대명사였던 모토롤라, 한때 휴대폰의 글로벌 패권을 쥐락펴락했던 이 두 기업은 최근 급변하는 모바일 기술 환경에 적응하지 못해 쇠락의 길을 걷다가 최근 MS와 구글(이후 중국 레노버로 재매각)에 각각 인수됐다.

2. 외부 환경 분석

1) 거시 환경과 산업 환경

(1) 기업의 거시 환경

외부 환경 분석은 전략 수립의 기본 단계이다. 지속적인 전략 수립이 필요한 이유는 기업을 둘러싼 환경이 계속 변하기 때문이다. 외부 환경을 분석함으로써 기업은 외부의 기회나 위협을 파악해 기회를 이용하고 위협을 대비할 수 있는 전략을 세울 수 있다.

외부 환경 분석에는 크게 거시 환경 분석과 산업 환경 분석으로 구분할 수 있다. 먼저 거시 환경이란 다음 표에서 볼 수 있듯이 기술적(T), 경제적(E), 정치적·법적(P), 사회문화적(S) 요인으로 직접적이지 않으나 장기적으로 영향을 미치는 기업의 일반적 환경을 말한다.

(2) 산업 환경

❶ 산업의 정의

거시 환경 구성 요소

경제적 환경(E)		기술적 환경(T)
• GDP 성장률	• 실업률	• 정부, 산업 차원의 연구 개발 투자액
• 이자율	• 임금 수준	• 기술 개발 노력/ 특허 보호 제도
• 통화 공급	• 에너지 가동률과 비용	• 신상품 개발 현황/ 생산 자동화 향상 정도
• 인플레이션율	• 가처분 소득 수준	• 연구실에서 시장으로의 기술 이전 정도
정치적·법적 환경(P)		**사회문화적 환경(S)**
• 공정 거래 규제/ 세법	• 외국 기업에 대한 인식과 태도	• 라이프스타일 변화 • 인구의 연령 분포
• 환경 보호 법규		• 소비자 운동의 경향 • 인구의 지역적 분포
• 기업 장려 정책	• 고용 관련 법규	• 인구 성장률 • 출생률 & 평균 수명
• 국제 무역에 따른 규제	• 정부의 안정성	

산업이란 수요 측면에서 비슷한 니즈Needs를 충족시키거나, 공급 측면에서 대체성이 높은 기업군을 말한다. 예를 들어 커피나 콜라를 같은 산업(음료 산업)에 속한다고 하는 이유는 고객의 비슷한 니즈를 충족시키기 때문이다. 또 다른 예로 냉장고와 식기세척기를 들 수 있다. 두 제품이 충족시키고자 하는 고객의 니즈가 서로 다르지만 두 제품은 보통 같은 산업에 속한다. 그 이유는 공급 측면에서 대체성이 높기 때문이다. 즉 냉장고를 생산하는 업체는 식기세척기도 쉽게 만들 수 있다.

성과Performance의 의미

기업 수준: 경쟁 열위, 경쟁 등위, 임시적 또는 지속적 경쟁 우위

사회 수준: 생산과 분배의 효율성, 고용 수준, 기술적 진보

❷ 산업 환경과 기업 성과

과거 미국의 경제학들은 기업의 환경과 행동 그리고 성과 사이의 관계를 파악하기 위한 접근법을 개발하려 했다. 이 연구의 목적은 산업내 경쟁을 저해하는 요인을 찾아냄으로써 정부가 이 요인들을 제거해 산업 내 경쟁을 유도하는 정책 개발을 지원하는 것이었다. 여기에서 개발된 이론적 모델이 구조-행위-성과 모델Structure-Conduct-performance model, S-C-P model이다. 이때 구조는 산업 구조를 말한다. 즉 산업 내 경쟁자의 수, 진입과 퇴거에 드는 비용, 제품의 유사성 등으로 설명된다. 행위는 산업 내 기업들의 전략이다. 마지막으로 성과는 개별 기업의 성과와 전체 사회의 경제적 성과를 말한다.

이 모델의 핵심은 어느 기업이 속한 산업의 여러 특성들은 그 기업이 내릴 수 있는 의사 결정의 범위를 결정한다는 논리에 있다. 예를 들어 의사 결정을 제약하는 요인들은 많지만 기업들이 선택할 수 있는 전략들은 별로 없는 산업이 있는데, 보통 이 경우에는 기업들이 경쟁 등위를 가지고 있고, 산업 구조가 기업의 전략을 전적으로 결정하며 결국 성과에 영향을 미치게 된다.

하지만 경쟁이 심하지 않는 산업에서는 기업에 다양한 전략 선택의 대안이 있으며 의사 결정을 제약하는 요인도 적을 수 있다. 어떤 전략들은 기업에 경쟁 우위를 확보하도록 도울 수 있지만 아무리 많은 전략적 대안들이 존재하더라도 기본적으로 결국 산업 구조는 전략 대안의 범위를 제한하는 기능을 한다.

2) 업계의 매력도에 대한 5가지 환경 요소, '5 Forces' 모델

이론적으로 S-C-P 모델은 정부 정책 입안자에게 유용한 분석의 틀을 제공한다. 그러나 기업이 속한 좁은 범위의 환경에서 기회나 위협의 요인을 분석하는 데에는 조금 모호할 수 있다. 몇몇 학자들은 이 모델을 바탕으로 특정 기업이 직면한 위협을 찾아낼 수 있는 구체적인 모델을 만들었다. 그중 가장 유명한 모델은 마이클 포터 교수가 개발한 5 Forces 모델이다. 5 Forces 모델의 목적은 다음과 같다. 첫째 업계의 매력도를 측정(특히 신규 참여를 고려할 경우)하고, 둘째 업계의 구조를 파악(특히 업계가 변화를 겪고 있는 경우)하는 것이다.

환경 변화는 산업 구조를 순식간에 뒤바꾸는 큰 위협이다. 따라서 경영자는 산업 환경이 향후 어떻게 바뀔지, 자사 수익에 위협이 되는 산업 요인이 무엇인지 끊임없이 확인하고 분석해 이를 돌파할 전략을 만들어내야 한다.

5 Forces 모델은 산업 구조를 결정짓는 5가지 경쟁 요인을 의미하는 것으로, 신규 진입 위협, 대체재의 위협, 구매자 협상력, 공급자 협상력, 산업 내 경쟁 관계를 말한다. 이 5가지 요인의 강약에 따라 해당 산업 수익성이 결정된다는 개념이다. 이 분석은 시장에는 일정한 이익이 정해져 있고 그것을 누가 가져갈 것인지가 중요하다는 전제에 기초한다. 즉 경제학에서 흔히 말하는 '파는 사람은 적지만 사는 사람이 많은 시장'이 매력적인 시장이라는 개념이 5가지 요인으로 확장된 것이다. 따라서 이를 적용하면 해당 산업에서 수익을 올릴 수 있을지 없을지를 판단할 수 있다.

전략의 체계를 세운 마이클 포터

1970년대까지 경영 전략이란 말은 많이 사용됐지만 독립적인 학문으로 발전하지는 못했다. 그러다 1980년대 마이클 포터가 이를 체계화시키면서 경영 전략이 확고한 학문적 영역으로 자리를 잡게 됐다. 그는 복잡하게 보이는 현실 상황을 쉽게 설명하고 예측할 수 있는 분석의 틀을 제시했다.

분석은 산업 내 기존 기업들과 경쟁 정도뿐만 아니라 새로 진출하려는 기업이 있는지, 있다면 진입을 늦추거나 막을 수 있는 법적·기술적 방어막(진입 장벽)이 존재하는지, 구매하려는 고객 수가 많아 별다른 수고가 필요하지 않은지, 부품이나 중간재를 공급하는 공급 업체 수가 적어 이들의 협상력이 높은지, 마지막으로 우리 제품을 대체할 수 있는

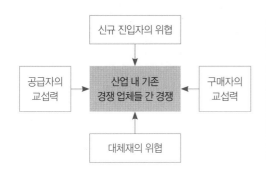

5가지 경쟁 압력에 의해 산업의 수익률이 결정된다. 즉, 이들 5가지 요소들의 종합적인 강약(强弱)에 의해서 산업 내 잠재적인 이윤의 수준이 결정되는데, 5가지 요소의 힘이 강할수록 개별 기업이 가격을 올리거나 이윤을 실현할 여지가 줄어든다.

대체재가 존재하는지에 대한 점검이다. 결국 이 모델에 따르면 성공을 판가름하는 원천은 기업이 우호적인 산업 환경에 놓여 있는지의 여부에 달려 있다.

(1) 기존의 기업들 간 산업 내 경쟁 정도

기존의 기업들은 자사의 시장 지위를 유리하게 만들기 위해 가격, 신제품 개발, 광고 등에서 경쟁을 반복한다. 기존 기업들 간 경쟁을 촉발시키는 요인은 다음과 같다.

- 경쟁 기업의 수가 많거나 규모 또는 힘이 동등하다.
- 초과 설비가 있고 고정 비용이나 재고 비용이 높다.
- 경쟁 기업들이 다양한 전략을 사용한다.
- 퇴출(철수)장벽이 높다.
- 제품 차별화가 없으며 전환 비용이 들지 않는다.

(2) 신규 진입자의 위협

신규로 진입하려는 기업들의 위협도 산업의 매력도를 결정하는 요소이다. 만약 새로운 기업들이 시장에 진입하기 쉽다면 경쟁은 격화되고 시장 점유율은 하락할 가능성

 퇴출할 때에도 장벽이 있다?

매력적인 산업이라고 여겨 진입했는데, 그것이 잘못된 판단이었다면 일찌감치 철수하고 싶어진다. 하지만 쉽게 철수할 수 없는 경우가 있는데, 전략에서는 이를 '퇴출(철수)장벽이 높다'라고 한다.

이 높다. 결국 이 시장의 매력도는 낮아질 것이다. 신규 진입자의 위협 정도를 낮추는 방법에는 신규 진입자에 대한 기존 기업들의 보복 가능성과 진입 장벽을 높이는 방법이 있다. 이중 진입 장벽을 높이는 방법은 다음과 같다.

- 경영상의 노하우
- 유통망의 확보(원재료 접근의 우월성)
- 정부의 진입 규제
- 대규모 자금 투자
- 고객의 높은 전환 비용
- 제품 차별화
- 공급 측면의 규모의 경제(학습 곡선 등)
- 네트워크와 같은 수요 측면에서 규모의 경제

(3) 대체재의 위협

기존의 상품을 대체하는 매력적인 제품이나 서비스가 있는지를 나타낸다. 대체품은 그 제품이 구매자에게 매력적으로 다가갈수록 대응 산업의 수익성을 하락시킨다. 대체품의 등장은 기존 제품의 가격과 판매량을 하락시키는 요인으로 작용한다. 하지만 소비자들이 특정 제품의 브랜드에 대해 높은 충성도를 갖고 있을 때나 가격에 비해 품질의 차이가 클 경우에는 대체품의 압력이 낮아지므로 사업의 수익률이 높아진다.

(4) 구매자의 교섭력

어떤 기업이든 소비자들에게 제품을 생산하여 공급한다. 이때 소비자들은 기업이 생산·공급하는 제품을 선택하거나 다른 제품을 구매할 수 있는 힘을 소유하는데, 이러한 압력을 구매자의 교섭력이라 한다. 구매자의 교섭력이 클수록 제품에 대한 소비자들의 지속적인 구매력이 낮아지기 때문에 산업의 수익률은 낮아진다.

구매자의 교섭력을 강하게 만드는 요인은 다음과 같다.

- 구매자의 전환 비용이 낮을 경우
- 구매자 그룹이 집중되거나 대량으로 구매하는 경우
- 구매자가 구입하는 제품이 표준화됐거나 차별점이 없는 경우
- 구매자가 다른 판매자와 제휴하거나 합병 등의 방법으로 직접 생산에 나서는 후방 통합의 가능성이 있을 경우

(5) 공급자의 교섭력

강력한 구매자가 공급자인 기업에 대해 강한 교섭력을 행사하여 가격을 낮춤으로써 공급자로부터 이익을 빼앗을 수 있는 것과 마찬가지로, 공급자들인 기업도 구매자에 대한 자신의 교섭 능력이 강할 때 가격을 높임으로써 이윤의 폭을 넓힐 수 있다. 공급자의 교섭력을 강하게 만드는 요인으로는 다음과 같다.

- 공급자가 속한 산업이 소수의 기업에 지배되고 집중도가 높을 경우
- 공급자가 구매자에게 판매 할 때 타사와 경쟁할 필요가 없을 경우
- 공급자에게 구매자가 중요한 고객이 아닐 경우
- 공급자의 제품이 독자적이거나 차별화돼 구매자의 전환 비용이 높을 경우
- 공급자가 유통망을 확대하는 등 전방 통합에 나설 가능성이 높을 경우

영화 〈300〉에서 스파르타의 왕인 레오니다스는 페르시아 대군을 맞아 300명의 정예군을 데리고 좁은 협곡에 군사를 위치시키는 전략을 구사한다. 이 전략으로 스파르타군과 페르시아군의 전투는 1:1의 구도가 된다.

영화 〈300〉의 한 장면. 유리한 지점으로 위치를 설정하는 것이 전략임을 보여준다.

이 구도에서는 개개인의 전투 역량이 뛰어난 스파르타 군사가 절대적으로 유리하다. 이와 같이 전략에서는 유리한 지점을 선점하는 소위 '포지셔닝(위치잡기)'이 중요하다.

인물 열전

● 마이클 포터 Michael Porter

마이클 포터 교수는 경영 전략의 대가로 꼽힌다. 그는 26세의 젊은 나이에 하버드 경영대학 교수로 임용되었는데 경쟁 개념을 산업 분석에 도입해 실무에 유용한 분석틀을 제공했을 뿐만 아니라 동시에 경영학 분야에도 새로운 지평을 열었다는 평가를 받고 있다.

그는 경영학을 접한 사람이라면 누구나 한 번쯤 들어봤을 '5 Forces' 모델을 통해 직접 경쟁하는 눈앞의 기업만이 경쟁자가 아님을 강조했다. 산업 환경을 분석할 때는 직접적으로 경쟁하는 기업을 넘어 산업 내에서 근본적으로 경쟁을 유발하는 5가지 힘을 파악하고 기업과 이들 간 관계를 짚어내는 통찰력이 중요하다는 것이다.

그는 1980년 《경쟁 전략 Competitive Strategy》을 시작으로 85년 《경쟁 우위론 Competitive Advantage》, 90년 《국가의 경쟁 우위론 Competitive Advantage of Nations》, 98년 《경쟁론 On Competition》을 발간하면서 5가지 경쟁 요인과 3가지 본원적 전략뿐만 아니라 전략적 포지셔닝, 가치 사슬, 국가 경쟁력 등의 화두를 던졌다. 그 업적을 인정한 하버드대는 포터 교수에게 전체 교수 3,000여 명 중 단 10여 명에게만 허락된 대학 석좌교수 University Professorship 지위와 함께 그의 이론을 딴 '전략과 경쟁력' 연구소를 설립했다.

3) 전환 비용과 산업 내 장벽

(1) 전환 비용

5 Forces 분석과 관련한 중요한 개념이 전환 비용이다. 이는 고객이 상품이나 판매자를 바꿀 때 발생하는 비용이다. 만약 전환 비용이 많이 든다면 타사의 것으로 바꾸고 싶어도 기존의 것을 계속 사용할 수밖에 없다. 이런 상황을 '전환 비용이 높다'라고 한다. 전환 비용은 주변 곳곳에서 발견할 수 있다. 단순히 금전적인 것뿐만 아니라 시간, 수고, 정보 수집 비용, 심리적인 저항감, 새 상품이 맘에 들지 않을 위험도 전환 비용에 속한다.

전환 비용은 전략 수립에 중요한 시사점을 제공한다. 어떤 업계에 진출하려고 가정해보자. 그 곳은 휴대폰처럼 전환 비용이 높을 수도 있고, 비누처럼 낮을 수도 있다. 문제는 '그럴 경우 어떻게 하면 좋은가?'이다. 만약 전환 비용이 높은 곳이면 고객 확보를 위해 전환 비용을 낮추는 전략이 필요하다. 예를 들면 휴대전화 단말기가 저렴한 가격에 공급되는 이유는 바로 전환 비용을 낮추기 위해서이다. 통화 요금을 회수할 수 있다는 것도 이유 중 하나이다.

이때 전환 비용이 낮으면 쉽게 고객이 참여할 수 있지만 그 뒤에 고객이 간단히 다른 업체로 가버릴 경우 큰 손해가 발생한다. 따라서 전환 비용을 높일 방법을 생각해야 한다. 고객 포섭이라는 말은 고객의 전환 비용을 높인다는 말이다. 은행에서 급여 이체나 공공 요금 이체가 있으면 대출 금리를 낮춰주거나 항공업계 등에서 포인트 제도를 도입하는 것은 이와 같은 맥락이라고 볼 수 있다.

전환 비용의 개념을 활용한 비즈니스 모델도 주변에서 많이 볼 수 있다. 어떤 업계는 기업이 고객에게 전환 비용을 형성하는 첫 제품을 아주 낮은 가격에 공급하거나 원가 이하의 가격을 설정해 고객의 초기 비용을 낮춘 뒤, 그 뒤로 사용료나 소모품 등의 유지 비용으로 수익을 발생시킨다. 면도날, 복사기 업계의 소모품, 휴대전화, TV게임, 프린터 등이 대표적인 사례이다. 이러한 교체식 비즈니스 모델은 고객으로부터 제품의 유지 비용을 받아 수익을 내는 형태의 비즈니스이다.

(2) 산업 내 장벽과 산업의 수익성

산업이나 시장을 분석할 때는 진입 장벽과 철수 장벽을 개별적으로 보지 말고 통합해서 봐야 한다. 밑의 도표는 진입 장벽과 철수 장벽의 높이와 수익성의 관계를 나타낸 것이다. 진입 장벽이 높으면 진입하려는 기업이 적기 때문에 수익성이 더욱 높아진다. 반대로 진입 장벽이 낮으면 진입하려는 기업이 많기 때문에 돌아오는 수익도 줄어든다.

철수 장벽은 진입 장벽과 반대로 장벽이 낮을수록 안정된 수익을 기대할 수 있다. 철수가 불가능한 산업에서는 이익이 줄어들어도 계속 경쟁을 해야 하는 수렁에 빠질 수가 있다. 반대로 장벽이 낮으면 쉽게 철수할 수 있으므로 무의미한 경쟁을 피하면서 안정적인 수익성을 올릴 수 있다. 이처럼 진입 장벽과 철수 장벽의 높이에 따라 다음의 네 가지로 구분할 수 있다.

첫 번째, '진입 장벽이 낮고 철수 장벽도 낮은 산업'이 있다. 이 경우 신규 진입자는 많고 실적이 나쁜 기업이 언제든지 쉽게 철수할 수 있기 때문에 유동성이 크다. 그 결과 수익은 안정되지만 경쟁 심화로 수익성은 낮아진다. 두 번째, '진입 장벽이 높고 철수 장벽이 낮은 산업'이 있다. 이 경우 신규 진입 기업은 적지만 실적이 나쁜 기업이 쉽게 철수할 수 없기 때문에 높은 수준의 수익성을 유지할 수 있다. 세 번째, '진입 장벽이 낮고 철수 장벽이 높은 산업'이 있다. 이 경우 진입하기는 쉽지만 실적이 나쁘다고 해도 좀처럼 철수하기가 어려워 경쟁이 치열해질 수 있기 때

진입·철수 장벽과 산업의 매력도

	낮다 ◄— 철수 장벽 —► 높다	
낮다 ↑ 진입 장벽 ↓ 높다	이익은 낮지만 안정돼 있다. △	이익이 낮고 불안정하다. ××
	이익이 높고 안정돼 있다. ○	이익은 높지만 불안정하다. ×

문에 수익성이 계속 나빠진다. 네 번째, '진입 장벽이 높고 철수 장벽도 높은 산업'이 있다. 이 경우 신규 진입 기업이 적은 반면, 철수하기가 어려워 실적이 나쁜 기업도 계속 남아있기 때문에 수익성이 불안정하다.

이 중 가장 매력적인 산업은 '진입 장벽이 높고 철수 장벽이 낮은 산업' 즉 진입하기는 힘들고 철수하기는 쉬운 산업이다. 반대로 가장 좋지 않은 산업은 '진입 장벽은 낮고 철수 장벽이 높은 산업' 즉 진입하기는 쉽지만 빠져나오기가 어려운 산업이다.

4) 5 Forces 분석의 한계점

유용성에도 불구하고 포터의 5 Forces 모형은 여러 문제점을 가지고 있다. 우선 5 Forces 모형은 특정 시점의 고정적인 분석이다. 시간이 지나도 산업 내의 경쟁 환경이 안정적이며 변하지 않는다고 가정한다. 이를 두고 하멜Hamel과 프라할라드Prahald 교수는 "마치 움직이는 자동차의 스냅 사진을 찍는 것과 같다. 그 자체로는 자동차의 속도나 방향에 대한 정보를 거의 주지 못한다. 운전사가 한가한 드라이브를 즐기려고 나온 건지, 아니면 그랑프리 대회에서 워밍업을 하고 있는 것인지…"라며 비판했다. 고객의 취향 변화, 새로운 제품이나 서비스의 등장, 새로운 기술 등은 하루 아침에 업계의 판도를 바꿔놓을 수 있을 만큼 영향이 크다. 따라서 5 Forces를 활용한 분석 결과는 산업 조건에 따라 늘 변할 수 있음을 염두에 두어야 한다.

산업 정의에 대해서도 문제점이 있다. 동일 산업이라고 해도, 세부 시장이나 세그먼트별Segment로 직면하는 환경이 서로 다르다는 것이다. 예로 가전 산업의 경우 냉장고와 LCD는 생산 면에서 많은 차이가 있다. 더욱이 같은 가전 산업이라고 하더라도 세그먼트별로 구조적 매력도는 천차

전략 집단(군)

한 산업내의 세그먼트는 생산 면에서뿐만 아니라 전략적인 측면에서도 나누어질 수 있다. 세부 세그먼트별로 직면하는 환경이 상이하다는 문제를 해결하기 위한 개념이 '전략 집단(Strategic Group)'이다.

전략 집단은 특정 산업 내 기업들 중 전략적 차원에서 동일하거나 유사한 전략을 추구하는 기업군을 말한다. 만약 특정 산업 내 모든 기업이 동일한 전략을 추구한다면, 하나의 전략 집단만 존재하는 것이다. 하지만 보통 산업 내에는 기본적인 전략적 차이를 드러내는 몇 개의 전략 집단이 존재한다. 그리고 한 전략 집단에서 다른 전략 집단으로 옮겨가는 것에서도 진입 장벽이 존재한다.

만별이다.

또 기업 간의 제휴나 공급자와의 협력 개념이 포함돼 있지 않다. 또 처음부터 새로운 시장을 개척하려고 하는 스타벅스의 커피 비즈니스와 같은 경우에는 거의 도움이 되지 않는다는 한계점도 인식할 필요가 있다. 마지막으로 5 Forces 분석은 출발점이고 분석 자체는 판단 재료가 되기는 해도 결론이 될 수는 없다. 어떤 전략을 수립하고 실행할 것인지는 어디까지나 인간의 머리에서 이끌어내는 것이다. 분석 도구는 그것을 돕는 것이지 대체하는 것은 아니다.

3. 기업의 내부 환경 분석

앞에서는 기업의 외부적 환경을 분석하는 기법과 이론적 배경을 살펴보았다. 이번 파트에서는 기업의 내부적 환경을 분석하기 위해 자원 기반 관점에 기반을 두고 살펴본다. 자원 기반 관점은 기업 내부의 자원과 역량을 경쟁 우위의 원천으로 보고 기업 성과와 연결시키는 모형을 말한다.

1) 자원, 능력 그리고 경쟁 우위

80년대는 포터의 이론에 반발하여 새로운 이론이 등장한다. 사원 기반 이론 Resource Based Theory이라고 불리는 이 이론 역시 '기업 수익(성공)은 어디서 나오는가'라는 문제의 답을 찾고 있다. 루멜트Rumelt와 바니Barney 등이 자원 기반 이론의 대표적인 학자들인데 90년대 이후 이들의 이론은 포터의 이론과 함께 경영 전략 이론의 양대 축을 형성한다. 자원 기반 이론이 포터의 이론과 가장 큰 차이를 두는 것은 기업 수익의 원천을 외부 요소가 아닌 기업 내부의 잠재 요소에서 찾는다는 점이다. 기업 내부의 분석은 기업이 가진 자원을 평가해 기업의 강점과 약점을 파악하는 것이다. 기업의 자원은 크게 다음과 같이 구분할 수 있다.

(1) 유형 자원

기업이 가지고 있는 유형 자원은 평가와 파악이 가장 용이한 자원으로, 현금과 같은 재무 자원과 건물, 기계와 같은 유형 자산으로 구분할 수 있다. 하지만 가치 측면이나 경쟁 우위 창출의 기여도 측면에서 자본금, 자산 등과 같이 대차대조표상에 나타나는 유형 자원은 그 중요성이 점차 감소하고 있다. 흔히 기계나 토지, 현금과 같은 눈에 보이는 유형 자원을 기업이 가지고 있는 자원의 전부라고 생각하기 쉽다. 그러나 기업의 건물, 기계, 토지, 현금 등은 시장을 통해 상대적으로 쉽게 조달될 수 있으므로 특별한 경쟁 우위를 창출하지 못한다.

(2) 무형 자원

무형 자원이란 기업의 재무제표상에는 나타나지 않지만 가장 가치 있고 중요한 자원을 말한다. 무형 자원은 보이지 않는 것으로 예를 들면, 사업 운영 노하우나 컴퓨터 데이터 자체는 유형이지만, 이를 어떻게 사용하는가와 관련된 지식과 기술, 기업 문화와 일하는 직원들의 사기 등이 모두 포함된다. 다른 기업에 대한 차별화의 중심은 무형 자원인 경우가 많다. 그중에서도 인간에 관한 자원, 예를 들어 지식, 노하우, 의욕과 같은 점은 쉽게 흉내내기 어려운 부분이다. 또 지식이나 노하우만으로는 가치를 발휘하기가 어렵고, 그에 맞는 환경을 조성해주는 자산도 필요하다.

(3) 기업의 능력, 핵심 역량

기업의 능력이란 여러 자원들이 팀으로 움직임으로써 특정의 활동을 수행하는 기업의 역량이라고 정의할 수 있다. 즉 숙련공과 최첨단 공장은 자원이지만 이들이 한 팀으로써 움직이며 생기는 높은 생산성은 기업의 능력이다. 이와 비슷한 개념이 핵심 역량Core Competence이라고 할 수 있다. 핵심 역량에서 가장 중요한 점은 바로 경쟁자의 모방 유무이다. 일반적인 경영 자원Resource들은 모방될 가능성이 있다. 하지만 무형적인 능력은 모방이 어렵다. 따라서 핵심 역량이 시간이 오래 걸리고Slow, 꾸준해야 하며Persistent, 조금씩 축적되는 일종의 학습Cumulative Learning의 과정에서 구축될수록 경쟁자의

기업을 이끄는 핵심 역량

기업이 경쟁 우위를 창출하기 위해서는 기업의 경영 자원이나 능력이 경쟁 기업에 비해 독특해야 하고 산업 환경과 부합돼야 한다. 이러한 경쟁 우위를 창출하는 능력을 핵심 역량이라 부른다. 또 핵심 역량은 기업이 소비자들에게 특별한 효용을 제공할 수 있게 하는 기술이나 지식의 묶음을 의미한다. 하나의 제품이 아니라 여러 제품들의 바탕이 되는 핵심적인 노하우와 기술, 그것도 복합적인 지식이나 기술의 묶음이기 때문에 경쟁자들이 쉽게 모방하지 못한다.

두 이론의 관계

전략적 포지셔닝 이론과 자원 기반 이론 중 어느 것이 정답이라고 말할 수는 없다. 이들 두 이론은 강조점이 다를 뿐 상호 보완적인 관계에 있다.

모방이 어려워진다.

2) 핵심 역량

(1) 핵심 역량의 조건

핵심 역량이란 다른 기업이 쉽게 모방하기 힘든 기업의 차별적인 능력을 말한다. 기술력이 핵심 역량이 될 수도 있고 마케팅 능력처럼 기업이 보유하고 있는 지식이나 브랜드 가치 등도 핵심 역량이 될 수 있다. 기업이 보유하고 있는 차별화된 경쟁력을 적극 활용하는 것이 핵심 역량 경영이다. 기업은 핵심 역량을 기반으로 사업 다양화에 나설 수 있다. 엔진 기술이라는 핵심 역량을 가지고 있던 혼다는 자동차, 모터 사이클 등 다양한 상품으로 핵심 역량을 확장해 시장을 공략했다. 불황기에는 이 같은 핵심 역량을 평소에 얼마나 잘 키워왔느냐가 더 중요해진다. 잘 가꿔놓은 핵심 역량은 소비자 만족도를 높이는 토대가 되기 때문이다. 핵심 역량을 갖춘 기업은 불황이 진행되는 상황에서도 소비자를 더 많이 끌어올 수 있다. 또 위기 이후 시장에서 승자가 되려면 불황기에도 핵심 역량을 키우는 데 주력해야 한다. 일부 기업들은 비용 절감 때문에 핵심 역량을 포기하는 실수를 범하기도 한다. 핵심 역량이 경쟁 우위를 창출하기 위해서는 다음과 같은 조건을 만족해야 한다.

❶ 최종 고객에게 주는 혜택이 있어야 한다. 그 역량을 바탕으로 한 최종 생산품이 고객에게 중요하고 가치 있는 혜택을 주어야 한다.

❷ 타 기업의 유사한 능력과 비교하여 월등히 우수 등 차별성이 있어야 한다.

❸ 역량을 이용해 다양한 시장에 접근 가능(다양한 제품의 원천)해야 한다. 제품 중심의 사고에서 벗어나 개별적인 제품을 이루는 기술 중심의 사고로 전환할

필요가 있다.

❹ 핵심 역량은 추상적이기보다는 구체적으로 표현되어야 한다. 예를 들어 '최상의 서비스'보다는 '주문 후 24시간 내에 처리'와 같은 방식으로 표현돼야 한다.

(2) 핵심 역량과 VRIO 모형

핵심 역량이 되기 위해서는 그 역량이 VRIO에 부합해야 한다. 보통 기업의 핵심 역량은 가치 사슬에서 경제적 가치를 창출하는 활동이거나 경쟁자가 갖지 못한 희소성 있는 활동, 또는 경쟁자들이 쉽게 모방할 수 없는 활동으로 규정할 수 있다. 이는 가치, 희소성, 모방, 조직의 네 가지 개념으로 정리할 수 있다.

 VRIO 모형

가치(Value), 희소성(Rare), 모방(Imitable), 조직(Organizational)의 네 가지 질문의 답을 통해 특정 전략이 지속적인 경쟁 우위를 확보해줄 수 있는지 평가하는 분석 프레임워크 중 하나이다. 오하이오 주립대의 제이 바니(Jay B. Barney) 교수가 제시한 개념이다.

즉 어떤 기업이 지속적인 경쟁 우위를 확보해줄 수 있는지 평가하기 위해서는 그 기업이 가진 자원이 다음의 네 가지 조건을 만족해야 한다.

첫째, 시장 기회를 창출하거나 외부 위협을 중화시키는 데 이용되는 자원이나 능력이 수익을 늘리거나 원가를 감소시키는 등의 가치도 지니고 있는가$_{Value}$?

VRIO 모형의 적용

자원이나 능력이	가치 있는가?	희소한가?	모방하기 힘든가?	조직에서 이용되는가?	경쟁적 시사점
	아니오	-	-	-	경쟁 열위
	예	아니오	-	-	경쟁 등위
	예	예	아니오	-	임시적 경쟁 우위
	예	예	예	예	지속적 경쟁 우위

출처: 《전략경영과 경쟁우위》 (Jay B. Barney & William S. Hesterly, 신형덕 옮김)

둘째, 완벽한 경쟁구도가 이뤄지지 않을 정도로 남들이 보유하지 못한 희소성 있는 자원인가$_{Rare}$?

셋째, 경쟁업체가 쉽게 모방할 수 없어 경쟁력이 계속 지속될 수 있는가$_{Imitable}$?

넷째, 이러한 자원들이 잘 활용될 수 있도록 기업의 구조나 시스템이 잘 갖춰져 있는가$_{Organization}$?

또한 전략 분야의 학자들은 경쟁 우위가 있는 기업의 자원이나 능력을 모방하기 어렵게 하는 이유를 찾기 위해 연구했는데, 이는 크게 네 가지 ① 고유한 역사적 상황 ② 인과적 모호성 ③ 사회적 복잡성 ④ 특허로 요약된다. 고유한 역사적 상황이란 특정 자원을 획득하는 데는 시간적 공간적 배경이 있다는 것이고, 인과적 모호성이란 경쟁 우위가 상호 연관된 복잡한 요인들에 기반을 두는 경우를 말한다. 사회적 복잡성은 경쟁 우위를 획득하는 데 이용되는 자원이나 능력들이 개인적인 인간관계, 신뢰, 문화 등 단기적으로 모방하기 힘든 사회적 자원들에 기반을 두는 경우를 말한다.

3) 가치 사슬 분석

가치 사슬이란 기업이 원재료를 사서 가공·판매해 부가가치를 창출하는 일련의 과정을 뜻한다. 가치 사슬은 크게 주 활동과 보조 활동으로 나눌 수 있다. 주 활동은 조달에서부터 생산, 판매에 이르는 부가가치를 생산하는 부분이며, 보조 활동은 연구 개발, 재무, 인사와 같이 직접적으로 부가가치를 창출하지는 않아도 이를 도와주고, 더욱 높은 가치를 창출하는 방법을 제시한다.

- 개별 활동을 지원하는 동시에 전체 가치 사슬을 지원함
- 주 활동을 견고하게 만든다.

보조 활동	하부 조직 활동: 기획, 재무, MIS, 법률 서비스				마
	기술 연구·개발, 디자인				
	인적자원관리와 개발				진
주 활동	구매 재고보유 원자재	생산	입고 & 출고	판매 & 마케팅	대리점 지원 & 고객서비스

- 전략적 위치선점의 핵심 역할을 한다.
- 업종에 따라 그 중요성이 다르다.
  ex) 유통업자: 구매, 재고 관리 및 물류가 중요함

4. 사업부 수준의 전략

1) 본원적 전략

개별 사업 단위들이 해당 사업에서 경쟁 우위를 확보할 수 있도록 하는 방안이 바로 사업 수준Business에서의 경쟁 전략이다. 이러한 경쟁 전략에는 다음 그림에서와 같이 크게 원가 우위 전략, 차별화 전략, 집중화 전략의 세 가지가 있다. 포터 교수는 이를 본원적 전략Generic Strategy이라고 불렀다. 이 세 가지 전략은 개별 사업 단위가 어떤 시장을 상대로(경쟁 범위), 어떤 경쟁 우위를 확보하는 데(전략적 우위 요소) 목표를 두느냐 하는 두 가지 기준에 의해 나누어진다.

(1) 원가 우위 전략
❶ 원가 우위 전략의 의의
원가 우위 전략은 기업 간 경쟁에 있어서 가장 기본적인 전략으로 어느 기업이

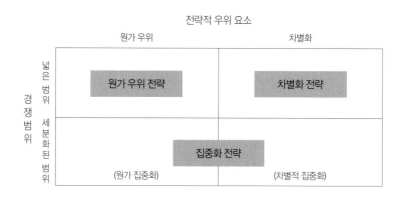

든지 상대편과 경쟁할 때 일차적으로 사용하는 전략이다. 광범위한 고객들을 대상으로 소품종 대량 생산 방식처럼 원가 절감을 통해 해당 산업에서 우위를 달성하는 것이 목적이다. 주로 어떻게 하면 경쟁 기업들에 비해 상대적으로 낮은 원가로 생산할 수 있느냐 하는 것에 초점을 맞춘다. 원가상의 우위를 확보한 기업들은 시장에서 강력한 경쟁적 요인들이 있다 할지라도 산업 평균 이상의 수익을 얻을 수 있다. 왜냐하면 경쟁과정에서 이윤이 다소 희생되더라도 원가상의 우위로 이를 메워나갈 수 있기 때문이다.

❷ 원가 우위 전략의 실행 방법

원가 우위 전략을 추구하는 경영자들은 비용을 낮게 유지하여 다른 경쟁자보다 낮은 가격을 유지하는 것이 포인트이다. 따라서 효율적인 규모의 경제(상품을 생산하거나 서비스를 수행하는 데 단위당 비용을 적게 만든다)에 의한 광범위한 생산 혹은 서비스 설비를 갖추는 것이 가장 중요하다. 특히 생산성 향상은 원가 우위 전략을 시행하는 데 있어 가장 우선되어야 할 점이다. 이를 위해서는 다음과 같은 요소가 필요하다.

첫째, 대규모의 자본 투자와 재원 확보, 생산 공정의 기술적 관리, 집중적인 노동관리, 제작 및 생산상의 편의성을 도모할 수 있는 제품 설계, 유통 시스템의 비용

절감을 위한 자원과 기술상의 요건을 갖추어야 한다.

둘째, 철저한 원가관리, 빈번하고 세부적인 보고 체계, 체계적인 조직화와 책임 소재의 명확화, 목표생산량 달성을 자극하는 인센티브 제도 등이 조직 내부적으로 확립돼야 한다.

셋째, 기업의 전략 경영자는 비용 구조를 줄일 수 있는 새로운 방법을 찾기 위해 최신의 정보, 품질 경영, 생산 기술들을 통합하기 위해 끊임없는 노력을 해야 한다. 원가 우위 전략은 환경 변화에 따른 위협에 민감하기 때문에 경영자는 환경의 변화를 파악하고 그에 맞는 사업 모델과 구조를 만들어나가야 한다.

(2) 차별화 전략

❶ 차별화 전략의 의의

차별화 전략Differentiation Strategy은 고객이 인지하는 독특하고 차별화된 방법으로 제품이나 서비스를 창출해내서 경쟁 우위를 확보하는 전략이다. 경쟁 기업의 제품이나 서비스와 구별되는 독특한 제품이나 서비스를 제공하는 대가로 가격 프리미엄을 받게 되고, 그 프리미엄 가격을 부과해 수익을 증가시킴으로써 결국 경쟁 우위를 가져오는 것이다. 이는 소비자가 차별화의 요인을 인정할 때 유효하다.

❷ 차별화 전략의 실행 방법

첫째, 우선 광범위한 고객들을 대상으로 고객 집단별로 그들이 요구하는 제품이나 서비스를 세분화하여 경쟁 우위를 확보하도록 해야 한다.

둘째, 자원과 기술 측면에서 강력한 판매 능력, 생산 기술, 창의적인 안목과 재능, 기초적인 조사 능력의 강화, 품질 및 기술상의 명성, 산업 내에서 오랫동안 활동해 온 전통이나 다른 업종에서 익힌 독특한 기술의 배합 능력, 유통 경로의 적극적인 협력이 필요하다.

셋째, 조직적 측면에서 연구 개발과 제품 개발, 판매 간의 효율적인 기능 조절,

양적인 평가 대신 주관적 평가 및 인센티브 제도의 실시, 고도의 숙련을 갖춘 노동력이나 과학자, 창의적인 인재를 확보할 수 있는 쾌적한 근무 여건 등이 요구된다.

차별화 전략의 성공 요인은 경쟁자들이 얼마나 쉽게 그들의 기업이 제공하는 독특한 가치를 모방 불가능 하는가에 달려 있다. 만약 대부분의 경쟁자들이 그들이 제공하는 가치를 모방해버린다면 그것은 더 이상 효과적인 차별화 수단이 아니다. 제품 차별화는 일반적으로 제품의 품질, 혁신성, 고객의 욕구에 반응하는 능력 이 세 가지로 달성될 수 있다. 하지만 차별화가 제품의 물리적인 면에 있는 경우에는 모방에 있어 매우 큰 위험이 따를 수 있다. 따라서 제품의 질이나 신뢰성 등과 같은 무형적인 요소로 차별화를 시도하는 것이 더 안전하고 경쟁 우위를 오래 지속시킬 수 있는 방법이다. 그럼에도 불구하고 모든 차별화 전략을 추구하는 기업은 경쟁 기업의 모방 시도를 예민하게 주시해야 한다.

❸ 차별화 전략의 위험 부담

차별화 전략은 기업에게 산업 내에서 평균 이상의 수익을 보장하지만, 다음과 같은 위험 부담이 따르기도 하므로 주의해야 하다.

Key-point

• **차별화 전략과 비용**

차별화 전략을 추구하는 경우에도 원가는 역시 무시할 수 없는 요인이지만, 그렇다고 원가 우위 전략처럼 원가만을 우선적인 전략 목표로 삼지는 않는다. 일반적으로 차별화 전략을 추구하는 기업들은 광범위한 연구 개발이나 제품 디자인, 양질의 원자재 사용, 고객들의 선호를 유도하기 위한 광고 및 판매 촉진 활동의 강화 등을 위해 많은 비용을 필요로 한다. 따라서 차별화 전략의 성공은 이러한 비용 부담을 극복할 만큼 비싼 가격의 제품을 고객이 구매할 만하다고 느낄 수 있는가에 달려 있다.

전략별 특징

특징	원가 우위 전략 (Cost Leadership)	차별화 전략 (Differentiation)	집중화 전략 (Focus)
제품 차별화 정도	낮음	높음	낮음 또는 높음
시장 세분화 정도	낮음	높음	낮음
핵심 역량 대상	제조와 자재 관리	연구 개발, 마케팅	양쪽 모두 가능
진입 장벽 수단	원가 우위/규모의 경제	브랜드/차별화	소비자 충성도

- 집중도가 낮은 산업(PLC상 도입기): 집중전략 사용
- 집중도가 높은 산업(성숙산업): 원가 우위 전략, 차별화 전략

첫째, 비용 우위의 경쟁 기업들과 차별화를 이룩한 기업들 간의 비용 격차가 너무 커서, 차별화에 따른 구매자들의 상표 충성도를 지키지 못할 수 있다. 만약 가격 차이가 너무 크면 구매자들은 비용 절감을 위해 차별화 제품의 특성이나 서비스, 이미지를 포기할 수도 있다.

둘째, 시간이 지남에 따라 차별화의 포인트에 대한 소비자들의 요구가 줄어듦으로써 차별화 자체가 큰 의미를 지니지 못할 가능성도 있다.

셋째, 경쟁 기업들의 모방은 차별화의 인식을 흐리게 할 수 있다. 이러한 현상은 제품의 표준화가 진행되는 시장 성숙기에 들어가면서 일반적으로 나타나는 현상이기도 하다.

(3) 집중화 전략

집중화 전략Focus Strategy은 저원가와 차별화에 집중하는 전략으로 특정한 시장 세분화 지역이나 틈새 시장Niche Market에 적용된다. 기업이 시장의 한곳에 힘을 모으는 전략이라 할 수 있다. 특정 구매자집단, 제품 라인의 일부분, 지역적으로 한정된 특정 시장을 집중적인 목표로 삼는다. 따라서 집중화 전략은 독특한 욕구를 갖는 고객, 제품, 서비스, 그리고 유통망 면에서 고유의 특성을 지닌 세분 시장이 존재할 때 가능하다.

집중화 전략은 일반적으로 세분된 시장에서 특정 대상의 요구를 보다 잘 충족시킴으로써 차별화를 이룩하려는 차별적 집중화Differentiation Focus 전략이나 세분된 시장에서 제품이나 서비스를 공급하는 데 원가상의 우위를 달성함으로써 해당 시장에서 효율적으로 경쟁하고자 하는 원가 집중화 전략의 형태로 나타난다. 이러한 집중화 전략은 전체 시장에서 비용 우위나 차별화를 이룩할 만한 능력을 가지지 못한 기업들이 한정된 세분 시장에서 상대적으로 원가 우위나 차별화를 달성해서 평균 이상의 수익을 올릴 수 있도록 한다.

(4) 전략의 부재, 어중간한 상태

위에서 설명한 경쟁 우위 확보를 위한 세 가지 전략 중 어느 하나도 제대로 달성하지 못한 기업은 '어중간한 상태Stuck in the Middle'에 놓이게 된다. 포터 교수는 이 것이 최악의 경우라 주장한다. 일단 어느 기업이 어중간한 상태에 놓이게 되면 상당한

본원적 전략과 경쟁 우위, 이익률 간의 관계

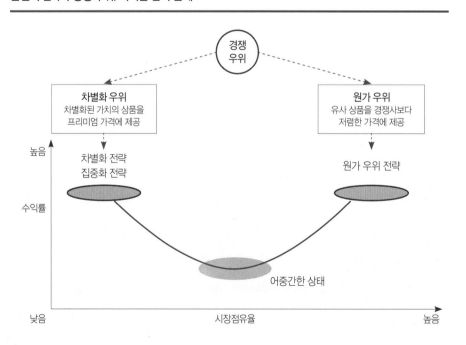

시간과 지속적인 노력을 경주해야만 불리한 상황에서 벗어날 수 있다. 즉 원가 우위를 추구하는 대규모 기업들과 집중화나 차별화를 추구하는 소규모 기업들은 높은 수익성을 보이는 반면, 어중간한 상태에 있는 중간 규모의 기업들은 낮은 수익성을 보인다. 여러 전략을 한꺼번에 추구하게 되면 상호 간의 타고난 모순으로 인해 어느 하나도 제대로 달성하지 못하게 되기 때문이다. 따라서 사업을 성공적으로 수행하기 위해서는 경쟁 전략을 명확히 선택하여야 한다. 자동차 산업을 한 예로 들면, 한때 원가 우위를 성취한 GMGeneral Motors이나 차별화를 성취한 메르세데스 벤츠Mercedes-Benz가 수익성 면에서 선두를 달렸던 데 반해 크라이슬러Chrysler와 피아트Fiat는 어중간한 상태에 처해 수익성이 떨어지기도 했다.

2) 선발 기업과 후발 기업

기업들의 경쟁 전략 수립에 있어서 선발자First Mover와 후발자Follower의 우위성을 두고 논란이 있다. 지금까지는 시장에 가장 먼저 진입한 기업 즉, 선발자가 일반적으로 더 유리한 경쟁 우위를 가진다고 여겨져왔다. 선발자의 브랜드가 시장에서 일반 명사로 사용되는 경우가 전형적인 사례라 할 수 있다. 하지만 IBM, 마이크로소프트, 캐논, 보잉 등은 후발자이지만 업계의 선두를 유지하고 있다. 따라서 우위성은 상황과 추구하는 전략에 따라 달라질 수 있다.

(1) 선발자의 특징

❶ 장점

먼저 선발자가 누리게 되는 장점을 보자. 우선 선발자는 원조라 불리는 개척자나 선도자로서의 명성을 얻을 수 있다. 또 고객이 가장 중요하게 여기는 속성을 택해 포지셔닝을 할 수 있다. 애플의 스마트폰이 그 예이다. 또 자원 측면에서도 선발자는 유통 경로, 인재 등과 같은 희소 자원을 선점할 수도 있다. 더불어 선발자는 후발자에 비해 보다 빨리, 보다 많은 누적 생산량을 가지기 때문에 경험 효과를 살려 비용 측면에서 우위를 점할 수 있다. 선발자의 제품과 서비스에 먼저 익숙해진 고객들이 타사로 이동하는 데 전환 비용이 작용할 수 있으며 이는 진입 장벽으로 작용해 기존 고객을 유지할 가능성도 높아진다. 기술적으로도 선발자는 업계의 표준을 획득할 가능성이 높다.

❷ 단점

새롭게 시장에 들어서는 선발자의 경우 미래 수요의 불확실성이라는 위험 부담을 감수해야 한다. 또한 고객 욕구의 변화 가능성도 감당해야 하고, 후발주자들이 기술적, 비용적 우위를 동원하여 시장에 진입에 부담을 느낄 수 있다.

(2) 후발자의 특징

일반적으로 선발자의 장점은 후발자의 단점으로, 선발자의 단점은 후발자의 장점으로 작용한다. 후발자는 신규 시장 개척에 따른 비용이 들지 않는 점이 가장 큰 장점이다. 하지만 후발자는 선발자의 모조품Copy Cat이라는 이미지를 가질 수 있는 단점이 존재한다. 따라서 항상 기능적 측면과 비용적 측면에서 차별화를 염두에 두어야 한다. 선발자와 후발자의 우위는 다음과 같이 정리할 수 있다.

선발자 우위	후발자 우위
• 고객의 심리 속에 진입 장벽을 형성	• 수요의 불확실성 여부를 미리 파악
• 경험 효과 선점	• 시장 개척과 촉진 비용을 절감
• 특허를 통한 진입 장벽 형성	• 연구 개발 비용을 절감
• 고객의 생생한 의견을 반영	• 고객 요구 변화에 발 빠르게 대응 가능
• 수요가 많은 시장을 획득	• 기술적 불확실성에 효율적으로 대응 가능
• 유리한 시장 포지션을 구축	
• 제품 규격 결정과 기술 표준 획득 용이	
• 전환 비용 발생을 활용	
• 희소한 자원의 선점	

5. 기업 수준의 전략

앞서 살펴본 전략은 사업부 수준의 전략이다. 특정 시장, 특정 제품의 경쟁력을 어떻게 강화할 것인가가 주제였다. 여기에서는 기업 수준Corporate의 전략을 살펴본다. 기업 차원의 전략은 사업부 차원의 전략과 맥락이 다르다. 기업 수준의 전략이란 복수의 사업을 동시에 운영하면서 어떻게 경쟁 우위를 얻을 수 있는지를 말한다.

사업부 차원에서는 특정 사업의 경쟁력 강화가 주된 이슈이지만 기업 차원에서는 기업 전반의 경쟁력 강화를 위해 어떤 시장을 공략하고 어떤 사업에 새롭게 진출할 것인지, 어떤 사업은 포기할 것인지 등의 전략 선택을 다룬다. 따라서 복수의 사업이나 상품을 어떻게 관리하고 조정할 것인지 기업의 자원 배분과 그 실행 방침이 이야기된다. 인수합병, 전략적 제휴 등이 기업 차원의 전략 주제이다.

1) 다각화 Diversification

다각화는 기업이 새로운 사업 영역에 진출하는 전략을 말하는 것으로 기업 차원의 전략 중 가장 중요한 부분이다. 기업들이 다각화에 나서는 이유에는 기업 성장의 추구, 위험의 분산, 범위의 경제, 시장 지배력과 내부 시장 활용 등이 있다. 다각화는 관련형과 비관련형으로 구분할 수 있다. 관련형 다각화는 기존 기업 활동과 새롭게 진출하려는 사업 간 공통적인 가치 사슬의 구성분이 존재하는 것을 말한다. 다양한 기업 활동에 연관 관계가 있는 경우이다. 기업이 관련 다각화를 추구하는 가장 중요한 이유는 바로 '범위의 경제' 추구이다. 범위의 경제는 공정상 필요한 투입 요소를 여러 분야에서 공동으로 활용함으로써

다각화의 목적

- 기업 성장 추구
- 위험 분산 추구
- 범위의 경제 추구
- 시장 지배력 추구
- 내부 시장의 활용

다각화의 위험 분산 효과?

다각화로 인한 위험 분산은 기업의 주식을 보유한 주주에게는 해당되지 않는다는 반론도 있다. 즉 다각화 자체는 그 기업의 주주에게는 아무런 위험 분산 효과가 없다는 말이다. 오히려 이는 주주보다는 경영자를 위한 전략이고, 기업의 목표인 수익 극대화에 도움이 되지 않는다고 보는 연구자들이 많다. 기업은 최선을 다해 수익을 올려야 하며 위험 회피 목적으로 비관련 다각화를 해 수익성을 떨어뜨리면 안 된다는 주장이다.

얻게 되는 경제적 효과를 말한다. 일반적으로 시너지란 말로 더 잘 이해되는 개념이다.

반면 비관련 다각화는 기존의 기업 활동과 전혀 관련이 없는 새로운 분야로 진출하는 경우를 말한다. 보통 비관련 다각화는 사업 간 공유할 수 있는 활동이 없기 때문에 시너지 효과를 기대하기 힘들다. 최근 중요해지고 있는 무형 자산의 활용도도 관련 다각화에 비해 떨어진다. 하지만 비관련 다각화는 기업에 위험을 분산시키는 장점이 있다는 주장도 있다. '계란을 한 바구니에 담지 마라'는 포트폴리오 격언처럼, 기업도 관련성이 낮은 사업 분야들을 가지고 있으면 한 업종이 타격을 받더라도 다른 분야로의 위험 전이 가능성이 낮고, 오히려 보충을 할 수 있는 가능성도 있기 때문에 위험을 줄일 수 있다는 주장이다. GE는 비관련 다각화 전략을 추구한 예외적 기업의 대표적인 예이다. GE는 상업 금융, 임대, 보험, 터빈과 전기 기술, 의료 장비, 방송 등 서로 연계가 없는 사업을 추구해왔다.

1970년대의 미국에서는 시너지 효과의 유행으로 다각화 만능 현상이 나타났다. 그러나 다각화를 통해 즉시 업적이 좋아지는 것은 아니며, 한 분야에서의 실패가 타 분야에 파급돼서 경영의 파탄을 초래하는 예도 많다. 기업의 다각화 분야의 전문가는 캘리포니아 대학의 리처드 루멜트Richard Rumelt 교수이다. 그는 관련 다각화를 추진한 기업이 비관련 다각화를 추진한 기업에 비해 더 좋은 성과를 냈다는 것을 증명했다.

다각화 전략의 사례

관련 다각화 사례	비관련 다각과 사례
• 맥주 회사가 효모를 활용해 제약 사업에 진출 • 유명 호텔 체인이 브랜드를 살려 레스토랑 사업을 시작 • 자동차 부품 기업이 제조 기술을 살려 휴대전화 부품을 제작	• 맥주 회사가 보험 회사를 매입해 보험업 진출 • 자동차 회사가 건축 회사를 인수해 건축 사업을 시작 • 출판사가 항공사를 사들여 항공업 시작

2) 앤소프 매트릭스

일반적으로 다각화는 앤소프 매트릭스라 불리는 프레임워크로 자주 설명된다. 앤소프 매트릭스는 경영 전략을 '제품'과 '시장'의 관점에서 크게 시장 침투 전략, 시장 개발 전략, 제품 개발 전략, 다각화 전략으로 분류했다. 즉 세로축을 기존 또는 신규 시장으로, 가로축을 기존 또는 신규 제품으로 설정한 다음 각각의 장점과 위험요소를 파악해 기업이 나갈 방향을 결정한다. 앤소프 매트릭스에서는 시장 침투 전략, 시장 개발 전략, 제품 개발 전략, 다각화 전략 순으로 위험성이 높다.

(1) 시장 침투 전략
시장과 제품을 그대로 유지한 채 성장을 도모하는 전략이다. 기존 고객이 제품을 구입하는 빈도나 양을 확대하도록 하거나 경쟁사의 고객을 빼앗는 등 자사의 제품을 구입하지 않는 사람들을 고객으로 끌어들이는 방법이 있다. 시장 개척에 비용이 추가로 들지 않고 신제품을 개발하지 않아도 되기 때문에 위험성이 가장 낮다. 이 전략은 기업을 성장시키기 위한 가장 기본적인 단계이다.

(2) 시장 개발 전략
현재의 제품을 새로운 시장에 판매해 성장을 꾀하는 전략이다. 새로운 시장을

앤소프 매트릭스와 전략

	기존　　　　　제품　　　　　신규	
기존	시장 침투	제품 개발
시장 신규	시장 개발	다각화

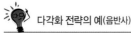
다각화 전략의 예(음반사)

공연기획·패션·매니지먼트·LP·고음질 디스크 …
음반사들 미래전략은 '360° 경영'

매일경제신문 2012년 12월 1일자

개척하려면 비용이 들긴 하지만, 이로 인해 기존 제품의 대량 생산도 가능해지기 때문에 성장에 효과적인 전략이다. 시장을 해외로 넓히거나 판매 경로 또는 판매 대상을 확대하는 방법이 있다. 또 기존의 상품이나 기술 등을 응용해 새로운 고객층을 포섭하는 방법도 있다. 카메라 업체의 사례를 들면, 광학 기술을 응용해 복사기, 반도체 제조 장치로 진출하는 경우이다.

(3) 제품 개발 전략

현재의 시장에 신제품을 도입해 성장을 꾀하는 전략이다. 기존의 시장과 고객의 지식, 관계 등을 살려서 더 많은 새로운 제품을 제공하는 일종의 다각화이다. 고객의 수요 변화에 대응해 제품을 업그레이드하거나 완전히 새로운 제품을 개발하는 방법이다. 시장 개척에 큰 비용이 들지 않고 기존의 유통망을 그대로 사용할 수 있어서 위험성이 높지 않다. 이 전략에 중요한 점은 제품이나 가격 면에서 경쟁사와 얼마나 차별화된 제품을 개발하느냐에 달렸다.

(4) 다각화 전략

신제품으로 새로운 시장에 진입하거나, 신제품을 개발해 새로운 시장을 개척해 성장을 꾀하는 전략이다. 기존의 제품이나 시장을 활용할 수 없기 때문에 위험성은 매우 크다. 그러나 향후 성장이 기대되는 분야에 다른 회사보다 앞서 진출한다면 장기적으로 높은 수익성을 기대할 수 있다. 따라서 이 전략을 선택하기 위해서는 산업 구조가 매력적이거나 향후 매력적으로 변화할 가능성이 있는지를 면밀하게 검토해야 한다.

3) 수직적 통합과 아웃소싱

(1) 수직적 통합

기업은 어디에서 원재료를 공급받아 제품을 만들어 고객들에 판매한다. 여기에서 수직적 통합이란 이슈가 생겨난다. 수직적 통합이란 한 상품 관련 두 개 이상의 공정을 한 기업이 담당하는 것으로 기업이 원재료 공급 업체가 하는 분야로 진입하거나 고객이 하는 사업에 진출하는 것을 말한다. 수직적 통합은 전방 통합과 후방 통합으로 구분된다.

또 기업의 통합에는 수직적 통합과 대비되는 수평적 통합이 있다. 수평적 통합은 경쟁력을 강화하거나 경쟁의 정도를 줄이기 위해 같은 산업군에 존재하는 기업을 통합하는 것이다. 결국 같은 업종 내에서 여러 가지 상품을 생산하게 된다. 예를 들어 승용차 업체가 트럭에 진출하거나 우유 제조에서 식빵 제조에 진입하는 것이다.

기업 활동의 통합의 유형

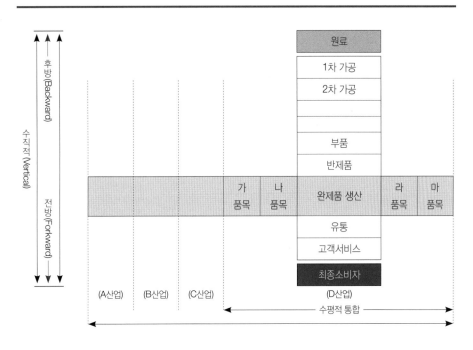

❶ 수직적 통합의 장점

수직적 통합의 장점으로는 크게 거래 비용의 절감, 기술적 시너지, 안정된 수요와 공급을 들 수 있다. 또 기능 부문 간에 신속하게 조정이 가능하며, 중요한 기능과 자원 그리고 정보 등을 기업 내부에 남겨둘 수도 있다. 전체적인 품질 관리를 철저히 할 수 있는 장점도 있다.

❷ 수직적 통합의 단점

수직적 통합의 단점으로는 기능을 늘리기 때문에 사업 리스크가 상승하고 추가 투자가 발생한다는 점을 꼽을 수 있다. 또 조직이 확대돼 관료화, 부문 이기주의로 빠질 수 있다. 경쟁이 없기 때문에 비용 삭감, 품질 향상의 동기 부여가 저하될 가능성도 있다.

현대車 "2013년 유럽서 50만대 판매"

'품질+수직계열화' 힘입어…美선 지난달 중형차 판매 첫 1위

현대차그룹이 글로벌 시장 진출을 가속화하고 있다. 미 캘리포니아주 카슨의 판매점에서 소비자들이 기아차를 둘러보고 있다. 〈사진 제공=기아차〉

2010년 글로벌 차 업체 판매 순위
(단위=만대)

구분	업체	판매량
1위	도요타(일본)	840
2위	GM(미국)	760
3위	폭스바겐(독일)	710
4위	현대·기아(한국)	570
5위	포드(미국)	520

※ 자료=오토모티브뉴스

또 본인이 매달 품질, 연구개발, 생산담당 임원들을 모아놓고 품질 관련 회의를 주재했다. 품질이 마음에 들지 않으면 생산라인을 중단시키기도 하고 신차 출시 일정을 미룰 정도였다.

'수직계열화'도 현대·기아차 성공에 한몫을 하고 있다.

현대차그룹은 지난해 일관제철소 고로사업을 시작해 쇳물에서 자동차에 이르는 수직계열화를 이뤄냈다. 완성차 소재 부품 금융 물류 등은 자동차 판매에 다양한 시너지를 내는 상황이다. 이승훈 기자

매일경제신문 2011년 6월 27일자

(2) 아웃소싱Outsourcing

기업 내부의 프로젝트나 활동을 기업 외부의 제3자에게 구매하는 것으로 수직적 통합의 반대 개념이라 할 수 있다. 아웃소싱은 미국 기업이 제조업 분야에서 활용하기 시작해 이제는 회계, 인사, 신제품 개발, 영업 등 기업 전 분야로 확대되고 있다.

특히 이전까지는 생각지도 못한 업무까지 외부에 위탁하는 현상도 나타나고 있다. 급속한 시장 변화와 치열한 경쟁에서 살아남기 위해 기업의 핵심 사업에 집중하고 나머지 업무는 외주에 의존하는 것이다. 자사보다 탁월한 능력을 보유하고 있는 기업과 팀을 이뤄 업무를 추진함으로써 업무 효율화에 급진전을 이룰 수 있다. 또한 위탁 대상 기업과 정보 네트워크가 연결된다면 이른바 '가상 기업'도 가능하다.

❶ 아웃소싱의 장점

아웃소싱의 장점은 우선 비용 절감과 전략적 유연성 확보에 있다. 계약을 통해 능력 있는 외부 전문가를 활용하면 자사의 강점에 자원을 집중할 수 있다. 새 기술이 나타나면 외주처를 바꿈으로써 환경 변화에 유연하게 대처할 수도 있다. 또 조직이 간소화되면서 관료화될 위험이 줄어 비능률을 피할 수 있는 것도 장점이다.

❷ 아웃소싱의 단점

기업 간 경쟁이 더 이상의 비용 절감이 어려워질 정도로 치열해지고, 하청 관리가 어려워짐에 따라 아웃소싱에 대한 회의론도 대두되고 있다. 또 외주처에 중요한 기능을 의존할 경우 사업의 부가가치를 잃어버릴 위험도 있다. 따라서 아웃소싱은 기업의 핵심 기능은 내부에 두고, 비핵심 부문만을 대상으로 해야 한다. 또 외주처와의 조정에 시간이 걸릴 수 있으며 통제력을 상실할 위험도 존재한다. 외주처를 통해 중요한 정보나 기능 등이 유출되면 이는 잠재적 경쟁자의 성장으로 이어질 수 있다. 이러한 단점이 존재하기 때문에 아웃소싱 전략은 외주처의 관리와 통제가 핵심이라 할 수 있다.

나이키 vs. 뉴발란스

사람들은 나이키를 신발을 만드는 회사라고 생각한다. 하지만 나이키는 더 이상 신발을 만들지 않는다. 설계, 디자인, 마케팅을 할 뿐이다. 나이키는 1970년대 중반부터 동남아시아, 중국, 한국에 아웃소싱하여 신발을 만들기 시작했다. 아웃소싱 업체들은 파트너의 자격으로 개인들이 주인이되 자재를 구매하고 신발을 생산한 후 유통하는 전 과정을 철저하게 나이키에서 관리받는다.

아웃소싱 업체들은 최소 6개월 전에 얼마의 수량을 얼마의 가격에 언제까지 제조할 것이라고 나이키에 보고해야 하고 이 내용이 90% 이상 실행되지 않을 경우 나이키와의 파트너 관계를 유지하지 못한다. 철저한 외주관리 시스템을 가지고 있는 것이다.

반면 뉴발란스는 아웃소싱을 멀리한다. 이들이 추구하는 바는 '미국의 노동력에 의해' 만들어진 신발이다. 1938년 미국에서 처음 신발을 제조한 뉴발란스는 '메이드 인 USA$_{\text{Made in USA}}$'를 전략적으로 활용한다. 제조뿐 아니라 가능하면 신발 제조에 필요한 물품들도 미국 내에서 조달하려고 하고 있으며 70% 이상 국내 생산이어야만 'Made in USA'라는 레이블을 붙인다. 70% 이하의 노동력이나 재료만 미국 내에서 조달되었을 경우 'Made in USA' 레이블을 붙이지 않는다. 최근에는 고객들이 자신들의 취향에 맞게 색상 배합을 한 '맞춤식' 신발을 주문하면 미국 내 공장에서 제조해 4~8일 안에 고객에게 배달되는 시스템을 도입해 직접 생산의 최고점을 보여줬다.

(3) 여러 형태의 수직적 관계

통합과 관련된 전략의 옵션에서는 100% 내부화$_{\text{Make}}$, 100% 아웃소싱$_{\text{Buy}}$만 있는 것이 아니라 장기 공급 계약, 합작 투자 등 중간 형태의 수직 관계들이 있다. 아래 그림과 같이 기업은 통제력$_{\text{Control}}$과 유연성$_{\text{Flexibility}}$ 사이의 상충$_{\text{Trade Off}}$ 관계에서 발생하는 비용의 상대적 크기에 따라 통합(내부화)의 수준을 결정하게 된다.

내부화 수준별 통제력과 유연성

4) 전략적 제휴Strategic Alliance

둘 이상 기업들이 서로 협동을 통한 공통된 목표 또는 공통의 이익을 효과적으로 달성하기 위한 전략을 통틀어 전략적 제휴Alliance라고 한다. 전략적 제휴란 복수 기업이 서로 이익을 위해 기술이나 생산, 판매 등 기업 기능의 전 부분에 걸쳐 서로 협력하는 전략이다. 이를테면 기술의 공동 개발, 특허의 공동 사용, 생산 라인·판매라인의 공유, 합작 회사 설립 등 새로운 형태의 '동업'이라 할 수 있다.

보통 동업은 단순히 돈만 출자하는 의미가 강하다. 하지만 전략적 제휴는 경영 자원을 서로 보완하는 넓은 의미의 동업이다. 경영 자원에는 원자재, 부품 등 생산에 필요한 물건뿐 아니라 기술, 경영 방법 등 물건을 만들고 유통하는 과정에서 사용되는 무형의 자원도 포함된다. 전략적 제휴는 최근 기술 혁신 속도가 빠른 전기, 전자 등 첨단 제조 분야에서 신기술 습득이나 새로운 시장 진출을 위해 활발하게 진행되고 있다.

(1) 전략적 제휴의 목적

기업은 전략적 제휴를 통해 기회를 활용하고 위험을 줄여 가치를 창출할 수 있다. 오늘날의 기업들이 전략적 제휴에 적극적으로 나서는데 자원과 위험의 공유, 기술적 표준 개발, 학습이 그 이유다. 구체적으로 살펴보면 다음과 같다.

내부화 수준별 통제력과 유연성

4) 전략적 제휴Strategic Alliance

둘 이상 기업들이 서로 협동을 통한 공통된 목표 또는 공통의 이익을 효과적으로 달성하기 위한 전략을 통틀어 전략적 제휴Alliance라고 한다. 전략적 제휴란 복수 기업이 서로 이익을 위해 기술이나 생산, 판매 등 기업 기능의 전 부분에 걸쳐 서로 협력하는 전략이다. 이를테면 기술의 공동 개발, 특허의 공동 사용, 생산 라인·판매라인의 공유, 합작 회사 설립 등 새로운 형태의 '동업'이라 할 수 있다.

보통 동업은 단순히 돈만 출자하는 의미가 강하다. 하지만 전략적 제휴는 경영 자원을 서로 보완하는 넓은 의미의 동업이다. 경영 자원에는 원자재, 부품 등 생산에 필요한 물건뿐 아니라 기술, 경영 방법 등 물건을 만들고 유통하는 과정에서 사용되는 무형의 자원도 포함된다. 전략적 제휴는 최근 기술 혁신 속도가 빠른 전기, 전자 등 첨단 제조 분야에서 신기술 습득이나 새로운 시장 진출을 위해 활발하게 진행되고 있다.

(1) 전략적 제휴의 목적

기업은 전략적 제휴를 통해 기회를 활용하고 위험을 줄여 가치를 창출할 수 있다. 오늘날의 기업들이 전략적 제휴에 적극적으로 나서는데 자원과 위험의 공유, 기술적 표준 개발, 학습이 그 이유다. 구체적으로 살펴보면 다음과 같다.

❶ 합병에 의한 진입은 비용이 많이 소모되고, 내부 사업화에 의한 진입은 오랜 시간이 걸리며, 단독 진입 시에는 위험과 비용 부담이 큰 경우에 전략적 제휴가 채택된다.

❷ 둘 이상의 독립된 기업들의 자원과 능력을 결합함으로써 생산·판매·R&D에서 규모의 경제를 실현하고, 이를 통해 강력한 경쟁적 지위를 확보할 수 있다.

❸ 기업이 이용하기 어려운 특정 자원이나 시장에의 접근이 용이하다.

❹ 흔히 기업들이 해외에 진출하는 경우, 현지 정부의 각종 규제를 받게 되는데, 이러한 규제를 회피하기 위한 수단으로 현지 기업이나 현지인들과 전략적 제휴를 형성한다.

폭스바겐의 전략적 제휴

독일차 브랜드 폭스바겐Volkswagen은 일본에서의 수입규제와 유통시스템 복잡성의 문제를 해결하기 위해 일본 현지에서 생산하는 자동차 모델인 산타나Santana의 부속품 70%를 일본 현지 협력업체로부터 조달받아, 이를 조립·판매함으로써 일본 중형차 시장에 성공적으로 진입할 수 있었다.

---

(2) 전략적 제휴의 형태

❶ 비지분 제휴

계약, 라이센싱, 조달 및 유통 협정 등의 제휴를 말한다. 기업 간 협력은 지분 거래나 독립적 기업의 성립 없이 계약에 의해 직접적으로 관리된다.

❷ 지분 제휴

협력적 계약과 함께 파트너 기업에 대한 지분 투자가 수반되는 제휴의 형태이다. 때로는 쌍방 간 지분 투자도 이뤄진다.

❸ 합작 투자 Joint Venture

제휴의 목적이 당사자 모두에 중요할수록 제휴의 관계는 더 강해지는데, 이 경우 기업은 인간과 같이 '결혼'도 생각하게 된다. 이를 합작 투자 또는 영어의 원어 발음 그대로 '조인트 벤처'라고 부른다. 합작 투자는 복수 회사가 특정 사업에 자본을 출자해 공동으로 참여하는 방식을 말한다. 합작 투자의 결과로 두 회사는 합작 법인을 설립하게 된다. 합작 법인의 이익은 투자 기업들에 배분된다. 합작 법인의 해산 시에는 보통 어느 한쪽이 다른 한쪽의 지분을 전량 인수하는 방식으로 정리된다.

(3) 전략적 제휴 시 유의점

성공적으로 전략적 제휴를 추진하기 위해서는 다음과 같은 위험에 주의해야 한다. 먼저 제휴 기업 간에 이익을 나누어 가지기 때문에 개별 기업 입장에서는 이익이 감소할 수 있으며, 성과의 배분 과정과 투자 자본의 조달과정에서 심각한 갈등이 나타날 수 있다. 또한 상대 기업에 기술이나 자산·경험이 이전됨으로써 향후 협력 기업이 강력한 경쟁 기업으로 등장할 수 있고, 제휴 기업 간 경영 철학이나 투자 선호도·기업 문화 등이 서로 다르다는 점 등으로 인해 갈등이 야기될 수 있다. 따라서 제휴 파트너와의 양립성, 제휴 파트너의 능력과 조직 문화, 제휴에 대한 몰입도 등을 전반적으로 고려한 후 제휴에 나서야 한다.

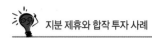

지분 제휴와 합작 투자 사례

SK·포스코등 일본기업과 잇단 지분제휴
M&A차단 효과…주가 시큰둥

매일경제신문 2012년 12월 1일자

보쉬와 합작 SB리모티브 〈전기후 배터리 회사〉
삼성이 지분 100% 확보

매일경제신문 2014년 2월 20일자

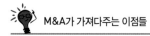

M&A가 가져다주는 이점들

- 규모 확대의 효과
- 복수상품 판매 효과
- 글로벌화
- 마케팅의 효율성
- 전략적 우위
- 사장지배력 및 독점지배력 강화

5) 인수합병 M&A, Merger&Acquisitions

기업의 외적 성장을 위한 발전 전략으로 특정 기업이 다른 기업의 경영권을 인수할 목적으로 소유 지분을 확보하는 제반 과정이라고 할 수 있다. M&A의 목적에는 사실 여러 가지가 있지만 한마디로 규모, 자원, 스피드를 구매하는 것이다. 제약 기업은 동종 업계의 다른 기업을 인수합병해 규모를 확대함으로써 경쟁력을 높일 수 있다. 이를 통해 위험이 높은 신약 개발을 위한 투자 능력이 발생한다. 이러한 M&A의 발전 배경은 기존 기업의 내적 성장 한계를 극복하고 신규 사업 참여에 소요되는 기간과 투자 비용의 절감, 경영상의 노하우나 숙련된 전문 인력 및 기업의 대외적 신용 확보 등 경영 전략적 측면에서 찾을 수 있다.

M&A의 이점으로는 규모의 확대, 성장과 신규 사업에의 참여에 있어서 시간의 단축, 신상품 신사업 개발의 위험 감소, 피인수 기업의 브랜드나 기술 노하우 흡수 등이 있다. 하지만 기대했던 시너지 효과가 발생하지 않거나 기업 문화의 대립 등 피인수 기업을 내부로 통합시키는 데에 어려움이 있을 수 있다. 또한 피인수 기업의 노하우 등을 평가하기 어려워 합리적인 지불 금액을 계산하기가 어렵다. 가장 큰 단점은 피인수 기업의 인재들이 M&A 후 회사를 떠날 수 있다는 점이다.

6) 신규시장 진출과 전략적 선택

신규 시장 또는 해외에 진출할 경우 M&A를 할 것인지 제휴할 것인지, 제휴 중에서도 공동 출자에 의한 조인트 벤처를 만들 것인지 단순 노하우만 교환할 것인지, 아니면 직접 진출할 것인지 등을 선택할 수 있다. 신규 시장에 M&A, 조인트 벤처, 전략적 제휴, 직접 진출할 경우를 스피드와 수익성, 위험, 통제력 측면에서의 특징을 정리하면 다음과 같다.

네 가지 전략적 선택의 비교

	M&A	합작 투자	전략적 제휴	직접 진출
스피드	中	中·大	大	小
수익성	大	中	小	小·中·大
위험	大	中	小	小·中·大
통제력	中·大	中	小	大

하만 품은 삼성, 국내 오디오시장 공략

**JBL·하만카돈·AKG등 40종
디지털프라자 매장서 판매
"전장분야까지 시너지 확대"**

가전과 오디오 분야에서 각각 세계 최고 브랜드 가치를 자랑하는 '삼성전자'와 '하만'의 본격적인 협업이 시작됐다. 그 첫걸음은 국내 오디오 시장 진출이다.

삼성전자는 지난달 31일 "계열사인 하만의 컨슈머 오디오 제품을 8월 1일부터 삼성 디지털프라자를 통해 판매한다"며 "하만 오디오의 제품 경쟁력과 삼성전자의 유통망, 마케팅 노하우, 애프터서비스망을 합해 시너지 효과를 최대화할 계획"이라고 밝혔다.

삼성전자는 우선 삼성 디지털프라자 강남본점·강서본점 등 전국 주요 30개점에서 하만 오디오 제품 판매를 시작한다. 판매되는 제품은 JBL 스피커 8종, 하만카돈 스피커 5종, JBL 이어폰·헤드폰 17종, AKG 이어폰·헤드폰 6종, 사운드바 4종 등 총 40개 모델이다. 이를 위해 삼성 디지털프라자 매장 내에 '숍인숍' 형태 전시 공간을 설치해 하만 제품을 따로 전시하는 한편 별도의 청음 공간을 마련해 소비자들이 제품을 직접 체험해볼 수 있도록 했다.

앞으로 삼성전자는 하만 오디오 유통 채널을 더욱 다양화할 계획이다. 먼저 올해 말까지 하이마트 등 국내 모든 가전매장으로 유통망을 확대한다. 백화점에는 삼성 프리미엄 TV와 모바일 제품을 연계해 통합된 제품 경험을 제공할 계획이다. 또 올해 안으로 컨슈머 오디오 전문 컨설턴트를 육성하고 복합쇼핑몰을 중심으로

'하만' 전문매장을 열 계획이다.

애프터서비스는 삼성전자가 책임진다. 삼성전자 관계자는 "하만 오디오를 전문적으로 서비스하는 체계를 만드는 한편 서비스 접수는 전국 삼성전자서비스센터에서 하도록 할 예정"이라고 설명했다.

국내 컨슈머 오디오 시장은 총 3000억 원 규모로 추정된다. 아직은 작은 시장이지만 삶의 질 향상을 추구하는 30·40대가 늘어나면서 홈시어터용 음향 장비, 고급 헤드폰 판매가 증가하고 있어 시장은 점차 커질 것으로 보인다.

삼성전자와 하만의 협업 분야는 계속 확대될 전망이다. 오디오 부문 외에도 하만의 자동차 전자장비 분야 기술 역시 세계 최고 수준이어서 하만 인수는 삼성전자의 사업 다각화 측면에서 큰 도움이 되고 있다는 평가다.

김동은 기자

매일경제신문 2016년 11월 15일자
삼성전자가 신성장 분야인 전장사업에 본격적으로 뛰어들기 위해 미국의 전장전문기업 하만(Harman)을 전격 인수했다. 인수 가격은 주당 112달러, 인수 총액은 80억 달러로 국내기업의 해외기업 M&A 사상 최대이다.

위기를 넘는 해법은 경쟁사와 다른 가치를 제공하는 것!

포터 교수는 "저성장 시기에 여러 기업이 한 분야에서 최고 서비스로 치열하게 경쟁하는 것은 모두가 망하는 최악의 선택이다. 한 기업이 모든 소비자를 만족시킬 수 없고, 모든 기업이 한 소비자를 만족시킬 수도 없기에 자신의 기업만이 특정 소비자에게 제공할 수 있는 독특한 가치를 찾아내야 한다"고 역설한다.

그는 "많은 기업이 혼동하고 있는데 '월드 베스트'나 '업계 선도기업' 같은 슬로건은 단지 목표일 뿐 전략은 아니다"고 잘라 말했다. 이케아IKEA가 다른 가구회사들과 달리 싸고 디자인이 단순하고 조립하기 편한 가구로 급성장한 사례나, 파카Paccar사가 개인 트럭 운전자들을 대상으로 디자인이 차별된 트럭을 팔아 북미 시장에서 **20%**를 점유하게 된 비결도 제대로 된 자기만의 전략을 세운 덕분이라는 것이다. 따라서 기업은 전략을 세울 때 스스로 다음과 같이 자문해봐야 한다.

다음 **5**가지 질문에 'Yes'라고 대답 못하면 잘못된 전략
• 경쟁사가 절대 따라올 수 없는 '독특한 가치'를 제공하고 있는가?
• 해야 할 사업 분야뿐만 아니라 포기할 분야도 명확히 알고 있는가?
• 차별화된 가치 사슬을 구축하고 있는가?
• 생산·광고·판매 등 모든 과정이 유기적으로 연결돼 있는가?
• 당신의 전략은 5년 이상 내다본 장기 전략이 맞는가?

첫째, 당신은 경쟁사가 절대 따라올 수 없는 독특하고도 복제할 수 없는 가치를 제공하고 있는가? 비슷한 제품, 비슷한 서비스를 단지 보다 싼값에 제공하는 것은 이렇다 할 경쟁력이 아니며 상황에 따라 경쟁사에 뒤질 수도 있는 물거품 같은 것이다.

둘째, 하지 말아야 할 사업 분야를 확실히 파악하고 있는가? 회사가 어떤 부분에 필살기를 갖고 있는지 파악하는 일 못지않게 포기할 부분을 명확히 하는 것도 중요하다. 특히 자원 제약이 심한 때는 더욱 이 질문이 중요하다.

뒤집어 말해 이들 질문에 모두 자신 있게 답하지 못하면 앞으로 닥칠 위기의 파고를 넘지 못하고 어려움에 처할 수도 있다는 경고다. 남들과 비슷한 마케팅과 공급망, 애프터서비스 등 차별성 없는 가치 사슬로는 경쟁 우위를 얻기 힘들며 내년이면 바뀔 전략도 쓸모가 없다는 지적도 덧붙였다.

- 매일경제신문 2008년 10월 16일자

마케팅과 시장분석

학습 목표

- 마케팅 마인드를 이해하고 경제 현상을 분석할 수 있다
- 소비자의 다양한 구매 행태를 말할 수 있다
- 마케팅 전략의 개념을 안다

| 들어가며 |

기업 활동의 총합, 마케팅

기업 활동에는 여러 가지가 있다. 투자 결정과 자금 조달의 역할을 하는 재무 기능에서부터 재무 정보를 가공해 제공하는 회계, 인사관리, 생산 관리 등, 수많은 기능들이 조직 내부에 어우러진 것이 기업이다. 하지만 이 모든 기능은 제품을 소비자에게 판매하기 위해 존재한다. 그렇기 때문에 마케팅은 기업 내에서 일어나는 모든 기능을 궁극적으로 통합하는 역할을 해야 한다. 마케팅은 기업이 소비자와 만나는 접점에서 벌어지는 활동이고 가장 포괄적인 개념이다.

경영학 구루Guru로 꼽히는 故 피터 드러커 교수는 기업 활동 중 오직 마케팅과 혁신만이 이익을 창출할 뿐, 나머지는 모두 비용 요소라 말한 바 있다. 이 말은 마케팅의 통합적인 역할을 강조하면서 마케팅이 기업에서 차지하고 있는 중요성을 극명하게 설명해준다.

현대 경영학의 아버지로 평가받는 피터 드러커 교수, 그는 마케팅을 '고객 입장에서 구매할 수 있는 여건을 조성하는 활동'이라 강조했다.

1. 마케팅 개념과 역할

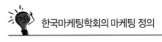

한국마케팅학회의 마케팅 정의

마케팅은 조직이나 개인이 자신의 목적을 달성하기 위해 교환을 창출하고, 유지할 수 있도록 시장을 정의하고 관리하는 과정이다.

1) 마케팅의 의의와 마인드

(1) 마케팅의 의의

마케팅이라는 말은 우리 일상생활에서 가장 빈번하게 사용되는 말 중의 하나이다. 마케팅을 판매나 영업과 혼용하는 사람도 많다. 물론 상품 판매나 판촉 활동이 마케팅이라고 생각할 수도 있다, 하지만 마케팅은 판매나 영업보다 더 구체적이고 광범위한 개념이다.

판매는 제품에서 출발해서 우리 제품을 어떻게 광고하고 어떻게 판촉해서 어떻게 소비자에게 더 많이 팔 것인지를 생각하는 것인 반면 마케팅은 고객의 니즈Needs에서 출발해 그것을 충족시킬 제품과 서비스를 창출해 제공한다. 결국 판매가 공장에서부터 시작하는 '제품 중심적' 발상이라면 마케팅은 거꾸로 소비자 니즈에서부터 시작하는 '소비자 중심적' 발상이다.

애플의 아이폰을 판매 중심 관점에서 보면 단순히 '멋진 스마트폰'이다. 하지만 마케팅적 관점에서 보면 아이폰은 '재미와 혁신'을 제공하는 것이다. 소비자가 휴대폰을 통해 즐거움, 감성, 다양함을 누리고 싶다는 잠재적인 니즈를 찾아내고 이를 만족시킨 것이라 할 수 있다.

(2) 마케팅 마인드

영어로 마케팅Marketing은 시장을 의미하는 'Market'과 진행을 의미하는 'ing'가 결합된 말이다. Market은 명사로는 '시장', 동사로는 '시장에 팔러(사러) 가다'란 의미가 있기 때문에 결국 Marketing이란 '시장에서 판매나 구매가 계속 일어나게 하는 것'이라고 해석할 수 있다. 여기서 두 가지 해석이 가능한데, 첫째는 말 그대로 소비자에게 선택받아 계속적인 구매를 창조하는 것이고, 둘째는 시장을 만들어 가는 것으로 제품을 누구에게, 어디에서, 얼마에, 어떤 방법으로 팔리게 할 것인지를 결정

생산·제품·판매·마케팅 개념의 차이

구분	생산 개념	제품 개념	판매 개념	마케팅 개념
내용	소비자들은 쉽고 싸게 구매할 수 있는 상품을 선호	소비자들은 최고의 품질과 성능을 가진 제품 선호	고객들은 자발적으로 기업의 제품이나 서비스를 구입하지 않음	고객들의 필요와 욕구를 찾아내어 그것을 경쟁자보다 더 효율적으로 충족시킴
강조점	원가 절감 및 광범위한 유통	품질 향상, 신제품 개발	적극적인 판매 노력	고객에게 경쟁자보다 더 큰 가치를 제공

하는 것이다.

이를 위해서는 가장 먼저 소비자가 뭘 원하는지, 보이지 않는(때로는 소비자도 모르는) 내적 욕구를 찾아내야 하고 이를 어떻게 만족시킬지 고민해야 한다. 따라서 마케팅 현장에서 근본적인 질문은 '왜 다른 제품이 아닌 우리 제품을 써야 하나?'이다. 소비자가 그 제품을 구매하는 데는 본질적인 이유가 존재한다. 그 이유를 이해하는 것이 바로 마케팅 마인드의 출발점이다.

(3) 마케팅 콘셉트

마케팅 콘셉트의 핵심은 고객의 욕구를 충족시켜주는 것이며, 기업의 가장 중요한 사명이라고 볼 수 있다. 이익은 이러한 사명을 충실히 실천한 대가로 자연히 생기는 결과물이므로 이익은 목표가 아니라 결과이다. 소비자들은 최고의 상품이나 최저가 상품을 사는 것이 아니라 자신에게 가장 큰 가치를 줄 것이라고 생각되는 상품을 구입한다. 마케팅 개념의 변화 과정은 생산 개념 → 제품 개념 → 판매 개념 → 마케팅 개념 순이다.

기존 마켓 드리븐Market-Driven 전략은 분기별로 소비자 성향 조사를 실시한 뒤 그에 맞춰 가격이나 제품 특성을 변경하는 검증된 틀에서 벗어나지 못한다. 이 방식은 소비자들이 대개 고정적인 선호를 갖고 있다고 가정한다. 이처럼 의례적인 소비자 조사를 바탕으로 신제품 전략을 세우는 기업은 더 이상 버틸 수 없는 시대가 됐다.

마켓 드라이빙Market-Driving 전략은 소비자의 잠재의식에 초점을 맞춘다. 또한 소비자가 아니라 기업이 주도권을 쥔다. 마케팅의 아버지라 불리는 필립 코틀러 석좌 교수는 마켓 드라이빙 전략을 '소비자를 가르치는 전략'이라고 정의한다. 기업이 소비자 행태에서 마케팅 방법을 배우는 수동적 단계를 뛰어넘어 혁신적인 제품을 통해 소비자를 가르친다는 뜻이다.

- 매일경제신문 [Summer MBA] 하용원 서강대 교수

2) 마케팅 구성 요소

(1) 고객의 욕구

❶ 니즈와 원츠

마케팅 활동의 시작은 인간의 니즈와 원츠를 이해하는 데서 출발한다. 니즈Needs(본원적 욕구)란 어떠한 기본적인 만족이 결핍된 상태를 의미한다. 이러한 인간의 니즈를 만족시켜주는 구체적인 수단을 원츠Wants(구체화된 욕구)라고 한다. 예를 들어, 배가 고픈 사람은 음식이 먹고 싶을 것이고, 이때 비빔밥이 먹고 싶다고 했을 때, 음식은 '니즈'이고 비빔밥이 '원츠'가 된다. 즉 니즈를 충족시키는 수단이 원츠인 것이다.

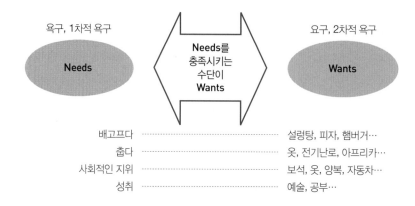

배고프다	………………………	설렁탕, 피자, 햄버거…
춥다	………………………	옷, 전기난로, 아프리카…
사회적인 지위	………………………	보석, 옷, 양복, 자동차…
성취	………………………	예술, 공부…

❷ 마케팅 근시안

마케팅 근시안Marketing Myopia은 소비자의 니즈보다는 원츠에 기초해 마케팅을 수행함으로써 발생하는 문제를 말한다. 즉 고객의 본질적인 욕구보다 제품 중심의 사고를 우선시하여 나타나는 문제점이다. 맥도날드는 제품 관점에서 보면 같은 햄버거를 판매하는 버거킹과 경쟁 관계이지만 고객의 관점에서 맥도날드의 실제 경쟁자는 피자헛이다. 맥도날드를 고려하는 고객은 대부분 아이들과 함께 방문할 수 있는 가정적인 분위기의 음식점을 찾기 때문이다.

| Q. 시계 업체와 핸드백 업체가 서로 경쟁한다? | 타이맥스 세이코 롤렉스 | 기능 멋 사회적 지위 | 샘소나이트 코치 루이비통 |
| A. '롤렉스'는 동일 업종 '세이코'와 경쟁하지 않고 '루이비통'과 경쟁 | | | |

(2) 수요 Demands

재화나 용역에 대한 소유하고 싶은 단순한 욕구가 아닌 소비자의 구매 능력과 구매 의지에 의해서 뒷받침되는 욕구를 말한다. 마케팅에서는 수요와 관련된 용어가 많이 나온다. 우선 제품의 생산자에 대응하는 개념으로 소비의 주체를 나타내는 소비자Consumer, 판매자에 대응하는 개념으로 구매의 주체가 되는 구매자, 더 넓은 의미로 공급의 대응하는 수요자, 구매나 소비에 영향을 미치는 영향권자 등이 있다. 마케팅에서는 상황에 따라 소비자와 구매자가 서로 일치하지 않는 경우(유아용품)도 있다. 이는 수요의 상황에 맞는 마케팅이 필요한 이유이기도 하다.

(3) 제품Products

인간의 욕구와 필요를 충족시킬 수 있는 제품이나 눈에 보이지 않는 서비스, 사람, 장소, 아이디어 등도 모두 제품으로 볼 수 있다.

(4) 교환Exchange

어떤 사람(수요자)에게 그들이 필요로 하는 것을 주고 그 대가로 자신이 원하는 것을 얻는 행동을 말한다. 각 교환의 당사자는 상대방에게 무엇인가 가치가 있는 것을 가지고 있어야 교환을 충족할 수 있다. 즉 당사자들 간 교환이 이뤄지기 위해서는 교환을 통해 자신이 획득하는 것(혜택)이 자신이 제공하는 것(비용)보다 커야 한다. 또한 교환 당사자 간 가치 판단이 절대적으로 비슷하지 않고 서로 다르기 때

혜택/비용의 구분과 사례

혜택		비용	
종류	사례	종류	사례
기능적 혜택	이동 수단의 자동차	금전 비용	상품 가격, 배달 비용, 설치 비용
사회적 혜택	상품을 통한 사회적 인정	시간 비용	시간은 금이다
개인적 혜택	동물 애호가의 채식	행동 비용	육체적 에너지 낭비
		심리 비용	정신적인 갈등이나 스트레스

마케팅에서 시장의 구분

시장의 구분 기준	특징
상품	제품(유형성), 서비스(무형성)
장소	국내, 해외, 동대문, 강남
구매자와 판매자	대 기업(B2B), 대 소비자(B2C), 대 정부(B2G), 대 임직원(B2E)
공급자와 수요자의 역학 관계	독점, 과점, 독점적 경쟁, 완전 경쟁

문에 교환이 발생하는 것이다. 따라서 마케팅에 있어서 당사자들 간의 혜택과 비용을 이해하는 것이 중요하다.

(5) 시장 Markets

제품의 매매를 위한 교환의 장소 또는 동일한 욕구와 필요를 충족시켜 줄 제품의 집합체를 시장이라 한다. 시장은 크게 상품과 장소 그리고 구매자와 판매자, 공급자와 수요자의 요소로 나눌 수 있다.

3) 디마케팅 Demarketing

일반석으로 마케팅이 고객의 소비를 촉진시키는 활동인 데 반해 디마케팅은 이와는 반대로 특정 고객의 소비 성향을 둔화시키거나 소비를 원천적으로 봉쇄하기 위해 취하는 마케팅 활동이다. 디마케팅이 효과적으로 작용하기 위해서는 장기적인 전략 차원에서 일관적으로 진행되어야만 한다. 사전에 적절한 동의 없이 고객을 차별할 경우에는 제거된 고객뿐 아니라 잠재 고객들로부터 반발을 사는 역효과를 볼 수도 있다. 디마케팅은 목적에 따라 아래의 5가지 유형으로 구분할 수 있다.

(1) 수익 제고를 위한 디마케팅

'돈이 안 되는' 고객을 의도적으로 줄여 판촉비 부담을 덜고 특정 고객들의 충성도(기업 수익에 대한 기여도)를 강화시키는 '선택과 집중' 판매 방식이다. 이는 최근 유통 및 식품, 정유업 등 산업계 전반에서 새로운 영업 트렌드로 자리 잡아가고 있다. 은행 등 금융회사들이 거래 실적이 별로 없는 휴면 계좌를 정리하는 한편 채무 규모가 적정 수준을 넘은 고객의 거래 및 대출 한도 등을 제한하는 것이 예다. 매출보다는 확실한 수익성 확보를 통해 위기를 돌파하겠다는 전략이다. 디마케팅은 신규 회원 모집을 일시 중단하거나 발급 요건을 대폭 강화해 고객 수를 의도적으로 줄이는 방식으로 은밀하게 진행된다.

(2) 규제 회피를 위한 디마케팅

SK텔레콤이 '독과점방지법'에 따라 시장 점유율을 50% 이하로 낮출 것을 요구받아, 신규 회원을 받지 않고 광고와 판촉 활동을 수정하거나 중지한 사례가 있다.

(3) 이미지 향상을 위한 디마케팅

임의로 고객 수를 늘리지 않음으로써 제품에 대한 이미지와 브랜드 가치를 높이는 경우도 있다. 특히 럭셔리 제품의 경우 이러한 전략을 구사한다. 이미지가 향상된 브랜드는 장기적으로 꾸준히 고객을 확보할 수 있게 된다.

(4) 수급 조절을 위한 디마케팅

한국전력에서 수요와 공급을 조절하기 위해 전기 요금을 차별화하는 경우가 이에 해당한다. 여름철 에어컨 수요가 폭증하는 한낮에는 높은 전기 요금을 매긴다거나, 남산 터널과 같이 혼잡한 도심의 교통 체증을 줄이기 위해 혼잡 통행세를 징수하는 것이 그 예이다.

(5) 공익을 강조하는 디마케팅

환경보호, 금주 금연·의약품 오남용 방지·과소비 억제·사치성 상품의 소비 억제·마약의 사용 중지를 위한 캠페인이나 그와 관련된 활동이 이에 속한다.

4) 고객 생애 가치

평생 고객을 보유하는 것은 쉬운 일이 아니다. 오늘날의 마케팅은 단순한 고객 확보를 넘어 고객 선택 및 유지에 집중하고 있다. 즉 최고의 고객을 찾아내 평생 유지하는 것이 마케팅의 주요한 역할이 되고 있다.

(1) 개념

고객 생애 가치란 고객 한 명이 특정 제품이나 서비스에 대해 충성 고객으로서 기업에 지불하는 이익의 합계를 말한다. 즉 어떤 고객으로부터 얻게 되는 이익 흐름의 현재 가치이다. 이는 단순히 하나의 제품을 구매한 것의 이익이 아니고 고객 한 명이 동일한 기업의 제품을 평생 구매함으로써 기업에 만들어주는 이익의 총합을 의미한다.

예를 들어 동네 작은 마트에 주 1회 들러서 10만 원 정도 구매하는 고객이 있다고 하자. 만약 고객이 10년 정도 그 지역에 거주하다 다른 곳으로 이사했다면, 이 고객의 생애 가치는 10만×52주×10년=5,200만 원이라 볼 수 있다. 단순히 10만 원의 고객이 떠난 것이 아니라, 5,200만 원의 생애 가치를 가진 고객이 떠난 것이다. 일반적으로 신규 고객을 한 명 유치하는 비용이 기존 고객을 유지하는 비용보다 훨씬 높으므로 기존 고객을 잘 충족시키면서 유지하는 것이 생애 가치 관점에서 매우 중요하다.

(2) 생애 가치를 높이는 방법

❶ 획득률 혹은 유지율 향상: 고객에게 더 큰 가치를 제공, 선별적인 고객 획득, 애호도Loyalty 증진, 고객 만족도 향상, 개별화(고객 맞춤 상품), 전환 장벽 구축(이탈 방지)

❷ 적절한 획득 비용과 유지 비용의 지출

❸ 크로스 셀링(교차 판매)과 업 셀링: 교차 판매는 동일한 고객에게 관련된 상품

들을 판매하는 것이며(예: 코웨이의 정수기, 비데, 공기청정기 등), 업 셀링은 동일한 고객에게 연속적으로 수익성이 더 높은 상품들을 판매하는 것(예: 현대차의 아반떼 → 쏘나타 → 제네시스)이다.

미국의 코네티컷과 뉴욕주에서 슈퍼마켓을 운영하는 스튜 레오나드는 일찍부터 고객 생애 가치를 깨닫고 적극적으로 고객과 좋은 관계를 유지하려고 노력했다.
그는 전 직원에게 고객 생애 가치를 강조하기 위해 가게 입구의 커다란 돌에 다음과 같은 말을 새겨 넣었다.

첫째, 고객은 항상 옳다.
둘째, 고객이 정말 틀렸다면, 첫째 항목을 다시 읽어라.

- 김상용 저 《마케팅 키워드 101(2013)》, 토트출판사

5) 마케팅 전략과 전략적 마케팅

대부분의 기업에서는 마케팅의 역할을 인사, 제조, 판매, 연구 등과 같은 기업 활동의 한 기능으로 인식했다. 경영 전략이 기업 전체 규모의 전략인 데 반해 마케팅 전략은 그 목표를 달성하기 위한 하나의 개별적 전략으로 여겨진 것이다. 그러나 현대에 들어오면서 마케팅의 역할은 그 중요성을 더해가고 있다. 이제 마케팅은 하나의 기능 전략이 아니라 전략적이고 전사적인 개념으로 받아들여지게 되었다.

전략적 마케팅은 코틀러에 의해 제창된 종래의 마케팅 전략과는 다른 개념이다. 기존의 마케팅 전략은 기능이라는 좁은 영역에 한정되어 있었다. 하지만 전략적 마케팅은 마케팅 전략을 기업 전체의 전략과 동등한 수준으로 다루는, 즉 마케팅

을 중시하는 현대의 새로운 경영 전략이라 할 수 있다.

전략적 마케팅이라는 사고방식이 나타난 배경으로는 경영자원의 효과적 배분에 대한 필요성을 들 수 있다. 아무리 대기업이라도 자사가 보유한 경영자원은 한정돼 있으므로 한 기업 안에 소속된 각 부서들이 복수의 마케팅을 전개한다면 효율이 떨어질 수밖에 없다. 따라서 기업이 보유한 경영자원을 효율적으로 배분하기 위해 기업 전체의 입장에서 마케팅을 전개해야 할 필요성이 생겼다.

2. 소비자의 이해

1) 소비자의 구매 결정 과정

(1) 소비자 행동의 이해

사람들은 왜 구매를 하는가? 여러 이유가 존재할 것이다. 사람들은 항상 가격과 성능 그리고 유용성만을 따져서 제품이나 서비스를 선택하는 이성적인 존재가 아니다. 제품에 대한 일반적인 평가에 휘둘리기도 하고 이미지에도 현혹되며 감정적인 이유로 제품을 구매하기도 한다. 따라서 소비자가 어떤 의사 결정 과정을 거쳐 구매에 이르는지 파악하는 것이 중요하다.

현대 사회의 소비자는 매일 수많은 구매 의사 결정을 한다. 기업은 소비자의 구매에 영향을 주기 위해 마케팅 활동을 한다. 제품과 서비스를 알리기 위한 광고를 하고, 소비자의 눈에 쉽게 들어오는 점포 진열대에 제품을 진열한다. 소비자는 이와 같은 기업의 마케팅 활동에 노출된 후 브랜드의 선택, 구매 시점의 결정, 구매량

구매 결정의 5단계

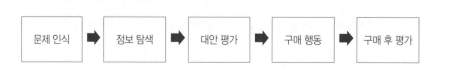

문제 인식 ➡ 정보 탐색 ➡ 대안 평가 ➡ 구매 행동 ➡ 구매 후 평가

결정, 구매 장소의 선택 등의 반응을 보인다.

(2) 구매 결정 과정

구매는 갑자기 일어나지는 않는다. 구매 제품에 따라 소비자에 따라 각기 다른 구매 과정이 발생한다. 따라서 마케팅 담당자들은 소비자들이 어떠한 의사 결정을 내리는지 이해할 수 있어야 한다.

소비자 행동은 소비자가 스스로의 생활을 유지하고 발전시키는 데 필요한 제품이나 서비스를 선택해 구매할 때의 행동 양식을 의미한다. 일반적으로 소비자는 욕구를 인식한 후 이를 해결하기 위해 정보를 다양하게 탐색한다. 정보 탐색이 충분하게 이뤄지면 자신만의 평가 기준에 의해 대안을 평가한다. 평가가 끝나면 자신의 여건 등에 따라 구매가 이뤄진다.

구매를 완료해도 소비자 행동이 끝이 나는 건 아니다. 구매 후에 자신이 구매한 제품이나 브랜드에 대해 평가를 한다. 이를 구매 후 행동이라고 부른다. 만약 이때 평가가 만족스럽다면 다시 해당 제품을 반복 구매할 가능성이 높아진다. 하지만 평가가 만족스럽지 못하다면 재구매 가능성은 낮아지고 고관여 제품의 경우에는 부정적인 구전 활동이 이뤄지기도 한다.

일단 구매가 이뤄지면 대부분의 사람들은 제대로 된 선택을 했는지 걱정한다. 이러한 근심은 '구매 후 부조화'라고 불린다. 마케팅 담당자들은 이러한 고객들의 근심을 덜어 만족한 충성 고객을 확보하고 재구매 필요성을 느낄 때 자신들의 제품을 선택할 수 있도록 유도해야 한다.

2) 관여도

(1) 관여도의 개념

관여도Involvement란 어떤 상품에 대해 관심을 갖는 정도나 중요하게 여기는 정도를 말한다. 또 관여도는 소비자가 어떤 결정을 내리기 위해서 심리적인 진행 단계

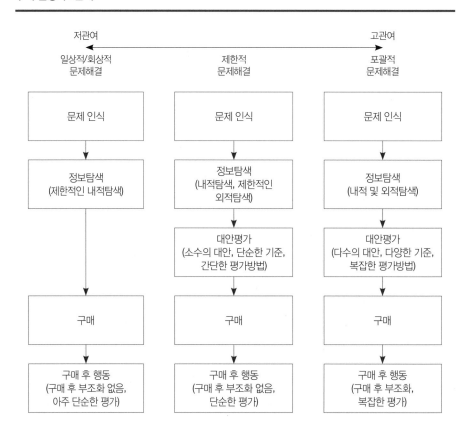

를 의미하기도 한다. 보통 사람들은 자동차와 같이 값비싼 제품은 매우 신중하게 구매를 결정한다. 여러 모델을 비교하고 다양한 정보를 취합하므로 구매 결정에 시간이 오래 소요된다.

반면 껌 같은 제품은 별 다른 고민 없이 바로 구매를 한다. 이처럼 제품에 따라 구매의 행태가 달리 나타나는 것은 제품에 대한 관여도가 다르기 때문이다. 자동차의 경우처럼 신중한 구매가 이뤄지는 상황을 고관여, 껌 구매와 같은 상황은 저관여라고 한다.

(2) 관여도의 구분

일반적으로 관여도가 높아질수록 구매 결정 과정은 길어진다.

❶ 고관여도: 소비자가 상당한 시간과 노력을 투입·수집한 정보를 근거로 여러 대안을 신중하게 평가해 최종 선택

❷ 저관여도: 담배와 같은 기호품이나 일상생활 용품 등을 대상으로 한 구매 의사 결정

(3) 관여도에 따른 문제 해결 유형

❶ 일상화된 반응 행동Routinized Response Behaviour

사람들이 자신에게 비교적 중요한 제품을 구매할 때는 더 많은 노력을 기울이고 더 높은 관여도를 보인다. 특히 한 번도 구매를 한 적이 없는 제품이나 서비스를 구매할 경우에는 더욱 그렇다. 반대로 자주 구매하는 제품이거나 비싸지 않은 제품을 구매하는 데는 일반적으로 큰 모험이 따르지 않고 많은 정보를 필요로 하지 않는다. 이런 경우 소비자들은 대체로 고정된 구매 패턴을 따르게 되고, 크게 고민하거나 노력하는 경향을 보이지 않는다. 언제든 필요가 생기면 자동적으로 늘 사던 그 브랜드의 제품을 구매한다. 이러한 태도를 일상화된 반응 행동이라고 부른다.

❷ 광범위한 문제 해결Extensive Problem Seeking

위의 내용과 반대로 태어나서 처음으로 구매하는 자동차와 같이 모험이 많이 따르고 구매 횟수도 낮은 제품을 구입하는 경우에는 결정을 내리기까지 상세한 정보를 모아 철저한 분석을 한다. 이러한 태도를 고관여라 부른다. 여기에서 소비자들은 광범위한 문제 해결 절차를 거치는데, 이는 구매를 하기까지 탐색, 정보 수집, 정보 평가 등의 전반적인 절차를 거친 후 최종적으로 특정 제품을 선택한다는 의미다.

관여도에 따른 문제 해결

출처: 《Basic Marketing》 Macathy et al.

❸ 한정적인 문제 해결Limited Problem Solving

광범위한 문제 해결에서처럼 인지적 처리 과정을 거치긴 하지만 복잡한 의사 결정 과정과는 달리 모험도 크게 따르지 않고 정보도 거의 필요하지 않다. 이는 한정적인 문제 해결이라고 부른다.

고객들은 여러 가지 다른 구매 상황에 따라 각기 다른 마케팅 믹스가 필요하다. 예를 들어 사이다와 같이 일상화된 반응 행동 구매의 경우, 제품에 대한 자세한 설명이 필요 없지만 아무데서나 쉽게 살 수 있는 구매의 편리성이 반드시 필요하다. 광범위한 문제 해결 방식의 구매일 경우는 자세한 제품 설명서가 필요하고 잘 교육받은 영업팀의 도움도 필요하다.

시간 역시 구매 상황에 영향을 미친다, 긴급을 요하는 구매의 경우 시간이 많을 때 구매하는 것과는 다른 구매 패턴을 보인다.

3) 구매 결정에 영향을 주는 요인

인간은 사회적 동물이다. 따라서 다양한 사회 문화적 요인에 의해 의사 결정이 좌우된다. 가령 주택(아파트)의 경우 일반적인 구매자는 남성(아버지 또는 남편)일 경우가 많지만 주택 구입에 결정적인 영향을 미치는 사람은 여성(어머니 또는 아내)일 가능성이 높다. 이처럼 제품에 따라서는 실제 구매자와 구매 의사 결정에 영향력이 큰 사람이 다를 경우도 있다. 이 경우 누구를 대상으로 마케팅을 해야 할까? 소비자를 둘러싼 여러 요소가 구매 결정에 영향을 미친다. 이 요소를 사회문화적인 요인과 개인적 요인으로 나눠 살펴보기로 한다.

(1) 소비자 행동에 영향을 미치는 사회 문화적 요인

소비자 행동에 영향을 미치는 대인적 요인에는 문화, 하위 문화, 준거 집단, 가족이 있다.

❶ 문화: 인간은 사회적 동물이기 때문에 대부분의 행동을 자신이 속한 사회에서 배운다. 문화란 사회 구성원으로부터 배운 기본적 가치, 인식, 욕구, 행위이다. 그러므로 한국에서 자란 학생과 미국에서 자란 학생은 서로 다른 문화적 가치관을 갖는다.

❷ 하위 문화: 우리나라는 아직 이 부분이 눈에 띄지 않지만 미국과 같은 다민족 국가에서는 하위 문화를 이해하는 것이 중요하다.

❸ 준거 집단: 우리들의 행동은 우리가 속한 여러 공식적, 비공식적 단체에 의해 영향을 받는다. 이들 여러 집단 중에서도 소비자 행동에 결정적 영향을 미치는 집단이 준거 집단이다. 즉 개인의 판단이나 태도 선호, 신념, 행동 등을 결

구매 결정에 영향을 주는 요인들

사회문화적 요인	개인적 요인
• 문화 • 하위 문화 • 준거 집단 • 사회 계층 • 가족	• 나이 • 직업 • 소득 • 라이프스타일

정하는 데 영향을 끼치는 집단을 말한다.

❹ 사회 계층: 사회 계층이란 가치관, 태도, 사고방식, 라이프스타일, 행동 등이 유사한 집단을 말한다. 같은 집단의 구성원은 소비자 행동이 유사한 경우가 많다. 예를 들어 강남에 거주하는 전문직 소비자는 와인 구매에 높은 잠재 구매력을 보이는 공통점이 있다는 식이다.

❺ 가족: 마케팅 관리자는 제품 구매에 있어 가족 구성원 개개인이 어떤 영향력을 행사하는지에 관심을 갖는다. 우리나라의 경우 전통적으로 아내가 살림을 책임지는 경우가 많아 음식, 의복, 가정용품 구매를 주도한다. 그러나 최근 여성의 노동 참여 비율이 증가하면서 남편이 이들 제품을 구매하는 데 영향력을 행사하는 경우도 많다.

(2) 소비자 행동에 영향을 미치는 개인적 요인

소비자 행동에 영향을 미치는 개인적 요인으로는 소비자의 나이, 직업, 소득, 라이프스타일 등이 있다.

❶ 나이: 소비자의 생애 주기 단계에 따라 원하는 제품 및 서비스가 변한다. 예를 들어 신혼부부는 가전제품과 가구에 대한 구매 욕구가 강하고 황혼기 부부는 건강 관련 제품 및 서비스에 대한 니즈가 강해진다.

❷ 직업: 고객의 직업에 따라 선호하는 제품 및 서비스가 다른 경우를 말한다.

❸ 소득: 대부분의 제품 및 서비스 구매에 있어 소득은 중요한 영향을 미친다. 그러나 연령, 성별, 직업 등에 비해 정확한 정보를 얻기가 쉽지 않다.

❹ 라이프스타일: 어떤 사람의 삶의 방식인 라이프스타일을 이해하기 위해서는 그 사람의 활동, 흥미, 의견이라는 세 가지 변수에 대한 정보를 수집해야 한다.

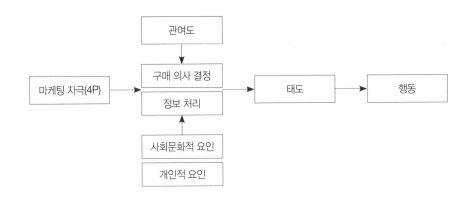

4) 조직 구매자B2B와 산업재

조직 구매자는 B2B 시장을 말하는 것으로 산업재 시장이라고 한다. 이들 구매자는 회사나 기관을 대표해 물건을 구매한다. 산업재 시장은 소비재 시장과 많은 부분에서 서로 다르다. 주로 시장 구조와 수요, 구매 단위의 성격, 의사 결정 과정에서 차이가 크게 나타난다.

(1) 시장 구조와 수요

❶ 소수의 대규모 구매자
소비재 시장에 비해 구매자 수는 적지만 더 큰 단위로 구매한다.

❷ 지리적 집중
소비재 시장은 불특정 다수로 전국으로 퍼져 있지만 산업재 시장은 지리적으로 집중된 경향을 보인다.

채찍 효과

소비자 수요가 소폭 변동하면 생산자에 대한 주문량은 대폭 변동하는 현상을 말한다. 이 문제를 해결하기 위해서는 생산 업자가 유통 업자를 설득해 상품의 재고 데이터를 공유하도록 해야 한다.

❸ 파생 수요

산업재에 대한 수요는 소비재의 파생된 수요라 할 수 있다. 어떠한 경우 소비재의 수요와 연동되어 소비재 수요가 하락하면 산업재의 수요도 하락한다. 예를 들면 PC의 수요와 인텔의 CPU의 관계를 들 수 있다.

❹ 비탄력적 수요

산업재 시장의 수요는 상대적으로 가격에 비탄력적이다.

❺ 변동성이 큰 수요

소비재나 필수품에 대한 수요는 비교적 안정적이고 큰 변화를 보이지 않지만 산업재 시장의 수요는 상대적으로 불안정하고 기복이 크다(생산 설비에 대한 수요). 소비자의 수요의 작은 증가가 산업재 수요의 큰 증가를 유발할 수 있다. 이를 채찍 효과Bullwhip Effect라고 부른다.

채찍 효과 Bullwhip Effect

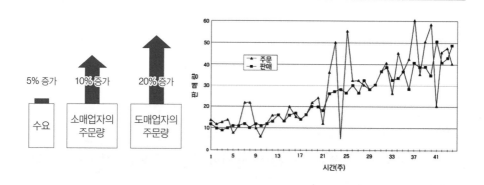

(2) 구매 단위의 성격

❶ 다수의 의사 결정 참여자

산업재 구매 의사 결정에는 많은 사람이 참여한다. 또한 많은 경험과 체계적인 교육을 받아 상품에 대한 지식이 많다. 조직 구매자를 대상으로 한 마케팅은 자사 상품에 대한 기술적 정보, 경쟁 상품 대비 장점을 제공해야 한다.

❷ 전문적 구매 노력

산업재는 훈련을 잘 받은 구매팀이 회사의 정책과, 요구 사항, 제약 사항 등을 고려해 구매한다. 제안서나 구매 계약서 등의 구매 관련 도구들이 소비재에 비해 많이 사용된다.

(3) 의사 결정 형태와 의사 결정 과정

❶ 더 복잡한 의사 결정

산업재 구매자는 소비재 구매자보다 더 복잡한 구매 의사 결정을 한다. 또 단순 재구매인지 신규 구매인지 등의 구매 상황에 따라 달라진다. 특히 신규 구매 상황에서는 더 복잡한 의사 결정 과정과 오랜 시간이 소요된다.

❷ 높은 공식화

산업재 구매 절차는 소비재 구매 과정보다 좀 더 형식화되어 있다. 큰 규모의 산업재 구매는 보통 자세한 제품 규격, 문서화된 구매 주문, 신중한 구매자 탐색, 공

구매 형태에 따른 의사 결정

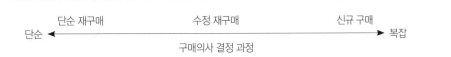

식적 승인을 요구한다.

❸ 공급 기업과 고객 간 밀접한 관계

소비재에 비해 산업재 마케팅 담당자는 구매 과정의 모든 단계에서 산업재 구매자와 매우 가깝게 협력한다. 산업재는 각자 고객의 요구에 맞춰 제공하기도 한다. 단기적으로 산업재 구매자들은 필요할 때 바로 공급을 해줄 수 있는 공급자에게서 구매할 수 있지만, 장기적인 거래에는 파트너십에 근거한 구매를 하는 경향이 많다. 따라서 판매자-구매자의 관계 정립에는 많은 위험이 존재함으로 관계 수립에서 종료에 이르기까지 윈윈Win-Win할 수 있는 전략이 필요하다.

5) 산업재 구매의 주요 행동 특징

❶ 시스템 구매와 판매

산업재 구매자들은 공급 업체로부터 자신들의 문제를 해결할 수 있는 총체적 솔루션Total Solution으로 구매하기를 원한다. 이를 시스템 구매System Buying라고 부른다.

❷ 구매 센터

구매 결정에 직접 혹은 간접적으로 영향을 미치는 개인이나 집단을 의미한다. 구매 센터의 구성원들의 구매 의사 결정에 공통의 목표를 가지고 결정에 따른 위험을 공유한다. 산업재 구매자에게 성공적으로 마케팅하기 위해서는 구매 센터에 누가 참여하고, 어떤 결정에 어느 정도의 영향을 미치는지 파악하는 것이 중요하다.

6) 산업재의 구매 단계 절차

일반적으로 산업재는 문제의 인식 → 상품 명세서 확인 → 공급 업자 탐색 → 제안서 요청 → 공급 업자 선택 → 계약 체결 → 공급 업자 평가의 단계를 거친다. 그러나 구매 유형에 따라, 의사 결정에 참여하는 구성원들의 수에 따라, 의사 결정에 필요한 정보량에 따라 구매 과정의 절차는 달라질 수 있다.

3. 마케팅 리서치

1) 마케팅 리서치의 역할과 순서

기업은 다양한 환경 분석을 통해 소비자의 수요와 사업 가능성을 정확하게 파악할 필요가 있다. 마케팅 리서치는 이런 현실적인 시장을 이해하는 가장 직접적이고 중요한 수단이다. 하지만 기업 가운데는 시장의 의견을 듣거나 실태를 파악하는 과정을 거치지 않고 상품개발이나 사업계획을 세우는 곳이 여전히 많다. 마케팅 활동에서 반드시 거쳐야 할 이 과정을 '얼마나 신속하고 정확하게 하는가'에 따라 경쟁 우위의 획득 여부가 결정된다고 해도 과언이 아니다.

마케팅 리서치 과정

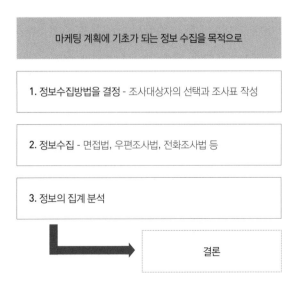

마케팅 계획에 기초가 되는 정보 수집을 목적으로

1. **정보수집방법을 결정** - 조사대상자의 선택과 조사표 작성

2. **정보수집** - 면접법, 우편조사법, 전화조사법 등

3. **정보의 집계 분석**

결론

마케팅 리서치에서는 인구통계, 경제, 자연, 기술, 정치, 문화 등의 거시적 환경과 자사, 경쟁 상대, 고객, 협력자 등의 미시적 환경을 포함한 정보를 마케팅 리서치 순서에 따라 '누락 없이, 중복 없이MECE: Mutually Exclusive and Collectively Exhaustive' 수집하고 분석한다. 즉, 마케팅 계획을 수립하고 실행하기 위한 판단자료를 필요한 시기에 필요한 양만큼 수집하는 것으로써 기업과 고객을 연결시켜준다고 할 수 있다. 마케팅 리서치 과정은 정보수집 방법의 결정, 정보수집, 정보의 집계 분석, 결론 도출의 순서로 진행된다.

2) 정보수집 방법의 결정

표본을 선택하는 방법은 크게 두 가지로 나눌 수 있다, 하나는 조사자가 대상자를 정의한 다음 그 정의를 바탕으로 대표성이 있다고 생각되는 대상자를 선출하는 '유의추출법Purposive Sampling'이고, 또 하나는 기획자의 주관을 전혀 개입시키지 않고 무작위로 대상자를 추출하는 '무작위추출법Random Sampling'이다.

❶ 유의추출법

유의추출법 중에 '전형법Typical Sampling Method'이 있는데, 조사자가 자신의 지식과 경험을 바탕으로 대상자를 대표한다고 생각되는 표본을 주관적으로 선정하는 방법이다. 이 방법은 표본의 수가 적을 경우 대상의 정의에 주관이 개입되기 쉽다는 단점이 있다.

한편 성별이나 연령구조 등 대상자의 대표성을 유지하기 위해 여러 기준과 대상자의 비율을 미리 정해두기도 하는데 이것을 '할당법Quota Sampling Method'이라고 한다. 이 방법은 세밀하게 조건을 나눠 결과를 파악할 수 있다는 장점이 있지만 그 조건에 해당하는 대상자를 찾는 데 어려움이 따른다는 단점이 있다.

❷ 무작위추출법

무작위추출법은 주로 공장에서 제품조사 등을 할 때 활용되는데, 표본을 선택할 때 주관이 개입되지 않는다는 장점이 있는 반면, 대상자 수(표본 수)가 적으면 예외라고 할 수 있는 대상자에게서 도출된 결과가 지나치게 강조될 위험성이 있다.

3) 자료수집

(1) 자료수집 방법

표본에서 자료를 수집하는 일 자체는 언뜻 간단하고 단순한 직업이라 생각하기 쉽지만 사실 정보를 수집하는 방법은 매우 다양하기 때문에 조사의 목적이나 의도에 따라 각 방법의 장점과 단점을 검토하여 결정해야 한다.

자료수집의 대표적 방법으로는 ①조사원이 조사 대상자를 만나서 질문하고 회답을 받아 적는 '면접법' ②전화를 매개로 조사하는 '전화조사법' ③설문지를 우편으로 보낸 후 회답을 분석하는 '우편조사법' ④조사원이 조사 대상자를 만나서 설문지를 주고 일정 기간이 지나 설문지를 회수하는 '유치법' ⑤좌담회 방식으로 참석자의 의견을 듣는 '집단면접법Group Interview'이 있다. 이 외에도 최근에는 인터넷을 이용한 방법이 자주 활용된다.

자료수집 방법

1. 면접법	조사원이 직접 만나서 질문하고 회답을 받아 적는다
2. 전화조사법	전화로 질문하여 회답을 받아 적는다
3. 우편조사법	설문지를 우편으로 보낸 후 회수된 응답을 분석한다
4. 유치법	미리 설문지를 나눠 준 다음에 나중에 회수한다
5. 집단면접법	좌담회 방식으로 5~8명 참석자의 의견을 듣는다.

어떤 자료수집 방법을 사용하든 항상 결과의 타당성을 염두에 두어야 한다. 100% 정확한 조사 자료를 수집하기란 현실적으로 어렵기 때문에 주의를 기울여야 한다. 조사에 오차가 발생하는 이유는 다음과 같다.

---

① 기획 자체가 잘못된 경우
② 대상자가 적당하지 않은 경우
③ 회답 거부 등으로 자료를 제대로 수집하지 못한 경우
④ 회답 내용을 신뢰할 수 없는 경우
⑤ 설문지 자료를 잘못 집계한 경우

특히 ④번의 원인으로는 설문지의 질문이 모호해 주관이 많이 개입되는 경우나 질문 자체에 대해 솔직한 답을 할 수 없는 경우 등을 들 수 있다.

마케팅 리서치에서는 기획자의 주관을 최대한 배제해 설문을 만들 수 있는지에 그 조사의 성패가 달려 있다.

(2) 면접법과 우편조사법

조사방법의 가장 대표적인 예로는 면접법과 우편조사법을 들 수 있다. 이 두 가지 방법의 장점과 단점은 다음과 같다.

먼저 대상자가 지역적으로 분산된 경우에 면접법을 실시하면 교통비가 많이 들기 때문에 우편조사법이 더 적합하다. 또한 면접법은 조사원의 능력에 따라 회답 내용이 많이 달라지므로 조사원의 경험과 기술의 차이가 큰 경우라면 조사원의 오차를 배제할 수 있는 우편조사법이 유리하다.

하지만 우편조사법을 사용하려면 시간적으로 여유가 필요하므로 시간이 촉박할 때는 면접법을 실시하는 편이 좋다. 또한 질문의 양이 많으면 회수율이 떨어지고, 내용이 복잡하면 잘못 회답을 하거나 기입을 누락하는 사례가 많아지므로 질

문의 양이 많거나 내용이 복잡한 자료를 수집할 때는 면접법이 적당하다.

이 외에도 회답오차라는 측면에서 봤을 때 우편조사법은 대상자가 충분한 시간을 할애하여 신중하고 꼼꼼하게 회답해줄 수 있는 장점이 있는 반면, 대상자 이외의 다른 사람이 기입하거나 거짓으로 회답할 수 있다는 단점이 있으므로 그 목적과 조사 내용에 맞는 방법을 사용하도록 한다.

또한 전화나 인터넷, 팩스 등을 매개로 한 수집법은 면접법이나 우편조사법에 비해 직접 조사자를 찾아다니거나 설문지를 발송하고 회수할 필요가 없어 시간과 비용을 절약할 수 있으므로 신속하게 자료를 수집하고자 할 때 가장 적당한 방법이다. 하지만 우편조사법의 경우 질문을 하기 어려우며, 설문지를 보여줄 수 없다는 단점이 있으므로 조사 내용이 비교적 간단할 때 활용된다.

4. 표적 시장 선정과 포지셔닝

1) 시장 세분화Segmentation

(1) 시장 세분화의 개념과 의의

시장 세분화는 한 시장을 여러 개의 세분 시장으로 나누는 것이며, 비슷한 욕구를 갖고 있는 고객들 간의 집단을 세분 시장이라 한다. 즉 전체 제품 시장을 어떤 기준을 이용하여 동질적인 세분 시장으로 나누는 과정을 말한다. 고객을 세분화해야 하는 이유는 소비자 이질성 때문이다.

포스트모더니즘은 소비자 욕구의 다양화를 가져왔다. 이는 기업에 선택의 문제를 발생시켰고, 기업은 고객들에게 가장 적합한 가치를 제공하고 새로운 시장, 제품, 기회를 파악하기 위해서 유사한 니즈를 가진 소비자 집단끼리 그룹화를 해야 할 필요가 생겼다. 세분화의 궁극적 목표는 시장에서 자사 제품의 경쟁 우위 확보이다.

(2) 시장 세분화의 효과

❶ 경쟁 우위의 확보

자사가 가지고 있는 역량을 최대로 활용할 수 있는 세분 시장으로 자사의 마케팅 자원을 투입하게 되므로 경쟁 우위를 확보할 수 있다.

❷ 마케팅 기회의 발견

소비자의 욕구를 이해하게 되면 새로운 마케팅 기회를 발견할 수 있다. 이는 "시장은 쪼갤수록 커진다"는 마케팅 격언과 상통한다.

❸ 차별화를 통한 경쟁 완화

경쟁자와 서로 다른 세분 시장을 타깃으로 하면 경쟁이 줄어드는 효과가 있다. 이를 통해 동일한 소비자를 두고 벌이는 치열한 가격 경쟁을 피할 수 있다.

(3) 시장 세분화 요건

❶ 측정 가능성

시장의 크기, 구매력, 세분 시장의 특성 등을 측정할 수 있어야 한다.

❷ 접근 가능성

해당 시장의 고객들에게 제품과 광고 등이 효과적으로 접근할 수 있어야 한다.

❸ 시장 규모성

시장이 충분한 이익을 창출할 수 있을 만큼 규모가 커야 한다.

❹ 내부적 동질성과 외부적 이질성

세분된 시장 내에서는 동질적이어야 하고, 개별 세분 시장 간에는 이질적이어야
한다.

(4) 시장 세분화의 변수

❶ 고객 특성 변수

관찰과 측정이 쉽지만 고객 특성에 따라 소비자의 행동이 차이가 없으면 큰 의
미가 없다.

- 인구 통계적 변수: 연령, 가족 크기, 성별, 소득, 직업, 교육 수준, 사회 계층 등
- 지리적 변수: 지역, 인구 밀도, 도시 크기, 기후 등
- 심리·분석적 변수: 소비자의 가치 기준이나 태도, 개성 및 라이프스타일 등

❷ 고객 행동 변수

세분 시장마다 고객 행동이 차이가 있어야 한다는 측면에서 의미를 갖지만, 이
를 관찰하고 측정하기가 쉽지 않다.

- 추구 편익: 고객들이 상품으로부터 추구하는 편익을 기준으로 시장을 세분화
  (예: 에이스 침대)
- 사용 상황: 용도를 염두에 두고 세분화

S·T·P 전략

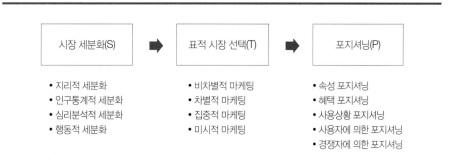

(예: 게토레이 = 운동 후 섭취, 포카리스웨트 = 일상생활에서 섭취)

- 사용량 또는 사용 여부: 대량 사용자, 소량 사용자
- 상표 애호도: 어떤 상표를 지속적으로 계속 구매하려는 성향

2) 타기팅_{Targeting}

(1) 타기팅의 의의

세분 시장 중 판매자와 적합도가 가장 높은 매력적인 시장을 선택하는 절차이다. 자신의 마케팅 노력을 특별히 기울이는 고객(사람과 기업) 집단이라 볼 수 있다.

(2) 세분 시장의 평가

❶ 시장 요인 측면에서의 평가 기준
- 시장의 규모: 시장 규모가 크다고 해서 이익을 보장하지는 않는다. 오히려 성장률이 낮고 수많은 경쟁자가 포진해 있을 가능성도 높다. 이런 시장을 공략할 때도 기업의 자원과 역량이 많아야 가능하다.
- 성장률: 매출과 이익이 지속적으로 성장 가능한지를 고려해야 한다. 성장률이 높으면 경쟁이 치열해질 수 있기 때문에 미래의 경쟁 상황을 반드시 고려해야 한다.
- 시장 구조의 매력도: 장기적으로 세분 시장의 수익성 면에서 매력도에 영향을 미치는 경쟁 요인의 분석이 필요하다. 즉 대체재의 존재 유무, 기존 경쟁자의 경쟁 정도, 잠재 진입자의 위협, 공급자와 구매자의 교섭력 등을 파악해야 한다.

❷ 기업 요인 측면에서의 평가 기준
- 기업 목표와의 부합성: 기업의 추구 방향과 비전과 목표, 이미지와 부합하는지

살펴본다.

- 기업의 역량과 자원과의 부합성 : 기존 제품과의 조화와 기업이 기존에 가지고 있는 자원(예를 들어 유통망)을 활용할 수 있는지 확인한다.

(3) 표적 시장의 공략 전략

각 세분 시장을 평가한 후에는 표적 시장을 선정해야 한다. 표적 시장을 선정하는 전략에는 크게 세 가지가 있다.

❶ 비차별화 마케팅

세분 시장 간의 차이점을 무시하고 전체 시장을 상대로 하나의 마케팅 믹스 전략을 구사하는 마케팅이다. 소비자 욕구의 차이점이 아닌 공통점에 초점을 맞추어 모든 소비자에게 소매할 수 있는 제품과 마케팅 믹스를 개발한다. 한 가지 형태의 제품에 단일 마케팅믹스 전략으로 전체 시장에 접근한다.

- 장점 : 시장 세분화의 필요가 없고 대량 생산을 통한 규모의 경제 효과를 이루어 원가 절감이 가능하며, 광고·유통 등에서도 한 가지 프로그램을 사용하여 경제적이다.
- 단점 : 적용 분야가 극히 제한적이고 규모가 작은 기업에서는 적용하기 쉽지 않다. 소비자의 욕구가 거의 같고 단일 마케팅 믹스를 사용할 수 있는 능력을 가진 기업에서 이 전략을 통한 비용 절감의 효과가 클 경우 적용 가능하다. 설탕, 소금 등과 같은 일부 편의품과 농산물 등에 적용할 수 있다.

❷ 차별화 마케팅

전체 시장 가운데서 가장 매력적인 세분 시장 몇 개를 선택해 영업 활동을 하고, 각 세분 시장에 맞는 마케팅 믹스를 적용하는 전략이다. 소비자의 니즈가 차이가 많이 나는 제품군에 적합하다.

- 장점 : 다양한 소비자의 욕구에 맞는 다양한 제품을 설계하고 다양한 가격으로

광고를 할 수 있다. 여러 유통 경로를 통해 제품을 전달함으로써 보다 많은 소비자를 상대할 수 있어 매출액 증대 효과가 있다.

- 단점: 각 세분 시장에 맞는 마케팅 믹스 개발로 비용이 증가한다. 소비자의 욕구를 골고루 충족시키는 데서 오는 비용의 상승을 매출액의 증가로 보완이 가능한 경우에 적합하다.

(예: 자동차, 집, 가구, 의류)

❸ 집중화 마케팅

전체 소비자를 상대하는 것보다 가장 매력적인 하나의 소비자 집단을 골라 여기에 기업이 모든 마케팅 노력을 집중하는 전략이다. 전체 시장 가운데 오직 하나의 세분 시장만을 상대로 마케팅 활동을 하는 것이다.

- 장점: 비용 절감이 가능하고 최적의 마케팅 믹스를 개발하면 매출액 증대가 가능할 뿐만 아니라 높은 수익을 올릴 수 있다.
- 단점: 규모가 큰 경쟁사가 진입하면 기업의 존립에 영향을 받을 수 있으며, 매달려 있는 표적 시장의 기호에 변화가 생기는 경우에도 엄청난 타격을 받을 수 있다. 자원이 빈약하거나 새로이 시장에 진출하는 기업에게 적합하다.

(예: 아가방, 롤스로이스, 경주 황남빵)

3) 포지셔닝Positioning

(1) 포지셔닝의 개념

포지셔닝이란 제품의 중요한 속성들이 구매자에게 인식되는 방식으로, 소비자의 마음속에 경쟁 제품과 비교하여 자사의 제품이 유리한 위치에 자리 잡게 하는 점진적이고 역동적인 과정이다. 즉 어떤 상품을 고객의 마음속에 유리하게 위치시켜 경쟁 제품과 차별화되게 하는 것이다. 시장 세분화와 제품 차별화의 두 개념이 잘 조화된 제품 이미지를 창조하면 시장에서 경쟁 우위를 이룰 수 있다.

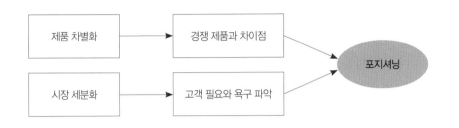

(2) 포지셔닝의 유형

포지셔닝은 제품이 속한 산업이나 기업의 특성에 따라 다양하게 택할 수 있다. 대표적인 방법을 소개하면 다음과 같다.

❶ 속성에 의한 포지셔닝

(예: 크레스트 치약은 '충치 예방'를 주요 속성으로 삼았다.)

❷ 가격/품질에 의한 포지셔닝

(예: 월마트는 '고객에게 가치를 제공하는 소매점'을 목표로 한다.)

❸ 사용 상황과 목적에 의한 포지셔닝

(예: 게토레이는 '물보다 흡수가 빨라야 한다'고 강조하며 운동 후 갈증 해소를 부각시켰다.)

❹ 제품 사용자에 의한 포지셔닝

(예: 밀러 맥주는 '맥주를 많이 마시는 육체 노동자'를 주 고객으로 설정했다.)

❺ 경쟁 제품에 의한 포지셔닝

(예: 에이비스Avis는 "우리는 2등 기업이다. 그러므로 더 열심히 노력한다"는 유명한 광고 캠페인을 통해 자사를 1등 기업 허츠Hertz와 비교함으로써 성공적으로 포지셔닝했다.)

(3) 포지셔닝 맵Positioning Map

❶ 포지셔닝 맵의 개념

주어진 제품 범주의 경쟁 브랜드를 표시해 소비자 인식상의 위치를 쉽게 파악하는 일종의 인식 지도Perceptual Mapping이다. 제품의 주된 특성을 가로세로축에 놓고 경쟁자와 자사의 위치를 잡는다.

❷ 포지셔닝 맵을 이용한 신제품의 포지셔닝 전략

• 빈 공간에 포지셔닝: 기술적 접근이 가능해야 하고 시장 규모(소비자의 수)가 커야 한다.

• 경쟁 제품 가까이에 포지셔닝: 경쟁 제품보다 품질이 우수한 제품을 생산하고, 시장의 크기가 충분히 커야 하며, 자원이 많아야 한다. 즉 경쟁에 대비할 수 있을 만큼 자원이 풍부해야 한다.

포지셔닝 맵

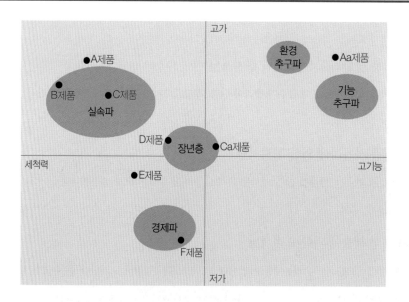

(4) 포지셔닝 전략의 수행

❶ 차별화 포인트 발굴

포지셔닝의 핵심은 차별화다. 예를 들어 타이레놀은 약효는 중간 정도이지만 '순함'에 있어서는 최고 브랜드이다. 즉 '타이레놀은 순하다'라는 속성으로 수많은 경쟁 진통제 브랜드와 차별화하여 시장 점유율 1위를 유지하고 있다. 결국 포지셔닝의 첫 단계는 경쟁 우위를 갖는 차별화 포인트를 발굴하는 것이며 차별화 포인트를 찾는 방법은 자사 제품 및 서비스에 대한 소비자의 총체적 경험을 분석하는 것이다.

❷ 선택과 집중의 커뮤니케이션

만약 다수의 차별화 포인트를 찾았다면 이 중 가장 중요하다고 판단되는 1~2가지에 집중해서 일관되게 커뮤니케이션하는 것이 좋다. 왜냐하면 오늘날과 같이 광고 홍수 속에서 살고 있는 소비자에게는 한 브랜드에 하나 이상의 차별화 요소를 기억하기는 어렵기 때문이다

❸ 포지셔닝과 제품 개발

이론적으로는 시장 세분화-타기팅-포지셔닝의 순으로 차별화 포인트를 확정한 뒤 상품 개발을 하는 것이 맞다. 하지만 현실에서 이러한 마케팅 상황을 진행하기가 어려운 경우가 많다. 또 상품 개발 후에 포지셔닝을 시장에 맞게 수정해야 하는 경우가 많이 생길 수 있다. 이 때문에 포지셔닝은 상품개발 후 브랜드나 광고에 대한 결정을 하면서 확정되는 경우도 있다.

5. 마케팅 믹스Marketing Mix의 구축

마케팅 믹스는 기업이 목표로 한 소비자로부터 원하는 반응을 얻기 위해 마케팅 도구를 적절하게 조합하는 것으로, 표적 시장에서 마케팅 목표를 달성하기 위해 종합적으로 판단·결정하는 전략을 말한다.

마케팅 믹스에 사용되는 마케팅 도구는 제품Product, 가격Price, 유통Place, 촉진Promotion 으로 구성되고, 이를 각 단어의 앞 글자를 모아 4P라고 부른다. 기업은 이러한 마케팅 믹스를 통해 목표 소비자의 마음속에 자사 제품의 독특한 가치, 좋은 이미지 등을 경쟁사보다 유리하게 심기 위해 노력한다. 아래 그림과 같은 일련의 과정은 결국 마케팅 마인드를 형성해 '소비자의 욕구를 어떻게 더 많이 충족시키는가'에 관한 마케팅 믹스로 도출된다. 즉, 제품의 시장성이 확인되고 대략적인 표적 시장 도 정해졌을 때 이를 기초로 마케팅 믹스를 구축하는 것이다.

마케팅 믹스와 포지셔닝

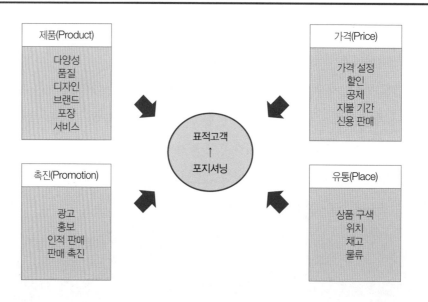

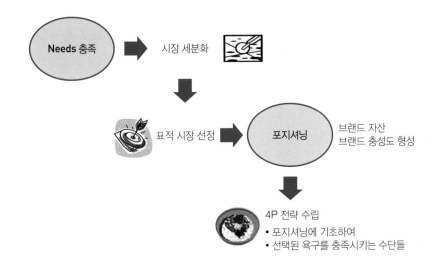

1) 제품전략

(1) 제품 믹스 및 제품 라인

하나의 기업 혹은 하나의 사업 단위Business Unit가 생산 및 판매하는 모든 제품들을 일컬어 제품 믹스Product Mix라고 하며, 제품 믹스 중에서 특정 기준에 따른 유사 제품들의 집합을 제품 라인Product Line이라고 한다.

예를 들어, 현대자동차의 제품 믹스는 쏘나타, 아반떼, 그랜저, 에쿠스, 제네시스 등 현대 자동차에서 생산 및 판매하는 모든 제품이다. 이들 제품들은 특정 기준(차량의 크기)에 따라 소형, 중형, 대형 차량으로 그 제품 계열을 나눌 수 있다. 제품 믹스의 구조는 제품 믹스의 폭Width, 제품 믹스의 길이Length, 제품 믹스의 깊이Breath로 이루어져 있다.

❶ 제품 믹스의 폭

해당 기업이 생산·판매하는 제품 계열의 수를 의미한다.

제품 수명 주기 단계의 단절 상태를 의미하는 용어로, 수많은 제품(특히 IT제품)과 기술이 도입기와 성장기 사이에서 시장 확대의 어려움을 겪는 현상을 말한다.

❷ 제품 믹스의 길이

제품 믹스의 길이는 각 제품 계열이 포함하는 품목의 평균수인데, 소화제 계열에 a, b, c 세 가지 품목이 있고, 피로회복제 계열에 d, e, f, g의 4가지 품목이 있다면, A 제약 회사의 제품 회사의 제품 믹스의 길이는, (3+4)/2 = 3.5가 된다.

❸ 제품 믹스의 깊이

한 품목에 포함된 변형Version의 수, 즉 동일한 상표로 제공되는 상이한 형태와 규격을 갖는 품목의 수를 말한다. A제약 회사의 A상표로 판매되는 소화제가 어린이용, 중·장년용, 노년용으로 각각 판매된다면, 품목 A의 제품 믹스의 깊이는 3이 된다. 모든 개별 버전의 수를 품목수로 나눈 것을 평균 깊이라 한다.

(2) 제품 수명 주기

❶ 제품 수명 주기의 개념

하나의 제품이 시장에 도입돼 폐기되기까지의 과정을 제품 수명 주기Plc, Product Life Cycle라고 한다. 제품 수명의 길고 짧음은 각 제품의 성격에 따라 달라지는데, 사람의 경우도 유년기, 청년기, 장년기, 노년기의 단계가 있듯이 제품도 도입기, 성장기, 성숙기, 쇠퇴기의 과정으로 나눌 수 있다. 많은 제품은 다음 그림과 같은 수명 주기를 거치게 된다. 쇠퇴기에 접어든 제품이라고 모두 소멸되지는 않고, 다른 기능을 첨가하거나 새로운 트렌드가 생겨나면 다시 판매가 늘 수도 있다.

대부분의 제품은 그림과 동일한 과정을 거치게 된다. 도입기와 성장기 사이에는 깊은 간격이 있는데, 기술 중심의 제품이 이 간격을 넘어서지 못해 곧바로 소멸 단계로 넘어가는 것을 깊은 틈이라는 뜻의 캐즘Chasm이라 한다.

제품 수명 주기

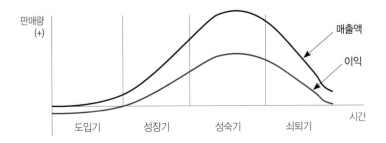

제품 수명 주기별 특징과 전략

구분		도입기	성장기	성숙기	쇠퇴기
특징	판매량	적음	급격한 증가	정점	적음
	이익	손실	증가	많음	감소
	수용 단계	혁신 수용자	초기 수용층	다수 수용층	후발 수용층
전략	마케팅 목표	인지 및 사용	시장 점유율 확대	점유율 방어	비용 축소
	가격	원가 가산	시장 침투	경쟁 대응	가격 유지 및 인하
	유통 경로	선택적	집중적	더 집중적	선택적

❷ 제품 수명 주기의 활용과 한계

제품수명 주기는 1950년대부터 개념화되기 시작한 경영학 이론이다. 단계의 체계성으로 인해 실무에서도 많이 참고되지만, 곡선의 정형성에 대해서는 아직까지 많은 논란이 있다. 연구자마다 실측 자료와 분석 수준이 달라 아직까지 명확한 결론을 내리지 못한 상황이다. 하지만 이러한 문제에도 불구하고 단계별로 기업의 전략이 달라야 한다는 점은 연구자 사이에서도 이견이 없다.

중요한 것은 제품 수명 주기 단계를 구분해야 한다는 점과, 각 단계에 따라 체계적으로 변하는 시장이 기업의 전략과 성과에 영향을 미친다는 점이다. 제품 수명 주기는 마케팅 전략을 세우는 데 유용한 사고의 틀 역할을 한다. 하지만 시장의 절대적 기준은 아니기 때문에 지침 적용에는 신중할 필요가 있다.

(3) 브랜드 전략

❶ 브랜드의 역할과 기능

기업의 마케팅 활동을 생각할 때 빼놓을 수 없는 부분이 바로 브랜드 가치다. 이 '브랜드'의 의미에 대해 자세히 알아보자.

미국 마케팅협회는 브랜드 가치에 대해 '어떤 판매자 또는 판매집단의 제품을 구별하고, 경쟁 상대의 제품 또는 서비스와 차별화하려는 의도로 붙인 명칭, 단어, 부호, 기호, 디자인 또는 이들의 조합'이라고 정의했다. 즉, 브랜드란 자사 제품을 타사의 제품과 차별화시켜 품질보증을 증명하는 기능을 함과 동시에 소비자가 상품을 구분할 수 있는 표시의 역할을 한다.

브랜드의 구성 요소

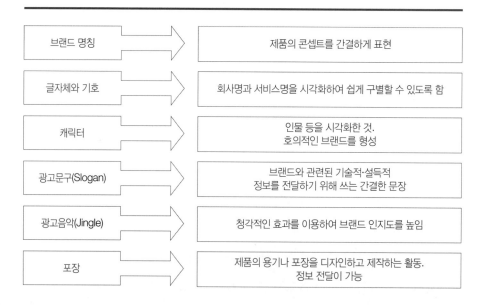

브랜드 명칭	제품의 콘셉트를 간결하게 표현
글자체와 기호	회사명과 서비스명을 시각화하여 쉽게 구별할 수 있도록 함
캐릭터	인물 등을 시각화한 것. 호의적인 브랜드를 형성
광고문구(Slogan)	브랜드와 관련된 기술적·설득적 정보를 전달하기 위해 쓰는 간결한 문장
광고음악(Jingle)	청각적인 효과를 이용하여 브랜드 인지도를 높임
포장	제품의 용기나 포장을 디자인하고 제작하는 활동. 정보 전달이 가능

❷ 브랜드의 역할과 구성 요소

브랜드는 크게 ①브랜드 명칭 ②글자체와 기호 ③캐릭터 ④광고문구Slogan ⑤광고음악Jingle ⑥포장 등 6가지로 구성된다. 고객에게 제공하는 '브랜드'의 경우 고객과 기업의 접점이 되는 가격, 제품, 프로모션, 유통이라는 4P가 많은 영향을 준다는 점을 생각할 때 앞의 6가지 구성 요소는 좁은 의미의 브랜드 요소라 할 수 있다.

예컨대 '애플'이라는 짧은 말 안에는 상품의 이름(브랜드 명칭)뿐 아니라 '고가격', '고품질', '혁신', '세련된 디자인'이라는 상품 및 회사의 이미지가 들어 있는데 이는 기업이 브랜드의 6가지 구성 요소를 소비자에게 상품과 함께 기업 이미지를 부각시키는 수단으로 활용하고 있기 때문이다.

❸ 브랜드의 분류와 확장

브랜드는 몇 개의 단계로 나눠지는데 이 구조에 대한 정확한 이해는 '브랜드 알리기Branding' 작업을 할 때 중요한 바탕이 된다.

- 그룹 브랜드Group Brand : 그룹 전체의 통일된 브랜드
- 코퍼레이트 브랜드Corporate Brand : 각 기업을 나타내는 브랜드
- 사업 브랜드 : 사업 단위별 브랜드
- 카테고리 브랜드Category Brand : 제품 그룹이나 서비스 분야를 총칭한 브랜드
- 개별 상품(상품명 또는 상품 브랜드) : 제품 단위별 브랜드

기업과 관련된 브랜드는 서로 일관성이 있어야 한다. 만약 동일한 기업에서 서로 다른 종류의 브랜드 이미지를 공유하면 일부 브랜드, 나아가 전체 브랜드의 이미지를 저하시킬 수도 있다.

한편 기존 브랜드에 대해 소비자가 가지고 있는 브랜드 인지도, 충성도, 연상, 이미지 등의 브랜드 지식을 다른 상품 라인이나 제품군으로 확장하는 것을 '브랜드

확장Brand Extension'이라 한다. 일반적으로 브랜드 확장은 '라인 확장'과 '카테고리 확장'으로 분류 한다.

라인 확장은 예를 들어, 코카콜라의 '코카콜라 라이트'와 '다이어트 코크'처럼 기존의 브랜드와 동일한 제품군 안에서 새로운 세분시장을 겨냥해 신제품을 투입할 때 활용한다. 카테고리 확장은 신규 제품 라인에 기존 라인의 브랜드를 사용하는 것을 말한다. 예를 들면, 레코드점으로 인지된 '버진Virgin'의 항공기와 휴대전화 등이다.

2) 가격Price 전략

(1) 가격 결정 시 고려 요인들

❶ 고객의 가치 지각

판매자가 구매자의 지각된 가치보다 더 높은 가격을 책정하면 판매가 일어나지 않아 어려움을 겪을 수 있다. 따라서 가격 결정은 고객의 욕구와 가치 지각을 분석하는 것에서 시작하며, 제품 가격은 소비자의 지각된 가치에 맞춰 책정된다.

❷ 제품과 서비스의 원가

제품 원가는 제품 가격의 하한선을 결정한다. 원가 기반의 가격 결정은 제품을 생산하고 유통, 판매하는데 드는 비용에 적정 수준의 마진을 더해 가격을 책정하는 방식이다.

❸ 마케팅과 마케팅 믹스 전략

타깃으로 하는 시장에 따라 가격이 영향을 받는다. 또 가격은 마케팅 믹스 중 하나이지만 나머지 마케팅 믹스에도 영향을 받는다. 예를 들어 어떤 유통 경로를 택했는가에 따라 수수료 등의 비용이 발생할 수 있고 이는 가격에 영향을 미친다.

❹ 시장의 특성(완전 경쟁 시장, 독점적 경쟁 시장 등)

시장의 구조는 가격 결정에 큰 영향을 미친다. 특히 경쟁자가 다수인지 소수인지, 독점적으로 존재하는 시장인지에 따라 제품의 가격은 크게 달라진다.

❺ 수요의 가격 탄력성

수요의 가격 탄력성에 영향을 미치는 요인은 다음과 같다.

- 대체제의 존재 유무: 전력 산업과 같이 독점에 가까운 산업은 가격 탄력성이 매우 낮다. 반면 맥주 산업과 같이 여러 대체제가 존재하는 산업의 경우에는 가격 탄력성이 높다. 많은 기업이 광고에서 타사 제품과의 차별성을 강조하는 이유는 대체 효과를 줄이기 위해서라고 볼 수 있다.
- 전환 비용의 크기: 전환 비용이란 한 기업과 거래를 하던 도중 다른 기업으로 옮겨가기 위해 지불해야 하는 비용이다. 주거래 은행을 바꾸면 연결된 각종 계좌를 바꿔야 하므로 불편함이 크다. 이 경우 은행은 전환 비용이 크다고 할 수 있다.
- 제품의 가격이 곧 품질을 의미하는 경우: 특히 과시 효과가 있는 경우에 볼 수 있다. 예를 들어 유명 디자이너의 옷은 매우 비싸지만 소비자는 자신만이 이 옷을 입을 수 있다는 배타성 때문에 옷을 구매하기도 한다.

❻ 경쟁사의 가격

소비자들은 제품을 구입할 때 제품의 가격과 가치를 타 경쟁 제품과 비교하기 때문에 경쟁사의 비용이나 가격 그리고 가치는 중요한 가격 결정의 요인이 된다.

❼ 기타 경제 여건, 정부 규제, 사회적 책임 등의 환경 요소

(2) 소비자 관점에서의 가격

위에서 살펴봤듯이 소비자의 심리적인 요인은 가격 결정에 큰 영향을 미친다.

❶ 준거가격, 유보가격, 최저수용가격

구분	내용
준거 가격 (reference price)	구매자가 가격이 적당한지 판단하는 기준 가격을 말한다.
유보 가격 (reservation price)	구매자가 어떤 상품에 대하여 지불할 수 있는 최고 가격을 말하며, 다른 말로 최대 수용 가격이라고도 한다.
최저 수용 가격 (lowest acceptable price)	가격이 낮을수록 구매자들이 무조건 좋아하는 것만은 아니다. 즉, 어느 수준 이하로 내려가면 소비자들은 해당 상품의 품질을 의심하게 된다. 이 수준의 가격을 최저 수용 가격이라고 부른다.

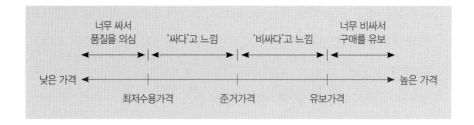

❷ 웨버의 법칙과 최소 식별 차이ᴶᴺᴰ

• 웨버의 법칙

가격 변화의 지각은 가격 수준에 따라 달라진다는 법칙으로 낮은 가격의 상품은 가격을 조금만 올라도 구매자가 가격 인상을 파악하지만, 높은 가격의 경우 어느 정도 올라도 구매자가 가격 인상을 알아차리지 못하는 현상을 말한다. 예를 들어 A와 B의 제품의 가격은 각각 1,000원과 2,000원이고 최근 모두 200원씩 가격이 인상됐다고 하자.

$k = (S_2 - S_1)/S_1$

k=주관적으로 느낀 가격 변화의 크기(S_1=원래의 가격, S_2=변화된 가격)

(200원 가격 인상)

A제품의 원래 가격이 1,000원, 가격 인상 후 가격 변화가 1,200원이면 k는 0.2

B제품의 원래 가격이 2,000원, 가격 인상 후 가격 변화가 2,200원이면 k는 0.1

똑같이 200원이 올랐지만 원래의 가격이 얼마였는지에 따라 구매자가 주관적으로 느끼는 가격 변화의 크기는 달라진다. 원래 가격이 높으면 높을수록 가격이 크게 올라야만 구매자가 가격 인상을 느낄 수 있다.

• 최소 식별 차이_{JND, Just Noticeable Difference}

가격 변화를 느끼게 만드는 최소의 가격 변화 폭을 말한다. 예를 들어 1,000원짜리 상품에서 소비자가 10원 미만의 가격 인상은 전혀 알아차리지 못하지만, 10원 이상의 가격 인상에 대해서는 알아차린다고 하자. 이 경우 10원이 JND에 해당된다. 즉, 구매자의 입장에서는 1,000원과 1,009원은 마찬가지인 셈이다.

• 가격 전략의 시사점

웨버의 법칙과 JND는 일정한 범위 내에서는 가격을 인상(인하)하더라도 구매자가 느끼지 못할 수 있다는 시사점을 제공한다. 이는 가격 결정에 다음과 같이 활용할 수 있다.

- 가격 인상 시: 웨버의 법칙과 JND는 기업이 일정한 범위 내에서 가격을 인상해도 구매자가 느끼지 못하는 경우가 있다는 점을 보여준다. 기업이 그 범위 내에서 가격을 인상해도 판매량은 줄지 않으므로, 새로이 확보된 마진으로 수익성을 향상시킬 수 있다.

- 가격 인하 시: 일정한 범위 내에서 가격을 인하하더라도 구매자가 느끼지 못할

수도 있다. 이 경우 판매량이 늘지는 않고 마진만 줄어들므로 기업은 가격 인하를 하지 않는 것이 더 좋은 전략이다.

❸ 가격-품질 연상price-quality association

가격이 높을수록 품질이 높을 것이라고 믿는 것을 말한다. 소비자가 구매할 제품에 대해 잘 모르고 품질을 평가하기 어려운 상품의 경우에는 가격을 높게 설정해야 품질이 높다는 것을 암시할 수 있다. (예: 향수, 보석)

❹ 구매자 vs. 소비자 vs. 의사 결정자

구매자와 소비자, 의사 결정자가 일치하지 않으면 가격을 서로 다르게 지각한다.

3) 유통Place 전략

유통은 제품이나 서비스를 생산자로부터 최종 소비자인 고객에게 전달하는 것이며, 유통 경로는 소비자에게 제품과 서비스의 흐름을 원활하게 하는 과정을 말한다. 여기에서 이러한 과정을 결정하는 것을 유통 전략이라고 한다. 구체적으로 말하면, 제품이 적절한 시기에 적절한 장소에서 적절한 양만큼 소비자에게 공급될 수 있도록 전달하는 과정을 결정하는 것이다.

(1) 유통 경로의 필요성

유통 경로가 존재하는 근본적인 이유는 생산자와 소비자 사이에 시간, 장소, 형태상의 불일치가 있기 때문이다. 시간상의 불일치란 생산 시점과 소비 시점의 불일치를 가리킨다. 장소상의 불일치란 생산 장소와 소비 장소의 불일치를 가리킨다. 형태상의 불일치란 생산되는 형태와 소비되는 형태가 일치하지 않는 것을 가리킨다. 또한 유통 경로는 촉진, 보관, 협상, 주문 접수, 배달, 판매 후 서비스 및 반품 처리, 관계 유지, 정보 제공, 금융의 기능도 담당한다.

(2) 유통 경로의 유형

유통 경로는 기본적으로 소비재의 유통 경로와 산업재의 유통 경로의 유형으로 구분한다. 여기에서는 기업이 주로 이용하는 소비재 유통 경로에 대해 알아본다.

❶ **유형1**: 생산자가 최종 소비자에게 직접 제품이나 서비스를 판매하는 것으로 가장 간단한 유통 경로이다. 이 유통 경로는 생산자와 소비자가 모두 대규모인 경우에 자주 이용된다. 의료 장비나 항공기, 선박 등과 같이 고가격 제품 등이 이런 유통 경로를 거쳐 소비자에게 전달된다.

❷ **유형2**: 백화점이나 슈퍼마켓과 같은 대규모 소매상이 상품을 생산자로부터 직접 매입하여 판매하거나, 생산자가 자사 제품을 유리하게 판매하기 위하여 도매상에 의뢰하지 않고 소매상에 직접 판매하는 유통 경로이다. 보통 가전제품이 해당된다.

❸ **유형3**: 생산자가 소규모이어서 소비자와 직접 거래하기가 힘든 의류, 의약품, 술 등과 같은 제품의 유통에 주로 사용된다.

❹ **유형4**: 제조업자와 소매상 사이에 여러 유형의 도매상들이 개입되는 형태를 말한다. 야채나 고기류의 유통 경로가 대표적이다.

유통경로의 유형

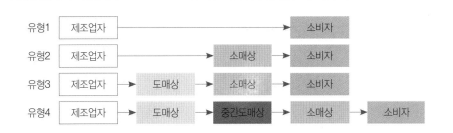

(3) 중간상이 필요한 경우와 장점

❶ 판매 점포를 얻기 위한 자본 조달이 곤란한 경우

❷ 최종 소비자에게 판매할 때 전문적 지식이 필요한 경우

❸ 집중 저장의 원리로 생산자의 재고 비용이 절감

(4) 유통 경로의 설계

기업이 이용할 수 있는 유통 경로는 다양하나 자신들에게 가장 유리한 유통 경로를 설계하는 것이 매우 중요하다. 유통 경로를 설계하는 데 가장 어려운 문제는 각 단계에서 중간상의 수를 얼마나 사용할 것인가에 대한 것이다. 이와 관련해서 다음과 같이 세 가지 대안이 있다.

❶ 집중적 유통

가능한 한 많은 중간상들로 하여금 자사 제품을 취득하도록 하는 것으로, 주로 편의품 등과 같은 저가 소비재 품목에서 채택하는 방식이다.

❷ 전속적 유통

제품의 이미지를 유지하고 중간상들의 협조를 얻기 위해 일정 지역 내에서 하나의 중간상만 두어 독점 판매권을 부여하는 방식이다. 고가의 가전제품, 향수, 패션 의류 등의 품목에 흔히 사용된다.

중간상을 이용할 경우의 거래의 경제성

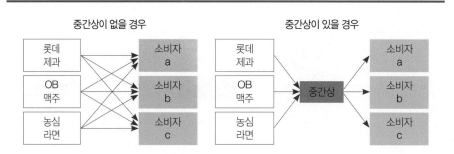

❸ 선택적 유통

집중적 유통과 전속적 유통의 절충 현태로, 일정 지역에 제한된 수의 중간상을 두어 자사의 제품을 취급할 수 있도록 판매권을 주는 방식이다. 화장품, 유제품 등의 품목에 사용된다.

4) 촉진_{Promotion} 전략

촉진이란 기업의 제품이나 서비스를 주어진 가격에 구매하거나 구매를 계속하도록 유도하는 것이다. 제품 또는 서비스의 성능이나 가치를 구매할 가능성이 있는 소비자에게 적절한 정보를 제공하고 설계하고 영향력을 행사함으로써 그들의 수요를 환기시키는 모든 활동을 의미한다. 촉진에 사용되는 수단으로는 광고·Pr·인적 판매·판매 촉진이 있으며, 촉진 전략의 유형으로는 제조업을 기준으로 할 때 크게 푸시 전략_{Push Strategy}과 풀 전략_{Pull Strategy}이 있다.

(1) 촉진 수단

❶ 광고_{Advertising}

불특정 다수에게 제품 또는 서비스의 존재, 특징, 편익을 제시하고 설득하여 소비자의 욕구나 필요를 자극함으로써 구매 행동을 촉진시키거나, 광고주 자신에 대한 일반의 신뢰도를 높이기 위해서 행하는 비대면적 유료 커뮤니케이션이다.

❷ 홍보_{Pr, Public Relations}

기업 이미지를 좋게 하고 자사와 관련 있는 대중들과 우호적인 관계를 맺기 위해 사용하는 수단이다. 기업이 자기 회사의 제품이나 서비스, 자사의 이념이나 방침, 각종 행사에 관련된 뉴스를 제작하여 매체에 배포하거나 기

광고와 PR의 차이

- 매체 비용, 신뢰, 통제

광고는 일정 비용을 들여 집중적인 노출이 가능해 PR보다 단기간에 소비자에게 인지도를 높이는데 효과적이다. 또한 광고 수단과 내용을 선택하는 측면에서도 통제력이 높다. 하지만 광고는 광고주가 전달하려는 일방적인 메시지이기 때문에 신뢰성이 낮다. 뉴스나 후원 등의 PR이 신뢰성 측면에서 광고보다 더 효과적이다.

사화하기도 한다.

❸ 인적 판매

한 사람 또는 그 이상의 잠재 고객과 직접 대면하면서 대화를 통하여 판매를 실현시키는 방법이다. 판매원이 고객에게 직접 정보를 제공하기 때문에 고객이 제품을 평가하고 구매하게끔 하는 데 효과적이다. 하지만 판매 조직의 구축과 운영에 많은 비용이 들어간다.

❹ 판매 촉진

제품 또는 서비스의 판매나 구매를 촉진시키기 위한 단기적인 자극책으로 소비자와 중간상을 대상으로 가격 수단과 비가격 수단으로 나눌 수 있다.

• 소비자 판매 촉진

가격 수단에는 할인 쿠폰, 리베이트, 보너스 팩, 보상 판매, 세일 등이 있으며, 비가격 수단으로는 사은품, 현 상경품 및 게임, 콘테스트, 고정 고객 우대 프로그램, 구매 시점 디스플레이 등이 있다.

• 중간상 판매 촉진

가격 수단에는 입점 공제, 구매 공제, 진열 공제, 광고 공제 등이, 비가격 수단에는 훈련 및 판매원 보조자료 제공, 판촉물 및 판매원 제공, 인센티브 및 콘테스트 등이 있다. 판매 촉진 활동의 효과는 단기적인 것이어서 장기적인 선호도를 형성하는 데는 적합하지 않다.

(2) 푸시-풀 전략

제조업자들이 사용하는 촉진 정책은 푸시Push와 풀Pull의 두 가지로 분류된다.

푸시 정책과 풀 정책

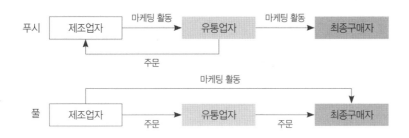

푸시push와 풀pull의 촉진 믹스 구성

	광고	PR	판매 촉진		인적 판매
			소비자 판촉	중간상 판촉	
푸쉬		●		●	●
풀	●	●	●		

❶ 푸시 정책

제조 업자가 유통 업자들을 대상으로 주로 판촉과 인적 판매 수단들을 동원하여 촉진 활동을 펼치는 것을 가리킨다. 푸시 정책의 목표는 유통 업자들이 회사의 상품을 많이 취급하도록 하고, 최종 구매자들에게 적극 권하도록 만드는데 있다. 최종 구매자들의 브랜드 애호도가 낮고, 브랜드 선택이 점포 안에서 이루어지며, 충동 구매가 낮은 상품의 경우에 적합하다.

❷ 풀Pull 정책

제조 업자가 최종 구매자들을 대상으로 주로 광고와 판매 촉진 수단들을 동원하여 촉진 활동을 펼치는 것을 가리킨다. 풀 정책의 목표는 최종 구매자들이 우리 회사의 상품을 찾게 만들어 유통업자들이 그 상품을 취급하게 만드는데 있다. 풀 정책은 최종 구매자들의 브랜드 애호도가 높고, 브랜드 선택이 점포에 오기 전에 이미 이루어지며, 관여도가 높은 상품의 경우에 적합하다.

읽을거리

다윗이 골리앗을 이기는 전략

英 엔지니어 란체스터, 전투기 공중戰 분석 '싸움의 방정식' 풀어내

강자는 약자를 언제나 이길까요? 또 약자는 강자에게 언제나 당하는 것일까요? 다윗이 골리앗을 이겼고, 이순신 장군이 단 13척의 배로 133척의 왜군을 이긴 것을 보면 약자라고 해도 얼마든지 강자를 이길 방법이 존재합니다. 즉 싸움에는 어떤 방식이 있고 그 방식을 잘 활용하면 약자에게도 가능성이 있는 것이죠.

독도 초계 비행중인 F-15

영국 출신의 항공 공학 엔지니어인 란체스터는 1차 세계 대전 때 비행기가 실전에 사용된 것을 보고 전투기들의 공중전에 대해 큰 관심을 가졌습니다. 그는 1차 대전 이후 각 전투 자료를 분석하면서 아군과 적군의 전투기가 공중전을 벌였을 때 손실이 각각 어떻게 발생하는지 상관관계를 연구한 결과 몇 가지 법칙을 찾아냈습니다.

첫 번째 법칙은 개별전, 1대1의 싸움이 되는 상황에 적용됩니다. 이 경우에는 전투기 수가 많은 쪽이 그 수만큼 유리하고, 만약 아군과 적군의 전투기 수가 같으면 무기 성능이 좋은 쪽이 우세합니다. 반대로 무기 성능이 비슷할 때는 수적 우위가 있는 쪽이 그 수의 차이만큼 싸움에서 잔존할 확률이 높다는 것이죠. 결국 초기 수적 우위가 중요한 변수인 것입니다(제1법칙).

그룹전이 되면 그 차이는 더욱 커집니다. 1대1의 싸움이 아닌 그룹전 같은 경우 차이는 제곱으로 늘어납니다. 예를 들면 아군의 전투기가 5대, 적군의 전투기는 3대고 둘의 성능이 비슷하다면 둘 간의 전력차는 5-3=2가 아니라 5의 제곱인 25에서 3의 제곱인 9를 뺀 16, 즉 전투기 4대의 전력 차이가 난다는 것입니다(제2법칙).

란체스터는 1차 세계대전에서 벌어진 수많은 공중전과 지상전의 사례를 이용해 싸움에는 위에서 언급한 두 가지 법칙이 있다는 사실을 밝혀냈습니다. 이연구 결과는 미국 수학자들에게 주목을 받아 제2차 세계대전 중 연합군 측의군사 전략에 사용되기도 하고, 1960년대부터는 경영자의 의사 결정을 계량적으로 연구하는 분야로 발전해 비즈니스 분야에서도 널리 활용됐습니다.

물론 현실 전투에서는 수적인 요소 외 사기, 경험, 훈련 등 다양한 요소가 더해지기 때문에 란체스터의 법칙이 절대적인 의미를 가지는 것은 아닙니다. 하지만 란체스터가 발견한 싸움의 법칙은 시장의 법칙으로 활용될 수 있습니다. 어떤 경우에 각각의 법칙이 적용되는가 하는 점에서 비즈니스에 접목시킬 수 있는 것이죠.

란체스터 법칙은 단지 머릿수가 많은 쪽이 승리한다는 인상을 주기 쉽지만 열세에 있을 때 어떤 자세를 취해야 하는지에 대해 힌트를 제공합니다. 우선 약자일 때는 철저하게 1대1 구도로 승부해야 한다는 것입니다. 가능한 국지전이 되게 상황을 만들어야 하는 것이죠. 이를 위해서는 벌판에서 싸우는 것보다게릴라전이나 우리에게 유리한 장소를 선택해야 합니다. 강자에게 유리한 방식으로 싸운다면 약자는 백전백패합니다. 명량해전에서 이순신 장군이 해협이 좁고 물살이 빠른 울돌목으로 왜군을 유인해 대승을 거둔 것도 같은 맥락입니다.

따라서 약자는 강자처럼 대규모 마케팅을 벌이는 것보다는 개별 마케팅에 힘쓰고 유통에서도 인적 판매를 강화하는 방식이 더 유리합니다. 또 강자는 몸집이 큰 만큼 취약한 부분이 반드시 존재하므로 약자는 그러한 틈새 시장을 공략해야 합니다. 이를 위해서는 강자의 표준화된 제품을 무력화하는 새로운 개념의 제품 개발에 힘써야 합니다.

김치냉장고 딤채가 좋은 예입니다. 삼성과 LG라는 가전 거인들이 존재하는 시장에 일반 냉장고로 승부하기보다는 김치냉장고라는 차별화된 제품을 개발해 시장의 주인이 됐습니다. 만년 2위였던 크라운맥주가 '지하 150m 암반수'라는 차별화된 개념의 '하이트맥주'로 1등을 차지한 것도 같은 맥락입니다.

그럼 강자일 때는 어떻게 하나요? 기본적으로 란체스터 법칙은 강자라고 해서 방심하면 안 되고 약자가 도전해올 때는 총력으로 대응해야 함을 알려줍니다. 강자는 제2법칙이 적용되게 승부하는 것이죠. 그래야 아군의 피해가 최소화되고 단기간에 싸움을 끝낼 수 있습니다. 결론적으로 강자라고 자만하면 안 되고, 약자라고 낙담할 필요도 없습니다.

- 매일경제신문 2012년 9월 19일자 [재미있는 경영이야기]

01 특정 산업의 높은 진입 장벽은 그 산업에 새로 진출하는 신규 업체에는 불리하지만 기존 업체에는 경쟁력 유지에 매우 유용하다. 신규 업체에 대한 진입 장벽의 사례로 올바르지 않은 것은?

① 시장에서 확고한 제품 차별화로 성과를 내고 있는 경우

② 기존 제품 대신 신제품 사용에 들어가는 전환 비용이 있을 경우

③ 기존 업체가 기술과 노하우 이외에 유통망도 장악하고 있는 경우

④ 기존 업체들이 대규모 설비 투자를 통해 원가 경쟁력을 실현한 경우

⑤ 정부가 소비자 보호나 공공의 이익을 이유로 규제를 철폐하는 경우

정답 ⑤

진입 장벽이란 어떤 시장으로 새로운 경쟁자가 자유롭게 들어오는 데 어려움을 주는 유·무형의 요소를 말한다. 보통 진입 장벽이 높을수록 경쟁이 제한되는 효과가 있어 산업의 평균 수익률이 높아진다. 따라서 산업 내 기업들은 진입 장벽을 높여 잠재적인 경쟁자들의 진출을 막으려 노력한다. 신규 진입자의 진출을 제한하는 진입 장벽으로는 우선 산업 내 제품의 차별화와 산업 내 유통망을 들 수 있다. 차별화 정도가 높거나 유통망을 기존 기업이 장악할 경우 신규 기업은 해당 산업 진출에 큰 비용 부담이 생긴다. 또 초기 시설 투자비용이 높다든지 기존 기업들의 예상되는 방해나 보복도 진입 장벽으로 작용한다. 정부의 규제도 진입 장벽이 될 수 있다. 전략 산업이거나 환경 규제 등처럼 정부의 허가가 필요한 경우가 이에 해당된다.

02 특정 기업의 사업부들을 산업 성장률과 시장 점유율에 따라 배치한 아래 그림에서 A에 해당하는 사업부에 대한 전략적 판단으로 가장 타당한 것은?

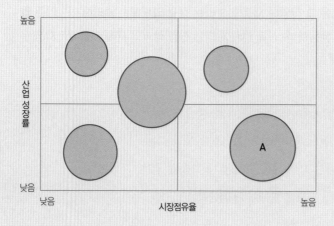

① 점진적으로 사업 철수

② 공격적인 기술 개발 투자

③ 납품 업체를 압박하여 원가 절감

④ 경쟁사의 동향을 주시한 후 대처

⑤ 현금 창출을 극대화해 차세대 사업 육성에 사용

정답 ⑤

다수의 사업을 영위하는 기업에서는 사업부별 전망과 성과에 따라 자원을 적절히 배분하는 전략적 의사 결정이 대단히 중요하다. 보스턴컨설팅그룹이 일찍이 고안한 BCG 매트릭스는 산업별 성장성과 자사의 시장 점유율이라는, 간단하면서도 중요한 두 지표를 사업 포트폴리오를 관리하는 틀로 사용한다. 그림에서 A사업부의 경우 성장세는 둔화돼 있지만 이 기업이 지배적인 시장 점유율을 유지하고 있어 이익 창출의 주요 원천이 되는 소위 '캐시 카우(Cash Cow)'에 해당한다. 이런 사업에서는 기대 효과가 낮은 기술개발 등에 투자하기보다는 기존의 시장 지배력을 십분 활용한 매출 극대화로 현금 흐름을 증대시키고 이를 그림 상단에 있는 성장 산업군에 투입하는 것이 바람직하다.

03 다음 중 기업이 신규 사업으로의 다각화 전략(사업 다각화)을 추구하는 이유로 가장 거리가 먼 것은?

① 성장 추구   ② 위험 분산

③ 범위의 경제 추구   ④ 시장지배력 강화

⑤ 해외시장 진입

정답 ⑤

사업 다각화란 기업이 기존에 운영하고 있던 사업 이외의 다른 사업에 진출해 사업 범위를 넓히는 행위를 말한다. 기업들이 다각화를 하는 이유는 기업의 지속적인 성장의 추구나 위험을 분산하기 위한 목적에서 시행한다. 또한 범위의 경제 실현과 시장지배력 강화를 위한 목적으로 다각화를 추진하기도 한다. 다각화된 기업은 자체 사업부가 뭉쳐 공동으로 대규모 구매나 자금 조달을 하거나 유통채널을 장악함으로써 시장지배력을 행사할 수 있다. 또한 경쟁력이 떨어지는 사업부가 수익성이 높은 사업부의 보조를 받아 약탈적 가격정책으로 경쟁사를 제압할 수도 있다. 해외시장 진입은 통상적으로 동일 사업에서의 지역적 다변화를 의미한다.

04 다음은 기업의 내·외부 환경 분석에 사용하는 'SWOT 분석'의 4분면을 나타내고 있다. A~D 각 분면에 대한 예시로 잘못된 것은?

Strength A	Weakness B
Opportunity C	Threat D

① A-금융 기관과의 원만한 관계

② B-업계 평균에 미달하는 연구개발(R&D) 투자비

③ B-제품 원자재 가격 상승

④ D-우수한 대체재 등장

⑤ D-정부의 새로운 규제

정답 ③

B의 'Weakness'는 기업 내부 약점을 의미한다. 보기 ③ 제품 원자재 가격 상승은 기업 내부 약점이 아니라 기업 외부 위협(Threat)으로 이해하는 것이 타당하다.

05 다음은 5 Forces 모형의 사례들이다. 이 중 경쟁을 증가시켜 수익성을 떨어뜨릴 수 있는 산업 내 상황과 가장 거리가 먼 것은?

① 시장 퇴출장벽이 높을수록　　　　② 구매자의 집중도가 높을수록

③ 시장 진입 규제가 높아질수록　　　④ 산업수명주기가 성숙기로 갈수록

⑤ 공급자의 전방통합능력이 높을수록

정답 ③

시장의 진입 규제가 높다는 것은 진입 장벽이 높아, 신규 진입이 어려운 상황을 의미한다. 이는 기존 산업 내 경쟁을 완화시키는 요소로 작용한다.

06 다음 중 기업의 수직적 통합 활동 가운데 '전방통합'에 해당하는 사례는?

① 소주회사를 인수한 맥주회사

② 유통업체를 인수한 전자회사

③ 시멘트 공장을 인수한 건설사

④ 부품제조 기업을 인수한 자동차회사

⑤ 석유정제 기업을 인수한 자원개발기업

정답 ⑤

기업의 '관련 다각화'에서 수직적 통합은 '전방통합'과 '후방통합'으로 구분할 수 있다. 전방통합은 원료를 공급하는 기업이 생산기업을 통합하거나 제품을 생산하는 기업이 유통채널을 보유한 기업을 통합하는 것을 말한다. 후방통합은 이와 반대 방향이다. ③, ④번이 후방통합에 해당한다. ①번은 다각화 전략 가운데 수평적 통합의 사례다. ②번은 비관련 다각화 전략의 사례다.

07 다음 중 벤치마킹을 올바르게 표현한 문항끼리 짝지어진 것은?

> ㉮ 자사와 타사의 제도 및 절차를 비교·분석함으로써 개선 방안을 모색하는 노력이다.
> ㉯ 특정 분야의 모범 사례Best Practice를 갖는 회사들이 종종 벤치마킹 대상이 된다.
> ㉰ 벤치마킹 대상 기업은 동종 업계에서 찾아야 한다.
> ㉱ 벤치마킹 시 수집하는 정보의 원천은 서적, 신문, 방송 등 2차 자료들이다.

① ㉮, ㉯   ② ㉮, ㉯, ㉰

③ ㉮, ㉰, ㉱   ④ ㉯, ㉰, ㉱

⑤ 모두 정답

정답 ①

벤치마킹이란 최고 위치에 있는 경쟁사와 자사의 성과 차이를 비교하고 이를 극복하기 위해 경쟁사의 운영 프로세스 등 장점을 배우면서 지속적으로 개선과 혁신을 추구하는 경영 기법이다. 벤치마킹 목적은 품질 개선, 시간 단축, 비용 절감 등을 통해 자사의 비효율성을 낮춰 경쟁력을 강화하는 데 있다. 다른 산업에 종사하는 기업이라 하더라도 마케팅, 인사, 재무 등 측면에서 최선 관행을 보유하고 있다면 얼마든지 벤치마킹 대상이 될 수 있다. 벤치마킹을 위해서는 2차 자료뿐만 아니라 가능하면 대상 기업 방문과 인터뷰를 통해 직접적인 경로로 정보를 수집하는 방법도 최대한 동원할 필요가 있다.

08 아래 그림은 사업부 포트폴리오 관리에 유용하게 사용되는 BCG 매트릭스다. BCG 매트릭스에 대한 설명 중 올바른 것을 고르면?

① (가)에 있는 사업은 일반적으로 (나)를 거쳐 (라)로 옮겨가는 사이클을 갖는다.

② (나)로 평가된다면 추가 투자에는 위험이 있기 때문에 과감히 철수하는 것도 방법이다.

③ (다)의 경우 성장 전략이 요구되기 때문에 기업 자원의 집중 투자가 필요하다.

④ (라)는 가장 오래된 사업부문으로 투자는 필요 없고, 현금의 유입이 크며 유출은 작다.

⑤ (가)는 경쟁력은 낮아도 시장 매력도는 높은 사업이기 때문에 기업 차원에서 키워야 한다.

정답 ②

BCG 매트릭스는 기업전략 차원에서 각 사업부를 평가하고 자원분배 의사 결정에 활용되는 도구이다. 만약 기업의 사업이 (나)에 위치한 것으로 평가된다면 기업은 두 가지 전략을 고려할 수 있다. 앞으로 해당 사업이 경쟁력을 갖출 수 있을 것으로 평가되면 (가)의 위치로 옮겨갈 수 있도록 자원을 집중 투자하든가, 반대로 경쟁력이 없을 것으로 판단되면 조속히 철수해서 (라)의 위치로 떨어지지 않게 해야 한다. 기업의 자원 배분은 일반적으로 투자가 거의 끝난 캐시카우 사업에서 투자가 필요한 물음표 사업으로 투자되어 그 사업을 스타 사업으로 키우는 순환구조를 갖는다. 스타 사업은 시간이 지나 시장이 성숙하게 되면 다시 캐시카우 위치로 바뀌면서 기업에 가장 많은 현금 유입을 가져오는 효자사업이 된다.

09 기업들이 일부 사업 또는 기능의 성과 향상을 위해 해외기업과 전략적 협력관계를 맺는 사례가 늘고 있다. 이 같은 글로벌 제휴 사례와 효과에 대한 설명으로 가장 옳지 않은 것은?

① 독일 폭스바겐은 중국계 자동차회사들과 합작법인을 설립해 외국기업의 단독투자를 허용하지 않는 중국 정부의 규제를 피했다.

② 미국 코닝은 TV브라운관 공장을 일본 아사히와의 합작법인으로 전환해 TV브라운관 사업에 대한 통제력을 높였다.

③ 미국 GM은 일본 토요타와 NUMMI라는 합작 자동차공장을 설립해 신차 개발에 들어가는 막대한 투자 위험을 줄였다.

④ 독일 지멘스, 일본 도시바, 미국 IBM은 256M DRAM을 공동 개발해 독일, 일본, 미국 시장에의 신제품 진입시간을 단축시켰다.

⑤ 비디오산업에서 일본 JVC는 VHS 방식을 채택하려는 전 세계 회사들에 자유롭게 라이선스를 허용해 소니의 Beta를 누르고 산업표준화 경쟁에서 우위를 점했다.

정답 ②

실제 제휴 사례를 이용한 제휴의 특성을 묻는 문제이다. 사례 중 코닝은 한때 주력이었던 TV 브라운관 사업이 사양기에 접어들자, 이 사업을 아사히와의 합작투자 형태로 일단 전환해 놓고 향후 저개발국 등에서 수요가 증대될 경우 이 사업에 대한 투자를 다시 늘리기로 했다. 합작법인을 설립하면 파트너와의 공동경영 체제로 바뀌게 되므로 자사의 통제력은 오히려 약화된다.

10 기업들이 무리한 기업 인수합병M&A을 통해 재무적으로 어려움을 겪는 사례가 많다. M&A 이후에 후유증을 초래할 수 있는 원인들을 고르면?

> ㉮ 인수-피인수 기업 간 시너지를 과대평가
> ㉯ 피인수 기업의 기술, 시장, 고객에 대한 정보 제약
> ㉰ 동일 기업을 M&A하려는 경쟁으로 규제비용 상승
> ㉱ M&A 이후 피인수 기업에 대한 조직통합 비용을 과소평가
> ㉲ 인수-피인수 기업 간 시너지 창출에 소요되는 비용을 과대평가

① ㉮, ㉯, ㉱   ② ㉮, ㉰, ㉲

③ ㉯, ㉰, ㉱   ④ ㉯, ㉱, ㉲

⑤ ㉰, ㉱, ㉲

정답 ①

기업들이 M&A 추진 과정에서 가치 평가나 협상에 신경을 곤두세운 나머지 피인수 기업의 조직을 구조적, 문화적으로 통합하는 데 들어가는 비용을 간과하기 쉬운데, 특히 다임러크라이슬러 사례처럼 국제적 M&A의 경우 이문화간 갈등 소지가 더 크다. 자사와 다른 시장, 기술 또는 사업을 갖고 있는 기업과 상호 시너지가 생길 수 있다는 기대감에 과감한 M&A를 추진하는 일도 많은데, 시너지 창출이 생각처럼 쉽게 이뤄지지도 않고 예상보다 큰 조정비용을 수반하기도 한다. 특히 재무제표나 사업보고서상에 나타나지 않는 잠재적 사업 위험이나 조직 문화적 특성 등을 완벽하게 파악하기 어렵기 때문에 불확실성이 상존한다. 동일 기업을 M&A하려는 기업 간 경쟁은 규제비용에 영향을 미치기보다는 인수가격을 과하게 높이는 전형적인 요인이다. 인수-피인수 기업 간 시너지 창출에 소요되는 비용을 과소평가할 때 문제가 되는 것이지, 과대평가했다고 해서 후유증을 낳을 까닭은 없다.

11 마케팅 콘셉트를 기업 비전과 사명vision & mission으로 채택한 기업들이 이익 극대화
를 사명으로 채택한 기업들에 비하여 더 높은 이익을 거두고 있다는 연구 결과가 늘어나고
있다. 다음 중 마케팅 콘셉트에 가장 가까운 것은?

① 소비자들은 그냥 놓아두면 상품을 충분히 구매하지 않는다.

② 소비자들은 저렴하고 쉽게 구입할 수 있는 상품을 선호한다.

③ 소비자들은 자신에게 더 큰 가치를 제공하는 상품을 선호한다.

④ 소비자들은 다양한 상품을 한곳에서 구입하는 것을 선호한다.

⑤ 소비자들은 최고 품질, 최고 성능, 가장 혁신적인 상품을 선호한다.

정답③

기업 경영 철학으로서 마케팅 콘셉트는 생애가치가 높은 고객에게 경쟁자보다 더 큰 가치를 제공
하는 것을 기업의 사명으로 삼고, 이익은 이러한 사명을 충실히 실천함으로써 자연히 얻어지는 결
과라고 믿는 것이다. 문제에서 ①은 원가 절감과 광범위한 유통을 강조하는 생산 콘셉트라 할 수
있다. ②는 적극적인 판매 노력을 강조하는 판매 콘셉트, ③은 고객에게 경쟁사에 비해 더 큰 가치
를 제공하여야 함을 강조하는 마케팅 콘셉트다. ④는 소비자 성향 중 하나인 '원스톱 쇼핑'을 의미
하고 ⑤는 품질 향상과 혁신적인 신상품 개발이 강조되는 제품 콘셉트다.

12 고객 생애 가치란 어떤 소비자가 그의 일생 동안 기업에 얼마만큼의 이익을 가져다주는가를 나타내는 말이다. 아래 마케팅 사례 중 고객 생애 가치를 높이는 방법으로 적절하지 않은 것은?

① 전환 장벽을 낮춘다

② 멤버십 혜택을 늘린다

③ 소비자 상담실을 강화시킨다

④ 브랜드 충성도를 제고한다

⑤ 고객별 맞춤 서비스를 제공한다

정답 ①

마케팅에서는 고객의 가치를 고객 생애 가치라는 관점으로 바라본다. 이는 고객 한 명이 특정 제품이나 서비스에 대해 충성 고객으로서 존재하는 기간에 기업에 지불하는 이익의 합계를 말한다. 이는 단순히 하나의 제품을 구매한 것의 이익이 아니고 고객 한 명이 동일한 기업의 제품을 평생 구매함으로써 기업에 만들어주는 이익의 총합을 의미한다. 따라서 고객 생애 가치를 높이기 위해서는 고객이 경쟁사로 옮겨가지 못하도록 전환 장벽을 높여야 한다. 전환 장벽은 고객이 경쟁사 제품으로 쉽게 전환하지 못하게 하는 유·무형의 장벽이다. 강력한 브랜드, 특수한 기술 등이 있다.

13 마케팅은 구매자의 특성에 따라 크게 대對고객 마케팅인 B2C와 대對 기업 마케팅인 B2B로 나뉜다. 이 중 B2B 구매의 특성으로 가장 거리가 먼 것은?

① 제품에 대한 관여도가 낮다.　　　　② 복잡한 구매 의사 결정을 거친다.

③ 상품에 대한 지식이 비교적 낮다.　　④ 구매자는 적지만 구매 수량은 크다.

⑤ 구매 과정에 많은 사람이 참여한다.

> **정답 ③**
>
> B2B 구매의 경우 그동안의 경험과 교육으로 인해 상품에 대한 지식이 비교적 높은 편이고, 많은 수의 사람이 구매 의사 결정에 참여하는 것이 특징이다.

14 마케팅에서 비슷한 성향을 가진 소비자들과 다른 성향을 가진 소비자들을 분리해 하나의 그룹으로 묶는 과정은?

① Promotion   ② Targeting

③ Positioning   ④ Demarketing

⑤ Segmentation

정답 ⑤

마케팅에서 한 시장을 비슷한 욕구를 갖고 있는 고객들 간의 집단을 구분해 여러 개의 세분 시장으로 나누는 것을 시장세분화, 즉 segmentation이라고 한다. segmentation은 전체 제품 시장을 어떤 기준을 이용하여 동질적인 세분 시장으로 나누는 과정을 말한다. 고객을 세분화해야 하는 이유는 소비자 이질성 때문이다.

15 시장 세분화 및 타기팅 전략 중 가장 부적절한 항목을 고르면?

① 세분화 변수로 편익과 같은 행위적 변수보다 인구통계적 변수를 쓰는 것이 낫다.

② 각 세분집단의 고객은 해당 마케팅 활동에 서로 다르게 반응하는 것이 바람직하다.

③ 각 세분집단은 표적시장으로 선택할 수 있을 정도의 크기와 수익성을 갖고 있어야 한다.

④ 각 세분집단을 평가할 때는 각 세분집단의 매력도뿐 아니라 해당 기업의 목표와 자원을 고려해야 한다.

⑤ 세분집단의 수를 너무 많이 설정하는 것은 바람직하지 않다. 세분시장별로 차별화된 마케팅 프로그램을 수행하기 위해선 자원이 필요하기 때문이다.

정답 ①

②, ③, ⑤는 효과적인 세분화를 위한 조건을 설명한 것으로 모두 올바르다. 마찬가지로 ④은 타기팅의 가장 중요한 원칙이라 할 수 있다. 반면, ①의 세분화 변수에 대한 설명은 올바르지 않다. 대표적인 시장 세분화 변수에는 지리적 변수(도시, 우편번호 등), 인구통계적 변수(나이, 성별, 직업 등), 사이코그래픽 변수(취미 등의 라이프스타일 변수), 행위적 변수(예 : 제품에 대한 태도, 사용빈도, 편익 등)가 있다. 마케팅 관리자는 보통 각 세분집단에 속한 고객의 구매행위가 동질적인 방식으로 시장을 세분화하기 원한다.

16 마케팅에서 소비자에게서 자료를 수집하는 방법으로 질문법과 관찰법이 있다. 다음 설명 중 가장 옳지 않은 것을 고르면?

① 관찰법은 관측된 행위의 이유를 설명하기 어려운 때가 많다.

② 관찰법은 질문법에 비해 정보 수집에 보다 적은 노력과 시간이 소요된다.

③ 소비자의 웹서핑 행태를 도출하기 위해 웹 로그파일을 분석하는 방법이 관찰법 중 한 예이다.

④ 관찰법은 소비자에게 묻지 않고 실제 행위를 측정하기 때문에 취득 정보의 왜곡$_{Bias}$ 가능성이 낮다.

⑤ 관찰법은 종종 소비자 동의 없이 자료를 수집하기 때문에 개인 프라이버시 침해 등 법적·윤리적 문제를 야기할 수 있다.

정답 ②

질문법은 설문지나 면접을 통해 소비자에게 직접 질문을 하여 자료를 수집하는 방법이다. 반면 관찰법은 소비자 행위를 관찰하고 기록함으로써 정보를 수집하는 방법이다. 관찰법의 최대 장점은 소비자의 실제 행위를 측정하기 때문에 취득된 정보가 보다 정확하다는 점이다. 관찰법의 단점으로는 종종 관측된 행위의 이유를 알기 어렵다는 점이다. 예를 들어 어떤 소비자가 특정 브랜드의 요구르트를 구매했을 때 우리는 소비자 자신이 그 브랜드를 좋아해서 구매했는지 아니면 다른 가족 구성원을 위해 구매했는지 알 수 없다. 반면 질문법을 통하면 이와 같은 정보를 손쉽게 얻을 수 있다. 정보 수집에 많은 노력과 시간이 소요된다는 점 역시 관찰법의 단점으로 지적할 수 있다.

17 다음 중 브랜드 확장Brand Extension에 대한 설명으로 가장 거리가 먼 것을 고르면?

① 확장 브랜드가 실패한 경우 모母브랜드의 명성이 손상될 수 있다.

② 인지도가 높은 모母브랜드를 활용해 확장 제품의 광고비용을 절감할 수 있다.

③ 너무 많은 제품으로 확장하는 경우 모母브랜드의 이미지가 혼란스러워질 수 있다.

④ 모母브랜드와 확장하는 제품 범주와의 연관성이 낮을수록 브랜드 확장의 성공 가능성이 높아진다.

⑤ P&G가 아이보리 비누를 확장해 아이보리 세탁제라는 신제품을 도입한 것이 브랜드 확장의 사례이다.

정답 ④

브랜드 확장이란 기존의 성공적인 상품명을 새로운 제품 범주의 신제품 상품명에 사용하는 마케팅 전략이다. P&G가 아이보리 비누를 확장해 아이보리 세탁제라는 신제품을 도입한 경우가 그 예다. 새로운 브랜드를 도입하는 데는 막대한 마케팅 투자가 필요하다. 브랜드 확장을 통해 투자비용을 최소화하면서 신제품을 소비자에게 신속하게 인식시킬 수 있다. 그러나 브랜드 확장에는 위험이 따른다. 브랜드 확장이 실패하면 동일한 상품명을 가진 다른 제품에 대한 소비자의 태도에도 부정적 영향을 준다. 또 너무 많은 제품으로 확장하는 경우 모(母)브랜드 이미지가 혼란스러워질 수 있다는 점을 고려해야 한다. 브랜드 확장을 할 때는 모(母)브랜드와 확장하려는 제품 범주와의 연관성을 조사해야 한다. 예컨대 소니(SONY)라는 브랜드는 하이테크 이미지를 갖고 있기 때문에 소니 우유로의 브랜드 확장은 바람직하지 않다는 것이다.

18 마케팅의 대표적인 촉진 활동인 광고와 판매 촉진에 대한 설명으로 가장 거리가 먼 것은?

① 판매 촉진은 크게 소비자 판촉과 중간상 판촉으로 나뉜다

② 단기적인 판매 증대를 위해서는 광고보다는 판매 촉진이 효과적이다

③ 광고는 판매 촉진에 비해 판매 증진 효과를 정확히 측정하기가 쉽다

④ 광고는 보통 신문, 잡지, 라디오, 텔레비전 등 매스 미디어를 통해 집행된다

⑤ 광범위하게 분산된 많은 고객에게 신속히 접근하려면 판매 촉진보다 광고가 유리하다

정답 ③

매출 증진 등을 위해 기업이 활용할 수 있는 두 가지 대표적인 촉진 도구로 광고와 판매 촉진이 있다. 광고는 전통적으로 여러 촉진 도구 중 가장 중요하게 취급되던 수단이다. 주로 신문, 잡지, 라디오, TV 등 매스 미디어를 통해 이뤄지기 때문에 지역적으로 널리 분산돼 있는 고객에게 신속하게 내용을 전달하는 데 적절하다.

그러나 광고는 그 효과를 정확히 측정하기 어렵다는 단점을 갖고 있다. 즉 매스 미디어 특성상 일부 고객만 선별해 광고하는 것이 어렵다. 또한 소비자는 광고 내용을 기억하기 때문에 광고에 따른 판매 효과는 장기적이다. 반면 판매 촉진은 소비자 구매 또는 판매원 효율성을 단기적으로 증진할 목적으로 제공되는 추가 인센티브 형태의 촉진 도구다. 판매 촉진 효과는 단기적이고 그 효과가 크기 때문에 효과 측정이 상대적으로 용이하다. 판매 촉진은 대상에 따라 소비자 판촉(Consumer Promotion)과 중간상 판촉(Trade Promotion)으로 나눌 수 있다. 쿠폰, 리베이트, 보너스 팩, 세일, 경품행사, 사은품 등이 대표적인 소비자 판촉 수단이라면 중간상 판촉으로는 인센티브, 콘테스트, 판매원 파견, 판촉물 제공 등이 있다.

19 마케팅의 판매 촉진은 고객이 특정 상품을 구입하도록 인센티브를 제공하는 것이다. 다음 중 판매 촉진과 가장 거리가 먼 것은?

① 고객 데이터베이스를 구축할 수 있고 고객 이탈을 방지하는 데 효과적인 판촉은 마일리지 프로그램이다.

② 경쟁사 제품 대신 자사 상품을 시험 구매하거나 반복 구매하도록 유도하기 위한 할인쿠폰은 효과적인 판촉 수단이다.

③ 소비자들이 특정 상품을 구매하도록 유도하기 위해 소매 점포 내에 눈에 잘 띄게 진열해 놓는 것도 소비자 판촉 중 하나다.

④ 기업이 직간접으로 관련이 있는 여러 집단들과 좋은 관계를 구축하고 유지함으로써 이미지를 높이고 구매를 촉진하는 활동이다.

⑤ 도매업자나 소매업자를 대상으로 인센티브를 제공하는 거래처 판촉 또는 유통업체 판촉도 함께 시행한다.

정답 ④

판매 촉진에는 제조업체가 소비자를 대상으로 하는 소비자 판촉과 중간상을 대상으로 하는 거래처 판촉, 유통업체 판촉을 포함하는 중간상 판촉이 있다. 소비자 판촉에는 할인쿠폰, 보너스팩, 보상판매, 샘플, 사은품, POP, 마일리지 프로그램 등 다양한 기법이 있으며, 각 기법이 목표하는 효과도 상이하다. 기업이 여러 집단과 좋은 관계를 유지하며 이미지를 높이고 구매를 촉진하기 위해 벌이는 활동은 PR(Public Relations)에 관한 설명이다.

경제·경영 안목 높이기

Ⅱ. 조직 관리

인적자원관리

학습 목표

- 인적자원관리의 과정과 흐름을 이해한다.
- 평가와 보상에 대한 다양한 제도를 파악한다.
- 동기부여와 리더십의 이론을 설명할 수 있다.

| 들어가며 |

인적자원관리, 지속 가능성의 열쇠

인적자원관리가 중요한 이유는 두 가지다. 첫 번째는 기업의 지속적 경쟁 우위를 결정하는 핵심자원은 기업 구성원 내부에 오랜 기간의 노력을 통해 축적되기 때문이다. 두 번째는 인사 및 조직관리 의사 결정은 다른 경영 기능과 관련된 의사 결정에 비해 매우 복잡하고 어렵기 때문이다.

래프팅은 일사불란함을 강조하는 조정 보다는 구성원들이 각자의 위치에서 제 역량을 발휘할 수 있도록 조화를 이루는 것을 강조한다. 다양성의 시대에는 래프팅의 팀워크가 필요하다.

인적자원관리는 단순히 인사 영역의 제도설계나 기능의 제공을 관리하는 것만이 아니라 기업과 구성원에게 영향을 미치는 경영상 의사 결정이나 행동 모두와 연관이 있다. 경영 전략, 임직원의 요구와 가치관, 사회적 책임, 행정, 법률 그리고 관리자 자신의 가치관 등에 기초하는 것이다. 인사와 조직관리가 제대로 된 기업은 장기적으로 생존·발전이 가능하다.

1. 인적자원관리

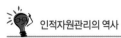

인적자원관리이하 HRM: Human Resource Management에서는 문자 그대로 '사람'이라는 기업의 중요한 자원과 관련된 것을 다룬다. 즉, 노동조합에서 주주 그리고 지역사회에 이르기까지 이해관계자에게 주는 영향을 고려하면서, 인재의 채용을 시작으로 하는 인플로우Inflow, 승진에서 인재개발을 포함하는 내부플로우, 퇴직관리 등의 아웃플로우Outflow 등 기업과 종업원의 관계를 관리하고 필요한 의사 결정을 해나간다.

사람을 단순히 노동력으로만 생각했던 시대는 그다지 오래전 일이 아니다. 미국에서 인적자원관리의 개념이 형성되기 시작한 것은 1920년경의 일이다. 인적자원관리는 미국 제조업의 경쟁력 저하로 인해 '경영에서 인적자원관리를 효과적으로 활용해 경쟁력을 회복하자'라는 생각하에 종래의 인사관리를 한 걸음 진전시킨 개념으로 탄생한 것이다.

이런 의사 결정에는 인사담당자뿐 아니라 현장관리자를 비롯한 조직의 모든 사람이 관련되어 있다. 기업에서 일상적으로 행해지는 제조, 판매, 관리 등 다양한 장면에서의 의사 결정이 모두 HRM의 의사 결정에 포함되기 때문이다.

궁극적으로 본다면, HRM은 우수한 종업원을 모집·선발하고 적절한 승진과 승급을 관리하며, 보상과 인센티브를 부여해 임직원의 동기 부여를 높이고 인재를 효과적으로 육성하는 데 그 목적이 있다. 이를 위해 기업환경을 이해하고 임직원의 욕구를 만족시키며 공평성을 잃지 않아야 한다. 또한 이러한 정보를 파악하는 인사부 이외에 각 스태프들과 관리자들도 적극적으로 이 기능을 이해하고 의사 결정에 참여할 필요가 있다.

1) HRM의 흐름

앞에서 말했듯, HRM의 흐름은 인플로우, 내부플로우, 아웃플로우 등 크게 3가지로 나눌 수 있다. 조직에서는 모든 계층의 인재가 입사하고, 활동하고, 퇴직하는 플로우를 가진다. 이러한 인재의 흐름에서는 '적정한 능력을 가진 적정한 수의 직원을 확보한다'는 요구에 대응해 채용, 인재육성, 인재활용, 승진, 승급, 퇴직과 관

HRM의 운영

HRM에서는 항상 경영(전략)과 관련해 인재 플로우를 검토하는 것이 중요하다. 채용, 배치, 이동, 승진, 퇴직을 별개의 기능이 아닌 경영 전체의 중요한 기초로 보고 대국적인 시각에서 그 역할을 파악해야 하는 것이다. 이를 위해서는 문제가 발생한 후에 그 기능이 작동하는 것이 아니라 항상 인사부와 관리자를 포함한 현장이 서로 밀접하게 협력할 수 있는 계획적인 운영이 필요하다.

련하여 공정·공평해야 하고 사회의 법률기준을 만족시켜야 한다.

그리고 더욱 중요한 것은 이런 영역에서의 의사 결정이 비즈니스상의 경영계획, 매출, 이익, 성장, 배당, 등의 의사 결정에도 커다란 영향을 미치게 된다는 것이다. 결국 HRM은 기업이 전략 목표를 달성하고 종업원과 사회에 대한 의무를 다하기 위한 전제조건을 결정해나가는 것이다.

(1) 채용

채용이란 기업이 사람을 외부에서 채용하는 것으로, 인원계획을 구축하고 그 대상에 대한 다양한 고용 형태를 관리하는 것이다. 신입자의 경우 자신이 어떤 잠재력을 가지고 있고 어느 분야에 흥미가 있는지 그리고 기업의 풍토나 직무내용, 인재개발계획에 관해 서로의 특성을 살펴볼 필요가 있다.

경력자 채용은 신입자와 달리 즉시 전력이 되는 인재를 찾는 것으로, 전문성을 가진 인재를 '어떻게 얻을 수 있는지' 또는 필요한 인재를 핵심인력으로 '고용해야 하는지' 혹은 파견직원이나 전문성을 가진 인재를 필요한 시기에 채용이 가능한 아웃소싱 등을 활용해 '외부직원으로 계약해야 하는지'의 선택이 필요하다.

이와 같이 채용이란 인원계획에 기초해 필요한 인재를 필요한 시기에 확보하는 것이다. 여기서 중요한 것은 기업과 입사 후보자가 서로 본질적인 특성을 살펴보고 의사 결정을 해야 하는 것이다.

예컨대 교섭력이 앞서는 고용자 측의 입장이라도 입사 후보자에 대한 적정한 직무요건과 노동조건을 노동자에게 제공하지 않으면 우수한 순서대로 인재가 회사를 떠나는 상황이 발생한다. 또한 인재 유출의 영향으로 새로운 우수인재를 확보하는 데 커다란 벽에 부딪히게 되는 경우가 빈번히 발생한다. 인재획득 전쟁이 일어나는 와중에 기업에게 있어 중요한 역할은 우선 자사의 매력을 높이고 어떻게 우수한 사람들을 모으는가 하는 것이다. 우수한 인재를 채용했어도 그 후 이직이 발생하면 기업에게는 타격이 아닐 수 없다.

(2) 채용의 과정

기업에서는 인재를 채용할 때 채용기준을 미리 정한다. '미래 간부직을 맡을 만한 잠재력이 있는가', '연수를 통한 지식습득과 경험을 통한 기술획득 등이 가능한가' 등이 판단기준이 된다.

입사 후보자의 경우 취직에 앞서 업무내용의 파악과 적성을 자세히 파악하기 위해 '견습생'으로 일시적인 체험입사를 하는 인턴제도가 있다. 인턴제도를 채용과정의 일환으로 하고 있는 경우에는 입사 후보자 측이 기업을 경험하는 동시에 기업 측에서도 해당 후보자가 채용기준을 만족시키는지를 파악할 수 있다는 장점이 있다.

앞에서 설명한 대로, 필요한 인재를 인원계획에 기초해 필요한 시기에 확보하기 위해서 중요한 것은 기업과 입사 후보자가 서로 본질적인 특성을 파악하여 의사 결정을 하는 것이다. 요컨대 기업에게는 입사 후보자가 고용을 결정하는 최소기준을 만족시켜야 하고, 기업이 가진 현재의 조건은 입사 후보자의 입사기업 결정기준을 만족시켜야 한다.

물론 기업이 성장하는 시기에는 우수한 인재를 채용하면서 기업이 제공하는 고용조건을 향상시켜나가는 방법도 있다. 그러나 현실적으로는 입사 후보자 측과 마찬가지로 기업에 있어 가능한 것과 불가능한 것을 확실히 한 후 합의하는 것이 조직의 흐름에 연속성을 저해하거나 채용과 교육, 배치 등에서 커다란 기회비용을 초래하는 이직을 막는 가장 중요한 점이라고 말할 수 있겠다.

(3) 인력의 배치

인력의 배치Allocation에서는 역할을 명기한 직무기술서Job Description와 각 인력이 가진 능력, 기술의 요건Personnel Specification을 적정하게 판단하고 적재적소에 인재를 배치할 필

'이직' 직장인 10명중 4명
"연봉·처우 가장 불만족"

이직 경험이 있는 직장인 10명 중 4명은 연봉 및 처우에 불만족해 이직을 결심한 것으로 조사됐다.

5일 취업 포털사이트인 사람인이 이직 경험이 있는 직장인 1093명을 대상으로 설문조사한 결과에 따르면 응답자 중 44.9%가 '연봉 및 처우에 대한 불만족'을 이유로 꼽았다.

'경력 향상(자기계발 등)을 위해'(11.4%), '기업 문화와 가치가 맞지 않아서'(10.8%), '업무에 대한 성취감이 낮아서'(9.5%), '현 직장보다 좋은 대우의 이직 제안으로'(8.7%), '팀장·동료 등과 불화로 인해'(8.1%) 등 답변이 뒤를 이었다. 첫 이직 시기는 '1년 차'(20.8%)를 가장 많이 꼽았으며 '2년 차'(20.4%), '3년 차'(16.1%), '1년 미만'(14.3%), '4년 차'(7.9%), '5년 차'(7.9%) 등 순이었다. 또 경력 관리 차원에서 적절한 재직 기간을 묻는 질문에는 '3년'(34.6%)이라고 제일 많이 응답했다.

사람인 관계자는 "더 만족스러운 직장생활을 위해 이직을 선택하는 직장인이 많아지고 있다"며 "본인에게 가장 중요한 부분을 충족하는 직장인지를 다각도로 검토하고 결정해야 한다"고 말했다.

강영운 기자

매일경제신문
2017년 6월 6일자자

요가 있다.

한편, 단순히 업무의 적성만을 근거로 인재를 배치해서는 안 된다. 장기적으로 각 인력의 종합적인 능력개발이라는 관점에서 현재 적성이 아닌 직무를 맡기는 것도 인재개발의 프로세스에서는 중요한 역할이다. 공장에서 조립작업 속도가 가장 빠른 사람에게 평생 생산직 직무를 맡기는 것은 조직에서 비효율적인 경우가 있다. 만일 그 사람이 관리능력을 가지고 기술과 현장작업을 이해하는 관리자로서 큰 역할을 담당할 가능성이 있는 경우에는 현재의 역할을 바꾸더라도 공장 관리자로서 필요한 지식이나 기술, 경험을 쌓게 하는 것이 중요한 단계라고 할 수 있다.

물론 현실적으로 조직 내 모든 사람이 원하는 직무를 담당할 수는 없다. 각각 현 단계에서의 직무 적성도와 인재의 매칭을 생각하고 최종적으로 어떠한 업무를 맡겨 장기적으로 기업의 발전을 촉진시키는 체제를 어떻게 구축할 수 있는지 계획하고 실행해나가야 한다.

2) 승진과 승격 관리

어떤 부서에 배치되는가는 종업원만이 아니라 조직 전체에서도 중요한 문제다. 배치되는 부서에 따라 일상적인 업무내용이 크게 변하기 때문이다. HRM의 경력개발에서는 이것을 배치관리 및 승진·승격 관리로 다룬다. 종업원의 경력이라는 관점에서 배치와 승진·승격을 포함한 이동은 다음의 세 가지 포인트에 기초해 진행된다.

❶ 직무상 직위 간 이동(승진)
❷ 소속조직 내 이동(영업본부와 영업지점 간 이동 등)
❸ 소속과 직종의 이동

지금까지 종업원의 배치 이동은 많은 과제를 내포했다. 기업 내에서 필요로 하는 기능과 종업원이 가진 기술이 일치하지 않는 경우가 많아서, 구조 조정을 실시하는 대부분의 기업에서는 중견사원이나 관리직을 대상으로 구조 조정을 실시했는데 이러한 불일치를 없애는 것도 배치관리의 목적 중 하나다. 예를 들면, 조직 내의 관리층을 관리직과 동일한 처우로 대하는 전문직 제도 등을 도입해 종업원이 자격요건을 충족하면 승진이 아닌 '승격'을 시키는 등 부정적 이미지가 없는 대응으로 조직 내의 경력 코스를 구축하는 것도 배치 및 승진·승격 관리의 중요한 목적이 되고 있다.

3) 전문직 제도와 선발형 경영간부 육성제도

전문직 제도는 전문적 지식·기술자, 숙련기능자 등을 대상으로 하는 제도로 종래의 '승진=관리직'의 개념이 아닌, 동일 직능자격의 경우 관리직과 전문직의 처우상 격차가 없는 것을 원칙으로 한다.

직무순환을 기본으로 일반관리자의 육성을 중시했던 사회와 기업풍토에서는 '승진=일반관리자'라고 생각하는 경우가 많아 그 밖의 전문직은 비핵심 노동력으로 간주되는 경향이 있었다고 할 수 있다. 그러나 고용의 유동화, 경영환경의 변화와 기술혁신의 진전으로 인해 전문 분야의 직업군이 크게 확대되는 등 본격적으로 전문직 제도를 포함한 '복선형 인사제도'가 구축되고 있다. 여기에다 우수한 전문직을 임원급으로 대우하는 미국과 유럽의 여러 나라의 '대전문직 제도', '고도전문직 제도'나 '전문직 계약제도'를 도입하는 기업이 늘어나고 있다.

또한 '선발형 경영간부 육성제도'라는 것이 있는데, 기업 측이 이른 시기부터 미래의 경영간부 후보자를 선발하고 육성하는 제도로 '기업 내 대학Corporate University'을 설치해 종래의 전체 연수제도와는 다른 내용으로 조기 엘리트 육성 프로그램을 운영하는 것이다.

글로벌 비즈니스의 추진, 컴퍼니제의 전개와 연결경영, 능력주의 등과 함께 세계적인 경쟁에서 승리하기 위해서는 조기의 경영자 육성은 필수불가결한 과제가 되고 있다.

2. 평가와 보상

1) 보상 시스템이란

보상 시스템이란 기업의 모든 종업원이 업무에 대해 매력을 느끼고 동기 부여가 되는 업무를 할 수 있게 공정하고 공평한 입장에서 보상하는 시스템을 말한다. 이는 금전적인 면에서 급여와는 별도로 주는 것과 그렇지 않은 것이 있고, 다시 개인의 업적에 대해서 주는 경우와 조직, 그룹의 업적에 대해서 주는 것 등으로 나누어진다.

보상을 기초로 해 목표 달성을 위한 행동을 유발하는 수단은 몇 가지 정도로 나눌 수 있다. 이때 종업원을 어느 정도 참가시킬 것인가, 어떤 보상을 줄 것인가의 의사 결정은 회사의 경영이념이나 종업원의 요구, HRM 제도 등과 일관적으로 유지되어야 한다.

이러한 의사 결정은 급여 중에 어느 정도를 인센티브로 배분할 것인가 하는 균형의 문제와 개인과 조직의 업적을 어떻게 구분해 보수와 연결시킬 것인가 하는 평가 및 보수 시스템과 관련된 것이다.

기업 전체의 사명Mission 및 목표와 개인의 목적을 일치시키는 것은 물론, 회사로서 어느 정도의 이익을 올리고 어느 정도의 재무상황에서 일정액의 보상을 줄 수 있는가 등의 토대가 되는 전제조건을 이해하는 것은 보수 시스템을 고려하는 데 있어 가장 중요한 전제 중 하나다.

2) 임금관리

임금은 노동의 대상으로서 사용자가 노동자에게 지불하는 모든 것이라고 정의할 수 있다. 즉, 월급만이 아니라 보너스, 퇴직금, 현물지급 등도 임금에 포함된다.

임금은 노동자에게는 보수이지만 기업에게는 비용이다. HRM에서 임금관리란 임금의 수준, 임금의 체계, 임금총액과 노동량 등 임금제도의 여러 측면을 생각하고 기업경영상 비용과 임금 사이에서 합리적 균형을 유지하는 것이다. 사회적·경제적 조건을 모두 고려하면서 양자를 어떻게 병립시킬 것인가가 HRM에서 임금관리의 문제이다. 임금의 체계나 직무급, 직능급, 승급제도 등 임금관리의 제도 및 운용이 크게 변화하는 와중에 임금의 공평성을 확보하기 위해서는 임금결정의 근거를 제시하는 제도를 정해둘 필요가 있다.

❶ 직무급 제도: 직무내용을 임금액 결정의 주된 근거로 하는 제도. 기업의 모든 직무에 서열을 부여하고 그에 따라 임금을 결정한다.

❷ 직능급 제도: 기본급 부분이 본인급과 직능급으로 나누어지고, 본인급을 연령이나 근속연수에 따라 결정하는 제도(연공급). 직능급 부분은 직능자격제도의 서열에 의해 결정한다.

직무급을 중심으로 하는 미국형과 연공의 색채가 강한 직능급 제도를 중심으로 하는 일본형에는 서로 큰 차이가 있지만, 최근에는 이 두 가지를 접목해 보다 균형적인 중간적 임금관리 제도로 이행하는 것이 추세이다.

3) 인사고과

인사고과란 종업원의 능력이나 업적을 평가하기 위한 제도로, 직무활동을 통해 대상이 되는 종업원의 능력 보유도, 능력 수행도, 수행 태도와 자세, 이에 따른 성과와 업적을 평가하는 구조를 말한다.

인사고과는 승진과 배치, 승급, 상여, 교육훈련 등에 관한 결정을 할 때 중요한 기초자료가 되므로 아주 큰 영향력을 가진다. 따라서 공평하고 신뢰할 만한 근거가 있어야 한다. 또한 자기신고제나 자기보고서와 면접 등 객관성과 납득성을 높이기 위해 보완적인 방법을 조합해 사용하는 것이 중요하다.

(1) 자기신고제

자기신고제는 목표관리와 같은 것으로 종업원이 스스로의 담당직무 수행상태 및 근무태도 등에 대해 자기평가를 하는 동시에 자기의 적성, 보유자격, 전문지식, 미래 담당직무에 관한 목표나 희망에 대해 신고하고, 미래의 경력개발계획 등에 대해 상사나 인사담당자와 면담을 할 수 있는 제도이다. 이러한 제도는 '어떻게 인사고과의 신뢰성을 높이고 적성에 맞는 배치나 인재개발 등을 이룰 것인가'의 목적을 가진다.

(2) 다면평가제

다면평가제는 상사와 동료, 여기에 자신을 포함한 상사와 동료, 부하까지 평가에 포함시키는 평가제도를 말한다. 이는 일방적 관리에서 탈피해 평가를 쌍방향으로 진행할 수 있게 한 자기신고제에서 한 발 더 나아간 것으로, 평가를 보다 더 객관적으로 진행하기 위해 여러 측면의 평가를 포함시키는 '360도 평가제도'라고 할 수 있다.

자기 자신은 물론 상사, 동료, 부하, 고객 등의 평가 결과를 합산해 인사고과 점수를 산정하는 방식으로 평가주체가 다양하기 때문에 인사고과에 대한 객관성을 높일 수 있고, 평과 결과에 대한 반발의 소지를 줄일 수 있는 것이 다면평가제의 장점으로 꼽힌다.

하지만 실시 과정에서 공정성과 신뢰성이 저하되는 문제와 평가의 복잡성이 대두된다는 점은 단점으로 지적되고 있다. 특히 하급자가 상급자의 승급·승진에 관련해 평가할 때 하급자와 상급자 간에 마찰이 발생할 수 있어서 조직규율과 상명하복의 질서를 훼손할 수도 있다는 점도 부정적인 영향으로 지적된다.

삼성 직원들 "절대·다면평가 희망"

사내 인터넷서 '인사혁신토론회' 개최 … 2만5천명 참여 성황

"직급 체계를 축소하고, 수평적 조직 분위기를 만들기 위해 호칭을 개선하는 것은 어떨까요."

많은 삼성전자 임직원들은 지난 7월 13~22일 인터넷 공간에서 가졌던 '인사제도 혁신 대토론회'에서 이 같은 의견을 냈다. 삼성전자는 자체 개발한 집단지성 시스템인 모자이크(MOSAIC)에 모아진 임직원 의견을 취합하고 분석해 최근 전체 임직원에게 이메일을 통해 공지했다. 모자이크는 모든 임직원이 참여 가능한 개방형 집단지성 플랫폼으로, 지식과 아이디어 공유와 제도·정책 개선을 목적으로 삼성전자가 작년 6월부터 운영하고 있다. 지난 1년 동안 임직원이 낸 아이디어를 발전시켜서 나온 특허출원만 70건이며, 사업화로 이어진 아이디어는 100여 건에 이를 정도다.

삼성전자 직원들 인사제도 의견 들어보니
- 직급체계의 축소 혹은 단순화 필요
- 동료·선후배에 대한 호칭 기준 마련
- 승진 심사 때 근무기간 고려 배제
- 직원 평가 때 상대평가 대신 절대평가
- 부하가 상사 평가하는 다면평가제 도입

삼성전자는 7월 '글로벌 기준(Global Standard)에 적합한 인사제도 혁신 방향은 무엇일까'라는 주제로 대토론회를 개최했다. 삼성전자 소속 2만5000여 명의 임직원이 이번 토론회에 참여해 자신의 의견을 적극적으로 피력했다. 이번 토론회 때 임직원 사이에서 가장 많이 나온 인사제도 관련 제안은 크게 4가지로 요약된다. 첫째, 현행 직급 체계를 '축소' 또는 '단순화'하자는 의견이 많았다. 지금은 사원부터 대리, 과장, 차장, 부장, 팀장 등으로 나뉘고

각 직급도 지나치게 세분화되어 있기 때문이다. 둘째, 동료나 선후배를 부르는 호칭을 개선해 수평적 조직 분위기를 만드는 게 좋겠다는 목소리도 많았다. 호칭에 대한 회사 내 통일된 기준이 없어서 혼란을 겪거나 서로 오해하는 사례도 발생한다는 것이다. 셋째, 포인트에 기초한 현행 승격 방식을 폐지하자는 의견도 많았다. 지금은 승진이나 승급 심사를 할 때 입사 후 경과된 기간이나 현 직급을을 갖게 된 이후의 기간 등을 기준으로 하는데 이 같은 체류 기간에 구애받지 않는 승격제도를 운영해달라는 제안이었다. 넷째, 평가 방식을 동료 상호 간에 비교하는 상대평가에서 절대평가로 바꾸고, 부하가 상사를 평가하고 동료끼리도 서로 평가하는 다면평가제도를 도입하자는 목소리가 많았다.
김대영 기자

매일경제신문 2015년 9월 2일자

인사평가제도는 제도의 도입 목적에 따라 도입 형태 및 운영 방식이 다양하게 적용될 수 있다. 중요한 점은 도입 시 조직 내 저항과 갈등을 최소화시키는 것이다.

4) 업적평가 시스템

업적평가의 목적은 금전적인 인센티브를 결정하기 위한 평가부터 종업원의 능력개발을 위한 평가까지 다양하다. 또한 어떤 목적을 중시하는지는 기업의 특징이나 정책에 따라 달라진다. 즉, 최적의 성과를 불러오는 평가 시스템은 존재하지 않으며 각 기업에 따라 전혀 다른 목적으로 실행되고 있다.

업적평가와 능력개발을 위한 평가는 그 목적이 서로 다르

업적평가의 정확성을 높이려면?

업적평가는 평가자가 대상자의 행동을 직접 관찰하는 것이 중요하다. 하지만 더 중요한 사항은 '누가 평가해야 하는가'가 아니라 '누가 평가할 수 있는가' 즉, '누가 대상자를 평가하는 데 충분한 정보를 가졌는가'라는 관점에서 평가자를 선정해야 한다.

상사가 부하직원을 평가하더라도 그 상사가 부하직원의 행동을 직접 관찰할 기회가 적었다면 정확한 평가를 할 수 없다. 직접 관찰의 기회가 많은 사람이 대상자를 평가해야 보다 정확한 평가가 가능해진다. 더불어 평가자에 대한 훈련 또한 업적평가 시스템의 효과를 높이기 위해 중요하다. 훈련을 통해 '해당 조직에 있어 업적이란 무엇인가', '어떤 행동이 바람직하고 어떤 행동이 바람직하지 않은가' 등에 대해 통일된 견해를 구축하고 일치시켜야 한다.

美서 구시대 유물 돼가는 1년단위 인사평가

IBM·GE 수시평가 도입…평생직장 사라지고 이직 주기 짧아진 탓

연간 단위로 실시되는 미국 기업들의 인사 고과 시스템이 '수시' 평가방식으로 바뀌고 있다. 22일 로이터는 경영리서치 회사인 CEB가 포천 1000대 기업들을 대상으로 설문 조사한 결과, 12%가 연간 인사 평가 시스템을 중단했다고 전했다.

이달 초 컴퓨터업체 IBM은 연간 평가를 그만두고 수시 피드백을 통한 인사고과 시스템을 도입하기로 했다. 이에 따라 IBM 직원들은 한 달 또는 분기 단위로 단기적 업무 목표를 설정하고 해당 프로젝트 달성 여부에 따라 관리자로부터 매번 평

가받게 된다. 문제 발생 시에는 즉시 조치가 따른다. IBM은 이 같은 제도를 도입하기 위해 지난해 여름부터 총 170개국 38만명 직원들로부터 사내 게시판과 소셜미디어를 통해 아이디어를 모았다. 앞서 마이크로소프트, GE, 액센추어, 어도비 등도 이 대열에 줄줄이 동참했다.

글로벌 리서치 회사인 뉴로리더십인스티튜트의 데이비드 락 이사는 "거의 모든 회사가 기존 인사평가 시스템의 효율성에 대해 의문을 갖고 있다"면서 "2~3년 내에 미국 기업의 절반 이상이 다른 인사 시스템

을 도입할 것"이라고 말했다.

기업들이 연간 인사 평가 시스템을 포기하는 것은 평가의 공정성 문제와 빨라진 이직 환경 때문이다.

인사관리 회사인 트리넷은 직원 1000명을 대상으로 조사한 결과, 62%가 제대로 평가받지 못하고 있다고 답했다.

이들 중 상당수는 인사 평가 시스템이 부당해 이로 인해 사기 저하를 겪는 것으로 파악됐다.

또 평생 직장이라는 개념이 사라지면서 직원 주기가 짧아진 것도 인사 평가 시스템의 변화 요인이다. 즉

연간 인사 평가가 효율적으로 이뤄지려면 최소 1년간 같은 상사 밑에서 일해야 하지만 직장 내 수시 이동이 많아지면서 1년 평가 자체가 힘들어졌다. 이에 따라 실적이 발생할 때마다 즉시 평가를 하는 것이 더 낫다는 것이다. 하지만 수시 평가 시스템이 업계 전체로 파급되려면 시간이 걸릴 것으로 보인다.

회사들이 연간 평가 시스템을 버릴 경우 대체해야 할 시스템에 익숙하지 않기 때문이다. 인사 전문가들은 "수시 인사 고과는 직원들의 성장과 발전에 초점을 두고 평가자와 대화를 한다는 식으로 접근하는 것이 좋다"고 말했다.

문수인 기자

매일경제신문 2016년 2월 24일자

기 때문에 평가항목 등의 프로세스도 당연히 달라진다. 예를 들면 업적평가가 인재 선발에 사용되는 경우에서 가장 중요한 것은 인재를 좋은 인재와 그렇지 않은 인재로 나누어 좋은 인재만 선발하면 되기 때문에 평가항목을 많이 만들어 상세하게 다루는 것은 중요하지 않다고 할 수 있다.

반면 능력개발을 위한 피드백에 사용되는 경우, 약한 부분을 보완하고 강한 부분을 더욱 강화하기 위해 평가항목을 여러 개로 나누는 것이 보다 상세하고 효과적인 피드백을 가능하게 한다.

또한 커뮤니케이션의 촉진을 위해 업적평가를 하는 경우에는 그 프로세스 자체가 더 중요하다. 평가의 빈도와 피드백 방법 그리고 사전목표 설정 등 성과평가와 관련된 다양한 커뮤니케이션 프로세스를 어떻게 할 것인가에 주의를 기울여야 한다. 또한 업적평가가 법적 대책으로써 사실의 기록이라는 목적을 가진 경우 평가를 어떻게 기록하는가가 중요해진다.

5) 역량평가

역량Competency은 '높은 성과를 창출하기 위해 안정적으로 발휘되는 사고나 행동 특성'을 말한다. 그 특성에 따라 역량은 크게 세 가지로 나누어진다.

- 지식·기술Skills: 대인 관계 구축력이나 정보 수집력
- 성격·성질Character: 유연성이나 지속성, 계획성
- 의식Mind: 리더십 등 업무를 수행할 때 개인이 중시하는 의식

역량평가는 인사에 대한 기준을 설정한 후 평가제도의 한 형태로서 종종 이용되는데, 일반적으로 다음과 같은 평가기준을 설정하고, 이에 기초해 목표관리와 능력개발을 추진한다.

① 부서·직위마다 유능한 사원High Performer의 행동을 분석
② 성과를 내는 특성을 추출
③ 성과를 내는 유능한 사원의 행동특성을 평가기준으로 명시
④ 평가기준을 사원 채용 및 리더를 등용할 때 판단근거로 활용

역량평가는 사원의 평가기준이나 목표관리에도 활용된다. 이러한 역량평가를 기업 인사관리 제도의 근간이 된 직능자격제도와 연결시켜 인사제도를 재설계하는 기업도 등장하고 있다.

3. 동기 부여와 리더십

1) 동기 부여의 이해

동기 부여를 나타내는 영어 Motivation이란 말은 라틴어로 '움직인다'는 뜻인 Movere에서 유래되었다. 동기 부여란 조직 목표를 자신의 목표 중 하나로 받아들여 그것을 달성하기 위해 노력하게끔 행동을 유발, 규제, 그리고 유도하는 과정이다. 따라서 개인이 조직에서 수행하는 일과 관련된 것 중, 특히 일하고자 하는 의욕과 관련된 조직 행동 문제를 동기 부여라 한다.

경영자는 부하 직원으로 하여금 그들이 자발적인 노력으로 조직 목표에 공헌할 수 있도록 유인하고, 그들에게 동기를 부여함으로써 조직 내의 인간관계를 개선하고 발전시켜 나가야 한다. 동기 부여에 대한 대표적인 이론으로 매슬로우의 욕구 단계 이론과 허츠버그의 동기-위생 이론을 살펴보기로 한다.

2) 동기 부여의 내용 이론

(1) 욕구 단계 이론

1954년 발표된 매슬로우A. Maslow의 욕구 단계 이론의 출발점은 사람들이 가지고 있는 욕구는 일련의 단계가 있어서 하위 단계의 욕구가 충족되어야 상위 단계의 욕구를 충족시키는 방향으로 동기 부여가 된다는 것이다. 따라서 하위 단계의 욕구가 충족되지 않은 상황에서 상위 단계의 욕구를 충족해주어도 동기 부여가 되지 않는다는 것이다.

매슬로우는 인간의 욕구 단계를 활용하여 상위 욕구를 충족시킬 수 있도록 동기를 부여하면 더 나은 성과를 산출해낼 수 있다고 주장했다. 즉 인간은 낮은 수준의 욕구가 만족되면 상위 수준의 욕구를 충족시키기 위해 노력하게 된다는 것이다. 낮은 수준의 욕구가 충족되지 않는다면 이 충족되지 못한 욕구가 인간의 행동을

매슬로우의 욕구 단계와 특성

단계	유형	특성
1단계	생리적 욕구	삶 자체를 유지하기 위한 인간의 가장 기본적인 욕구
2단계	안전 욕구	안정과 안전을 추구하며 고통이나 병, 위험을 피하려는 욕구
3단계	사회적 욕구	우정, 사랑, 소속감 등에 대한 욕구
4단계	존경 욕구	다른 사람으로부터 존경을 받고자 하는 욕구
5단계	자아 실현 욕구	자기만족 및 자아 성취에 대한 욕구

지배하게 된다. 하지만 욕구 단계설은 다음과 같은 문제점에 대해 설명할 수 없는 한계점을 갖는다.

❶ 한 가지 이상의 욕구가 동시에 작용하기도 함
❷ 생리 수준 이상의 욕구는 계층을 구분하기 어려움
❸ 개인의 욕구는 상황에 따라 늘 변화

하지만 매슬로우의 욕구 단계설은 경영자들에게 인간의 욕구에 대한 체계적 인식을 갖게 하였고 직원의 욕구 단계와 상태를 파악하여 충족시켜주는 것이 동기 부여에 효과적이라는 점을 일깨워주었다.

(2) 2요인 이론

허츠버그F. Herzberg의 2요인 이론은 동기 부여의 내용에 관한 이론이다. 허츠버그는 수많은 조사 대상자에 대한 직접 면접을 통해 직무 수행의 영향 요인을 위생 요인Hygiene Factors과 동기 요인Motivators으로 구분한다.

허츠버그는 200여 명의 회계사와 기술자들을 대상으로 동기 부여에 영향을 미치는 요소를 조사하여, 만족을 유발하는 요인과 불만족을 유발하는 요인이 완전히

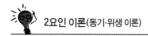

2요인 이론(동기·위생 이론)

위생요인

불만족 ⟷ 불만족 해소

회사 정책·감독·작업조건·인간관계·임금

동기요인

만족 감소 ⟷ 만족

성취감·타인의 인정·도전감·책임감·
개인의 성장

다르다는 것을 증명했다. 임금, 안전, 회사의 정책과 관리·감독 등 직무 이외의 요인인 위생 요인은 잘못되면 불만족을 유발하지만, 잘 설계된다고 해서 일을 열심히 하게 만들지는 못한다고 하였다. 반면에 일 그 자체가 주는 성취감, 도전감, 책임감 등 직무 그 자체와 관련된 동기 요인은 종업원들이 흥겹게 일하게 만드는 요인이라고 하였다. 일 자체를 잘 만드는 것이 중요하다는 것이다.

❶ 위생 요인Hygiene Factors: 조직에서 제공해주어야 할 인간의 기본적 욕구로서 충족되지 않으면 불만족을 초래하지만 많이 충족된다고 해서 더 동기 부여가 되지는 않는다. 즉 불만족 요소의 증감에 관여하는 직무의 상황 맥락Context 이라 할 수 있다.

→ 급여, 직장 내 인간 관계, 작업 조건, 회사 정책 등

❷ 동기 요인Motivators: 충족되지 않더라도 불만이 생기지는 않지만 많이 충족될수록 동기 부여의 정도가 높아진다. 즉 만족 요소의 증감에 관여하는 직무의 내용 자체Content를 말한다.

→ 성취감, 타인의 인정, 책임감, 도전감, 개인의 성장 가능성 등

허츠버그의 연구는 의욕 상실의 원인을 개인이나 환경이 아닌 직무 자체에서 찾은 최초의 과학적 직무 설계라 할 수 있다. 이 연구는 작업 환경(위생 요인)이 사람들의 불만족을 해소시키는 데 영향을 미칠 수 있지만, 직무 자체의 만족을 가져다주지 않으므로 동기 요인이 증가되도록 유도하여야 한다는 시사점을 주었다. 이 이론에 따르면 경영자는 조직 구성원들이 직무를 통해 성취감을 느끼고 인정을 받을 수 있는 직무 만족 요인을 증가시켜 동기를 유발시키고 성과를 높일 수 있도록 하며, 또한 불만족 요인을 제거하게끔 해야 한다. 즉 위생 요인보다는 동기 요인에 관심을 둠으로써 조직 구성원이 바람직한 직무를 통해 자기실현을 이룬다는 동기를

부여하도록 하였다.

(3) XY이론

더글러스 맥그리거D. Mcgregor는 역사상 가장 영향력 있는 경영학 사상가 중 한 명이다. MIT슬로언 경영대학원 창립 멤버이자 사회 심리학자이기도 했던 그는 기존의 테일러식 과학적 관리법에 반대하는 '자발적 동기 부여 이론'을 주장했다. 맥그리거에 따르면 X이론은 인간은 원래 게으르다고 가정해 전통적인 관리 체제 및 관리 전략을 정당화 한다. 반면 Y이론은 인간을 성장과 발전의 잠재력을 갖춘 주체로 인식하여 성장적 측면에 착안한 새로운 관리 체제를 정당화한다.

구체적으로 살펴보면 X이론은 조직이 목표를 달성하기 위해 강제하고 지배하고 지시하고 처벌해야 한다고 생각하는 이론이다. 이에 반해 Y이론은 조직의 목표에 동의하게 되면 사람들은 자기를 스스로 통제하기 시작한다고 생각한다. 따라서

- **X이론(타율적 인간관)**
  - 대부분 사람들은 일을 싫어한다는 관점
  - 사람들은 책임지기를 싫어하고 지시받기를 선호함
  - 대부분의 사람들은 창의적이지 못함
  - 조직의 목표 달성을 위해 사람들은 엄격히 통제되어야 함
  - 부정적인 관점

- **Y이론(자율적 인간관)**
  - 사람들에게 일은 노는 것처럼 자연스럽다는 관점
  - 사람들은 목표 달성을 위해 자기 지시와 자기 통제를 함
  - 대부분의 사람들은 문제 해결에 필요한 창조적 능력을 가지고 있음
  - 인간은 조직 목표를 달성하도록 스스로 동기를 유발함
  - 긍정적인 관점

적절한 보상 등 동기 부여를 통해 개인의 창조력을 끌어내야 한다고 주장한다.

한때 팽팽하던 X이론과 Y이론의 대립은 강력한 리더십의 필요성이 강조되던 80·90년대 잠시 X이론의 우위로 돌아서는 듯했다. 그러나 2000년대 들어 지식 경영이 화두로 떠오르면서 다시 Y이론이 강세를 보이기 시작했다. 획일적 인사관리로는 창조적 생산성을 확보할 수 없다는 공감대가 형성되기 시작한 것이다. 맥그리거 본인도 Y이론의 가정이 X이론의 가정보다 더 가치 있다고 주장했다.

3) 동기 부여의 과정과 이론들

(1) 기대 이론

이 이론은 브룸Vroom에 의해 제시된 모형으로, '동기 부여 = 행위가 가져다주는 결과의 매력도×행위가 결과를 가져올 가능성'으로 이해한다. 동기 부여가 어떤 과정을 거쳐 이뤄지는가를 설명하는 데 초점을 둔 이론이다. 이 이론은 개인이 특정한 방식으로 행동할 가능성은 '그 행동이 특정한 결과를 얻어낼 수 있을 것이란 믿음의 강도'와 '개인이 그 결과에 부여하는 가치의 정도'에 달려 있다고 주장한다. 이 이론의 주요 개념으로는 기대Expectancy, 수단성Instrumentality, 유의도Valence의 세 가지가 있다.

• 기대: 일정 수준의 노력과 일정 수준의 성과 사이의 지각된 관계를 의미한다.

기대 이론과 동기 부여 측정

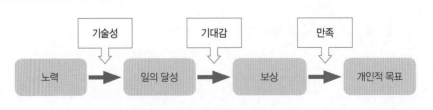

동기 유발(Motivation) = 기대(E)×수단성(I)×유의성(V)

예를 들어 노력이 실제로 성과 증대를 가져올 것이라고 느끼는 정도이다.

- 수단성: 성과를 달성했을 경우 보상을 받을 것이라는 기대감의 정도를 의미한다. 예를 들어 높은 성과와 같은 1차적 결과가 자신의 승진에 도움이 될 것이라고 느끼는 정도이다.
- 유의성: 2차적 결과에 보상에 대해 의사 결정자가 느끼는 만족도를 의미한다. 예를 들어 개인이 승진과 같은 2차적 결과에 대해 만족하는 정도를 나타낸다.

즉, 기대 이론은 자신의 노력이 높은 평가를 받을 것이 확실하다고 생각될 때, 그리고 인정을 받고 나면 급여 인상이나 보너스, 승진 등으로 이어질 것으로 믿을 때, 그래서 자기 자신의 개인적 목표를 만족시킬 수 있다고 생각될 때 최선을 다해 열심히 해보자는 동기가 유발된다는 주장이다. 이러한 동기 유발의 강도는 기대, 수단성, 유의성의 곱으로 나타난다. 따라서 어느 하나가 0이면 전체 값은 0이 된다.

기대 이론은 보상을 받게 된다고 믿는 개인들은 그렇게 믿지 않는 개인들보다 더 나은 업무성과를 창출하며, 기대와 수단성은 행위자가 지각하는 주관적 확률로서 조직의 작업 시스템과 급여 및 기타 보상들에 의해 영향을 받는다는 점을 보여준다.

(2) 공정성 이론

자신이 노력한 대가를 정당하게 받느냐 아니냐는 일할 의욕을 좌지우지하는 역할을 한다. 그런데 이러한 판단은 객관적인 기준보다는 다른 사람들과의 상대적인 비교 속에서 생겨난다. 따라서 경영자가 조직 구성원들에게 동기를 부여하기 위해서는 어떤 사람이 노력하여 얻은 대가와 다른 사람이 노력하여 얻은 대가를 비교하여 형평성을 유지하도록 해야 한다.

이런 동기 부여 과정에 아이디어를 제공해주는 이론이 애담스J. S. Adams의 공정성 이론Equity Theory이다. 이 이론은 개인들은 자신의 사회적 관계를 평가하며 이 평가는 타인들과의 비교 속에서 이루어진다는 전제에서 출발한다. 사람들은 자신의 투입(교육, 경험, 노력, 직무성과)과 산출(직무 만족, 보상, 승진, 인정)의 비율을 어떤 대상과 비교하여 같을 때는 형평성을 느끼고, 형평성을 느끼지 못할 때는 이를 회복하기 위해 노력한다. 핵심은 사람은 타인과의 관계에서 형평성을 유지하려는 쪽으로 동기가 부여된다는 것이다.

자신이 받는 대우에 대하여 어떻게 반응할 것인가를 이해하기 위해서는 공정성 개념도 중요하다. 공정성에 대한 개념은 분배적 공정성과 절차적 공정성으로 구분된다. 분배적 공정성은 조직 구성원들이 조직으로부터 받는 보상의 크기에 대한 공정성의 인식 정도를 의미하며, 절차적 공정성은 그러한 보상의 크기를 결정하기 위해 사용하는 수단, 즉 과정에 대한 공정성의 인식 정도를 의미한다. 특히 후자의 경우가 조직 구성원들에 대한 내재적 동기 부여의 증진과 직결된다.

이 이론은 기업 내에서 구성원을 평가하고 보상할 때 공정성과 객관성을 높이기 위해 많은 노력을 기울여야 한다는 것을 시사해준다. 누군가 불공정성을 느끼면 이들의 불만이 회사 전체의 분위기를 흐릴 수 있기 때문이다. 또한 경쟁 기업에 비해 낮은 수준의 보상을 줄 때는 불평이 높아지고, 근무 태만, 노조 결성을 통한 태업이나 파업 등 다양한 문제가 발생하므로 임금 이외의 다른 조건, 예를 들어 고용 안정, 즐거운 직장 분위기, 경쟁 기업 수준의 보상을 해주어야 한다.

4. 리더십 이론과 유형

리더는 장래의 비전을 제시하고 조직 구성원들이 그 비전을 공유하도록 하여 동기를 유발하고 비전을 달성하도록 이끄는 사람을 말한다. 따라서 리더십이란 리더가 제시하는 비전을 따르도록 조직 구성원들을 이끌어갈 수 있는 능력이라고 말할 수 있다.

어떤 사람이 리더십이 있다고 하는 것은 결국 그 리더가 다른 사람을 움직여서 조직의 목표를 달성하는 능력이 있음을 의미한다. 조직에서 리더가 조직 구성원들의 욕구, 즉 동기를 정확하게 파악할 수 있다면 조직원들의 행동을 어떤 특정 방향으로 용이하게 유도할 수 있을 것이다. 리더십 이론은 어떤 사람이 리더십이 있는지, 리더의 어떠한 행동으로 리더십이 발휘되는지 연구한다.

1) 리더십 이론

리더십 이론은 크게 특성 이론→행동 이론→리더십 상황 이론 순으로 발전해왔다.

(1) 특성 이론

초기 리더십 이론인 특성 이론Traits Theory은 선천적이든 후천적이든 효과적인 리더들이 갖고 있는 공통적인 특성, 특질, 또는 자질을 규명하려는 이론이다. 리더가 어떤 고유한 특성을 가지면 상황이나 환경이 바뀌더라도 항상 리더가 될 수 있다는 점을 기본적으로 가정하고 있다. 또한 모든 사람들이 리더가 될 수 있는 자질을 구비하고 있는 것은 아니기 때문에 그러한 특성들을 가지고 있는 사람들만이 잠재적인 리더가 될 수 있다고 주장한다.

특성 이론에 의하면 리더십의 개발은 기본적으로 리더십의 특성을 지니고 있는 사람들에게만 해당된다. 리더의 자질에 의해 성공 여부가 좌우되며, 훌륭한 리더는 강한 책임감과 목표를 달성하겠다는 의욕과 자신감이 있어야 한다. 그리고 다른 사람과 원만한 인간관계를 유지할 수 있는 능력과 좌절을 이겨 낼 수 있는 의지가 있어야 한다. 특성 이론에서 리더가 갖춰야 할 특성으로 제시하는 것은 다음과 같다.

특성 이론

특성 이론은 리더 스스로가 리더의 특성들을 함양하기 위한 노력을 기울여야 할 뿐만 아니라 조직도 리더의 특성을 함양할 수 있는 교육 훈련 프로그램을 마련해야 한다는 시사점을 제공한다.

- 지능: 리더는 부하보다 지능이 높다. 그러나 그 차이는 크지 않다.
- 성격: 리더의 성격적 특성(기민성, 성실성, 자신감 등)은 리더십의 효과성과 관련이 있다.
- 신체적 특성: 연령, 신장, 체중, 외모 등이 리더십에 영향을 준다.

하지만 특성 추구 이론이 진전되는 과정에서 리더의 특성들이 리더십의 유효성과 밀접한 관계를 갖지 못한다는 연구 결과들이 제시되기 시작했다. 리더십의 효과성은 상황적인 요인에 더 영향을 받기 때문이다. 특성 이론은 개인의 특성에만 초점을 맞춤으로써 리더가 어떻게 하급자들에게 영향력을 행사하는지 밝히지 못했다. 또 구성원들이 리더십에 미치는 효과를 무시하였다는 등의 비판도 받았다. 이러한 결점에도 불구하고 리더십을 발휘하게 하는 리더의 개인적인 특성을 처음 부각시켰다는 점에서 의의를 찾을 수 있다.

(2) 행위 이론

리더가 어떤 스타일을 보이느냐에 따라 높은 집단 성과와 구성원들의 만족을 촉진할 수도 있고 반대일 수도 있다. 이렇듯 행위 이론은 리더가 자신의 역할을 수행하기 위해 조직 구성원들에게 어떠한 행동을 보이느냐에 따라 리더십의 효과성이 결정된다는 이론이다. 행위 이론은 리더의 반복적인 행동 유형을 찾아내고, 어떤 유형이 가장 효과적인지 밝히려고 하였다.

리더의 행위를 어떻게 개발하는 것이 가장 효과적인가 하는 점에 대해 블레이크R. R. Blake와 모우튼J. S. Mouton는 아래와 같은 관리 격자도Managerial Grid를 만들어서 리더의 지향점을 두 차원으로 구분했다.

이 이론은 오랜 기간 리더십 훈련 프로그램으로 실무자들 사이에 인기를 끌었다. 격자도의 가로축은 생산에 대한 관심(과업)의 정도를 파악할 수 있도록 9등급으로 나누고, 세로축도 인간에 대한 관심(관계)의 정도를 파악할 수 있도록 9등급으로 나누고 있다. 따라서 이론적으로는 81가지의 리더십 행위스타일들이 있는 것으로 이해할 수 있다. 이 중에서 기본적인 형태는 (1, 1)형, (9, 1)형, (1, 9)형, (5, 5)형, (9, 9)형이다. 각각의 해석은 다음과 같다.

❶ (1, 1형): 무능력Impoverished형으로서 과업 달성 및 인간관계 유지 모두에 관심을 보이지 않는다.

❷ (9, 1)형: 과업Task형으로서 인간관계 유지에는 적은 관심을 보이지만 생산에 대해서는 지대한 관심을 보인다.

❸ (1, 9)형: 컨트리클럽Country Club형으로서, 생산에 대한 관심은 낮으나 인간관계에는 지대한 관심이 있다.

❹ (5, 5)형: 중간Middle Of The Road형으로서, 생산과 인간관계의 유지에 중간 정도의 관심을 보이는 유형이다.

❺ (9, 9)형: 이상형 또는 팀Team형으로서, 생산과 관계 유지 모두에 지대한 관심을 보이는 유형이다. 이는 종업원들의 자아실현 욕구를 만족시켜주고 신뢰와 지원의 분위기를 이루며, 한편으로 과업 달성을 강조하는 유형이다.

리더가 부서의 성과를 향상시키기 위해서는 부서의 업무 목표를 달성하는 것을 중시하는 과업 지향적Task Oriented스타일을 보여야 할 것이고, 구성원들의 만족도

행위 이론과 관리 격자도

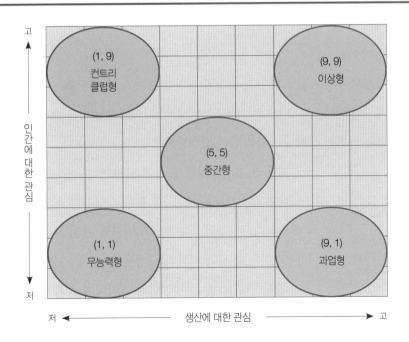

를 높이기 위해서는 부하들과의 인간관계를 구축하는 것을 중시하는 관계 지향적 Relation Oriented 스타일을 보여야 할 것이다. 부서의 성과와 구성원들의 만족도를 함께 향상시키기 위해서는 이 두 가지 스타일을 동시에 개발하여 갖추어야 한다.

이러한 리더십 행위 이론으로부터 우리는 조직에서 리더가 효과적인 리더십을 발휘하도록 하기 위해서는 생산에 대한 관심(과업)의 정도와 인간에 대한 관심(관계)의 정도가 모두 높아지도록 리더의 행위를 개발해야 한다는 시사점을 얻을 수 있다. 예를 들어 리더십이 (3, 8)로 나타났다면, 이 집단의 리더는 생산에 대한 관심이 부족한 것으로 지적할 수 있다. 이 리더에게는 생산에 대한 관심을 늘려주는 여러 훈련 기법들을 동원하여 이상적인 (9, 9)형에 접근할 수 있도록 해야 한다.

(3) 상황 이론

리더십에 대한 행동 이론으로도 바람직한 리더 또는 리더십에 대한 명쾌한 결론을 얻지 못하자, 연구자들은 리더의 행동 하나만을 검토할 것이 아니라 리더의 행동과 조직의 상황을 연계시켜 특정 상황에서 보다 유효한 리더십 유형을 찾고자 시도하였다. 이러한 리더십 연구 접근 방식을 리더십 상황 이론이라고 한다.

❶ 피들러 이론

집단의 성과는 리더십 스타일과 부하와 리더의 관계가 얼마나 좋은지와 상호작용에 의해 결정된다는 이론이다. 피들러는 상황이 리더에게 얼마나 호의적인가에 따라 적합한 리더십 스타일이 달라진다고 주장하였다.

피들러 모형에서 리더가 처한 상황

- 리더-멤버관계: 부하가 리더에 갖는 신뢰, 확신, 존경 등의 정도(충성, 지원, 협력 등)
- 과업 구조: 과업의 구조화 정도. 구조화될수록 리더에게 유리한 상황
- 직위 권한: 리더가 부하를 고용, 보상, 처벌, 해고할 수 있는 공식적인 권한의 정도

피들러Fiedler의 상황 모형에 따르면 효과적인 리더십은 리더와 부하 간의 상호 작용 유형과 상황의 호의성에 따라 결정된다. 즉 과업 지향적인가 아니면 관계 지향적인가 하는 리더의 특성과 리더와 구성원 간 관계·과업 구조·리더의 직위 권한 측면 등이 얼마나 리더에게 호의적인가를 놓고 볼 때, 상황이 매우 호의적이거나 매우 비호의적일 때는

과업 지향적인 리더가, 상황의 호의성이 중간 정도일 때는 관계 지향적인 리더가 효과적이라는 것이다.

리더에게 아주 호의적인 상황은 추종자들이 리더를 마음으로 받아들일 때, 높은 성과를 내기 위한 과업 수행 방식이 명확할 때, 리더의 직위 권한이 클 때이다. 아주 비호의적인 상황은 추종자들이 리더를 싫어할 때, 높은 성과를 낼 수 있는 과업 수행 방식이 매우 모호할 때, 리더의 직위 권한이 아주 작을 때이다.

❷ 허시와 블랜차드의 상황 이론

부하의 성숙도를 고려하여 그에 적합한 리더십을 발휘해야 한다는 것이 허시P. Hersey와 블랜차드K. H. Blanchard의 상황적 리더십 모형Situational Leadership Moded이다. 흔히 사람들은 이상적인 리더십은 업무 수행력과 대인 관계가 모두 뛰어난 것이라고 생각한다. 하지만 허시와 블랜차드는 리더십이란 상황에 따라서 달리 발현돼야 할 능력이라고 주장한다. 이들은 부하의 성숙도를 중요한 상황 요인으로 보고 부하의 성숙도에 따라 효과적인 리더십 스타일이 달라짐을 증명했다. 이때 부하의 성숙도는 달성 가능한 목표를 설정하는 능력, 책임을 지려는 의사와 의욕, 교육과 경험 등을 말한다.

허시와 블랜차드는 리더십 모델의 상황적 변수로써 부하의 성숙도Maturity를 들고 있다. 그들은 부하의 성숙도를 가장 낮은 수준(D1)부터 가장 높은 수준(D4)까지 네 가지 상황으로 나누고 상황에 따라 요구되는 리더십 행동이 달라진다고 본다. 예를 들어 위의 그림에서 보듯이 부하의 성숙도가 가장 낮은 D1상황에서는 관계 지향적인 행동을 줄이고 과업 지향적인 행동을 해야 한다는 것이다. 각 상황에 맞는 리더십의 유형에는 기본적으로 네 가지가 있다. 지시형, 코치형, 지지형, 권한 위임형이다. 지시형의 경우 특정 지시를 내리고 업무 과정을 지켜본다. 반면 코치형은 한 번의 지시에서 멈추는 것이 아니라 계속해서 지시를 내리고 직원의 제안을 받기도 하며 자신의 의사 결정에 대한 이유도 설명하는 코칭 형식으로 진행과정을 돕는다. 구체적으로 살펴보면 다음과 같다.

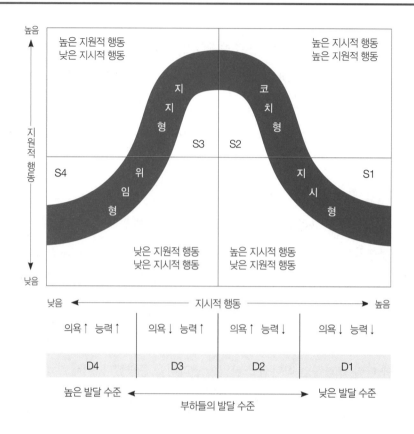

높음

높은 지원적 행동
낮은 지시적 행동

높은 지시적 행동
높은 지원적 행동

지
지
형

코
치
형

S3　S2

지원적 행동

S4

위
임
형

지
시
형

S1

낮은 지원적 행동
낮은 지시적 행동

높은 지시적 행동
낮은 지원적 행동

낮음

낮음 ◀──────── 지시적 행동 ────────▶ 높음

의욕↑ 능력↑	의욕↓ 능력↑	의욕↑ 능력↓	의욕↓ 능력↓
D4	D3	D2	D1

높은 발달 수준 ◀────────────▶ 낮은 발달 수준

부하들의 발달 수준

🔘 지시형Telling

　다소 권위주의적인 '지시형 리더십'을 선호하는 사람은 거의 없다. 그렇다고 지시형 스타일이 무조건 나쁜 것은 아니다. 특히 기업 경영에는 지시형 스타일이 꼭 필요할 경우가 있는데 의사 결정이 시급하거나 위험 부담이 큰 경우에 적합하다.

　위기 시에는 사람들에게 무엇이 옳고 그른지 판단을 맡기고 민주적인 토론을 통해 결정을 내릴 수 있는 여유가 없다. 리더가 자신의 판단을 믿고 지시할 수밖에 없을 뿐더러 그것이 가장 적합한 결정이 될 것이다. 또한 아무것도 모르는 신입사원들에게는 지시형 스타일이 적합하다. 앞으로 혼자 일할 잠재력은 있으나 현재 경험이 없는 사람들에게는 언제 어디서 무엇을 어떻게 하라고 구체적으로 지시하는 것이 가장 빠른 배움의 길이기 때문이다.

ㄴ 코치형Coaching

많은 직장인들은 아무리 열심히 일하고 높은 성과를 올려도 달라지는 게 없다는 것을 깨달을 때 가장 큰 좌절감을 느낀다. 상사들은 좋은 성과를 칭찬해주지 않고 지나갈 때가 많다. 당연히 해야 할 일이라고 여기는 탓이다.

이럴 때 가장 필요한 것이 지시와 지지를 동시에 해주는 코치형 리더십이다. 업무 경험이 많지 않은데 필요한 지시를 받지 못한 채 계속 잘못한다고 혼나기만 하거나 발전 속도가 느려 자신의 능력에 대한 자신감을 잃게 될 수 있기 때문이다. 이런 직원들에게는 적당한 지시와 그들의 목소리에 귀 기울여주는 자세, 발전에 대한 칭찬이 필요하다. 사람마다 차이는 있겠지만 리더의 칭찬과 격려는 부정적인 감정을 누그러뜨릴 수 있는 최고의 수단이 된다.

ㄷ 지지형

지시나 코치를 싫어하는 직원들도 있다. 주로 경험이 많고 업무에 해박한 직원들이다. 이들은 리더가 자신의 말에 귀 기울여주고 자신의 뜻을 지지해주길 바란다. 경험 많고 유능한 직원들의 능력을 최대치로 끌어내기 위해 가장 적합한 리더가 바로 지지형 스타일이다. 지지는 누군가를 인정해준다는 의미로 받아들여진다. 가끔 유능한 사람도 자신의 의사 결정에 대해 주저한다. 이럴 때 리더가 나서서 인정하고 지지해준다면 자신감을 가질 수 있다. 이때 의사 결정에 대한 책임을 리더가 함께 진다면 최고의 성과를 기대할 수 있다.

ㄹ 위임형Empowerment

마지막으로 부하의 성숙도가 가장 높은 수준일 경우에는 부하들이 성취동기에 의해 구체적인 외부의 지시나 명령이 없어도 자율적으로 과업을 수행할 수 있는 능력이 있

 현실 설명력이 높은 상황적 리더십

허쉬와 블랜차드의 상황적 리더십은 부하의 특성 특히 능력, 지식, 기술뿐만 아니라 동기의 수준에 맞추어 적절한 리더십을 발휘하여야 한다는 점, 그리고 예측된 결과가 그럴 듯하다는(intuitive appeal) 점에서 의미가 있는 이론이다. 이 이론은 이론과 실제 양 측면에서 환영받고 있다.

다. 이때는 의사 결정권을 대폭 위임해주어야 한다.

유능하고 열의 있는 독자적 성취자에게 위임형 리더십은 완벽하게 작동한다. 이런 직원에게는 지시가 무용지물이며 자기가 직접 자신을 지지할 수 있기 때문에 다른 지지도 필요로 하지 않는다. 성취도가 높은 사람은 자신이 얼마나 잘하고 있는지 알고 있는 한 리더들에게 특별한 칭찬이나 코칭을 들을 필요성도 느끼지 못한다. 리더는 같은 조직 내에서도 각각의 다른 직원들에게 알맞은 다양한 리더십을 구사할 수 있어야 한다. 유연하게 상황에 대응하는 리더십을 발휘할 수 있어야 진정한 맞춤형 리더가 될 수 있다.

허시와 블랜차드의 상황적 리더십 이론이 갖는 장점은 이해하기가 매우 쉬우며 융통성과 적응력이 있는 리더십 행동을 강조하였다는 것이다. 즉, 특성이 다른 부하는 상이한 방법으로 다뤄야 하며, 같은 부하라 할지라도 상황의 변화에 따라 서로 다르게 다루어야 한다는 점을 이론적으로 뒷받침했다는 점에서 의미를 부여할 수 있다.

더 나아가 기량이 부족하고 동기 유발이 낮은 부하를 문제로 취급할 것이 아니라 부하의 기량과 자신감을 키워줄 수 있는 기회를 지속적으로 모색하여야 한다고 강조한 점도 특기할 만하다. 하지만 이 이론은 실증적으로 그 타당성을 입증하기가 어렵고, 집단의 성과에 영향을 미치는 다른 요인들(과업의 특성 등)이 고려되지 않은 채 부하의 성숙도 하나만으로 상황 변수를 다루어 현실을 너무 단순화시켰다는 비판을 받기도 한다.

2) 리더십의 유형

리더십의 유형에 대한 연구는 다양하지만 최근 리더십 연구로는 주로 리더-멤버 교환 이론(LMX 이론), 리더십 대체 이론, 카리스마적 리더십, 변혁적-거래적 리더십이 있다.

(1) 리더-멤버 교환 이론Leader-member Exchange Theory

지금까지 리더십 이론들은 리더가 모든 부하들에게 동일한 행동을 보인다는 것을 암묵적으로 가정하고 있다. 그러나 이 이론은 실제 리더들은 부하들에게 동일한 행동을 보이지 않는다는 점을 강조한다. 즉, 리더와 부하 사이의 교환 관계LMX가 높은 수준인 내집단In-group과 낮은 수준의 관계를 맺고 있는 경우인 외집단Out-group으로 나누어진다는 것이다. 높은 수준의 교환 관계에서는 리더에 대한 만족도, 일에 대한 만족도, 조직 몰입도가 높아지며 리더의 부하에 대한 인사 고과와 객관적 성과가 높아짐을 보여주고 있다. 이때 이직율은 낮아진다.

(2) 리더십 대체 이론Substitutes for Leadership

리더십이 언제나 효과가 있는 것이 아니라는 점을 강조하면서, 어느 상황 아래서 리더십의 효과가 중화되거나 대체되는지 밝히고 있다.

❶ 부하의 특성, 과업의 특성, 조직 혹은 집단의 특성
❷ 집단의 성과를 높이기 위한 수단으로서 리더십 이외의 다른 대안에 관심을 갖게 한다(예: 직무 충실화, Self-managed Groups, 자동화 등).

(3) 카리스마적 리더십Charismatic Leadership

카리스마의 원래 뜻은 신으로부터 부여받은 선물Gifts로 미래의 일을 예측하거나 기적을 일으킬 수 있는 능력을 의미했다. 카리스마를 사회과학적 현상으로 연구한 베버는 카리스마적 권한은 리더가 예외적으로 뛰어난 특성을 지니고 있다는 부하의 인식에 토대를 두고 있다고 강조하고 있다.

특별한 능력을 지니고 있다는 부하의 인식이 중요하다는 점을 강조함으로써 리더의 특성, 그리고 부하의 인식 속에 자리 잡은 리더의 모습을 다루고 있다. 하지만 카리스마적 리더는 자신의 기분을 맞추는 사람만 가까이하고 비판을 용납하지 않는 모습을 보이기도 한다.

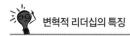
변혁적 리더십의 특징

㉠ 이상화(理想化)된 영향력
㉡ 영감에 의한 동기 유발
㉢ 지적 자극
㉣ 개별화된 배려

(4) 변혁적 리더십과 거래적 리더십

추종자들의 가치와 신념을 바꾸고 이에 근거하여 조직을 변혁시키는 것을 변혁적Transformational 리더십이라고 한다. 변혁적 리더십과 대비되는 것은 거래적Transactional 리더십이다. 이때는 제대로 보상이 있을 때 리더가 영향력을 행사할 수 있다.

❶ 변혁적 리더십

리더가 부하들로 하여금 자신의 이익을 초월하여, 조직의 이익에 대해 관심을 가지고 공헌하도록 고무시켜주고, 부하 자신의 성장과 발전을 위해서도 노력하도록 중대한 영향을 미치는 리더십을 말한다. 변혁적 리더는 구성원들의 가치, 신념, 욕구를 변화시키고, 원대한 비전을 제시하고, 자긍심을 심어주며, 부하들의 지적 능력, 합리성, 문제 해결 능력을 배양한다. 그리고 높은 기대를 전달해서 동기를 부여하며 구성원들로부터 존경과 신뢰를 이끌어내며 구성원에게 개별적으로 주의를 기울이고 조언한다.

❷ 거래적 리더십

역할과 과업 수행 요건을 분명히 함으로써 부하들이 주어진 목표를 달성하는 방향으로 이끌어 가는 리더로 다음과 같은 특성을 지닌다.

㉠ 보상 연계: 계약에 의한 노력, 성과 등에 따라 인정과 보상을 한다.
㉡ 예외에 의한 관리
  • 적극적 측면: 규칙이나 기준에 위배되는 행동을 찾아서 관찰한 후 수정하기 위한 행동을 취한다.
  • 소극적 측면: 기준을 충족하지 못하고 미달할 때만 개입한다.
㉢ 자유방임Laissez-faire: 책임을 회피하고, 의사 결정을 미룬다.

사도 바울의 '카리스마'

흔히 "카리스마가 있다"는 말은 한 사람이 대중들의 마음을 쉽게 빼앗아 자신의 의지대로 잘 이끈다는 뜻이다. 요즘에는 정치인이나 연예인, 더 나아가 직장 상사나 친구에게도 쉽게 쓰는 말이 돼버렸다.

하지만 불과 100년 전만 해도 카리스마는 개인 특성을 가리키는 말이 아니었다. '카리스마charisma'란 단어가 본격적으로 등장한 것은 기원후 50~62년부터였다. 사도 바울이 기독교 전파를 위해 보냈던 편지에서 '하나님의 은총이 담긴 재능'이라는 의미로 이 단어를 사용했다. 이후 기도서나 여러 서신에서는 '은사 Spiritual gift, 恩賜'로 번역됐다. 사도 바울의 사례에서 볼 수 있듯 이 단어는 원래 종교 영역에서 '신의 은혜로 얻을 수 있는 영적이고 초자연적인 능력'이라는 의미로 사용됐다. 즉 신앙심 깊은 사람들에게 내려진다고 여겨졌던 치료나 방언, 예언 등의 힘을 통칭하는 말이었다.

사실 바울이 설명했던 초자연적인 은사 능력은 후대 교회 당국의 무시를 당한다. 성서와 교리, 주교 권위에 기대 체계를 잡아가던 교회로선 이 개념을 받아들일 이유가 없었다. 사라졌던 카리스마는 20세기 초반 부활한다. 독일의 사회과학자 막스 베버(1864~1920)가 기존 권위에 도전하면서 혁명적이고 새로운 질서를 세워가는 지도자의 능력으로 카리스마를 내세운 것. 이때부터 카리스마는 종교적 의미와 세속적 의미가 묘하게 겹치는 단어가 돼버렸다.

그런데 카리스마는 이 체계조차 너무 빠르게 벗어났다. 반세기가 지나면서 지도자적 권위나 재능보다는 정치인 개인의 매력과 자질을 가리키는 말로 변한다. 1960년대 자신감과 에너지 넘치는 모습으로 대중을 사로잡았던 존 F 케네디 전 미국 대통령이 대표적인 사례다. 대중매체가 그에 대해 "카리스마가 있다"고 평가했던 것. 마틴 루서 킹, 버락 오바마의 성공을 얘기할 때도 카리스마는 어김없이 사용되는 단어다.

그렇다면 2,000년 동안 서로 다른 시대, 서로 다른 문화에서도 카리스마 개념이 이어진 이유는 무엇일까. 존 포츠 호주 매콰리대 미디어학과 교수는 신비로움 때문이라고 말한다. 사도 바울은 카리스마가 가진 영적인 신비성을 종교 권위를 강화하는 데 이용했으며, 막스 베버의 이론에서도 이 성질은 그대로 유지됐다. 현대인들이 카리스마 있는 지도자나 스타를 바라는 것도 마찬가지다. TV 연예인 선발 프로그램은 최고 수준 재능을 보여주는 천재를 발굴하고, 공상 과학 소설은 초인적인 능력을 가진 영웅들을 통해 이 개념을 확대시킨다. 포츠 교수는 "가장 관료주의적인 정치와 경영의 지배가 이뤄지고 있는 현대 세계에서 카리스마는 그 매혹적인 특징 때문에 존재한다"고 주장한다.

여기서 카리스마가 타고난 재능은 아닐까 하는 의문이 생길 수도 있겠다. 하지만 어떤 전문가들도 이 부분에 대한 정확한 판단을 내리지 못하고 있다. 카리스마는 말 그대로 '이성과 신앙 사이 공간에서 맴도는, 알 수 없는 힘'이기 때문. 어쩌면 사람들이 판단하길 원하지 않는 것일지도 모르겠다.

- 존 포츠 저 《카리스마의 역사(2010)》, 더숲

경제·경영 핵심 정리

조직 구조와 문화

학습 목표

- 조직화의 개념을 이해한다
- 조직 구조의 형태를 파악한다
- 조직 문화에 대해 이해한다

| 들어가며 |

기업 목표 달성의 첫걸음, 조직화

우리는 모두 어떤 형태로든 조직에 속해 있다. 작게는 한 가족에 속해 있지만 학교에 가면 학급에 소속되어 있거나 동아리와 같은 친교 모임에 속해 있기도 한다. 예를 들어 경제 학술동아리를 만들었다면 그 안에는 학술을 담당하는 학술팀, 대외 홍보를 맡는 홍보팀, 자금을 관리하는 회계팀 등 다양한 기능을 중심으로 역할이 정해진다. 이처럼 어떤 조직이든 저마다의 구조를 가지고 있고 구성원 간 역할이나 관계에 대한 약속이 있다.

기업의 부서 전경

회사도 어떤 일을 추진하기 위해서는 그 일에 맞는 직원들과 그 일에 필요한 활동을 조직화, 즉 어떤 형식으로 한데 묶어야 한다. 다시 말해 회사가 추구하는 목표의 달성을 위해서 우선 구성원을 기능이나 사업 단위로 조합시키고 구조화시켜야 하는 것이다. 그 최소 단위가 바로 회사의 부서이다.

1. 조직화의 이해

조직이란 미리 정해진 기능이나 역할을 수행하기 위해 계획적으로 형성된 집단을 말한다. 조직의 특징은 위계가 있고, 규칙이나 규정이 있으며 목표 달성이 조직의 존재 이유라는 것이다. 조직화는 목표를 달성하기 위해 어떠한 형태로 조직을 구성할 것인가를 결정하고, 인적·물적 자원, 자본 등의 자원을 배분하고 조정하는 활동이다. 따라서 경영 조직은 목적을 효율적으로 달성하기 위해 일정한 원리와 원칙에 따라 조직돼야 한다.

1) 조직화의 원칙

조직화는 기업이 목표 달성에 가장 효과적으로 자원들을 배치하고 분배하며 책임·권한 관계를 설정하는 관리 행위라 할 수 있다. 조직화를 통해 구성원들은 '누가' 책임을 지며, '누구에게' 지시를 받고, '무엇'을 '어떻게' 해야 하며, '어떤' 자원을 이용할 수 있는지를 결정하게 된다. 이러한 조직화의 원칙으로는 크게 전문화, 부문화, 명령의 체계, 집권화와 분권화, 공식화, 복잡성의 원칙이 있다.

(1) 전문화

전문화란 조직 구성원들이 단일의 전문화된 업무를 담당하도록 분담하는 것으로 분업의 원칙이라고 한다. 전문화의 핵심은 한 사람이 전체 직무를 혼자서 다 하는 것이 아니라, 여러 개의 과업으로 나누어 한 사람이 한 개의 과업을 수행하는 것이다. 따라서 개인은 전체 활동을 하는 것이 아니라 어떤 활동의 특정한 부분에 전문화하게 된다. 일반적으로 업무를 전문화할수록 생산성이 높아졌다가 일정 수준 이상 세분화하면 낮아지는 변곡점이 존재한다. 또한 전문화의 단계가 심해지면 인간의 부품화 문제가 발생하는 부작용도 존재한다.

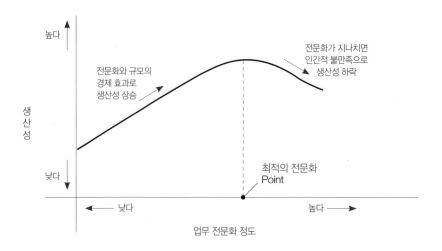

(2) 부문화

부문화는 작업자와 작업 활동을 일정 기준으로 결합시킨 후 각 관리자의 통제와 관리하에 두어 관리를 단위화하는 것이다. 즉 전문화를 통해 조직 내 과업들이 세부 직무로 나눠지면, 그 다음은 이러한 일을 함께 묶어줌으로써 전체적인 목적을 달성할 수 있도록 통합하는 것을 말한다. 업무 권한 관계를 명시하고 의사 결정의 품질을 향상시키는 효과가 있다.

❶ 기능별 부문화

밀접하게 관련된 활동이나 기능을 수행하는 직원이나 작업 단위들을 독립된 부서 단위로 만드는 것이다. 자원의 효율적인 사용, 규모의 경제 달성, 기술 훈련 및 개발 촉진, 부서 내 경력 개발, 최고 경영자의 지휘·조정·통제가 용이하고 부서 내 의사소통과 조정 부문에 장점이 있다. 단점으로는 외부 환경 변화에 수동적일 수 있고, 타 부서와 의사소통 단절과 조정이 어려우며, 최고 경영층에게로 의사 결정 능력이 집중되는 현상과, 조직 전체의 목표 의식 결여(타 부서에 무관심함)등을 들 수 있다.

❷ 제품별 부문화

기업 성장, 다각화 전략 추구 기업이나 서로 연관성이 낮은 독립된 제품 라인을 가진 기업에 유용하다. 동태적인 경영환경과 외부 변화에 신속한 대응이 필요한 조직일수록 유리한 조직 형태이다.

❸ 지역별 부문화

지역별로 업무를 단위화하고 많은 기능을 위임하는 것을 말한다. 본사의 기능별 조직과는 협조하고 역할 분담하는 관계이다. 정부 조직이 주로 이러한 형태를 띤다.

❹ 프로세스별 부문화

업무가 진행되는 과정에 따라 부서를 구성하는 방식이다. 주로 제품의 생산 과정이나 고객 대응 과정에 효과적으로 적용될 수 있다.

❺ 고객별 부문화

고객의 구체적인 욕구를 충족시키기 위해 특정 시장과 고객별 세분화로 업무를 집단화 하는 것을 말한다. 예를 들어 판매 부서의 업무를 기업 고객, 개인 고객, 도소매, 해외 고객 등으로 세분화하는 것이다.

(3) 명령의 체계

❶ 책임과 권한

조직 내 부하 직원에게 특정 행동을 요구하고 이를 따르게 하는 합법적인 권리를 말한다. 조직 내 관리자에게는 할당된 책임을 수행하게끔 하는 권한이 있다. 책임과 권한은 상호 적절히 대응돼야 한다. 또 권한은 공정하게 배분돼야 하고 분명하게 표시돼야 한다.

❷ 명령 일원화

조직 구성원이 상사 한 사람에게만 보고하는 원칙을 말한다. 즉 한 사람의 상급자로부터 지시나 명령을 받고, 그 상급자에게 보고를 해야 한다는 원칙이다. 이 원칙이 지켜지지 않으면 누구의 지시를 받아 어떤 일을 먼저 처리해야 할지 혼동하게 돼 명령과 보고 관계에서 갈등이 유발될 수 있다.

❸ 권한 위임

권한을 가진 상급자가 직무 수행에 관한 일정한 권한을 부하 직원에게 위임하는 원칙이다. 조직 내 권한이 적절히 위임되면 부하 직원은 위임받은 범위 내에서 자유롭게 권한을 행사하고, 업무 수행의 성과에 대한 책임도 지게 된다. 물론 권한을 위임한 상급자도 그 결과에 대해 책임을 진다.

(4) 통제의 범위

특정 직무 수행자가 책임지는 업무의 범위와 지휘 체계의 상하 관계를 의미하는 것으로, 한 관리자에게 몇 명의 하급자들이 보고하는가를 나타낸다. 일반적으로 하급자들이 한 관리자에게 보고하는 수는 한 조직 내 경영진의 계층 수와 관련이 있다. 만약 64명의 직원에 8명이 통제의 폭이라면 거기에는 8명의 관리자가 있는 것이다. 또 그 위로 1명의 최상위 관리자가 8명을 관리자를 지시하게 된다. 반면 통제의 폭이 4명이라고 한다면 여기에는 같은 논리로 16명의 관리자가 필요하다. 이럴 경우 다시 16명을 감독할 4명의 상위 관리자가 필요하고 이 4명의 관리자는 다시 1명의 최상위 관리자에게 지시를 받는다. 따라서 후자가 전자보다 더 키가 큰 계층적인 '톨Tall구조'라고 볼 수 있다.

직무 내용과 통제의 범위

직무의 내용이 단순하고 반복적인 업무에서는 넓은 통제의 폭이 효과적이다. 반대로 고도로 기획되고 복잡한 업무에서는 좁은 통제의 폭이 효과적이다.

고전적 경영학자들은 통제의 효율을 위해 작은 범위의 통제를 강조했다. 통제의 범위가 너무 넓으면 철저한 감독이 어렵고 의사소통이 느려져 비효율을 초래하는 반면, 좁은 통제의 조직 구조가 밀착 감독을 통해 성과를 향상시킨다고 보았기 때문이다. 하지만 좁은 통제 범위에서 감독할 관리자의 수가 늘어나기 때문에 그만큼 비용도 증가한다. 최근에는 기술 변화와 신제품 도입이 빨라지면서 많은 기업들은 평평한 조직과 넓은 통제의 폭을 선택하고 있다.

(5) 집권화와 분권화

의사 결정 권한이 조직 상층부나 특정 집단에 집중된 정도도 조직 구조에 영향을 미친다. 중앙 집권화되면 최고 경영자 입장에서 전체 이익을 추구하기가 쉽지만, 환경 변화의 적응 속도가 늦어지는 단점도 존재한다.

(6) 공식화

공식화는 직무가 표준화되어 있는 정도를 말한다. 즉, 조직에서 직무 수행에 관하여 언제, 무엇을, 어떻게 수행해야 하는가 하는 행위를 미리 정하기 위해 절차와 규칙의 명시화된 정도를 의미한다. 공식화에는 문자로 가시화되는 것뿐만 아니라 암묵적으로 구성원들에게 인식되어 있는 규정 및 절차도 포함된다. 군대 조직은 규모가 커도 통솔하기 용이해 전체적으로 효과적인 관리가 가능하다. 하지만 관료화되고 개인의 창의성이 저하되며, 변화의 의욕은 상실될 수 있다.

2. 조직 구조의 형태

조직화의 결과로 나타나게 되는 조직 구조는 기업 조직이 택하는 구성원의 직능 체계이자 기업 활동을 조정·통제하는 조직의 기본 골격이라 할 수 있다.

1) 기계적 조직과 유기적 조직

경영 조직의 개념적 형태를 파악하기 위해서는 기계적 조직과 유기적 조직을 이해하는 것이 중요하다. 기계적 조직과 유기적 조직은 양자가 연속선상의 양극단에 있는 개념적 형태라 할 수 있다. 이는 상대적인 개념으로 현실의 조직 형태를 순수하게 기계적 또는 유기적이라고 단정 지어 말할 수는 없다. 기계적 조직과 유기적 조직의 개념은 구체적인 조직 형태를 선택하기에 앞서서 조직 설계의 기본 방향을 설정하는 데 도움이 된다.

(1) 기계적 조직

마치 기계가 정형화된 절차에 따라 작동되는 것처럼, 안정적인 환경에서 표준화되고 규정된 절차 및 방식에 의해 경영 조직을 운영하는 개념적 형태이다. 상대적으로 높은 수준의 직무 전문화, 엄격한 부문화, 많은 경영 관리 계층, 좁은 통제 범위, 집권화된 의사 결정이 특징인 조직 구조를 말한다. 인간의 본성에는 비효율적이고 모순되는 면이 많기 때문에 이를 최소화하고자 하는 의도를 가지고 있는 조직 구조이다. 안정된 환경에서 반복되는 작업을 하는 조직으로서는 효율적인 체계라 할 수 있다. 군대나 관료 조직이 대표적인 기계적 조직이다.

(2) 유기적 조직

기계적 조직과는 정반대로 낮은 수준의 직무 전문화, 느슨한 부문화, 적은 경영 관리 계층, 넓은 통제 범위, 분권화된 의사 결정이 특징인 조직 구조이다. 개인

기계적 구조의 특징	유기적 조직의 특징
높은 전문화, 엄격한 부서화, 명확한 명령 계통, 좁은 통제 범위, 집권화, 높은 공식화	기능별 계층별 횡단팀, 자유로운 정보 흐름, 넓은 통제 범위, 분권화, 낮은 공식화

과 개성이 존중되고 이들의 기능이 횡적 유대로써 기업 전체의 목적에 부합되도록 유도되는 특징이 있다. 직무를 표준화하고 규칙을 세우기보다 환경 변화에 빠르게 적응할 수 있게 유연성이 높은 조직 형태를 추구한다. 자유로운 연구소가 전형적인 유기적 조직의 예이다.

2) 조직 구조와 경영환경

기계적 조직이든 유기적 조직이든 그 어느 것도 항상 효과적인 조직이라고 할 수는 없다. 어떤 조직이 효과적인가는 조직이 처한 상황 요인에 따라 결정된다. 이를테면 혁신 전략에서는 유기적 조직이, 원가 절하 전략에서는 기계적 조직이, 모방 전략에서는 기계적 조직과 유기적 조직이 잘 조화되어야 하는 식이다. 기계적 조직은 고객의 욕구와 기술이 안정적일 경우 효과적이다.

예를 들어 패스트푸드점과 같이 표준화가 잘되어 있는 조직은 기계적 조직으로서 여러 국가의 고객들에게 표준화된 제품을 공급하는 것이 가능하다. 반면에 유기적 조직은 고객의 욕구나 기술의 변화가 심할 경우에 적합하다. 환경이 동태적이고 복잡한 상황에서 효과적이기 때문이다.

	기계적 조직	유기적 조직
주요 목표	효율성, 생산성	유연성, 적응성
운영 방식	기계적 방식에 의존	인간의 잠재력 활용
조직 구조의 구성 방식	높은 과업 분화 높은 집권화 높은 공식화	낮은 과업의 분화 높은 분권화 낮은 공식화
조직 과정의 운영 방식	조직의 지위에 기초한 의사 결정 하향적 의사 소통 상급자에 의한 조정	개인 능력에 기초한 의사 결정 쌍방적 의사 소통 상호 조절 및 자발적 조정
적합한 상황 요인	대량 생산·연속 생산 기술 안정적이고 단순한 환경	다품종·소량 생산 기술 동태적이고 복잡한 환경

3) 일반적인 조직 형태

(1) 기능 조직

업무 내용이나 기능을 유사한 것끼리 묶어 놓은 조직 형태를 말하는 것으로, 가장 전통적이고 기본적인 조직이다. 생산, 마케팅, 총무, 재무·회계부 등의 기준을 토대로 설계된 조직으로서, 환경의 안정성이나 일상적인 기술 또는 조직의 내부 효율성을 중요시한다. 기능 조직은 간단한 기술, 안정적 환경, 동질적 시장 상황에 효과적이다. 또 각 부서에서 직원의 업무에 심도 있는 훈련이 가능해 전문성을 강화시키고 규모의 경제를 실현할 수 있는 장점이 있다. 하지만 조직의 규모가 커질수록 부서 간 수평적 조정이 어려워지고 기능 조직 속의 부서원들이 전체적인 조직 목표에 관심이 사라지는 단점도 존재한다.

기능 조직의 장단점

장점	단점
- 관리자가 기능별로 전문화돼 효율적	- 환경 변화에 대한 느린 의사 결정
- 부서 내에서의 규모의 경제 효과	- 의사 결정이 최고 경영층에 집중됨
- 부서간 기능의 분화로 중복 문제 제거	- 부서 이기주의로 타 부서와 협조가 어려움
- 특정 분야에 대한 지식과 기술 개발 가능	- 사업의 성과 평가 등이 모호함
- 최고 경영진이 철저한 통제 가능	- 전반적인 관리자 양성이 어려움

(2) 사업부 조직

사업부 조직에서는 제품, 지역, 시장 등의 기준으로 사업부를 나누고 각 사업부가 별개로 독립하여 책임지고 경영한다. 개별 회사처럼 운영되려면 각 사업부에 대폭적인 자유 재량권이 주어져야 한다. 일반적인 회사 조직은 제조, 판매, 재무, 구매, 영업, 마케팅 등의 기능 조직 형태가 대부분이었다. 이런 조직은 전체적인 결정이나 조정 권한이 중앙에 모이는 중앙 집권적 조직 형태다. 따라서 사업부 조직 형태는 기업의 규모가 거대해지면서 관료화되는 경향과 신속한 의사 결정이 힘들어지는 것을 보완하기 위한 대응책이라 할 수 있다. 기능별 조직과 사업부제 조직의 차이점은 부문별로 분화하여 조직을 만들었을 때, 각 부문에는 기능별 조직이 다시 포함될 수도 있는 것이다.

사업부 조직의 장단점

장점	단점
- 불안정한 환경에서 신속한 변화에 적합 - 기능부서 간의 원활한 조정 - 제품, 지역, 고객별 차이에 신속하게 적응 - 다수의 제품을 가진 대규모 기업에 적합 - 분권화된 의사 결정	- 기능 부서에서 규모의 경제 효과 감소 - 제품 라인 간 조정이 약화될 수 있음 - 특정 분야에 대한 전문화 미흡 - 제품 라인 간 통합과 표준화 미흡

사업부 조직과 GM

사업부 단위별 독립적으로 운영되는 사업부제는 분권적 조직 형태라 할 수 있다. 물론 권한이 위임되는 만큼 책임도 막중해지며 각 사업부 대표는 성과에 대해 철저하게 책임을 지게 된다. 사업부제 조직 운영 방식은 1920년대 GM을 이끌던 알프레드 슬론Alfred Sloan에 의해 체계화됐다. 사업부별 성과가 명확히 드러나기 때문에 성과 제고를 위해 사업부들이 필사적인 노력을 하였으며, GM 성장의 견인차가 되고 있다는 것이 알려지면서 많은 기업의 벤치마킹 대상이 됐다.

(3) 매트릭스 조직

매트릭스Matrix 조직은 기능별 조직 또는 사업부제 조직 형태에 프로젝트팀 조직을 결합시킨 독특한 형태의 조직이다. 매트릭스 조직은 그림에서 보는 바와 같이 프로젝트 별로 필요한 인력을 기능별 조직으로부터 배정하는 형태이다. 따라서 매트릭스 조직에서 종업원들은 최소한 두 개의 부서에 속하게 된다. 하나는 기본이

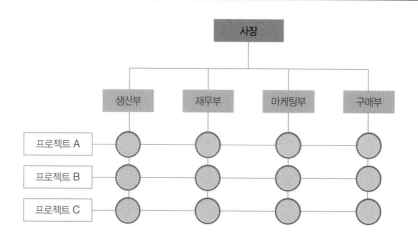

되는 부서이고 다른 하나는 특정 프로젝트를 수행하기 위하여 속하게 되는 부서이다. 결과적으로 종업원은 두 명의 상사를 두게 된다. 매트릭스 조직은 항공기 제조업, 금융 서비스업, 전문 법률 자문업 등에서 실제로 적용되고 있다. 매트릭스 조직은 전통적인 수직적 계층 구조에 현대적인 수평적 팀조직을 겹쳐 놓음으로써 양자 간의 균형을 추구하는 것으로 아래 표와 같은 장단점을 갖는다.

다국적 기업의 경우에는 여러 제품의 판매뿐만 아니라 동시에 해당 국가의 지역적 특성도 고려해야 하기 때문에 매트릭스 조직을 응용하기도 한다. 이 같이 매트릭스 조직을 전 세계적 차원으로 확대해 조직화한 것이 글로벌 매트릭스 조직이다. 글로벌 매트릭스 조직은 제품 측면과 지역 측면을 동시에 관리함으로써 글로벌 환경 변화에 신속히 대처할 수 있고, 제품 조직과 지역 조직이 서로 연결되어 조직 내의 의사소통과 그에 따른 공동 의사 결정을 원활히 하는 장점이 있다. 또한, 제품의 글로벌 통합과 지역 현지화의 문제를 동시에 해결해야 하거나, 국내 사업부와 해외 법인 간의 기술 교류와 지원 공유, 신제품 관련 기술의 빠른 상품화를 위한 조정이 필요할 때에도 유용하다.

매트릭스 조직의 장단점

장점	단점
- 고객의 이중적인 요구에 대응토록 조정 가능	- 이중 보고 체계로 혼란을 겪음(명령 일원화 원
- 여러 제품 라인에 인적 자원을 유연하게 공유	칙 위배)
- 불안정한 환경 변화에 융통성 있게 대응	- 인간관계 기술에 관한 교육 훈련 필요
- 제품 기술 개발에 대한 적절한 기회 제공	- 빈번한 회의와 조정 과정으로 많은 시간 소요
- 소수의 제품 라인과 중규모 조직에 적절	- 권력의 균형을 유지하는 데 많은 노력 필요

> **매트릭스 조직의 보고 체계**
>
> 매트릭스 조직의 가장 큰 특징은 보고 체계의 다양화다. 예를 들어 매트릭스 조직을 운영하고 있는 금융회사가 있다고 하자. A지역 본부 소속으로 기업 금융 업무를 담당하는 김 부장은 A지역 본부장에게도 보고해야 하지만, 때에 따라 B지역의 금융 본부장에게도 직접 보고할 필요가 많다. 사실 한국적 정서에서는 이러한 보고 체계가 잘 이해받지 못한다. 이런 때문에 상시적인 조직에서는 거의 사용되지 않으며 프로젝트성 업무가 많은 조직에서 주로 사용된다.

4) 동태적 조직

(1) 프로젝트 조직

특정 과제나 목표를 달성하기 위하여 구성하는 임시 조직으로서 태스크포스TF, Task Force라고 한다. 팀의 기존 조직에서 프로젝트 수행에 적합하다고 판단되는 사람을 차출하여 구성한다. 이 조직은 정태적인 기능별 조직 또는 사업부제 조직이 환경 변화에 능동적으로 대처하지 못하는 문제점을 극복하기 위하여 등장한 보완적 성격의 조직으로서, 특정 경영 상황에서 활동하는 한시적·동태적 성격의 조직이다. 구성된 프로젝트팀은 목적을 달성하면 해체된다.

프로젝트 조직의 장단점

장점	단점
- 기존의 조직 구성원을 활용한 프로젝트 수행 - 프로젝트가 분명하기 때문에 목표 달성 여부를 확실히 인식함	- 일시적인 조직으로 원래 소속 부서와의 관계 설정이 모호함 - 기존 조직 내 여러 부서에서 차출된 사람들로 구성돼 팀 내 조화와 효율성을 유지가 어려움 - 팀장의 능력과 역할에 성과가 달림

(2) 네트워크 조직

네트워크 조직은 기업이 중심적인 핵심영역은 보유하면서 그 외의 다른 핵심 영역으로 선정하지 않은 부문을 조직 외부에서 필요에 따라 내부화한다. 이때 각 부문들은 경쟁 원리에 따라 활동하고, 조직의 핵심 부문에서는 연구 개발·성과 평가·조정 등의 역할을 맡는다. 이 같은 조직 형태가 가능한 것은 최근 정보 기술의 발전으로 전자상거래가 발달하면서 시장의 거래 비용이 점차 낮아지고 있기 때문이다. 결국 네트워크 구조를 가진 기업은 자사 기능의 대부분을 외주Outsourcing하고 본사는 브로커의 역할만 하게 된다. 네트워크 조직에서는 각 참여 기업이 자신들이 가장 잘 할 수 있는 분야에 집중하기 때문에 각자가 그 분야에 최고의 경쟁력을 유지할 수 있다. 네트워크 조직은 기업으로 하여금 급변하는 기술 환경과 국제 경쟁의 변화 추이에 적절히 대응할 수 있도록 융통성과 적응력을 높여준다.

네트워크 조직의 대표적 기업으로는 나이키Nike를 들 수 있다. 나이키 본사는 디자인과 마케팅만 담당하며, 모든 제품은 전 세계에 널리 퍼져 있는

삼성重 비용절감 위해 중소조선사에 아웃소싱

1조1천억 유상증자 결정

조선업황 부진 직격탄을 맞은 삼성중공업이 수익성을 높일 수 있는 선박 아웃소싱과 운전·유지관리(Operating and Maintenance·O&M) 사업을 경영난 해법으로 꺼내 들었다. 또 삼성중공업은 19일 이사회를 열고 단기 유동성 위기 극복 실탄을 마련하기 위해 1조1011억어치 유상증자를 실시하기로 결정했다. ▶8월 16일자 A1·14면 보도

박대영 삼성중공업 사장은 이날 경기 성남에서 열린 주주총회에서 "선박 설계, 프로젝트 매니지먼트, O&M 사업을 하는 것을 검토하고 있다"고 말했다. 그는 "그동안 우리가 인도한 배를 선주들의 O&M 요구가 많다"며 "(O&M 상당 부분을) 싱가포르 등으로 가고 있는데 가장 잘하는 우리가 한다면 선주와 삼성중공업 모두에 도움이 될 것"이라고 설명했다. 종전 경남 거제조선소를 통한 직접 제작에서 벗어나 수주분을 단가가 저렴한 중국과 국내 중소업체에 맡기겠다는 얘기다. 이미 인도한 배를 유지 관리하는 사업을 맡으며 연관 수익까지 잡겠다는 포석도 깔았다.

박 사장은 주총 직후 기자와 만나 "꼭 선박을 거제조선소에서만 만들어야 하는지에 대해 의문을 갖고 있

다"며 "우리가 수주해 전체 프로젝트는 관리하되 건조는 중국, 인도네시아, 국내 중소 조선사에 맡길 수 있다"고 강조했다. 다만 그는 "아웃소싱이 선박 건조 사업을 접는다는 얘기는 아니다"며 "(아웃소싱 대상은) 우리가 현재 짓지 않는 선종이 될 것"이라고 말했다. 이에 삼성중공업 측은 "중소형 선박이 대상이 될 수 있다"고 전했다.

증자는 주주 배정 후 실권주 일반 공모 방식으로 진행된다.

증자에 이재용 삼성전자 부회장이 참여할지는 미정이다. 박 사장은 "이 부회장이 개인적으로 참여할지는 모르겠다"고 말했다.

삼성중공업은 연초 증자에서 시가 대비 15% 낮은 수준에서 신주 발행했던 삼성엔지니어링보다 할인율(20%)을 높여 투자자 인센티브를 강화하기로 했다. 신주 20%는 우리사주조합에 우선 배정한다.

성남/김정환 기자

삼성중공업 주주 및 지분율
(단위=%)
삼성전자 17.61
삼성생명 3.39
삼성전기 2.38
삼성SDI 0.42
제일기획 0.13
삼성물산 0.13
기타 75.94

매일경제신문 2016년 8월 20일자

네트워크 조직의 형태

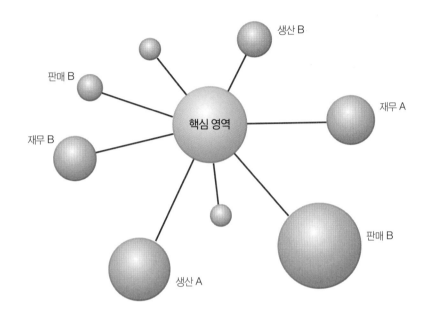

생산자들과의 계약을 통해 조달하고 있다. 나이키는 급변하는 환경 변화에 대응하기 위해 단위 조직 간의 네트워크형 조직을 구축해 외부의 핵심 역량을 활용함으로써 경쟁력을 강화한 기업으로 유명하다.

네트워크 조직의 장단점

장점	단점
- 조직 형태와 인력의 배치 등이 유연함 - 조직 규모에 상관없이 하청 업체들을 통해 손쉽게 자원과 기능을 공급받을 수 있음 - 환경 변화에 대한 적응이 쉽고 많은 인력을 채용할 필요가 없으므로 관리 비용이 절약됨	- 외부의 기업에 조직 활동의 많은 부분을 의존하기 때문에 거래 관계가 복잡해질수록 전체적인 조정 및 통제가 어려움 - 단위 조직들이 모두 외부에 있어 구성원들이 같은 소속감을 가지고 움직이기 어려움

• 수평적 조직과 수직적 조직

구글, 서치펌 이곤젠더, 사우스웨스트항공은 상명하달 방식의 리더십을 버려 성공한 기업으로 유명하다. 심지어 미국의 밸브소프트웨어는 아예 CEO를 두지 않는다. 반면 삼성전자와 같은 한국 회사는 위계질서를 바탕으로 빠른 의사결정을 내려 시장을 주도하고 있다. 극과 극을 보이는 두 리더십 중 어떤 리더십이 정답일까?

일반적으로 기업이 추진하는 일이 탐색Exploration인지, 활용Exploitation인지에 따라 적합한 조직 구조가 다르다. 조직의 장기적인 수익 확보를 위해 새로운 역량과 자원을 찾는 탐색 과정에서는 수평적 조직이 적합하다.

하지만 기존 경험과 노하우에 기반을 두어 점진적 개선을 추구하는 활용 과정에는 수직적 조직이 적합하다. 최근에는 조직의 지속 가능한 성과를 위해 탐색과 활용의 활동이 동시에 필요한 경우가 많은데 상황에 맞는 조직 구조의 조정이 필요하다.

3. 조직 문화

1) 조직 문화의 개념

문화란 사회를 구성하고 있는 모든 사람들이 공통적으로 지니고 있는 가치관과 신념, 이념, 관습, 그리고 지식과 기술 등을 총칭하는 말이다. 조직 문화란 이러한 거시적인 문화의 개념을 미시적인 기업의 조직 수준에 적용한 것이다. 따라서 조직문화는 한 조직의 구성원들이 공유하고 있는 가치관, 신념, 이념, 관습 그리고 지식과 기술을 총칭하는 것으로 조직 구성원과 조직의 행동에 영향을 주는 기본적인 요인이라고 정의할 수 있다.

(1) 조직 문화의 특징

조직 문화는 한 조직을 다른 조직과 구별하게 만드는 특징이 있다. 조직 문화는 시간의 흐름에 따라 천천히 발달한다. 창업자의 비전을 포함한 조직의 축적된 역사에 바탕을 둬 형성된 구성원들의 공유된 가치관과 그것이 표출된 상징 특성이나 행동 규범 그리고 일부의 경영 이념이라고 할 수 있다. 기업은 주어진 환경 속에서 조직의 목표를 추구하는 과정에서 그에 적합한 조직 행동을 형성하게 되는데, 이것이 기업의 특성으로 조직 문화를 형성한다. 이와 같이 형성된 조직 문화는 조직 구조와 제도, 절차, 그리고 조직 구성원의 행동에 영향을 주면서 강화된다. 이러한 조직 문화의 특징은 다음과 같다.

❶ 조직 구조와 달리 조직 문화는 무형이다.
❷ 대부분의 구성원들이 공감할 수 있어야 한다.
❸ 장기간에 걸쳐서 지속적으로 형성된 것이다.
❹ 조직 구조를 간소화시키며 의사 결정의 동질화를 도모한다.

(2) 조직 문화의 중요성

조직 문화는 장기적으로 높은 성과를 거두는 기업들이 각자의 문화적 특성을 가지고 있는 것으로 알려지면서 그 중요성이 부각되었다. 조직 문화의 중요성은 다음과 같다.

❶ 조직의 전략 실행과정에 영향을 미친다.
❷ 조직 내의 집단 간 갈등에 영향을 미친다.
❸ 조직 내 관행, 의사소통, 의사 결정 등에 영향을 미친다.
❹ M&A나 다각화 등 조직 통합을 시도하는 경우 중요성이 높다.

2) 조직 문화의 기능

조직 문화는 다음과 같은 기능을 수행한다.

(1) 행동 지침 제공

신입 사원이 회사에 입사했을 때 조직 문화는 조직의 이해와 처신에 길잡이가 된다. 이를 통해 주변 상황을 나름대로 정리하면서 이해할 수 있다.

(2) 구성원의 조화와 단합

내부적 조화와 단합이 조직 문화에 의해 강화되는 이유는 간단하다. 독특한 신화, 예식, 의식 등은 타 집단과의 이질감을 더 느끼게 하고, 내부인끼리의 동질성을 높여 준다.

(3) 환경 적응 강화

조직은 살아남기 위해 외부 환경에 적응하거나 환경을 통제할 수 있어야 하고, 내부적으로는 구성원의 협동과 응집력을 유지해야 한다. 조직 문화가 잘 발달되면, 구성원들이 조직 문화의 구성 요소를 통하여 조직의 특성과 강·약점을 잘 알고 있을 뿐만 아니라 조직과의 공감내를 가지고 있어 환경 내서에 빠르게 적응한다.

(4) 조직 몰입의 강화

조직 구성원들은 조직에 소속감을 느끼고 조직의 목표를 달성하기 위하여 자신의 노력과 능력을 기울인다. 조직이 강한 문화를 가지고 있으면, 이직률이 낮아지며 구성원들은 조직의 정책에 동조하게 된다.

소니의 몰락, 최대주범은 '사일로'

〈부서 이기주의〉

스트링어 前CEO "부문간 소통 힘들어"
영화·음악 강점 TV·PC에 도움 안돼

소니가 결국 TV 사업(브라비아)을 분사하고 PC(바이오)는 매각하며 5000명의 인원을 감축하는 고강도 인력과 사업 구조조정 결정을 내렸다. 한때 세계를 점령했던 전자 브랜드이자 삼성전자, LG전자 등 한국 업체들의 극복 대상이었기 때문에 소니의 몰락은 국내 전자, IT 업계들에 작지 않은 충격을 주고 있다.

10년 이상 소니에 근무한 뒤 미국 회사로 이직한 A씨는 이번 소니의 구조조정 결정에 대해 "회생하기 힘들 것"이라고 진단했다. 그는 "지난해 물러난 하워드 스트링어 전 최고경영자(CEO)조차 지적한 바 있는 내부 정치 문제를 아직 해소하지 못했다. 수익이 나는 게임기나 카메라 부문은 절대 희생하려 하지 않고 타 사업부에 도움을 주지 않는다"고 지적했다.

스트링어 전 CEO도 "소니는 사일로(silo)가 너무 많아 소통하기 힘들었다"고 지적한 바 있다. 사일로는 곡류 입자를 보관하는 탑형의 곡류저장고를 말하는 것으로 조직 각 부서가 다른 부서와 담을 쌓고 자기 부서의 이익만을 추구하는 현상을 말한다.

소니의 강점으로 분류됐던 '영화' '음악' 등 콘텐츠 사업이 하드웨어 사업에 도움이 되지 못한 점도 부진의 원인으로 꼽힌다. 소니는 지난달 미국 라스베이거스에서 열린 CES 2014에서 '플레이(Play)'로 초점을 맞춘 제품이나 '원 소니' 등의 계획을 밝히지만 스마트폰 TV PC 카메라 등 주력 제품 판매로 이어지지 못했다. 독자적 플랫폼이나 운영체제(OS) 없이 콘텐츠와 하드웨어의 결합은 시너지를 발휘하기 힘들다는 점을 보여준다는 지적이다.

소니의 미디어 사업 진출은 4대 CEO인 이데이 노부유키 회장이 결정했다. 영화와 음악, 게임에 총력을 기울이는 동안 LCD패널 투자 시기를 놓쳤으며 워크맨은 애플 아이팟에 밀렸다. 이는 결국 TV와 스마트폰, PC 등 캐시카우 사업의 부진을 가져왔다.

소니 경영진은 단기 매출과 이익에 급급한 경영을 중시했다. 지난 3년간 4조~5조원(4268억~4736억엔)의 연구개발(R&D)비를 집행했는데 이는 삼성전자의 절반(11조~12조원)에도 못 미치는 수다. 더욱이 사업부 10개 부문에 골고루 분배하기 때문에 주력 분야에 집중하기 힘든 구조다.

산업구조 격변기엔 '글로벌 빅히트 상품' 없이 회생하기 힘들다는 점을 소니가 말해주고 있다. 지난 3년간 산업을 좌지우지했던 스마트폰 시장에 도전하기 위해 소니는 2011년 말 에릭슨과의 합작법인을 청산하고 에릭슨 지분을 인수한 후 '소니모바일'로 재권했다. 그러나 일본 시장 외에는 글로벌 무대에서 존재감을 보여주지 못하고 있다. 소니가 TV와 PC 부문 사업과 인력에 대한 구조조정을 단행했지만 삼성전자와 LG전자 등 한국 업체에 미치는 영향은 제한적이라는 분석이 지배적이다. 이미 격차가 많이 벌어져 반사이익을 기대하기는 무리라는 얘기다.

이민희 아이엠투자증권 연구원은 "이미 점유율이 많이 내려간 데다 분사를 한다고 해도 반사이익을 기대하기 어렵다. 장기적으로 소니가 TV 사업을 정리할 가능성이 있다"고 분석했다. 손재권 기자

매일경제신문 2014년 2월 10일자

3) 조직 문화의 형성과 유지

(1) 조직 문화의 형성

조직 문화는 조직이 외부 환경에 대응하여 살아남게 되는 과정과 내부 요소들의 통합 문제를 해결하는 과정에서 생겨난다. 조직 문화 형성에 가장 큰 영향을 끼치는 것은 조직 설립자의 경영 이념과 철학이다. 또 창업자의 비전을 포함한 조직의 축적된 역사에 바탕을 두어 형성되는 경우가 많다. 우리나라의 예를 들어보면 목표가 정해지면 앞만 보고 달리는 불도저형의 현대, 전략적 사고와 신상필벌을 강조하는 삼성의 문화는 창업자들의 업무 스타일이나 가치관이 기업의 성장 과정에 녹아들어, 조직의 행동 규범이나 상징, 일부 경영 이념으로 승화된 결과라 할 수 있다.

(2) 조직 문화의 유지

하나의 문화가 조직 내에 받아들여지면, 다음 단계에서는 그 문화를 계속적으로 유지시키게 된다. 조직 문화를 유지시키는 방법에는 여러 가지가 있는데, 새로운

인재를 선발할 때 기존의 조직 문화를 수용할 자세를 갖춘 사람들을 선발하며 그 사람을 사회화하여 조직 문화를 유지시키는 것이 대표적이다.

(3) 조직 문화의 변화

오랜 기간 형성된 조직 문화는 쉽게 변화되지 않는다. 하지만 주변의 여건이나 내부적 상황의 변화로 인하여 조직 문화가 변하는 경우도 있다. 심각한 재정난, 수익의 격감, 노사 문제의 악화, 혁신적 기술의 개발 등과 같은 환경 변화는 기업의 조직 문화를 변화시키는 요인이 된다. 최고 경영자의 교체도 조직 문화를 변화시키는 계기가 된다. 새로운 최고 경영자는 나름대로의 경영 방법을 강조하게 되고, 새로운 가치관을 요구하게 된다. 새로운 조직 문화를 정립하기 위해서 최고 경영자는 적합한 사람들을 등용하고, 세대교체나 인사이동을 단행하며, 새로운 가치관에 입각하여 업무성과를 평가하고 이를 조직 문화로 정착시키기 위해 교육을 실시한다.

읽을거리

스펙 높다고 좋은 인재? 조직 문화 안 맞으면 꽝!

회사 인근 출신의 직원들로만 구성된 한 지방업체에 새 피가 수혈됐다. 해외 유학파와 서울 명문대 출신이 각각 신입 사원과 경력 사원으로 들어온 것. 사장은 드디어 우리 회사에도 훌륭한 인재가 들어왔다며 크게 반겼다. 과연 이들의 입사는 회사에 활력을 불어넣을 수 있을까.

이화여대 경영학과의 윤정구 교수와 김문주 강사가 최근 《인사조직연구》에 실은 논문 〈교육적 배경 다양성이 의사 결정의 효율성과 팀 성과에 미치는 영향에 관한 연구〉에 따르면 이들은 오히려 조직 내 커뮤니케이션을 저해시키는 존재가 될 수 있다. 오랫동안 한국 기업에서 조직 구성원들은 동질적인 문화 속에서 일해왔다. 같은 학교, 같은 전공 출신이라는 유사성이 커뮤니케이션을 원활하게 만들어 조직성과에 일조했다. 그러나 최근 흐름이 변했다. 과거와 달리 이직과 전직이 심화되면서 조직원들의 다양성이 높아지고 있는 것. 이에 따라 다양성이 가져올 수 있는 부정적인 요인들을 파악하고 제거해야 하는 필요성이 대두되었다.

윤정구 교수와 김문주 강사는 논문에서 교육적 배경 다양성을 전공, 학력, 해외 교육 경험으로 구분했다. 공기업·금융 기관·제조 업체에서 근무하는 346명의 구성원과 84명의 팀장 데이터를 바탕으로 모형을 도출했다. 그 결과 전공, 학력, 해외 교육 경험의 다양성 모두가 의사 결정의 효과성에 부정적인 영향을 미쳤다. 그렇다면 이러한 부정적인 영향을 어떻게 줄일 수 있을까. 이 논문은 업무 지식의 공유를 방법으로 제시했다. 팀 구성원들 모두가 세부 업무들 간의 관계를 잘 이해하고 업무 수행에 필요한 정보를 어디서 얻어야 하는지 잘 알고 있는 팀에서는 전공과 학력의 다양성이 가져오는 부정적인 효과가 상쇄될 수 있다는 게 저자들 주장이다.

- 매일경제신문 2012년 5월 18일자

01 기업의 임직원은 근로에 대한 대가로 경제적 혹은 비경제적 보상을 받게 된다. 조직의 경영자가 구성원에 대한 다양한 보상을 통해 추구할 수 있는 궁극적인 목적으로 가장 적절하지 않은 것은?

① 성과 목표 부여   ② 역량 개발 촉진

③ 구성원간 동질감 형성   ④ 필요 인재 확보 및 유지

⑤ 업무성과에 대한 책임의식 부여

정답 ③

기업과 같은 조직에서 제공하는 보상은 피고용자가 계약에 따라 근로행위를 제공하고 고용자에게서 반대급부로 받는 경제적, 비경제적 대가를 통칭하는 것이다. 보상의 유형 가운데 대표적인 것은 흔히 급여로 불리는 보수로, 고정급(정액급)과 변동급(성과급)으로 대별된다. 현금이나 유가 증권으로 지급되는 급여 외에도 주거·식비·차량 제공, 자금 대출, 승진·발탁, 교육훈련, 안식휴가, 상급자의 인정 등도 광범위한 보상의 유형으로 볼 수 있다. 공정한 평가와 적절한 보상은 조직에 필요한 인재를 유치하고, 나아가 경쟁사에 빼앗기지 않고 지속적으로 유지할 수 있게 해준다. 또한 구성원이 자신의 보상 수준을 높이기 위해 필요한 역량을 파악하고 스스로 증진시키는 노력을 기울이도록 유인을 제공한다. 산업이나 직종별로 정도의 차이는 있지만, 역량과 업무실적을 개인별 보상 수준에 차등 반영해야 한다는 데 대해서는 대체로 공감대가 형성돼 있기 때문에 구성원 간에 동질감보다는 위화감이 조성될 가능성이 커지고 있다고 볼 수 있다. 따라서 경영자는 조직 분위기와 구성원 사기가 저하되지 않도록 공정한 평가시스템과 기업문화 관리에 항시 주의를 기울일 필요가 있다.

02 다음 중 인간의 욕구는 계층을 형성하며, 각 단계의 욕구가 충족될 때 다음 단계로의 동기가 부여된다는 매슬로우 욕구 이론의 내용이 아닌 것은?

① 생활에 필요한 음식 등의 생리적 욕구

② 새로운 능력 개발을 원하는 성장의 욕구

③ 잠재력을 실현하려는 자아실현의 욕구

④ 안정감 있는 직장을 원하는 안전의 욕구

⑤ 동료 집단에 소속되길 원하는 사회적 욕구

정답 ②

성장의 욕구는 알더피가 주장한 욕구이다. 매슬로우는 생리적 욕구-안전의 욕구-사회적 욕구-존경의 욕구-자아실현의 욕구가 충족되어야 동기 부여가 된다고 주장하였다.

03 아래 그림은 동기 부여에 대한 전통적인 관점과 불만족과 만족의 두 가지 요인이 있다고 주장한 허즈버그의 관점을 보여주고 있다. 허즈버그의 관점으로 볼 때 직원들의 만족과 사기를 올리는 동기 요인이 아닌 것은?

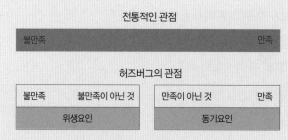

〈그림〉 만족과 불만족에 대한 관점

① 주위 동료들의 인정

② 업무에 대한 성취감

③ 직무 자체의 도전성

④ 깔끔한 업무 환경

⑤ 부서장에게 칭찬받을 기회

정답 ④

허즈버그는 동기 부여는 만족과 불만족, 두 가지 요인에 영향을 받는다고 주장했다. 위생 요인은 회사의 정책, 관리, 감독, 작업 조건 등을 말하고, 동기 요인은 직무의 본질을 반영하는 성취, 기회, 인정, 성장 가능성 등이다.

04 아래 그림은 리더십의 두 요인(생산/사람에 대한 관심)을 활용해 리더십의 유형을 보여주는 리더십 그리드이다. 그림 ㈀~㈃에 대한 올바른 설명을 보기에서 모두 고르면?

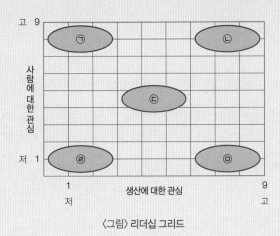

〈그림〉 리더십 그리드

〈보기〉

㈀ 과업 수행을 무리하게 지시하지 않고 부하의 필요에도 관심을 보이지 않음

㈁ 과업 수행과 대인 관계 증진을 동시에 적극적으로 추진함

㈂ 업무 수행에 부하의 참여를 촉진하고 팀워크 증진을 위해 노력

㈃ 리더 흉내는 내지만 의미 있는 업무 참여나 부하와 접촉을 하지 않음

㈄ 과업 지시 이외에는 부하와의 소통이 거의 없음

① ㈀, ㈁, ㈂   ② ㈀, ㈂, ㈄   ③ ㈁, ㈂, ㈃   ④ ㈁, ㈃, ㈄   ⑤ ㈂, ㈃, ㈄

정답 ④

그리드의 각 부분을 설명하면 다음과 같다. ㈀ 과업 수행을 무리하게 지시하지 않고 부하의 필요에도 많은 관심을 보이지 않음→(ㄷ), ㈁ 과업 수행과 대인 관계 증진을 동시에 적극적으로 추진→(ㄴ), ㈂ 업무 수행에 부하의 참여를 촉진하고 팀워크 증진을 위해 노력→(ㄴ), ㈃ 리더 흉내는 내지만 의미 있는 업무 참여나 부하와 접촉을 하지 않음→(ㄹ), ㈄ 과업 지시 이외에는 부하와의 소통이 거의 없음→(ㅁ)

05 리더십 이론은 지속적으로 진화를 거듭하고 있다. 현대적 리더십 이론에 대한 다음 예시 중 가장 잘못된 것은?

① 히틀러와 같이 명령, 신성, 영웅주의, 본보기를 가지고 조직을 이끌어가는 것은 카리스마적 리더십이다.

② 아이아코카 회장이 파산에 몰린 크라이슬러를 회생시키기 위해 국회에 구제금융을 요청하면서 연봉을 1달러만 받겠다고 한 것은 거래적 리더십이다.

③ 오바마가 미국 사회 비전과 목표 의식을 제시하고 동기 부여를 통해 국민 삶의 근본적인 변화를 추구하는 것은 변혁적 리더십이다.

④ 칭기즈칸과 같이 부하에게 전권을 주어 현지 왕을 임명하게 하고 인접국가와 전쟁을 치를지 여부 등 모든 권한을 위임하는 것은 슈퍼 리더십이다.

⑤ 간디와 같이 감정 이입, 위임, 헌신으로 조직을 지도하는 것은 서번트 리더십이다.

정답 ②

기존에 연구된 여러 가지 리더십 이론을 새로운 상황 변화에 따라 재조명한 것이 현대적 리더십 이론으로 카리스마, 변혁적, 거래적, 슈퍼, 서번트 리더십 등이 있다. 카리스마 리더십이란 카리스마적 권위에 기초하는 리더십으로 구성원들이 리더가 갖는 어떤 특성을 실제보다 큰 것처럼 느끼게 함으로써 리더를 믿고 따르게 하는 것을 말한다. 변혁적 리더십은 문화 자체를 변혁시키고 집단의 욕구 체계를 바꾸려는 리더십으로 비전을 설정할 뿐 아니라 성취에 대한 자신감 고취로 조직에 대한 몰입을 강조한다. 거래적 리더십은 리더가 원하는 결과와 구성원들이 원하는 보상 간에 교환(또는 거래)이 효율적으로 달성되도록 하는 것으로 성과·보상 체계를 강조하는 리더십이다. 서번트 리더십은 타인을 위한 봉사에 초점을 두고 자신보다는 종업원, 커뮤니티를 우선으로 그들 욕구를 만족시키기 위해 헌신하는 리더십을 말한다. 위 예제에서 ②번은 변혁적 리더십을 의미한다.

06 **조직관리에 대한 주요 이론을 올바르게 설명하지 않은 것은?**

① 허즈버그의 2요인 이론 : 인간이 추구하는 욕구를 만족요인인 동기요인과 불만족요인인 위생요인으로 구분했다.

② 테일러의 과학적 관리론 : 작업자의 동작이나 수행 시간 등에 대한 과학적 분석에 입각한 과업 관리를 강조한다.

③ 메이요의 인간관계론 : 인간의 감정적인 면보다는 합리적인 면을 강조한 이론이다.

④ 페이욜의 관리론 : 상층 관리자가 수행하는 관리 기능을 계획, 조직, 지휘, 조정, 통제의 5 가지로 나누었다.

⑤ 맥그리거의 X-Y 이론 : 권위적 통제를 강조한 X이론보다는 인간의 자율적 규제를 지지한 Y 이론이 더 가치 있다고 보았다.

정답 ③

메이요의 인간관계론은 웨스턴 일렉트릭 회사의 근로자들을 대상으로 실험한 내용을 바탕으로 제시된 이론이다. 물리적인 요소뿐만 아니라 감정, 사기 등 인간적인 요소가 생산성에 영향을 미치므로 인간 중심의 경영이 필요하다고 강조한다.

보기는 기업 조직의 분권화와 집권화에 대한 제프리 무어 교수의 주장이다. 이와 관련한 물음에 답하시오

공의 표면적을 고객 및 시장과 직접 접촉하는 직원들이라고 하고, 공의 부피를 전 직원의 수라고 비유해보자. 만약 공의 부피를 2배로 늘린다면, 다시 말해 총 직원 수가 2배로 늘어나면, 공의 표면적은 70% 정도만 늘어난다. 늘어난 부피의 30%, 즉 나머지 신규 직원의 30퍼센트는 고객과 직접 접촉하기보다는 조직 내의 다른 직원들과 접촉하는 데 시간을 보내게 될 것이다. 그러나 우선 공을 반으로 나누어 2개의 반쪽짜리 공을 만들고 나서 부피를 2배 증가시키면 표면적 역시 2배가 된다. 즉 새로 뽑은 직원의 30% 이상이 시장과 직접 접촉하고 기여할 수 있게 되는 것이다. 공을 많이 쪼개면 쪼갤수록 부피 대비 표면적의 비율이 높아진다.

07 보기 내용에서 경쟁 우위가 있다고 주장되는 조직 형태와 그 이유를 올바르게 짝지은 것은?

〈조직형태〉
(가) 집권적 관리 조직 (나) 분권적 관리 조직

〈경쟁 우위의 근거〉
㉠ 내부 기능의 중복 투자를 줄일 수 있기 때문이다.
㉡ 파트너, 고객 등과 소통을 원활히 할 수 있기 때문이다.
㉢ 통일된 정책과 방침을 유지해 표준화의 이익을 기대할 수 있기 때문이다.

① (가) - ㉠   ② (가) - ㉡   ③ (가) - ㉢   ④ (나) - ㉠   ⑤ (나) - ㉡

정답 ⑤
분권 조직의 경쟁력을 공의 표면적과 부피의 관계를 이용해 설명하고 있다. 고객, 파트너 등과의 소통을 원활히 하는 조직 구조의 중요성을 강조한다.

08 앞과 같은 조직 형태에 유리하게 작용하는 상황으로 가장 거리가 먼 것은?

① 의사 결정의 중요도가 낮을 때

② 조직의 정책에 일관성이 요구될 때

③ 반복적이고 정형적인 업무가 많을 때

④ 기업에서 관리자를 양성하고자 할 때

⑤ 업무가 동적이고 유동성이 높을 때

정답 ②

의사 결정의 중요성이 높고 일관성이 요구될 때는 분권적 조직보다 집권적 조직이 유리하다. 분권적 조직은 업무의 특성이 유동적이고 반복적이며 정형적인 의사 결정이 많을수록 유리하다. 또 관리자를 양성하는데도 더 효과적이다.

09 다음 그림은 많은 기업들에서 볼 수 있는 조직 구조이다. 이 구조의 장점에 해당하는 것은?

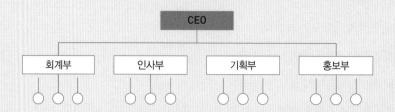

① 부서 간 원활한 의사 소통 가능

② 시장과 제품에 대한 복합적인 모니터링

③ 의사 결정 과정이 민주적이고 상호 보완적

④ 특정 사업 성과에 대한 합리적인 평가 가능

⑤ 세분화된 업무로 각 분야 인력들의 전문성 향상

정답 ⑤

그림은 기능식 조직 구조를 나타내고 있다. 기능식 조직을 효과적으로 운영할 경우 분업화와 조직 구성원들의 전문화를 제고시킬 수 있다. 하지만 조직 관리비의 증가, 사업 성과에 대한 책임 소재 불분명, 관료화 가능성, 부서 이기주의 등은 기능식 조직의 단점이다. 복수의 기능에 대한 복합적인 모니터링은 매트릭스 조직 구조에 해당하는 설명이다.

10 최근 금융지주사를 중심으로 매트릭스ₘₐₜᵣᵢₓ 조직 구조에 대한 관심이 높다. 매트릭스 조직 구조의 장점으로 가장 거리가 먼 것은?

① 고객의 이중적인 요구에 대응 가능
② 시장 변화에 융통성 있는 대응 가능
③ 그룹차원의 시너지 창출 기회가 확대
④ 신규 제품과 서비스 개발 기회의 확대
⑤ 이중 보고 체계로 조직 내 소통 효율성 증대

정답 ⑤

매트릭스 조직은 프로젝트 조직과 기능식 조직을 절충한 조직 형태이다. 구성원 개인을 원래의 종적 계열과 함께 횡적 또는 프로젝트 팀의 일원으로서 임무를 수행하게 하는 조직구조인 것이다. 한 사람의 구성원이 동시에 두 개 부문에 속하게 된다. 금융권의 예를 들면, 은행, 증권, 보험사에는 각각 프라이빗 뱅커(PB)가 있다. 보통 은행 PB는 은행 상품 중심으로, 증권사 PB는 증권 상품 중심으로, 보험사 PB는 보험 상품 중심으로 포트폴리오를 구성한다. 고객은 제대로 된 판단을 위해서 세 곳을 모두 들려야 하는 불편함이 발생한다. 매트릭스 구조는 각 계열사에서 같은 역할을 하는 부서를 한데 모아 '고객에게 원스톱 서비스를 제공한다'는 식의 시너지 창출 개념으로 이다. 시장 변화에 탄력적인 대응이 가능하다는 장점이 있다. 하지만 이중 보고 체계에 따라 ① 계층 원리와 명령 일원화 원리 적용되지 않고 ② 라인과 스태프 구조가 일치하지 않기 때문에, 조직 내부에 혼란을 발생시킬 수 있어 신중한 도입이 필요하다.

PART

02 경제·경영 안목 높이기

Ⅲ. 재무와 비용

회계 정보와 재무분석

학습 목표

- 기본적인 회계 원칙을 이해할 수 있다
- 재무제표 정보로 기업을 이해할 수 있다
- 재무비율을 이해하고 적용할 수 있다

| 들어가며 |

경영의 언어, 회계

기업의 회계 정보는 경제 활동에 참여하는 주체와 이해 관계자 간의 의사소통 수단이다. 기업의 정보는 회계 정보로 요약돼 이해관계자에게 전달된다. 이해관계자들은 회계 정보에서 기업의 경제적 상황을 이해한다. 따라서 회계는 경영과 관련된 모든 사람들에게 필수적인 언어이다.

《미생-아직 살아 있지 못한 자》, 윤태호, 위즈덤하우스

1. 회계의 특성과 원칙

1) 회계의 의의

(1) 회계의 정의

경제 주체인 기업의 경영 활동은 크게 재무 활동, 투자 활동, 영업 활동으로 구분할 수 있다. 회계는 이러한 경영 활동을 측정해 정보 이용자에게 유용한 정보를 제공한다.

(2) 회계의 분류

회계 정보는 정보 이용자의 특성과 각각의 이해관계에 따라 재무 회계, 관리 회계, 세무 회계로 나눌 수 있다. 회계 정보의 이용자가 투자자 등 주로 외부 이용자일 경우는 재무 회계, 경영자나 임직원 등 내부 이용자일 경우 관리 회계, 세무 당국일 경우 세무 회계로 구분한다.

❶ 재무 회계

회계 정보의 외부 이용자에게 필요한 정보를 제공하는 것을 목적으로 하는 회계이다. 따라서 이해하기 쉽고 신뢰할 수 있도록 일정한 규칙에 따라 작성되어야 한다.

❷ 관리 회계

관리 회계는 내부 보고 목적의 회계로서 계획과 통제 기능을 수행한다. 경영자가 기업 내부의 자원 배분과 성과 평가 등 다양한 의사 결정을 합리적으로 할 수 있도록 원가 관리, 경영 계획, 성과 평가, 투자 관리 등의 정보를 제공한다. 따라서 관리 회계는 일정한 형식이나 규정에 제한을 받지 않는다.

회계의 보고 대상 및 작성 목적에 따른 분류

구분	재무 회계	관리 회계	세무 회계
회계 목적	외부 정보 이용자의 의사 결정을 위한 회계 정보 제공	내부 정보 이용자의 의사 결정을 위한 회계 정보 제공	기업 소득의 과세를 위한 정보 제공
정보 이용자	투자자, 채권자, 거래처 등 외부 정보 이용자	경영자, 근로자 등 기업의 내부 정보 이용자	국세청 등의 정부 기관
정보 적용 기준	국제회계기준(IFRS)	기업 내부 규정	법인세법 등 관련 법령
정보 제공 시기	연차, 반기, 분기	필요에 따라	1년에 한 번
회계 대상	과거 경제 활동 자료	현재 및 미래의 자료	과거 및 현재의 과세 자료

❸ 세무 회계

세무 회계는 기업의 소득에 과세하기 위해 세법(법인세법, 소득세법 등)의 규정에 따라 과세 소득을 계산하는 회계이다. 기업과 관련된 세금 업무 중 법인세 산출 과정인 세무 조정을 의미하는 것으로 법인세, 부가세, 임직원의 소득세 원천징수 및 연말정산 등 세금과 관련된 업무를 취급한다.

2) 재무제표의 가정과 질적 특성

(1) 재무제표의 목적과 종류

재무제표는 기업의 재무 상태와 성과를 체계적으로 표현한 것이다. 재무제표의 목적은 광범위한 정보 이용자의 경제적 의사 결정에 유용한 기업의 재무 정보를 제공하는 것에 있다.

❶ 재무상태표

기업의 일정 시점의 재무 상태에 관한 정보를 제공한다.

❷ (포괄)손익계산서

기업의 일정 회계 기간의 성과에 관한 정보를 제공한다.

❸ 자본변동표

기업의 일정 회계 기간에 변동된 자본의 증가 및 감소 내용을 보고한다.

❹ 현금흐름표

기업의 일정 회계 기간의 투자, 재무 및 영업 활동을 평가하는 데 유용하다.

❺ 주석

재무제표에는 나타나지 않는 중요한 정보(회사가 채택한 회계 정책 등), 또는 재무제표에 대한 보충적 정보 등을 제공한다.

(2) 재무제표의 기본 가정

❶ 발생 기준

재무제표는 그 목적에 부합하기 위하여 발생 기준을 적용해 작성한다. 발생 기준은 거래나 그 밖의 사건의 영향을 (현금이나 현금성 자산의 수취나 지급 시점이 아닌) 발생한 기간에 인식해 해당 기간의 장부에 기록하고 재무제표에 표시하는 것이다. 발생 기준을 적용하여 작성한 재무제표는 현금의 수지를 수반한 과거의 거래뿐만 아니라 미래에 현금을 지급해야 하는 의무와 현금의 수취가 기대되는 자원에 대한 정보를 이용자에게 제공한다.

즉 발생 기준은 거래나 그 밖의 사건의 영향을 현금을 받거나 지급한 날을 기준으로 하는 것(현금주의)이 아니라, 거래가 발생한 기간(지급할 의무나 받기로 한 권리가 발생한 날)을

 수익과 비용의 인식 기준

수익의 인식 기준: 실현주의
대금을 현금으로 받지 못했더라도 수익 실현에서 가장 중요한 업무, 즉 재화가 인도되거나 용역 제공이 완료되었을 때 수익으로 인식

비용의 인식 기준: 관련 수익 보고 시
비용은 관련되는 수익이 보고되는 기간에 그에 대응시켜 비용으로 보고

기준으로 하는 것이다. 따라서 재무제표는 과거의 거래와 그 밖의 사건에 대해 이용자의 경제적 의사 결정에 가장 유용한 형태의 정보를 제공한다. 이와 관련하여 수익-비용 대응 원칙이 적용된다.

❷ 계속 기업

회계는 기업이 영속하는 실체(계속 기업)이고 예상 가능한 기간 동안 영업을 계속할 것이라는 가정하에 작성된다. 따라서 기업은 그 경영 활동을 청산하거나 중요하게 축소할 의도나 필요성을 갖고 있지 않다는 가정을 적용한다. 만약 이러한 의도나 필요성이 있다면 재무제표는 계속 기업을 가정한 기준과는 다른 기준을 적용하여 작성하는 것이 타당할 수 있으며 이때 적용한 기준은 별도로 공시하여야 한다. 이러한 가정이 있어서 감가상각비 등의 계상도 가능하다.

(3) 재무제표의 질적 특성

재무제표의 질적 특성이란 회계 정보가 유용하기 위해 갖춰야 하는 기본 요소를 말한다. 유용한 회계 정보는 기업의 다양한 이해관계자들에게 합리적인 경제적 의사 결정을 가능하도록 해야 한다. 의사 결정에 유용한 회계 정보가 되기 위해서는 정보에 대한 이해 가능성, 목적 적합성, 신뢰성의 특징을 갖춰야 한다. 이를 재무제표의 질적 특성이라고 한다.

❶ 이해 가능성

제공되는 정보는 우선 이해 가능해야 한다. 특히 불특정 다수의 일반 대중에게 제공되는 재무제표의 경우 경제 활동 및 회계에 대한 적당한 수준의 지식으로도 이해할 수 있어야 한다.

❷ 목적 적합성

유용한 정보는 의사 결정 시점에서 과거와 현재의 평가 및 미래 예측에 도움이 돼야 한다. 더불어 과거 사건의 평가를 확인하거나 수정할 수도 있어야 한다. 특히 정보는 시점에 따라 의사 결정과 관련돼 있어야 경제적 의사 결정에 도움이 된다.

❸ 신뢰성

신뢰할 수 있는 정보란 나타내고자 하는 바를 충실하게 표현하고, 특정 이해 관계자를 위한 편의$_{Bias}$ 없이 중립적인 입장에서 작성돼 객관적으로 검증할 수 있는 정보를 말한다. 따라서 경제적 의사 결정에 유용한 정보는 이러한 신뢰성의 바탕에서 그 정보가 표현하려고 하는 경제적 상태나 거래 정보를 제공해야 한다.

❹ 비교 가능성

재무제표는 기간별 비교와 동종 업종 간의 비교가 가능하도록 작성돼야 한다. 이를 위해 동일한 회계 기준과 정책이 계속해서 적용돼야 한다.

(4) 재무제표(회계 정보)의 신뢰성 제고 수단

❶ 회계 처리 기준

재무제표는 다수의 이해관계자에게 기업 정보를 제공해주는 원천이기에 불특정 이해관계자에게 구속력 있는 것이어야 한다. 따라서 기업 활동에 대한 회계 처리가 통일된 기준하에서 작성돼야 한다. 현재 우리나라가 채택하고 있는 회계 기준은 IFRS이다. IFRS는 유럽식 국제 회계 기준으로 우리나라는 이를 K-IFRS(한국 채택 국제회계기준)라는 이름으로 국내에 도입했다. 2009년부터 선택 적용하다 2011년부터 모든 상장 기업에 전면 적용하고 있다.

❷ 회계 감사

재무제표가 기업에서 회계 기준에 따라 작성됐다 하더라도 이를 제대로 반영했는지를 제3자가 검증할 필요가 있다. 이를 감사하는 사람을 외부 감사인(공인회계

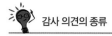

감사 의견의 종류

적정 의견: 재무제표가 회계기준에 따라 적정하게 작성되었을 경우

한정 의견: 감사 범위의 제한이 중요하거나 경영자와의 의견불 일치(회계 기준의 위배) 정도가 중요한 경우

부적정 의견: 경영자와의 의견 불일치(회계 기준의 위배) 정도가 특히 중요한 경우

의견 거절: 감사 범위의 제한 정도가 특히 중요한 경우로 감사 의견을 내지 않는 경우

사)라고 부른다. 이들은 '일정한 자격을 갖추고, 독립성을 유지하고 정당한 주의를 다해' 재무제표에 대한 의견을 제시할 의무가 있다.

❸ 회계 제도의 개선

부실 회계나 부실 감사로 사회적 경제적 피해가 커지면서 최근 회계 정보의 신뢰성 제고를 위한 각종 규제가 더욱 강화되고 있다. 최근 도입된 주요 제도는 크게 지배 구조, 공시 제도, 회계 제도를 강화하는 방향으로 개선되고 있다.

연결재무제표와 지분율 50%

국제회계기준IFRS의 재무제표 기준은 개별재무제표보다는 연결재무제표이다. 과거 재무제표의 연결 기준은 '모회사 지분율이 30%를 넘는 최대 주주'로 돼 있지만 IFRS하에서는 예외적인 사례를 제외하곤 지분율이 50%를 초과해야 연결 대상에 포함된다. 외부감사 대상 기업이 아닌 자산 100억 원 미만인 회사나 특수목적회사SPE도 모두 연결 대상에 포함된다. 만약 지분율 30~50%인 우량 기업이 연결 대상에서 빠지면 기업 규모가 크게 달라진다. 예를 들어 ㈜LG는 종전에 162개에 달하던 연결 대상 기업이 29개로 줄었는데, LG화학이나 LG전자와 같은 초우량 기업이 연결 대상에서 제외됐다. 극단적으로는 연결되지 않기 위해 특정 자회사 지분율을 50% 미만으로 낮추는 일도 벌어질 수도 있다. IFRS를 통해 외국 기업 재무제표와 비교가 가능해지고 종속 회사의 재무 상태와 내부 통제, 연결 대상 지분율이 달라지는 만큼 지배 구조에 대한 관심이 높아질 수 있다.

2. 재무제표의 이해

1) 기본 재무제표(재무상태표, 손익계산서, 현금흐름표)

재무제표는 일정 기간의 회계연도를 주기로 해 작성하는, 기업 재무정보에 관한 각종 보고서를 말한다. 앞서 설명했듯이 재무제표에는 5가지의 구분된 정보를 제공하는데, 제공하는 정보의 종류에 따라 재무상태표, 손익계산서, 현금흐름표, 자본변동표 그리고 중요한 경제적 사건이나 회계 처리방식, 상세내역 등의 정보를 기술해 제공하는 '주석'으로 구분한다.

재무제표 중 기본이 되는 보고서는 재무상태표와 손익계산서이다. 재무상태표를 통해서는 기업의 자산, 부채, 자본의 상태를 볼 수 있고, 손익계산서에서는 기업

기업의 경영활동과 재무제표와의 관계

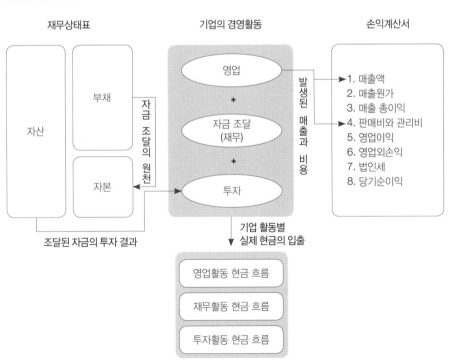

이 얼마의 비용을 들여 얼마의 이익을 얻었는지 알 수 있다. 이 둘은 기업의 재정적 상태와 영업 성과에 대한 정보를 직접적으로 제공하기 때문에 재무제표에서 가장 중요한 보고서라 할 수 있다.

현금흐름표도 최근 그 중요성이 매우 높아진 보고서이다. 현금흐름표는 말 그대로 현금의 흐름을 나타내는 표로 영업·투자·재무 활동으로 인한 현금 흐름으로 구분된다. 영업 활동에 의한 현금 유입에는 매출·이익·예금 이자·배당수입 등이 있고 현금 유출에는 매입, 판공비 지출, 대출이자 비용, 법인세 등이 있다. 투자 활동에 의한 현금 유출에는 유가 증권, 토지 매입, 예금 등이 유가 증권, 토지 매각 등은 유입이 된다. 재무 활동에 의한 현금 유입에는 단기차입금, 사채, 증자 등이 있으며, 사채 상환 등은 유출 항목이 된다.

현금흐름표에서는 현금 흐름에 따른 재무상태의 변동을 알 수 있는데, 특히 손익계산서에 비해 기업의 실제 유동성을 측정할 수 있는 장점이 있어서 기업과 업종을 이해하는 데 분석의 깊이를 더해줄 수 있다.

2) 재무상태표

재무상태표는 보고일 현재 기업의 자산, 부채 그리고 자본의 금액과 구성을 표시하는 재무보고서로 일정 시점(보통 12월 31일)에 기업의 재무 상태를 명확하게 보고하기 위한 정보를 제공한다.

재무상태표의 기본 요소는 자산과 부채 그리고 자본이다. 왼쪽(차변)에 표시돼 있는 자산 항목은 기업 소유 재산의 운용 상태를, 오른쪽(대변)에 표시된 부채와 자

본의 항목은 기업의 자본 조달 상태를 나타낸다.

재무상태표에서는 가장 중요한 등식이 있는데 바로 '자산=부채+자본'으로 이를 회계등식이라고 부른다. 모든 기업의 재무상태표상의 부채와 자본의 합은 항상 자산과 같아야 한다. 자산의 액수가 부채와 자본의 합과 같아야 하는 이유는 부채와 자본으로 조달한 자금을 자산 구매에 사용하기 때문이다.

❶ 자산

자산은 기업이 영업 활동에 활용해 수익을 발생시키거나 비용을 줄일 목적으로 보유하는 현금, 상품, 토지, 건물, 비품 등을 말하며, 미래의 경제적 가치(효익)를 증가시킬 각종 재화나 채권 등의 경제적 자원을 말한다.

❷ 부채

부채는 기업의 영업 활동에서 발생한 매입채무(외상매입금), 차입금, 미지급금 등과 같이 다가올 경제적 효익의 희생을 장래에 갚아야 하는 채무를 말한다. 다시 말해, 기업이 거래를 통해 다른 기업이나 개인에게 미래에 자산을 이전하거나 서비스를 제공해야 할 경제적 의무라 할 수 있다.

❸ 자본(순자산)

자본은 자산에서 모든 부채를 차감한 후의 잔여지분을 말한다. 보통 기업의 소유주인 개인이나 주주 등의 재산이다.

재무상태표의 항목을 좀 더 구체적으로 설명하면 자산은 다시 유동자산과 비유동자산으로, 부채는 유동부채와 비유동부채로 구분된다. 자본은 납입자본금, 이익잉여금, 자본잉여금 등으로 구분해 표시한다.

자산과 부채를 유동·비유동으로 구분하는 기준은 결산일로부터 1년이 지났는지 여부이다. 자산의 경우 결산일로부터 1년 이내에 현금화되는, 즉 1년 안에 현금

재무상태표 요약

I. 유동자산	I. 유동부채
1. 당좌자산	- 매입채무
- 현금 및 현금성자산	- 단기차입금
- 단기금융자산	- 단기사채
- 매출채권	- 유동성장기부채
2. 재고자산	II. 비유동부채
- 제품	- 장기차입금
- 재공품	- 장기사채
- 원재료	- 기타비유동부채
II. 비유동자산	부채총계
1. 투자자산	I. 자본금
2. 유형 자산	II. 자본잉여금
3. 무형 자산	III. 이익잉여금
4. 기타비유동자산	IV. 자본조정
	자본총계
자산 총계	부채·자본 총계

화되는 자산(예금, 주식, 재고자산 등)을 유동자산이라 하며, 그렇지 않은 자산(설비, 부동산 등)은 비유동자산으로 구분한다. 비유동자산은 다시 투자자산, 유형자산, 무형자산 등으로 구분된다.

부채 항목도 마찬가지인데 1년 이내 상환해야 하는 부채는 유동부채로, 결산일로부터 1년 이상의 기간이 경과한 이후 상환해야 하는 장기부채는 비유동부채로 구분된다.

3) (포괄)손익계산서

손익계산서란 일정 기간 동안 기업의 경영 성과를 명확히 보고할 목적으로 그 회계 기간에 속하는 수익과 이에 대응하는 모든 비용을 기재하고, 법인세 등을 차감해 당기순손익(당기순이익 또는 당기순손실)을 표시하는 재무제표이다. 말하자면 손익계산서는 기업의 경영 성적표라고 할 수 있다.

(1) 손익계산서의 기본 요소

일반적으로 기업이 벌어들은 수입을 회계에서는 수익이라고 하고, 수익을 얻기 위해 지출한 것을 비용이라고 한다. 수익에서 비용을 뺀 나머지가 이익이 된다. 즉 '수익-비용=이익'이 된다. 경영 성과를 활동별로 구분해 차례로 알기 쉽게 일람표로 요약하는 형태를 따른다.

❶ 수익Revenue

손익 거래에서 기업 자본의 증가분을 말하는 것으로 매출액, 이자 수익, 임대료 수익, 배당 수익, 수수료 수익 등이 있다.

❷ 비용Expense

손익 거래를 통한 기업 자본의 감소 부분이다. 매출 원가, 급여, 임차료, 광고 선전비, 여비 교통비, 이자 비용 등이 있다.

❸ 이익Profit

수익에서 비용을 차감한 나머지를 말한다. 보통 수익과 이익을 혼동하는 경우가 있다. 회계학적으로는 수익과 이익은 큰 차이가 있다. 수익이 증가했지만 이익이 감소하는 경우가 있다. 이 의미는 비용이 크게 늘어난 것을 의미한다.

(2) 손익계산서의 항목

손익계산서는 매출액에서 매출 원가를 차감해 계산된 이익은 매출 총이익으로, 보통 일상생활에서 '마진'이라는 용어로 많이 사용된다. 그 다음 매출 총이익에서 판매비와 관리비 등 간접 비용을 뺀 나머지가 영업이익이다. 이것은 기업의 영업 활동의 성과라 할 수 있다. 영업이익에서 영업외 수익을 더하고 영업외비용을 차감하면 '법인세 비용 차감전 순이익'이 산출된다. 이것은 기업이 정상적인 활동에 따라 벌어들인 이익을 말한다. 여기서 법인세 비용을 차감하면 최종적인 경영 성과인 당기순손익이 계산된다.

❶ 매출액

기업이 일반적인 영업 활동을 통해 벌어들인 수익을 말한다. 일반적인 영업 활동은 제조업의 경우 제품, 유통업의 경우 상품 유통, 서비스업의 경우 용역을 제공하는 것을 말한다. 그 대가로 받은 수익의 총합이 매출액이고 손익계산서의 가장 위에 위치한다. 판매량이 많아질수록, 판매 가격이 비싸질수록 매출액이 증가한다. 기업은 이 두 가지 요소에 주력해 매출액을 증대시킨다.

❷ 매출 원가

기업이 상품, 제품 등을 판매해 매출을 올리는 데 직접 연관된 비용이다. 제조업의 경우 제품을 생산하는 데 들어간 직접 비용인 재료비, 노무비, 기타 경비 등으로 구성된다. 일반 상기업의 경우는 상품 매입 금액이 된다.

❸ 매출 총이익

매출액에서 매출 원가를 차감한 금액이다. 매출 원가가 증가하면 매출 총이익이 감소하고, 매출 원가가 줄면 매출 총이익이 늘어난다. 따라서 매출 총이익의 크기는 매출액과 매출 원가에 달려 있다.

❹ 판매비와 관리비

판매비와 관리비는 판매 활동과 기업의 관리, 유지 활동에서 발생하는 비용으로 급여, 퇴직 급여, 복리 후생비, 임차료, 접대비, 감가상각비, 무형 자산 상각비, 세금과공과, 광고 선전비, 연구 개발비, 대손 상각비 등 매출 원가에 속하지 않는 모든 영업 비용을 포함한다.

기업의 경영 활동을 크게 나누어보면 제조, 판매, 관리의 세 가지로 나눌 수 있다. 제조 원가란 제품의 생산과 관련하여 발생하는 원가를 말하며, 판매비란 제품의 판매와 관련하여 발생한 비용을 말한다. 한편, 관리비란 사업 전체의 관리 즉, 인사, 재무, 회계, 조사, 기획, 서무 등 업무 관리에 필요한 비용을 말한다. 보통 판매비와 관리비는 일괄하여 표시하나 판매비는 판매량의 증감에 정비례하여 증감하는 변동비의 성질을 갖는데 비하여(접대비, 광고 선전비 등), 관리비는 대체로 판매량의 증감과는 관계가 없는 고정비가 많다(급여, 세금과 공과, 감가상각비 등).

❺ 영업이익

매출 총이익에서 판매비와 관리비를 뺀 부분이다. 영업이익은 기업의 본업에 의한 핵심이익으로 그 중요성이 매우 높다. 손익계산서에 영업이익과 더불어 영업외손익도 있는데, 이는 기업의 본업이 아닌 부수적인 활동으로 발생한 이익을 말한다. 따라서 기업 고유의 사업 이익을 알아보려면 영업이익을 확인해야 한다.

❻ 영업외손익(영업외수익 및 영업외비용)

영업외손익은 기업의 주된 영업이 아닌 경우로 발생한 수익 및 비용으로서 매출액, 매출 원가 및 판매비와 관리비를 제외한 모든 수익과 비용이 영업외 손익에 해당된다.

영업외수익(비용)으로는 이자 수익(비용), 배당 수익, 단기 투자자산 평가이익(손실), 단기 투자자산 처분이익(손실), 임대료 수익, 외환 차익(차손), 잡수익(비용) 등이 있다.

❼ 당기순이익

당기순이익은 손익계산서상에서 최종적으로 산출되는 이익이다. 당기순이익은 주주의 몫에 해당하는 이익 항목이다. 재무상태표에서 주주의 몫인 자본을 증가시키는 가장 주요한 요인으로 등락에 따라 기업의 주가가 크게 영향을 받는다.

(주)ABC의 손익계산서

(20X6년 1월 1일~20X7년 12월 31일)   (단위 : 억 원)

과목	20X7년	20X6년
매출액	182,309	142,445
매출 원가	142,295	111,778
매출 총이익	40,014	30,666
판매비와 관리비	26,881	21,605
영업이익	13,132	9,061
영업외이익	7,152	7,206
영업외비용	12,483	11,315
당기순이익	6,678	4,143

㈜ABC의 2014년도의 매출액은 직전 연도 대비 약 28% 증가했고
이에 따라 매출 총이익도 약 30% 증가했다. 또한 영업이익도 45%
의 큰 폭으로 증가했는데, 이는 판매나 관리 등에 들어가는 비용(판매
비와 관리비)이 직전 연도 대비 24% 증가하는 데 그쳐, 매출 증가에
따른 비용 관리가 효율적으로 이뤄졌다 볼 수 있다. ㈜ABC의 영업이
익률(영업이익/매출액)은 약 7.2%로 직전 연도 6.3%보다 1%포인트
상승했다. X4년의 당기순이익률(당기순이익/매출액)은 3.6%이다.

3) 현금흐름표

(1) 현금흐름표의 의의와 기능

❶ 현금흐름표

회계 기간(보통 1년)의 영업 활동, 투자 활동 및 재무 활동으로부터 조달된 현금
또는 당해 활동에 사용된 현금의 흐름을 표시하고 있는 재무제표이다. 손익계산서
에 표시되는 당기순이익은 발생주의 회계 원칙에 따라 산정된 것이기 때문에 많은

이익을 냈다 하더라도 기업 내부에는 영업 활동에 필요한 현금이 없거나 부족할 수 있다. 반대로 이익은 적지만 차입금 조달 또는 신주의 발행 등을 이용해 기업 내 많은 현금을 보유할 수도 있다.

손익계산서에는 수익과 비용이 모두 발생했다고 보지만 실제 현금을 기준으로 보면 수익만 발생했거나 비용만 발생한 것으로 기업의 법인 통장 잔고에는 현금 유출입이 아직 진행 중인 것이다. 이를 반영하기 위해 실제 현금의 유출입만 인식해 재무제표에 기록하는 것이 바로 현금주의에 따른 현금흐름표이다.

❷ 현금의 중요성

기업의 지속 가능성은 무엇보다 많은 이익을 남기는 데 달려 있다. 하지만 많은 이익이 난다 하더라도 당장 결제할 현금이 수중에 없다면 기업이 부도날 수 있다. 이를 흑자 부도라고 한다. 그렇기 때문에 기업은 수중에 가급적 현금을 많이 보유해야 한다. 그러나 많은 현금 보유가 기업에 도움이 되는 것만

 흑자 부도

손익계산서에는 이익이 발생하나 유동성 부족으로 인해 기업이 도산하는 경우를 의미한다. 즉, 매출과 이익은 지속적으로 발생하나 매출 채권 회수의 실패 또는 일시적인 자금 수요 공급의 불일치, 재고 자산 평가 방법에 따른 문제(IFRS는 후입선출법 불인정) 등의 사유로 흑자 부도가 발생한다.

은 아니다. 쌓이기만 한 현금은 수익 창출에 기여하지 못하기 때문이다. 따라서 기업은 적정 수준의 현금을 보유해야 한다. 적정 수준의 현금 보유액은 기업이나 산업마다 각각 성격이 다르기 때문에 천편일률적으로 어느 정도의 현금 보유 수준이

발생주의와 현금주의에 따른 수익과 비용

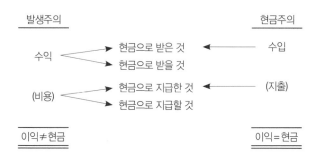

적정하다고 단정할 수는 없다.

❸ 현금흐름표의 유용성

현금흐름표는 투자자에게 다음과 같은 정보를 제공한다.

- 기업의 미래 현금 흐름을 예측할 수 있는 정보를 제공한다.
- 기업의 부채 및 배당금 지급 능력과 외부 자금 조달의 필요성에 관한 정보를 제공한다.
- 당기순이익과 영업 활동으로 인한 순현금 흐름의 차이 및 그 원인에 관한 정보를 제공하다.
- 현금 흐름의 원천과 사용 내역에 관한 유형별 정보를 제공한다.

(2) 현금흐름표의 구성 항목

현금흐름표는 기업의 영업 활동, 투자 활동, 재무 활동에 의하여 발생되는 현금의 흐름(유입과 유출)에 대한 상세한 정보를 제공함으로써 손익계산서의 기능을 보완하며, 또한 기업의 재무 상태에 변화를 가져오는 현금 거래에 대한 정보도 제공하여 재무상태표를 보완하는 기능도 가지고 있다.

❶ 영업 활동으로 인한 현금 흐름

일반적으로 제품의 생산과 상품 및 용역의 구매·판매 활동을 말하며, 투자 활동과 재무 활동에 속하지 아니하는 거래를 모두 포함한다. 기업의 본원적인 활동으로서 판매를 위한 제품의 생산과 서비스 제공을 의미하는 활동이다.

❷ 투자 활동으로 인한 현금 흐름

현금의 대여와 회수 활동, 유가 증권(현금성 자산은 제외), 투자 자산, 유형 자산 및 무형 자산의 취득과 처분 활동 등을 말한다. 장기 설비 자산에 투자하는 활동과 여

현금 흐름의 구분

현금 흐름	현금 유입	현금 유출
영업 활동으로 인한 현금 흐름	• 제품과 상품 등의 현금 판매 • 매출 채권의 회수 • 이자 수익과 배당 수익 수취	• 원재료와 상품 등의 구입 • 매입 채무의 지급 • 이자 비용의 지급 • 판매비와 관리비의 지급 • 미지급 법인세의 지급
투자 활동으로 인한 현금 흐름	• 대여금의 회수 • 유가 증권의 처분 • 단기 금융 상품의 감소 • 고정 자산의 처분	• 현금의 대여 • 유가 증권의 취득 • 단기 금융 상품의 증가 • 고정 자산의 취득
재무 활동으로 인한 현금 흐름	• 차입금의 조달 • 사채의 발행 • 주식의 발행(유상증자) • 자기 주식의 처분	• 차입금의 상환 • 사채의 상환 • 주식의 소각(유상 감자) • 자기 주식의 취득
중요한 비현금 거래	현물 출자로 인한 유형 자산 취득, 무상 감자, 주식 배당 등	

유 자금 운용을 위한 유가 증권 투자와 자금 대여 및 회수 등을 포함한다.

❸ 재무 활동으로 인한 현금 흐름

현금의 차입 및 상환 활동, 신주 발행이나 배당금의 지급 활동 등 부채 및 자본 계정에 영향을 미치는 거래를 말한다. 즉 주주로부터 자원 획득과 투자의 반환을 포함하며 채권자로부터 자원 획득과 부채 상환을 포함한다.

❹ 중요한 비현금 거래

기업 회계 기준에서는 비현금 거래 중에서 중요한 거래에 대한 정보는 현금흐름표에 대한 주석으로 공시하도록 규정하고 있다. 주석으로 공시해야 하는 거래로는 현물 출자로 인한 유형 자산의 취득, 유형 자산의 연불 구입, 무상 감자, 주식 배당 등이 있다.

손익계산서보다 현금흐름표

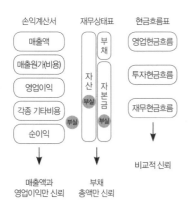

(3) 현금흐름과 기업의 유형

현금흐름의 중요성이 높아지면서 현금흐름표의 각 영역별 현금 흐름 상태를 조합해 기업 유형을 분류하는 시도가 이뤄지고 있다. 아래 표에서와 같이 정상적인 우량 기업(A기업)은 영업 부분이 + 값, 재무 부분이 − 값, 투자 부분이 − 값(단, 절댓값이 영업 부분의 값보다 작아야 한다)으로 나타난다. 이를 흔히 현금 흐름의 정배열이라고 부른다. 반면 역배열인 −, +, + 상태(B기업)가 지속되면 기업 부도의 가능성이 높아진다. 이는 절대적인 기준은 아니기 때문에 모든 산업과 기업에 적용 가능한 기준은 아니다. 하지만 적어도 현금 흐름의 상태에 따른 기업 상태의 정황적 판단은 가능하다.

세 가지 항목 중 영업 활동으로 인한 현금 흐름이 기업의 사업 건전성을 파악하는 가장 중요한 지표라 할 수 있다. 이 지표가 양(+)의 현금 흐름을 보이지 않으면, 특별한 경우를 제외하고 그 기업은 장기적으로 지속 가능하기 어렵다고 판단할 수 있다.

A·B기업의 현금 흐름 배열표

현금 흐름	A기업	B기업
영업 활동	+	−
투자 활동	−	+
재무 활동	−	+

❶ 우량 기업(+, -, -)

영업 활동으로 창출한 현금으로 투자를 하고 부채를 줄여가는 기업의 상태이다. 투자로 인해 장래 이익이 기대되고, 부채의 감소로 이자 비용 지출은 줄어들어 기업 가치 상승이 기대된다. 주로 우량 기업에서 나타나는 현금 흐름이다.

❷ 성장 기업(+, -, +)

영업 활동으로 창출한 현금으로 투자를 하지만 내부 현금만으로는 충분하지 않아 부채를 조달하는 기업이라 할 수 있다. 계속 성장세를 보이며 매출 신장이 이뤄지는 기업에서 나타난다.

❸ 잠재 기업(-, -, +)

영업 활동으로 인한 현금 흐름이 약하지만, 투자를 하고 있고 거기에 필요한 자금을 외부에서 차입해 쓰고 있는 기업이다. 이런 상태가 지속되면 기업은 크게 성장하거나 부도가 날 가능성이 높아진다. 기업 초기에도 이러한 현금 흐름이 나타나기도 한다.

❹ 위험 기업(-, +, +)

영업 활동으로 현금을 창출하지 못하고, 고정 자산 등을 처분해 현금을 끌어오는 한편, 외부 금융 기관에서 자금을 차입하는 기업의 유형이라 할 수 있다. 가장 좋지 않은 현금 흐름을 보이는 기업이다.

국내 최대 분식 회계 사건으로 기억되는 대우그룹의 예를 들어보자. 1998년에 대우그룹의 주력 기업인 ㈜대우는 882억 원의 순이익을 보고했다. 그러나 현금 기준으로 계산한 현금 이익은 '-11조 2,000억원'이었다. 영업에서 이익은 발생했지만, 현금은 오히려 11조 2,000억 원 적자라는 얘기다. 이익은 나면서 어떻게 막대한 현금 적자가 발생했을까? 이는 외상으로 매출한 금액이 9조 원 이상 증가했기

때문이다. 이 돈은 순이익을 발생시킬 수는 있지만, 아직 현금으로 들어오지 않아 기업의 현금 흐름에는 도움이 되지 않는다. 궁극적으로 현금화되지 않는다면 '일시적인 숫자'에 지나지 않는 것이다.

이는 숫자가 갖는 의미가 기업의 성과를 파악하는 데 왜 중요한지를 보여준다. 기업이 손익계산서에 보고하는 모든 숫자는 궁극적으로 현금화되지 않으면 의미가 없다. 흔히 기업 순이익을 사람의 체력에, 그리고 현금은 혈액에 비유한다. 아무리 이익이 많이 나서 체력이 좋아도 피가 돌지 않으면 사람은 죽는다.

기업의 현금 흐름은 외상 매출금과 재고 자산이 늘어날수록 감소한다. 물건은 만들고 팔았지만, 현금이 아직 들어오지 않았기 때문이다. 반면에 외상 매입금이 증가하면 현금 사정이 좋아진다. 물건을 사고 아직 현금을 지불하지 않았기 때문이다. 그래서 재고 자산, 외상 매출금은 적절하게 유지하고 외상 매입은 최대로 활용해야 현금 사정이 개선된다.

상식적인 이야기지만 기업의 여러 가지 문제가 여기에서 비롯된다. 매출을 늘리기 위해 신용이 없는 사람에게도 무리하게 물건을 팔면 당장은 매출이 증가해 이익이 늘어난다. 하지만 회수되지 않으면 매출 증가가 오히려 부메랑으로 돌아와 자금을 압박한다.

2000년대 초에 발생한 카드 대란이 좋은 예다. 현금 서비스 한도 폐지, 카드 소득 공제 확대, 길거리 모집 규제 철회 등으로 신용 불량자가 양산됐고 결국 카드사들의 자금난이 불거졌다. 결국 궁극적으로 현금화되지 않는 숫자는 부실 자산, 가공 자산에 불과하다. 경영자는 순이익과 현금 이익의 의미를 잘 이해하고 기업 재무제표의 숫자가 현금화될 것인가를 항상 염두에 둬야 한다.

- 매일경제신문 2010년 4월 30일자 정구열 교수 '숫자경영'

3. 재무비율분석

재무분석이란 각종 재무제표를 활용해 기업의 현재 재무 상태와 경영 성과를 분석하고 이를 바탕으로 기업의 미래에 대한 합리적 의사 결정을 내리기 위해 실시하는 일련의 기업경영 분석을 의미한다.

경영 분석은 크게 질적 분석과 양적 분석으로 나눈다. 질적 분석은 주로 전략적 측면에서 자사의 강점과 약점 등을 파악하는 것이며 양적 분석은 비율분석, 손익분기점 분석 등을 구체적으로 조사하는 것이다. 재무분석은 주로 양적 분석에 해당되며, 다양한 종류 중에서도 가장 자주 활용되는 분석은 비율분석이다. 비율분석은 다시 안정성 분석, 성장성 분석, 활동성 분석, 수익성 분석으로 구분된다.

1) 안정성 분석

안정성 비율은 장·단기 채무의 변제 능력을 알 수 있는 지표로 유동 비율, 당좌 비율, 부채 비율이 있다.

(1) 유동 비율

기업의 안정성을 나타내는 지표로서 유동 부채 대비 유동 자산의 비율을 나타낸다. 즉, 1년 내에 만기가 도래하는 부채 상환으로 이용되는 유동 자산의 크기를 나타낸 것으로서 기업의 단기 부채 지급 능력의 지표이다. 유동 비율이 높을수록 단기 채무를 지급할 능력이 높다고 평가되며, 일반적인 기준으로 유동 비율이 200% 이상이면 유동성이 양호한 것으로 볼 수 있다.

$$유동\ 비율 = \frac{유동\ 자산}{유동\ 부채} \times 100$$

(2) 당좌 비율

당좌 비율이 높을수록 기업의 단기 부채 지급 능력이 좋은 것으로 평가된다. 당좌 자산은 유동 자산에서 현금화가 어려운 재고를 제외한다. 일반적으로 100% 이상이면 양호한 것으로 본다.

$$당좌\ 비율(\%) = \frac{당좌\ 자산}{유동\ 부채} \times 100$$

(3) 부채 비율

총자본을 구성하고 있는 자본과 부채의 비율을 말한다. 자본 구조에 있어서 타인자본(부채) 의존도를 나타내며, 자본 구조의 건전성을 나타내는 지표로 사용된다. 200% 미만이면 양호한 것으로 볼 수 있다.

$$부채\ 비율(\%) = \frac{총부채}{자기자본} \times 100$$

(4) 고정 비율

자기자본 대비 고정 자산의 비율로 기업의 안정성을 나타내는 지표로 사용된다. 고정 자산은 쉽게 현금화할 수 없는 자산이므로 높은 고정 비율은 기업의 안정성을 해친다고 해석한다.

$$고정\ 비율 = \frac{고정\ 자산(비유동\ 자산)}{자기자본} \times 100$$

2) 성장성 분석

성장성은 전기와 당기를 비교하여 기업의 규모나 경영 성과가 얼마나 증대되었는지를 나타내는 지표이다. 즉 기업의 규모 및 영업 활동의 결과가 전년에 비해 얼마나 증가했는지를 나타낸다. 기업의 경쟁력과 미래 수익 창출 능력을 간접적으로 보여주는 지표이기도 하다. 보통 성장성 비율은 간단히 전년 대비 증가율로 계산된다. 또는 분석 목적에 따라 기간을 늘려 일정 기간의 증가율로 계산하는 것도 가능하다. 하지만 성장성 분석은 인플레이션 상황에 영향을 받는 단점이 존재하기 때문에 해석에 주의가 필요하다.

(1) 매출액 증가율
전년도 대비 당해 연도의 매출액 증가율을 평가하는 지표이다. 이 비율이 높을수록 그 기업의 성장성이 높다고 할 수 있다.

$$\text{매출액 증가율(\%)} = \frac{(\text{당기 매출액} - \text{전기 매출액})}{(\text{전기 매출액})} \times 100$$

(2) 총자산 증가율
기업 활동을 위해 보유하고 있는 회사 자산의 총액이 전년도에 비해 어느 정도 증가하였는지 나타내는 지표이다.

$$\text{총자산 증가율(\%)} = \frac{(\text{당기 총자산} - \text{전기 총자산})}{(\text{전기 총자산})} \times 100$$

(3) 영업 순이익 증가율

기업 활동의 최종적인 성과인 영업 순이익이 당기에 얼마나 증가했는지를 나타
내는 성장 지표이다.

$$영업\ 순이익\ 증가율(\%) = \frac{(당기\ 영업\ 순이익 - 전기\ 영업\ 순이익)}{(전기\ 영업\ 순이익)} \times 100$$

3) 활동성 분석

기업이 보유하고 있는 자산을 얼마나 효율적으로 이용하고 있는지 측정하는 지
표이다. 특정 자산이 일정 기간 동안 매출을 통해 몇 번이나 회전하였는가를 나타
내므로 회전율이라고도 한다.

(1) 총자산 회전율

기업의 총자산이 1년에 몇 번이나 활용되었는지를 파악하기 위한 지표이다. 총
자산 회전율이 높으면 유동 자산, 고정 자산 등이 효율적으로 이용되고 있다는 것
을 뜻하며, 반대로 낮으면 과잉 투자와 같은 비효율적인 투자를 하고 있다는 것을
의미한다.

$$총자산\ 회전율(회) = \frac{매출액}{총자산}$$

(2) 재고자산 회전율

일정 기간 동안 재고자산이 매출을 통해 몇 번이나 현금성 자산으로 회전하였

는가를 나타내는 지표로, 재고 자산에 대한 투자 효율성을 나타내준다. 수치가 높은 경우는 재고자산의 관리가 효율적으로 이뤄지고 있음을 나타낸다. 그러나 재고 자산을 적정 수준 이하로 보유하고 있는 경우에도 회전율은 높게 나타나기 때문에 해석에 주의가 필요하다.

$$재고자산 회전율(회) = \frac{매출액}{재고자산}$$

(3) 매출채권 회전율

매출채권의 현금화 속도를 측정하는 비율로서 이 비율이 높을수록 매출 채권의 현금화 속도가 빠르다. 부채 중 매입채무가 얼마나 원활하게 결제되는지 나타내는 지표이다. 이와 비슷하게 매입채무 회전율도 있다.

$$매출채권(매입채무)회전율(회) = \frac{매출액}{매출채권(매입채무)}$$

(4) 매출채권 평균회수기간

외상 매출금이 평균적으로 며칠 만에 회수되는지를 평가하는 지표다. 이는 위의 매출 채권 회전율보다 더 쉽게 해석할 수 있어서 자주 사용된다. '365일/매출채권 회전율' 또는 '매출채권/1일 평균 매출액'으로 계산되는데 회전율과 역의 관계가 있다. 회수 기간이 짧을수록 매출 채권의 현금화 속도가 빠르기 때문에 기업의 자금 사정이 양호해진다. 매출 채권 평균 회수 기간은 매출 채권 관리에 중요

 기업 우량성 지표, 매출채권회전율

매출채권회전율이 길어지면 현금 회수가 늦다는 신호다. 현금 유입이 그만큼 늦어지면 유동성에 문제가 생겨 자금 압박으로 경영난을 겪을 가능성이 높다. 어떤 기업들은 대출을 쉽게 받기 위해 매출액을 부풀리기도 하는데, 매출액이 갑자기 증가한 경우 매출채권을 확인해 보는 것이 좋다. 이 경우 과거 몇 년간의 매출액 증가 추세와 매출채권의 증가 추세를 살펴야 한다. 또 매출채권회전율은 신용판매가 많을수록 낮아지는데, 보통 고가 제품일수록 신용판매가 높고, 도소매 업종일수록 신용판매가 낮다. 따라서 업계 평균과의 비교가 특히 중요하다.

한 지표로 활용된다.

$$\text{매출채권 평균 회수 기간} = \frac{\text{365일}}{\text{매출채권회전율}} = \frac{\text{매출채권}}{\text{1일 평균매출액}}$$

4) 수익성 분석

수익성 분석은 기업의 이익 획득 능력을 평가하는 비율로서 기업이 투자한 자본으로 얼마만큼의 이익을 달성했는지를 측정하는 지표이다. 기업이 보유하고 있는 자산 상태를 통하여 수익성을 파악한다.

(1) 총자산 순이익률Return On Assets: ROA

운용된 총자산이 어느 정도의 수익을 발생시켰는지를 나타내는 지표로서 ROA 분석으로 널리 알려졌다. 이 지표는 총자산이 효율적으로 수익 창출에 기여했는지 여부를 나타낸다. 즉 기업이 보유하고 있는 총자산의 수익 창출 능력을 측정하는 비율이라 할 수 있다. 기업의 총자산은 총자본과 같기 때문에 총자본 이익률이라고도 부른다.

$$\text{ROA} = \frac{\text{당기순이익}}{\text{총자산}} \times 100$$

(2) 자기자본 이익률Return On Equity: ROE

ROE는 ROA와는 달리 자기자본 대비 수익성을 측정하는 지표이다. 이때 분모의 자기자본은 우선주를 제외한 보통주만을 의미하며 분자의 당기순이익에서도 우선주 배당을 차감하여 계산하여야 한다.

$$ ROE = \frac{당기순이익}{자기자본} \times 100 $$

(3) 매출액 순이익률

매출액 순이익률은 당기순이익을 매출액으로 나누어 계산되는 비율로, 기업의 모든 활동의 결과가 반영된 최종적인 이익 창출 능력을 측정한다.

$$ 매출액\ 순이익률(\%) = \frac{당기순이익}{매출액} \times 100 $$

(4) 투자자본 수익률ROIC

투자자본은 일반적으로 자기자본과 타인자본의 합계로 표시된다. 투자자본 수익률은 투자자 전체가 얻는 수익률이다.

$$ 투자자본\ 수익률(\%) = \frac{(당기순이익 + 이자비용)}{(자기자본 + 이자부\ 부채)} \times 100 $$

5) 재무비율 분석의 한계점

(1) 기업의 과거 자료(재무제표)를 이용하므로 미래를 예측하는 것이므로 예측에 상당한 제한이 존재한다.

(2) 일정 시점이라는 대차대조표의 특성상 계절적 요소 등과 같은 단기적 변동 요소를 반영하기 어렵다.

(3) 동일 업종의 경우에도 생산 제품 종류, 기업 규모, 상이한 회계 처리(대체적 회계 처리 방법이 존재하는 경우) 등의 요인으로 인해 기업 간 비교 가능성이 저해될 수 있다.

(4) 산출된 비율을 해석하기 위한 평가 기준 설정이 어렵다.

4. 재무분석

(2) 시장가치 비율 분석

효율적으로 운영되는 자본 시장에서는 기업의 증권 가격이 자본 시장의 모든 정보를 반영하여 움직인다. 이에 비해 회계 자료는 기업 경영에 관한 정보를 신속하게 반영하지 못하는 한계점이 존재한다. 즉 효율적 시장에서 매일 결정되는 증권 가격은 기업의 과거와 현재의 경영 실적뿐만 아니라 미래의 경영 상태에 대한 전망까지 포함하고 있기 때문에, 재무비율 분석 자료보다 더 많은 정보를 포함하고 있다.

1) 기본 시장가치 분석

(1) 주당 순이익Earning Per Share : EPS

한 해 동안 벌어들인 순이익을 발생된 주식수로 나눈 값으로, 보통 1주에 귀속되는 당기순이익을 나타내는 주당 가치 지표이다. 우량한 기업은 당기순이익이 지속적으로 증가하면서 주당 순이익 역시 증가하는 모습을 보인다.

$$\text{주당 순이익} = \frac{\text{당기순이익} - \text{우선주 배당금}}{\text{보통 주식수}} \times 100$$

(2) 주가 수익 비율PER: Price Earning Ratio

주가 수익 비율은 1주당 주식 가격을 주당 이익EPS로 나눈 비율로 PER로 널리 불린다. 기업의 주가가 이익에 비해 얼마나 높은 수준에 있는지 판단하는 지표이다. 다른 조건이 동일할 경우 PER가 높으면 현재 당기순이익에 비해 투자자들의 미래에 대한 기대감이 높다고 평가할 수 있다. 실무에서 가장 많이 사용되는 PER에 대한 투자 기준은 보통 산업 평균치이다. 비슷한 조건의 기업들 중 PER이 산업 평균보다 낮은 기업의 주식을 저평가된 주식이라 부르고 투자 대상으로 추천하는 경우가 많다.

$$주가수익비율(PER) = \frac{주가}{주당\ 이익}$$

PER로 가늠해보는 회사의 가치

어떤 투자 상품이든 수익률이 있다. 예금을 들었다면 매년 은행이 지급하는 이자가 곧 수익률이다. 그럼 주식을 샀다면? 두 가지 수익을 기대할 수 있다. 주식 가격이 올라서 얻는 자본 이득, 매년 회사가 주주에게 주는 배당금에 따른 이득이 그것이다. 주식을 사서 오래 보유하려는 투자자가 있다고 하자. 이 사람은 몇 년 안에 주식을 팔 생각이 없기 때문에 두 가지 수익 중 배당금 이득에 관심이 많을 것이다.

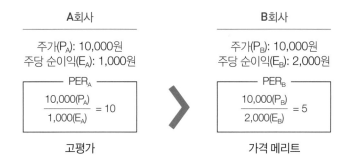

그럼 회사가 배당금을 많이 챙겨주려면 어떤 조건이 필요할까? 우선 이익을 많이 내야 한다. 비슷한 가격의 주식이라면 사람들은 순이익을 많이 내는 주식을 선호한다. 주가를 순이익으로 나눈 PER이 중요한 이유가 여기에 있다. 주식 가격이 똑같이 1만 원인 A, B회사의 순이익이 1주당 각각 1,000원, 2,000원으로 모두 배당으로 돌아간다면 장기 투자자는 어느 회사를 고를 것인가? 아마 B회사를 고를 것이다. A회사의 PER은 10, B회사의 PER은 5다. A회사 가치가 고평가됐고, B회사에 가격 메리트가 있다.

그럼 두 회사의 주식 가격은 잘못된 것일까? 왜 순이익이 적은 A회사 주식의 가격이 B회사와 같은 상황이 벌어질까? 실제 국내 주식 시장에도 이런 상황은 비일비재하다. 2000년대 초반 닷컴버블이나, 벤처회사에 대한 고평가 논란을 말할 때 빼놓지 않고 등장하는 것이 PER의 수준이 상상 못할 정도로 높았다는 점이다. 물론 일시적인 거품일 수도 있지만 시장 가격에는 미래의 성장 가능성이나 회사의 경쟁력, 일시적인 투자 확대에 따른 영향 등도 종합적으로 반영되어 있다.

수익률을 쫓는 투자자들은 어리석지 않다. A회사가 대기업이라서 보다 안정적으로 회사를 운용하거나, 도산 가능성이 훨씬 적을 수도 있다. 따라서 수익률을 구하는 PER 수치 하나만으로는 주식 가치의 적정성을 논하기 힘들다. 늘 동종 업종, 다른 기업과의 비교가 필수적이라 하겠다.

(3) 주가 대 장부가치 비율PBR: Price-to-Book Ratio

현재 주가는 미래 수익성의 전망뿐만 아니라 현재 보유 중인 순자산에 의해서도 결정된다. 보유하고 있는 순자산 가치가 높으면 기업이 청산될 경우 보통주 주주들에게 돌아가는 몫이 커지기 때문에 주가가 상대적으로 높게 결정될 가능성이 있다. 보통 보유 순자산이 큰 주식을 자산주라고도 부른다.

주가 대 장부가치 비율은 보통 PBR로 불린다. PBR은 PER과 더불어 가장 많이 사용되는 가치 평가 지표로 PBR은 주가가 주당 순자산의 몇 배인가를 의미한다. PBR이 1이면 주가와 주당 순자산이 같다는 말이다. 이 기업은 시장에서 정확히 장부상의 순자산 가치만큼 가격이 형성된 상황이다. PBR이 1 이하이면 기업은 시장에서 장부상 가치에도 못 미치게 거래되고 있음을 의미하고, 반대로 1 이상이면 장부상 가치보다 더 크게 주식 가격이 형성됐다는 의미이다. 기초적인 의미로 PBR이 낮을수록 저평가, 높을수록 고평가라 평가한다.

$$\text{주가 대 장부가치 비율(PBR)} = \frac{\text{주가}}{\text{주당 순자산}}$$

(4) 토빈의 q비율

토빈이라는 경제학자가 개발한 지표로 위에 설명한 PBR에서 1주당 순자산을 장부 가치가 아닌 공정가액으로 측정한 것이다. PBR의 분모는 회계 수치로 제시되는데 대부분 실제 가치와 상당한 차이가 있다. 이를 보완하기 위해 장부 가치를 공정가액으로 환산해 사용하자는 취지이다.

$$\text{토빈의 q비율} = \frac{\text{주가}}{\text{순자산의 공정가액}} = \frac{\text{주가}}{\text{자산의 공정가액} - \text{실제 부채}}$$

순자산의 공정가액은 기업이 '보유한 자산을 실제로 처분하면 받을 수 있는 현금 총액'에서 기업이 '갚아야 할 부채를 모두 상환했다고 가정했을 때 지급해야 할 현금 총액'을 차감한 것이다. 즉 순자산의 공정가액은 기업을 하나의 물건으로 간주했을 경우 실물가치를 의미한다. 토빈의 q비율은 기업의 실제 자산 가치로 주가의 상대적인 고저를 판단하는 지표로 장기적으로는 1이 되는 것이 타당하지만, 단기적으로는 괴리가 발생하게 된다. q가 1보다 낮으면 그 기업의 주식은 자산의 대체 원가에 대해 과소평가되어 있으므로 주식 인수나 기업 합병의 표적이 되기 쉽다.

2) 기업의 가치 평가

다음의 사례를 보고 EVA, EBIT, EBITDA에 대한 개념을 알아보자.

제조업체인 A사는 자본이 4조 원, 부채도 4조 원이다. 불황에도 불구하고 지난해 매출액 2조 원에 영업이익 8,000억 원을 올렸다. 채권단에서 차입한 이자 비용과 세금을 제외하니 순이익은 3,360억 원이 됐다. 밤낮 없이 일한 직원들은 "이익을 많이 냈으니 임금을 인상해 달라"고 요구했다. 그러나 경영진은 EVA를 고려하면 남는 돈이 없기 때문에 요구를 들어 줄 수 없다고 주장했다.

(1) EVA_{Economic Value Added, 경제적 부가가치}

❶ EVA의 개념과 의의

지금까지 기업은 매출 우선, 이익 중심의 경영을 중시했지만, 이러한 양적 위주의 경영은 현재와 같은 안정기에는 오히려 기업의 성장을 위협하게 된다. 따라서 이러한 경영환경의 변화에 대처하기 위해서는 기업 가치의 증대에 초점을 맞춘 장기적인 관점에서 경영 활동을 수행해야 한다. 이러한 목표에 부합하는 경영 지표로서 최근 각광받고 있는 것이 EVA이다.

EVA는 기업이 영업 활동을 통해 얻은 이익에서 법인세·금융·자본 비용 등을 제외한 금액을 뜻한다. 1980년대 후반 미국에서 처음 도입된 개념으로 새로운 투자에 대한 사전 검증은 물론 사후 평가까지 할 수 있다는 점에서 기업의 성과를 근본적으로 파악할 수 있는 유용한 기준이 된다. 선진국에서는 기업의 재무적 가치와 경영자 업적을 평가할 때 순이익이나 경상이익보다 EVA를 더 많이 활용한다.

기업 가치를 평가할 때 일반적인 기준은 영업이익이다. 영업이익은 크게 채권자 몫인 이자 비용, 정부 몫인 세금, 그리고 주주 몫인 순이익으로 구성된다. 위 사례에서 A사가 이자율 8%에 부채 4조 원을 가지고 있으므로 이자 비용으로 채권단에 돌아갈 금액은 3,200억 원이다. 따라서 세전 이익은 4,800억 원이 된다. 여기에 법인세를 30% 납입했다고 가정하면 정부 몫은 1,440억 원, 나머지 순이익 3,360억 원은 주주 몫이다.

하지만 주주 몫인 순이익 3,360억 원은 주주의 몫으로 충분한 것인가? 주주들은 투자 위험에 따른 기회비용 때문에 이자율보다 더 높은 수익을 원한다. A사 자본은 4조 원이고 주주들이 기대하는 최소 수익 수준을 이자율(8%)보다 높은 10%라고 가정하면 4,000억 원이 주주 몫으로 돌아가야 하는 것이다. 따라서 주주 관점에서 순이익 3,360억 원은 기대 수익보다 640억 원 더 작다. 따라서 A사 경영진은 직원들 요구를 들어줄 수 없다고 주장한 것이다.

❷ 영업이익과 EVA의 비교

회계적 이익은 기업에 진정한 이익을 의미하는 것이 아니며, 영업에서 얻어지는 이익이 투자에 소요된 자본 비용을 초과할 때에만 진정한 경제적 이익이 발생했다고 할 수 있다. 이것이 회계적 이익과 EVA와의 근본적인 차이이다. 회계적 이익과 EVA의 산출 공식은 다음과 같다.

- (회계적) 영업이익 = 총매출액 – 매출 원가 – 판매비와 관리비
- EVA = 세후 순영업이익 – 자본 비용
    = (영업 관련 경상이익 – 법인세) – (타인자본 비용 + 자기자본 비용)
    = (영업 관련 경상이익 – 법인세) – {투자 자본$_{ROIC}$ × 가중 평균 자본 이자율$_{WACC}$}
    = 현금 흐름 – 감가상각비 – 자기자본 비용

❸ EVA 활용 시 장점
- 기업 가치의 원천인 현금 흐름을 고려할 수 있다.
- 자기자본에 대한 비용도 반영할 수 있다.
- 주주 입장에서 기업의 수익성을 파악할 수 있다.
- 사업별 성과와 구조 조정 여부를 판단할 수 있다.

(2) EV/EBITDAEarnings Before Interest, Tax, Depreciation and Amortization

❶ 개념과 의의

EV/EBITDA는 EV(인수자가 지불해야 할 기업 가치)를 EBITDA(이자, 세금, 감가상각비, 무형 자산상각비 차감 전 이익)'로 나눈 값이다. 즉 기업의 인수 금액이 '영업이익+유무형 자산 상각비'의 몇 배인가를 나타내는 지표라 할 수 있다. 따라서 EBITDA는 기업 M&A 등에서 실제 가치를 평가하고 기업의 수익 창출 능력을 비교하는 데 주로 활용된다. 업종 내 경쟁사나 해당 기업의 과거 수치와 비교했을 때 상대적으로 낮을 경우 저평가 상태라고 할 수 있다.

❷ EBITDA

EBITDA는 기업이 영업 활동으로 벌어들이는 실질 현금을 의미한다. EBITDA를 이해하기 위해서는 우선 EBITEarnings Before Interest and Tax(이자, 세전 이익)를 이해해야한다. EBIT은 비용으로 차감했던 감가상각비와 무형 자산 상각비를 더해 구한 값이다. 앞서 A기업의 예를 들어 A기업의 '감가상각비+무형 자산 상각비_{EBIT}'가 500억 원이라고 하면, A사 EBITDA는 8,500억 원이다. 여기에 A사가 속한 산업의 평균, A사 성장성 등을 반영한 'EV(기업 가치)/EBITDA'가 10배라고 가정하면 A사 기업 가치는 8조 5,000억 원이 된다. EBITDA에 근거한 기업 가치에서 부채 4조 원을 제외한 4조 5,000억 원이 주주 가치다. 만약 A회사가 상장 회사이고 시가 총액이 5조 원이라면 A사는 주식 시장에서 5,000억 원 고평가된 셈이다.

❸ EV/EBITDA와 PER의 비교

EBITDA는 가격을 이익으로 나눈다는 점에서 PER가 유사한 면을 보인다. 다만 PER이 시가총액을 당기순이익으로 나눈 것이라면 EV/EBITDA는 인수 가격을 영업이익에 기반을 둔 이익으로 나눈다는 점이 다르다.

$$\text{EV/EBITDA} = \frac{\text{EV}}{\text{EBITDA}} = \frac{(\text{시가총액} + \text{순차입금})}{(\text{영업이익} + \text{유무형 자산상각비})}$$

(3) 자본 이익률

과도한 자금을 차입하는 무리한 M&A는 기업의 생존을 위협할 수 있다. 이는 투자 효율성을 판단하면서 단순히 미래에 받을 수 있는 이익만 고려하고 자본 회전율을 무시한 결과이기도 하다. 최근 M&A는 단순히 매출과 영업이익만을 따져 시장 점유율을 높이거나 기업의 덩치를 키우는 방향으로 많이 진행돼 왔다. 다음의 사례를 보자.

2007년 미국의 건설 중장비업체 밥캣 인수에 성공하면서 공격적 M&A 성공 사례로 부각된 두산그룹. 두산은 밥캣 인수 이후 과도한 차입금과 밥캣의 실적 악화 소식이 끊임없이 흘러나오며 어려움이 커졌다. 지난해에는 대규모 유상증자 계획을 내놓으면서 시장에 실망감까지 안겨주었다. 결국 두산은 지난 6월 대대적인 구조조정을 포함한 유동성 확보 방안을 발표하며 시장 신뢰 회복에 나서야만 했다.

❶ 자본 이익률의 개념과 의의

자본 이익률은 일정 자본을 투자했을 때 이익 또는 매출을 얼마만큼 냈는지 알려주는 지표다. 매출 총이익률에 자본 회전율을 곱해서 나온다. 매출 총이익률과 자본 회전율을 곱하면 자본 대비 이익이 어느 정도 나오는지를 보여주는 자본 이익률 지표를 구할 수 있다. 성공적인 M&A를 위해서는 투자 효율성 혹은 자본 이익률을 따져야 한다. 즉, 자본 이익률은 얼마만큼 투자했을 때 얼마만큼의 매출을 올릴 수 있는지, 얼마만큼의 자본을 투입했을 때 얼마나 이익이 남는지를 나타내는 지표인 것이다.

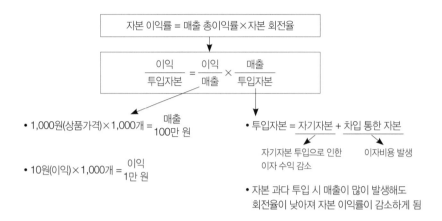

- 매출 총이익: 총매출에서 매출 원가를 뺀 개념이다. 즉, 물건을 팔아서 얼마만큼의 이익이 실현됐는지를 보여주는 지표다. 일반적으로 '1,000원어치 팔아서 10원을 남겼다'고 할 때 10원이 매출 총이익이다. 매출 총이익을 매출로 나누면 매출 총이익률이 구해진다.
- 자본 회전율: 자본 이익률의 핵심으로 자본의 이용 효율, 즉 1년간 돈을 얼마나 회전시켰는지를 나타내는 지표이다. '1,000원어치 팔아 10원 남긴다'는 사례에서는 단순히 매출 총이익의 개념만 언급돼 있고 자본 회전율에 대한 언급은 빠져 있다. 1,000원어치를 팔기 위해 얼마만큼의 자본이 투입됐는지에 대한 내용이 없는 것이다. 또 같은 자본을 여러 차례 회전시켜서 더 많은 매출과 이익을 남긴다는 개념도 빠져 있다.

❷ 자본 이익률의 활용

만약 자본 회전율이 무시된다면 기업의 회계 정보는 왜곡될 가능성이 높다. 예를 들어 매출 총이익이 많이 남는 회사라고 해도 자산이나 자본을 너무 많이 투자할 경우 금융 비용 등을 감안하면 이익률은 줄어든다. 즉 자본 회전율을 생각하지 않고 이익이 남는 것만을 보게 되면 차입금을 과도하게 끌어오고 과잉 투자를 단행할 가능성이 높아지는 것이다.

• M&A 가치 평가

M&A를 위해 기업의 가치를 평가할 때 단순히 피인수 기업의 매출액과 수익성만을 고려해 인수 결정을 내리는 것은 자본 이익률의 한쪽 면만을 보는 경우다. 자본 회전율을 고려해야 투입한 자본 대비 얼마만큼의 이익을 얻을 수 있는지를 보다 명확하게 알 수 있다.

• 기업의 위험 관리

자본 이익률은 적은 자본으로 큰 매출을 일으키는 경영 시나리오의 토대가 될 수 있다. 많은 자본을 투입해 단기간에 매출을 올리는 기업의 경우 실제로는 자본 회전율이 낮아져 자본 이익률이 줄어드는 악순환을 겪고 있다. 여기에 고정 금융 비용조차 감당하지 못해 빚이 눈덩이처럼 늘어가는 기업도 많다. 과거 대기업들은 독과점 구조에 의거한 높은 영업 마진이나 부동산 특별 이익으로 이 비용을 상쇄했지만 지금은 상황이 다르다. 자산과 자본의 투하가 어느 정도 이뤄지고 기업이 이를 토대로 한 이익률을 잘 관리하려면 기업은 근본적으로 관리 회계 시스템을 바꿔야 한다.

자기자본이 줄어드는 현상 '자본잠식'

〈사례 1〉

금호아시아나 그룹에 대한 구조 조정이 시작된 2009년, 계열사인 ㈜금호산업은 재무적 투자자[FI]의 풋백옵션 행사 금액이 재무제표에 반영되면서 완전자본잠식 상태에 들어갔다. 이듬해인 2010년 3월 말까지 이를 해소하지 못하면 상장 자체가 폐지될 절박한 상황이었다. 이에 채권단과 재무적 투자자들은 협상을 벌여 3월 30일 ㈜금호산업에 대해 출자 전환을 가까스로 완료했다. 그 결과 ㈜금호산업은 완전자본잠식 상태를 해소해 상장을 유지하면서 경영 정상화에 박차를 가하게 됐다.

〈사례 2〉

2010년 4월 금융위원회는 부실이 심각한 7개 저축은행에 대해 영업정지 처분을 내리고 매각 작업에 앞선 실사 작업을 벌였다. 하지만 결과는 예상보다 좋지 않았다. 해당 저축은행 7곳이 모두 자본잠식 상태에 빠진 것으로 나타났기 때문이다.

• 자본잠식이란?

부실기업 논란이 제기될 때면 언제나 등장하는 용어가 바로 '자본잠식'이다. 기업이 영업 활동을 통해 순이익을 올리면 자기자본이 쌓인다. 그러나 모든 기업이 순이익을 거두는 것은 아니다. 적자 때문에 기업이 원래 갖고 있던 자기자본이 줄어드는 현상을 자본잠식이라고 한다.

자본잠식은 말 그대로 하면 자본이 깎여나간다는 뜻이다. 그렇다면 기준이 되는 자본은 무엇일까? 회계에서 자본 항목은 크게 자본금과 잉여금으로 구성된다. 자본금은 주식의 총 가치로 '발행 주식수×액면가'가 기업의 자본금이 된다. 잉여금은 주가가 액면가보다 높을 때 새로 주식을 발행해 발행가와 액면가의 차액만큼 회사가 벌어들인 주식 발행 초과금이나 회사가 영업을 통해 벌어들인 이익 가운데 주주에게 배당금을 지급한 뒤 회사 내부에 쌓아둔 유보금과 같이 회사 내부에 쌓인 돈을 말한다.

(단위 : 만 원)

	2008년 말	2009년 말	2010년 말
자본금	5,000	5,000	5,000
이익잉여금	(−)1,000	(−)2,000	(−)3,000
자기자본 (자본총계)	4,000	3,000	2,000

→ 매년 1,000만 원씩 결손금 증대

→ 자본금 5,000만 원, 자기자본 2,000만 원, 60% 자본잠식 상태

그림처럼 회사의 적자폭이 커져 잉여금이 바닥나고 납입 자본금을 까먹기 시작하는 것을 '(부분)자본잠식'이라고 한다. 즉 자기자본이 자본금보다도 적은 상태가 되는 경우이다. 하지만 회사의 적자가 계속되다 보면 결국 납입 자본금마저 사라진다. 결국 자본이 모두 바닥나게 되고 자기자본이 마이너스로 접어들게 되는데 이를 '자본 전액 잠식' 또는 '완전 자본 잠식'이라 부른다. 주의할 점은 자본 총계가 마이너스로 가지 않더라도 자본 잠식이 될 수 있다는 점이다. 즉 자본 잠식 여부를 판단하는 기준은 자본 총계가 아니라 바로 자본금이다. 예를 들어 **5,000만 원**의 자본금으로 출발한 회사가 있다고 하자. 이 회사가 영업을 못해 **3,000만 원** 손실을 냈다면 자기자본은 **2,000만 원**이 된다. 이때 이 기업의 자본잠식율은 **60%**가 된다.

• IFRS와 자본잠식

2004년 영국 최대 통신사인 브리티시텔레콤의 재무제표를 접한 일반 투자자들은 경악할 수밖에 없었다. 어제까지 멀쩡하던 회사가 갑자기 11억 파운드에 달하는 자본잠식 상태에 있는 것으로 나타났기 때문이다. 불과 1년 전 재무제표에서 브리티시텔레콤의 자기자본이 30억 달러에 달하는 것으로 공시했기 때문에 충격은 더 컸다. 이 장부 내용이 사실이라면 브리티시텔레콤의 주식은

당장 휴지 조각이 되더라도 이상할 것이 없었다.

여기에는 바로 브리티시텔레콤이 새로운 국제 회계기준인 IFRS를 도입한 것이 단초가 됐다. IFRS에서는 미래에 발생할 수도 있고, 심지어 발생하지 않을 수 있는 부채라 할지라도 기업이 보기에 갚아야 할 가능성이 있다면 모두 현재의 부채로 잡도록 규정하고 있다. 브리티시텔레콤의 경우 직원들에게 줘야 할 미래의 퇴직금이 몽땅 현재의 부채로 잡혀 심각한 자본잠식 판정을 받게 된 것이다.

IFRS가 2011년 전면 시행되면서 한국에서도 이런 광경이 나타나기도 했다. IFRS는 모든 회사의 자산을 공정한 가치로 평가하도록 의무화하고 있기 때문이다. 우리나라 증시에서는 자본잠식이 50% 이상일 경우 관리 종목 편입 사유가 되며, 2년 연속 50% 이상일 때와 완전 자본잠식 상태일 경우에는 퇴출 처리된다. 다만 상장 폐지 사유에 해당하더라도 사업 보고서 제출기한(3월 31일) 내에 자본잠식을 해소하고 이를 입증하는 재무상태표와 감사 보고서를 제출하면 상장 유지가 가능하다.

• 자본잠식 탈출 어떻게

자본잠식 상태에 처한 기업은 최대한 빨리 현 상황을 벗어나야 한다. 보통 기업이 자본잠식 상태에 들어가면 주가가 폭락하고 은행들은 빌려줬던 돈을 회수하기 시작한다. 그만큼 회사가 어려워졌다는 것이기 때문이다. 그러면서 회사는 걷잡을 수 없이 힘든 상태에 처하는 악순환이 계속된다.

감자는 부실기업들이 자본잠식을 탈출하는 가장 손쉬운 방법이다. 감자란 기업의 누적 결손금을 주주의 손실로 처리하는 것을 말한다. 즉, 자본잠식이 자기자본과 자본금의 비교라면 줄어든 자기자본에 맞춰 자본금도 그만큼 줄이면 된다. 자본금 5,000만 원인 회사의 자기자본이 2,000만 원까지 추락할 경우, 60% 무상 감자를 통해 자본금을 2,000만 원까지 줄인다면 해당 기업은 자본잠식 상태에서 벗어나게 된다. 회계상으로는 자본금이 3,000만 원 줄고 그만큼 감자 차익이 **3000**만 원이 발생하면서, 영업으로 발생한 손실금 **3,000**만 원과 상쇄되는 것이다.

자산 재평가도 자본잠식을 벗어날 수 있는 방법이다. 자산 재평가는 기업이 예전부터 갖고 있던 땅이나 기계와 같은 자산이 장부에 과거의 가격으로 반영돼 있을 때, 이를 현재 가격으로 다시 바꿔주는 작업을 말한다. 우리나라에서 원래 자산 재평가가 금지돼 있었다. 하지만 **2008**년 글로벌 금융위기 이후 수많은 기업들이 자본잠식 상태에 빠지거나 잠식 위기에 처하면서 정부는 인위적으로 자산 재평가를 허용했다. 이는 시장 가치를 반영한다는 취지의 **IFRS**가 자산 재평가를 허용하기 때문이기도 하다.

예를 들어 자본잠식에 들어간 기업이 사뒀던 땅이 장부에는 **10**억 원으로 표시돼 있지만 그 후 땅값이 올라 현재는 **100**억 원이라면 자산 재평가를 통해 기업의 자기자본이 **90**억 원 늘어나므로 자본잠식이 해소되는 것이다. 금융위기 직후인 2009년 4~8월 사이에 자산 재평가를 실시한 코스피 상장 기업의 자본금은 총 1조 1,418억 원 늘어났다. 기업 당 평균 634억 원의 자본금이 증가한 것이다.

하지만 자산 재평가에서 주의할 점은 장부상 수치의 변화만 있을 뿐 실제로 바뀐 것은 전혀 없다는 점이다. 땅값이 다시 떨어지면 기업은 다시 자본잠식 상태에 처할 수도 있다. 유상증자나 기업 이익을 통해 자본잠식을 벗어나는 방법도 있다. 최선의 대안일 수 있겠지만 자본잠식 상태에 처한 기업으로선 어느 쪽도 쉽지 않은 일이다.

- 매일경제신문 2011년 5월 20일자

원가관리와 손익분석

학습 목표

- 비용(원가)을 구분할 수 있다
- 손익분기점을 계산할 수 있다
- 원가관리활동을 이해할 수 있다

| 들어가며 |

손익분기에 '울고' '웃는' 영화

2017년 여름 한국 영화 두 편의 엇갈린 운명이 얄궂다. 〈택시운전사〉는 1,000만 관객을 넘기며 흥행 기록을 썼지만 호화 출연진으로 개봉 초반에 호평을 받은 〈군함도〉는 역사성 논쟁으로 손익분기(800만 명)를 걱정하는 처지가 됐다. 영화나 드라마 등의 콘텐츠 투자에는 많은 돈이 들어가지만, 수익을 창출하는 기간이 짧다.

2017년 8월에 개봉한 영화 〈택시운전사〉와 〈군함도〉

콘텐츠는 제조업과 달리 짧은 시간 폭발적으로 수익을 창출해야 한다. 수익이 나면 또 새로운 콘텐츠에 계속해서 투자해야 한다. 그래서 미디어와 콘텐츠 사업은 이익 내기가 쉽지 않다고들 한다. 따라서 콘텐츠 투자는 손익분기점과 예상되는 이익 및 손실을 항상 대비하며 의사 결정을 해야 한다. 물론 이는 어떤 투자에든 적용되는 말이다.

1. 원가관리

1) 원가관리의 필요성

기업이 성장해나가려면 이익은 필수적이다. 비즈니스를 하는 기업이나 개인에게 가장 중요한 정보 중 하나는 바로 원가에 대한 정보일 것이다. 원가정보에 대해 간단하게 생각하는 사람이 많지만 사실 원가정보를 계산하는 일은 쉽지 않다.

과거 관세청은 커피 한 잔의 재료인 원두 10g에 대한 수입 원가가 123원이라고 발표했던 적이 있다. 이 발표를 들은 사람들은 커피 한 잔을 원가의 수십 배인 2,500~6,000원씩에 파는 커피전문점들의 폭리에 대해 비난을 가했다. 하지만 이는 단편적 정보를 바탕으로 한 비난이다. 경영에서의 의사 결정이라면 이러한 단편적 정보로 원가를 판단하는 것은 매우 위험하다.

커피전문점에서 판매하는 커피에는 단지 원두만 들어가는 것일까? 각종 부재료, 커피머신, 인테리어, 임차료, 인건비 등 손에 꼽기 어려울 정도의 다양한 비용이 커피에 들어간다.

그러므로 단순히 재화에 들어간 원재료값만으로 상품을 평가하는 것은 마치 '장님 코끼리 만지기' 상황과 같다고 할 수 있다. 이러한 사례는 커피에만 국한된 것은 아니다. 실상 우리 일상에 상당히 많이 퍼져 있는 오해이기도 하다.

기업이 이익을 증대시키려면 매출을 올리거나 원가를 낮춰야 한다. 하지만 오늘날처럼 재화가 넘치는 시대에 매출을 올리는 것은 사실 매우 어렵다. 현실적으로 확실한 이익을 올리려면 다른 한 축인 원가의 철저한 관리가 필요하다. 따라서 원가를 관리하는 것은 이익관리의 일환이다. 즉, 원가관리란 원가를 줄일 목적으로 원가를 관리하는 것을 말한다.

치킨 원가도 모르면서 … 군기만 잡은 농식품부

BBQ 가격인상 철회 논란

생닭이 치킨으로 판매되는 과정에서 생닭 원가에 대한 논란이 일고 있다. 정부가 치킨 프랜차이즈 대표 업체인 BBQ의 가격 인상 움직임을 '세무조사와 공정거래위원회 조사'라는 엄포까지 놓고 과도하게 간섭해 철회시키면서 벌어진 일이다. 치킨업계는 최근 BBQ가 가격 인상 추진을 철회한 것을 두고 농림축산식품부가 잘못된 원가 계산을 바탕으로 가격 인상을 억제했다고 평가했다.

A치킨회사 관계자는 16일 "치킨 한 마리에 드는 원가가 1만5285원 수준"이라며 "치킨 판매가격에 부가세까지 포함해 1만6000원이란 점을 감안하면 가맹점주가 치킨 한 마리를 팔아 쥐는 이익이 거의 없다"고 말했다. 그는 "1억원을 투자해 점포를 연 부부가 이 같은 가격으로 치킨을 팔면 한 달에 54만6000원밖에 수익을 얻지 못한다"며 "이는 도시 기준 1인당 최저 인건비인 월 250만원의 10분의 1도 안되는 금액이라 적자를 볼 수밖에 없다"고 한숨을 내쉬었다.

앞서 농식품부가 치킨 한 마리의 생닭 원가가 판매가격의 10% 수준이라고 주장한 게 오류라는 것이다. 가맹본사의 마진을 붙이지 않아도 치킨 한 마리 원가는 판매가격의 37% 수준이라는 게 관계자의 설명이다.

치킨업체 A사에 따르면 살아있는 닭 1kg의 가격은 지난 13일 기준 평균 2500원. 이때 치킨 '한 마리'에 생닭이 1.6kg 정도 들어간다는 것을 감안해야 한다. 이럴 경우 지불해야 할 생닭 가격은 3985원 정도가 된다. 농식품부가 공개한 닭 1kg 평균 가격과 순수 생닭 값인 1600원, 2560원과는 차이를 보인다.

생닭을 도축해 프랜차이즈 치킨 가맹본부가 납품받는 과정에서 치킨 한 마리 가격은 5385원으로 뛴다. 여기에 가맹본부 마진을 붙이면 결과적으로 가맹점 출고 가격은 한 마리당 6385원이 된다.

이제부터는 가맹점 비용이 붙는다. 튀김용 파우더, 올리브유, 양념, 무 등 재료값, 포장 가격 등을 합치면 치킨 한 마리당 원재료비만 9385원이 된다. 최근 디지털 환경이 변화한 것도 가격 인상 요인증 하나다. 배달앱 주문 비용과 배달 대행 수수료 등을 내면 치킨 한 마리 원가는 1만3785원으로 훌쩍 뛴다. 임차료, 기타 인건비 등을 모두 포함하면 총원가가 무려 1만5285원으로 오른다. 부가세를 포함시키지 않은 판매가가 1만4545원이란 점을 고려하면 740원의 손해를 보는 것이나 다름없다. 그러나 농림축산식품부는 치킨 원가 계산에서 인건비도 포함하지 않고 있다.

축산계열화업체 A사 관계자는 "농식품부가 이야기한 대로 공급을 장기 계약 형태로 하는 건 맞지만, 고정 가격으로 제공하는 내용은 틀렸다"며 "실제 공급계약이 어떻게 이뤄지는지도 파악하지 못한 것 같다"고 비판했다. 이 관계자에 따르면 닭 공급계약은 생계 시세를 일정한 가격 구간대로 나눠 최종 공급가격을 변동할 수 있다는 내용을 넣는 게 일반적이다. 바뀐 가격을 액면 그대로 공급가격에 반영하는 것은 아니지만 일정 범위 내에서 유동적으로 조정하고 있다는 얘기다.

한편 BBQ의 치킨 가격 인상 움직임에 농식품부가 과격하게 대응한 것은 조류인플루엔자(AI) 발생 확대에 대한 책임 논란이 있는 계열화업체에 대한 강한 경고를 보내기 위한 조치였다는 이야기도 나온다. 프랜차이즈 사업을 직접 운영하는 일부 계열화업체가 AI 예방에 소홀하면서 닭고기 가격을 인상하는 움직임이 일어나자 '군기 잡기'에 나선 측면이 있다는 것이다.

서동철·백상경·이희수 기자

가맹점포 원가 산정때 농식품부, 인건비 제외
생닭 매입가도 실제와 차이
업계 "치킨 한마리 팔아 세금 내고나면 손해볼판"

A치킨회사가 밝힌 치킨 가격 책정 기준

	생계 1kg 매입 가격	가맹점 출고 가격	가맹점포 원가	원가 차이나는 이유	치킨 가격
2016년 평균 가격	2,500원	6,385원	1만5,285원	BBQ	1만6,000원~1만8,000원
비고	생계 시세에 따라 소요 비용이 달라짐	도계 시세에 따라 소요 비용이 달라짐	재료비와 임대료, 인건비, 운영비 등 총합	가맹점 원가에 인건비 포함	원가 + 마진

농림축산식품부가 밝힌 치킨 가격 책정 기준

	생계 1kg 매입 가격	가맹점 출고 가격	가맹점포 원가	원가 차이나는 이유	치킨 가격
가격	1,600원	4,460원	1만431원	농림축산식품부	1만6,000원~1만8,000원
비고	사육 농가가 출고하는 생계 가격	프랜차이즈 본사 및 가맹점 운영, 관리비, 이익 등이 포함	치킨 원료육 가격, 물류비, 부가서비스 쿠폰 등 비용 포함	가맹점 원가에 인건비 제외	원가 + 마진 + 인건비

매일경제신문 2017년 3월 17일사

2) 원가의 분류

원가는 '경영의 목적을 위해 소비되는 경영자원의 가치희생을 화폐적으로 측정한 것'이라고 정의할 수 있다. 기업이 자원을 가지고 어떤 활동을 한다면 필연적으로 원가(비용)가 발생한다. 그러나 원가를 정보로 이용하기 위한 전제조건이 있다. 바로 그 활동을 원가로 간주할 것인지, 만약 간주한다면 어느 정도라고 생각할 것인지를 결정해야 한다는 것이다. 이 과정을 원가계산 또는 원가측정이라고 한다.

원가는 분류기준에 따라 그 종류가 다양하다. 분류기준에 따른 원가 항목은 다음과 같다.

회의시간을 원가로 따지면?

과거 한 카드사는 직급별 시간당 인건비를 계산해 회의시간에 따른 비용을 산출했다. 회사 내 모든 팀(130여 팀)이 각종 회의에 쏟아붓는 1년간 비용을 환산한 결과 당시 모든 정규직의 2개월 치 급여에 해당하는 210억원에 이르는 것으로 집계됐다. 이 때문에 최근 많은 기업들은 회의를 가급적 줄이고(소니코리아는 회의 시 15분짜리 모래시계 사용)로 참석인원을 최소한으로 줄이는 등 시(時)테크를 통한 원가절감으로 경쟁력을 높이는 등의 다양한 아이디어를 내놓고 있다.

(1) 제조 활동과의 관련성에 따른 분류

발생형태 또는 자원소비 유형에 따라 원가를 분류하는 것으로 원가의 3요소라고도 부른다.

❶ 재료비: 제품 제조를 위한 원재료의 소비액
❷ 노무비: 제품 제조를 위해 투입된 사람의 노동력에 대한 대가
❸ 제조경비: 재료비와 노무비를 제외한 모든 원가요소

(2) 원가행태에 따른 분류

생산 활동이나 판매 활동에 따른 분류이다.

❶ 고정비: 생산량(조업도) 증감에 관계없이 그 총액이 항상 일정하게 발생하는 원가(세금, 감가상각비 등)
❷ 변동비: 생산량 증감에 따라 총액이 비례적으로 증감하는 원가(직접재료비, 직접노무비 등)
❸ 혼합원가: 고정비인 동시에 변동비가 되는 원가(전력비, 전화요금 등)

(3) 추적 가능성에 따른 분류

❶ 직접원가: 각 제품에 직접 들어가는 원가가 얼마인지 정확히 추적할 수 있는 원가
❷ 간접원가: 공통으로 발생하는 원가로 어느 제품에 얼마의 원가를 부담시킬 것인지의 문제가 발생하는 원가(대표적 예: 제조간접원가)

(4) 통제 가능성에 따른 분류

❶ 통제가능원가: 직접재료비(변동비) 등과 같이 부문경영자가 통제 가능한 원가
❷ 통제불능원가: 공장건물의 임차료(고정비) 등과 같이 부문경영자의 통제가 불

가능한 원가

(5) 경제적 효익의 소멸 여부에 따른 분류

❶ 미소멸원가: 판매되지 않은 제품과 같이 경제적 효익이 아직 소멸되지 않고 미래에 제공될 수 있는 원가. 미래에 현금창출 능력을 가지고 있으므로 재무 상태표에 자산으로 기입한다.

❷ 소멸원가: 용역잠재력이 소멸되어 미래에 경제적 효익을 더 이상 제공할 수 없는 원가. 수익창출에 기여하고 소멸될 때는 매출원가, 기여하지 못할 때는 손실로 분류된다.

(6) 기타 의사 결정과 관련된 분류

❶ 미래원가: 후일에 발생되리라고 기대되는 원가

❷ 기회원가: 선택 가능한 대체안 중에서 하나를 선택하고 다른 대체안을 단념할 경우, 단념한 대체 안에서 상실하게 될 순현금 유입액

❸ 관련원가: 의사 결정에 따라 대안 간의 차이를 보이는 미래원가

❹ 매몰원가: 비관련 원가라고도 하며, 특정 의사 결정으로 말미암아 과거에 투하된 투자액의 전부 내지 일부를 회수할 수 없게 된 원가

3) 원가의 구성

제품은 매입한 원재료를 가공하여 제조되는데, 제품의 원재료값인 '직접재료비'에 '직접노무비'와 '직접경비'를 더하여 '제조직접비'를 산출한다. 이 '제조직접비'에 '제조간접비'를 더한 것을 '제조원가'라고 한다. 유통업자의 경우 일반적으로 제조를 하지 않기 때문에 '제조원가' 대신 매출에 대응한 상품의 매입가격이라는 뜻의 '매출원가'라는 용어를 쓴다.

이 제조원가에 '판매비 및 관리비'를 더한 것이 '총원가'이다. 총원가는 제품의

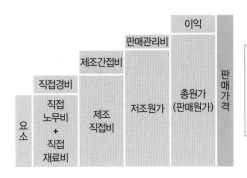

- 직접원가=직접재료비+직접노무비+직접제조경비
- 제조간접비=간접재료비+간접노무비+간접제조경비
- 제조원가=직접원가(제조직접비)+제조간접비
- 총원가(판매원가)=제조원가+판매비와 관리비
- 판매가격=총원가(판매원가)+이익(마진)

생산 및 판매와 관련하여 소비된 모든 경제 가치를 말하며 원가를 가장 넓은 의미로 말하는 것이다.

2) 원가계산

(1) 원가계산의 역할

원가계산은 제조업에서 제품원가와 재고를 정확히 산출해 이익을 확정하는 것으로 재무제표를 작성하기 위해 반드시 필요한 절차이다. 그러나 원가계산은 제품원가의 파악에만 사용되는 것은 아니다. 앞에서 설명한 원가관리의 도구로 원가계산을 활용하고, 원가를 낮추어 경영관리에 도움이 되는 역할을 한다. 따라서 제품원가의 산출은 경영 전략상 매우 중요한 개념 중 하나다.

(2) 원가계산의 순서

원가계산의 순서는 비목별 계산, 부문별 계산, 제품별 계산의 순서로 진행한다.

❶ 비목별 계산

비목별 계산은 원가를 재료비, 노무비, 경비 등 비목별로 계산하는 것을 말한다.

❷ 부문별 계산

부문별 계산을 할 경우 공장 등 부문별로 어떻게 할당할 것인가의 문제가 생긴다. 직접재료비, 직접노무비, 직접경비 등의 제조직접비는 소비 및 사용된 금액만을 제품에 직접적으로 할당할 수가 있다.

그러나 제조 부분에서도 제품마다 직접적으로 할당할 수 없는 제조간접비가 있다. 제조간접비는 일정한 합리적 기준, 예를 들어 매출액이나 작업시간 등과 같은 기준을 근거로 각 부문에 할당한다. 이 절차를 원가배분이라고 한다.

❸ 제품별 계산

제품별 계산에서는 각 부문의 종류마다 원가를 계산한다. 이를 통해 제품마다 판매가에 대한 원가가 파악되고 채산성을 평가할 수 있다.

원가계산의 순서

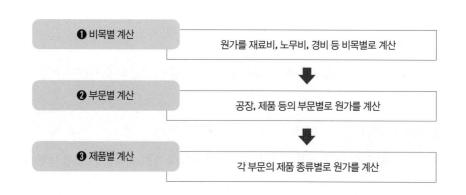

❶ 비목별 계산	원가를 재료비, 노무비, 경비 등 비목별로 계산
❷ 부문별 계산	공장, 제품 등의 부문별로 원가를 계산
❸ 제품별 계산	각 부문의 제품 종류별로 원가를 계산

(3) 원가계산의 방법

❶ 종합원가계산

일정 기간(통상 1개월)에 발생한 총 제조비용을 파악 후 그 기간의 생산량으로 나누어 단위원가를 계산하는 방법이다. 종합원가계산은 제출, 자동차 등 동일 제품을 연속·반복적으로 생산하는 경우에 적용된다. 이 방법은 제품마다 원가를 집계하지 않기 때문에 복수의 제품을 제조하는 경우에는 제품원가가 평균으로 정해진다는 단점이 있다.

❷ 개별원가계산

종류가 다른 제품 및 프로젝트에서 원가를 집계하는 방법이다. 우선 제품별로 직접재료비, 직접노무비, 직접경비와 같은 제조직접비를 집계한다. 문제는 제조간접비를 제품별로 어떻게 배분하는가 하는 것이다. 합리적 기준에 따라 제조간접비를 배분해야 하는데, 배분기준으로는 직접작업시간, 기계시간, 점유면적, 직접노무비 등이 일반적으로 사용된다. 제품마다 판매가, 제조원가, 이익을 파악해 채산성을 파악하고 원가의 절감을 위해 원가를 관리한다.

❸ 전부원가계산

전통적인 원가계산방법으로 변동비·고정비를 구분하지 않고 발생한 원가 모두를 제품원가에 산입하는 방법이다. 즉, 구분에 관계없이 모든 원가에 대해 원가계산을 행한다는 의미이다. 외부보고용 재무제표는 이 계산방법에 따라 원가를 계산해야 한다.

종합적인 원가관리가 가능한 것이 이 방법의 장점이지만 고정비가 포함되어 있어 생산량의 증감에 따라 제품단위당 원가가 달라지는 것은 단점이다.

❹ 직접원가계산

변동비·고정비를 구분하여 변동비만을 제품원가에 포함시키는 방법이다. 이 방법에서는 제품단위당 원가가 일정하기 때문에 손익구조가 명확해지고 이익계획과 채산성 파악이 쉬워지므로 업적관리 등 의사 결정에 도움이 되는 정보를 제공할 수 있다. 다만 이 방법은 변동비만을 제품원가로 집계하기 때문에 '재고자산원가'가 '고정제조원가'만큼 더 적게 계상되어 전부원가계산에 따른 재고자산평가와 차이가 발생하기 때문에 외부보고용으로는 인정받지 못한다. 따라서 목적에 따라 구분해 사용할 필요가 있다.

❺ 표준원가계산

원가중심점을 효율적으로 통제하기 위한 방법이다. 즉, 회계 기간 개시 전에 현재의 경영조건에서 가장 효율적으로 달성할 수 있는 표준원가를 설정하고, 이를 실제 발생한 원가와 비교해 그 차이를 분석하여 해당 관리지의 성괴를 평기하고 미래의 성과를 향상시키고자 하는 제도를 말한다.

실제원가를 기준으로 원가계산을 할 경우 실제원가는 제품이 완성되고 나서 상당 기간이 경과하여야 확정되므로 원가계산이 지연되지만, 표준원가를 기준으로 하면 제품원가가 표준원가로 계산되기 때문에 원가계산이 적시에 이루어진다.

또한 실제원가는 생산량(조업도)에 따라 제품원가가 변동되지만 표준원가는 생산량의 변동에 따른 제품원가의 변동이 발생하지 않는다는 장점이 있다. 더불어 표준원가가 설정되어 있으면 예산 수립 시 기초자료로 활용할 수 있는 유용성이 있다.

❼ 활동기준원가계산ABC: Activity-Based Costing

기업 내 활동별로 제조간접원가를 집계한 후, 활동별 원가 발생의 원인이 되는 원가 동인을 이용하여 활동원가를 제품에 배부시키는 방법이다.

기존 원가 배부방법이 생산량이나 작업시간을 배부기준으로 사용한 반면, 활동기준원가계산은 생산량과 비례하지 않는 제조간접원가의 정확한 배부를 위해 활동원가를 발생 유형에 따라 단위수준원가, 배치수준원가, 제품유지원가, 설비유지원가 등의 네 가지 계층구조로 파악하고, 각 활동원가에 대해 적합한 원가 동인을 파악하여 사용한다.

활동기준원가계산은 원가절감을 위해 원가항목별 관리보다 원가를 발생시키는 활동 자체를 효과적으로 관리하는 것이 필요하다는 새로운 시각이다.

2. 손익분기점 분석

1) 손익분기점의 의미

손익분기점BEP: Break Even Point이란 일정 기간의 수익과 비용이 일치해 이익도 손실도 발생하지 않는 상태, 즉 이익을 0으로 만드는 매출액(또는 판매량)을 의미한다. 매출액이 손익분기점을 초과할 경우에는 이익이 발생하고, 미달할 경우에는 손실이 발생하므로 이익과 손실의 중간점이라 할 수 있다.

구체적으로 보면 매출액에 따라 증감하는 변동비와 매출액과 관계없이 비용 발생의 전체를 고정적으로 발생하는 고정비로 분류한 후 고정비를 모두 회수하고 이익을 내는 채산점을 말한다. 따라서 손익분기점 분석이라는 것은 고정비, 변동비 및 이익 간의 관계를 규명하기 위한 분석기법으로 '원가·조업도·이익CVP: Cost-Volume-Profit 분석'이라고도 한다. 기업의 단기적 의사 결정에 유용한 분석기법이다.

2) 변동비Variable Cost와 고정비Fixed Cost

손익분기점을 계산하기 위해서는 먼저 비용 개념에 대한 이해가 필요하다. 어느 기업이든지 생산과 판매량의 변화에 따라 원가가 어떤 행태로 변하는지를 파악하는 것은 손익분기점 분석뿐만 아니라 전반적인 경영 의사 결정에서도 매우 중요한 관심사이다.

손익분기점 분석에서는 비용을 크게 변동비와 고정비로 분류한다. 이러한 분류는 손익분기점을 정확하게 파악하기 위한 사전작업이라 할 수 있다. 간단한 예를 통해 변동비와 고정비를 파악해보자. 서울에서 뉴욕으로 여객기가 운항하는데 손님을 전혀 태우지 않아도 기본적으로 5,000만 원이 소요되며, 손님 1인을 추가로 태우면(판매량 변화) 추가적으로 10만 원(예: 기내식 제공 등)이 소요된다. 이때 기본적으로 소요되는 원가 5,000만 원은 고정비(또는 고정원가)이며, 손님이 추가됨에 따라 늘어나는 10만 원은 1인당 변동비(변동원가)이다.

(1) 변동비

조업도의 변화에 따라 크기가 변동하는 원가로서, 재료비·노무비(야근수당) 등을 말한다. 즉 매출액에 비례해 발생하는 비용이다.

(2) 고정비

일정한 기간 동안 조업도의 변화에 관계없이 항상 일정하게 발생하는 원가로서 감가상각비, 경영자의 보수, 임차료, 보험료, 이자 등이다. 즉, 매출에 비례해서 발생하는 것이 아닌 경비의 성격으로, 매출이 있든 없든 일정한 금액이 발생한다.

원가를 고정비와 변동비로 나누는 방법은 다음의 표와 같이 원가 구성항목들의 특성에 따라 구분하는 방법이 있다.

비용 구분	예 시
고정비	• 영업고정원가: 감가상각비, 임차료, 관리비와 고정인건비(급여), 대여료, 수선유지비, 재산세, 보험료 등 • 재무고정원가: 이자비용
변동비	상품의 구입원가, 직접재료비, 직접노무비, 외주가공비, 생산용 동력비, 운임, 판매수수료 등

여기서 주의해야 할 것은 고정원가가 크게 두 가지로 구성된다는 점이다. 하나는 투하자금의 회수 또는 사용대가인 감가상각비 및 임차료 그리고 영업·생산 시설을 유지하는 데 소요되는 관리비와 고정인건비, 수선유지비, 재산세, 보험료 등과 같이 기업의 활동수준과 관계없이 시간이 흐르면 부담해야 하는 영업고정원가이다. 다른 하나는 타인자금의 사용대가인 이자비용으로서 기업의 활동수준과 관계없이 시간이 흐르면 부담해야 하는 재무고정원가이다.

변동원가는 직접재료비, 직접노무비, 판매수수료 등과 같이 기업의 활동수준에 따라 비례적으로 증감하는 원가이다.

(3) 변동비와 고정비의 분해 방법

변동비와 고정비를 그래프로 나타내면 아래 그래프와 같이 비교할 수 있다. 그래프 (a)를 보면 변동비는 단위당 변동비(직선의 기울기)와 총변동비로 나타낼 수 있는데, 총변동비는 단위당 변동원가에 생산량을 곱한 개념이다. 그래프 (b)는 조업도 수준과 관계없이 발생하는 고정비의 행태를 나타낸다. 보통 조업도가 증가할수록 단위당 고정원가는 감소하게 된다.

변동비와 고정비의 그래프 비교

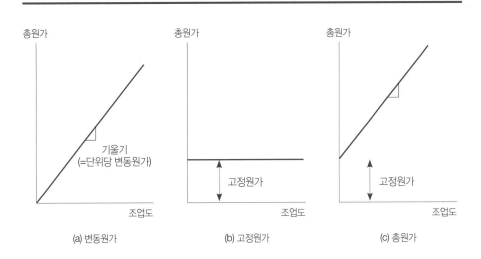

(a) 변동원가   (b) 고정원가   (c) 총원가

일반적인 기업 활동에서 변동비와 고정비는 혼합적으로 발생한다. 따라서 총원가Total Costs는 변동원가와 고정원가의 합계이다. 이는 그래프 (c)와 같은 선형함수로 표현할 수 있다. 즉, 선형함수의 절편이 총고정비고 기울기는 단위당 변동비이다. 이를 함수식으로 표현하면 아래와 같은 원가함수로 나타낼 수 있다.

총원가(C) = 총고정비(F) + 단위당 변동비(v) × 생산량(Q)
C = F + (v × Q)

수많은 원가구성 항목들을 위와 같이 특성에 따라 임의적으로 구분하는 것은 쉬운 일이 아니다. 실무에서는 정확하게 변동비와 고정비로 나눌 수 없는 경우도 빈번하게 발생한다. 비용 중에 고정비와 변동비 양쪽의 성격을 모두 가지는 경우가 있기 때문이다.

고정비와 변동비를 정확하게 분류하는 방법으로는 여러 가지를 생각할 수 있는데, 실무적으로 본다면 효율을 감안해 영향이 크게 미치는 경비는 어느 정도 정확하게 분류하고, 그다지 중요하지 않은 것은 계정과목에 따라 분류하는 것이 바람직하다. 또한 같은 계정과목이라 할지라도 개별 회사에 따라서는 변동비가 될 수도 있고 고정비가 될 수도 있다. 또 다른 방법으로는 기업의 과거 자료를 이용해 회귀분석과 같은 통계적 분석을 사용하는 방법이 있다.

3) 손익분기점 계산

(1) 단일제품 손익분기점 분석
앞에서도 말했듯, 손익분기점은 총수익과 총원가가 일치하는 판매액(또는 판매량) 또는 순이익이 영$_{\$}$이 되는 판매량이다. 따라서 판매량이 손익분기점을 초과하면 이익이 발생하고, 이에 미달하면 손실이 발생한다.

손익분기점의 구조

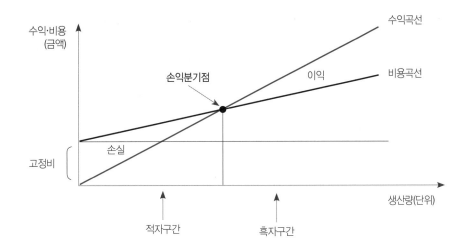

그러면 총수익(매출액)은 어떻게 표시할까? 수식으로 간단히 표시하면 아래와
같이 '단위당 판매가격×판매량'이 된다.

> 총수익(S) = 매출액 = 단위당 판매가격(P) × 판매량(Q)
> $$S = P \times Q$$

손익분기점은 총원가(C)와 총수익(S)이 일치할 때의 생산량 또는 판매량이기
때문에, 위 계산식에서 총원가(C)와 총수익(S)을 일치시키면 'F+V×Q=P×Q'가
되며, 이 방정식에서 Q를 구한 것이 손익분기점 판매량(Q)이 된다. 이를 수식으로
나타내면 다음과 같다.

> $$\text{손익분기점 판매량(Q)} = \frac{\text{총고정비(F)}}{\text{단위당 판매가격(P)} - \text{단위당 변동비(V)}}$$

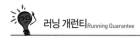
러닝 개런티 Running Guarantee

영화감독이나 배우가 출연료와 별도로 흥행에 따라 추가 개런티를 지급받는 것으로 공헌이익의 사례라 할 수 있다. 목표관객 수를 달성하면 추가적으로 관객 1인당 보상을 더 해주는 식이다. 유명배우는 흥행 성과에 상관없이 정해진 출연료를 받을 수 있지만, 제작사의 예산이 빠듯할 경우 배우가 자신의 출연료를 줄이고 러닝 개런티 계약을 할 때도 있다.

앞의 식에서 분모 '단위당 판매가격(P)-단위당 변동원가(V)'를 공헌이익 Contribution Margin 이라 한다. 즉, 판매량이 손익분기점을 넘어서면 1개가 추가로 팔릴 때마다 공헌이익만큼의 이익이 증가하고, 반대로 손익분기점에 미달될 때는 1개가 미달될 때마다 공헌이익만큼의 손실이 발생한다.

아래 사례를 통해 손익분기점을 계산해보자.

카페 창업에 나선 A씨는 창업비용 조사를 해보고 다음과 같은 자료를 작성했다.

- 커피 판매가격(한 잔): 2,000원
- 가게 임차료(월): 1,500,000원
- 아르바이트비(월): 900,000원
- 기타 고정비(월): 600,000원
- 커피 한 잔 재료비: 500원

위 자료에 근거할 때 한 달에 몇 잔의 커피를 판매해야 손익분기점에 도달할까? 우선 고정원가를 구해야 한다. 고정원가는 '가게 임차료+아르바이트비+기타 고정비'로 300만 원이 한 달 기준으로 소요된다. 단위당 공헌이익은 판매가격과 변동비를 뺀 금액으로 '커피 판매가격-재료비'인 1,500원이다. 따라서 손익분기점 판매량은 2,000잔(3,000,000÷1,500)이 된다. 한 달에 2,000잔(25일 기준으로 매일 약 80잔) 이상의 커피를 팔면 이익을 볼 수 있다.

일정 금액의 목표이익을 달성하는 데 필요한 판매액(판매량)도 계산이 가능하다. '매출액-총원가'가 이익이기 때문에 위의 총원가식과 총수익식을 연결하면 다음 식을 얻을 수 있다.

목표이익 달성 판매량과 손익분기점 판매량의 차이는 단지 분자에 목표이익을 추가한 것뿐이다. 위의 카페 사례에서 만약 한 달 목표이익을 200만 원으로 세운

$$목표이익 달성 판매량(Q) = \frac{총고정비(F) + 목표이익}{단위당 판매가격(P) - 단위당 변동원가(V)}$$

다면, 매월 3,333잔[= (3,000,000+2,000,000)÷(2,000-500)]을 판매해야 한다. 한 달(25일) 기준으로는 133잔이다.

(2) 복수의 제품 생산 시 손익분기점 분석

복수의 제품을 생산하는 기업은 제품마다 단위당 공헌이익(=판매가격-변동원가)이 다르기 때문에 계산이 다소 복잡해질 수 있다. 그러나 분석방법은 단일 제품의 경우와 근본적으로 차이가 나지 않는다.

우선 제품 배합을 구하는 것이 먼저다. 제품 배합은 총 판매량 중 각 제품의 판매량이 차지하는 상대적 비율을 말한다. 예를 들어 MK사가 A제품을 2,000개, B제품을 500개 판매하는 기업이라면 제품 배합은 4:1이다. 제품 배합이 항상 일정하다고 가정하면 MK사의 손익분기점은 다음과 같은 단계로 구할 수 있다.

❶ 가중평균 공헌이익을 계산한다. 예를 들어 A제품과 B제품의 단위당 공헌이익이 각각 2만 원 및 5만 원이라고 하자. 그리고 제품 배합은 4:1이다. 가중평균 공헌이익은 다음과 같이 2.6만 원이다.

$$(2만 원 \times \frac{4}{5}) + (5만 원 \times \frac{1}{5}) = 2.6만 원$$

❷ 두 제품의 손익분기점 판매량 합계는 다음 수식과 같다.

예를 들어, 총 고정원가 5,200만 원이라면 두 제품의 손익분기점 판매량 합계는 2,000개(5,200만 원÷2.6만 원)이다.

$$\text{손익분기점 총 판매량} = \frac{\text{총고정비}}{\text{가중평균 공헌이익}}$$

❸ 위에서 구한 총 판매량에 각 제품의 제품 배합을 곱하면 제품별 손익분기점 판매량이 계산된다. 즉, A제품과 B제품의 손익분기점 판매량은 각각 1,600개(2,000개×4/5)와 400개(2,000개×1/5)가 된다.

손익분기점 계산식 정리

- 단위당 공헌이익=단위당 판매 가격-단위당 변동비
- 공헌이익률=단위당 공헌이익÷단위당 판매 가격
- 손익분기점 판매량=고정비÷단위당 공헌이익
- 손익분기점률=손익분기점 매출액÷매출액
※ 낮을수록 불황에 강해지기 때문에 손익분기점률은 70% 이하로 유지하는 것
  이 바람직하다.

---

3. 기업의 이익 증대 방안

일반적으로 기업은 복수의 사업부문이나 상품을 운영한다. 만약 경기가 좋지 않거나 경영이 어려운 경우 결손사업과 쇠퇴부문을 신속하게 발견해 근본적인 조치를 취하거나 최악의 경우 사업을 중단할 결심을 내려야 한다. 그렇지 않으면 하나의 적자사업으로 인해 기업의 존립 자체가 위협을 받게 되는 경우도 발생할 수 있다. 따라서 부문별 채산성을 검토해 기업의 이익에 공헌도가 큰 부문과 그렇지 못한 부문을 신속하고 확실하게 구분해내는 것이 중요하다.

1) 공헌이익과 채산성

(1) 비용 개념의 변환

우선 비용을 보는 방법을 바꾸면 새로운 이익(공헌이익)을 파악할 수 있다. 이를 위해서 먼저 총비용을 변동비와 고정비로 나누고, 매출액에서 변동비를 빼 공헌이익을 산출한다. 이 공헌이익에서 고정비를 뺀 나머지가 영업이익이다. 경비 등과 같은 고정비를 공헌이익의 범위에서 사용하게 되면 우선의 적자는 피할 수 있다. 즉, 비용의 개념을 바꿔 액수의 범위를 구획함으로써 적자를 줄이는 방법이라 할 수 있다.

(2) 부문별 채산성 파악과 관리

채산성이 없는 상품의 생산과 판매를 중단해도 변동비만 들지 않을 뿐 고정비가 일정하게 들어가는 경향이 있다. 이때 변동비는 매출원가처럼 개별 상품부문별로 계산하기 쉬운 데 반해, 고정비는 회사 전체의 공통비용 부분이 많기 때문에 각 부문별로 파악하기 어렵다는 특징이 있다. 따라서 공헌이익은 각 상품부문별로 채산성을 비교해 이익 공헌도를 파악하는 데 아주 유용한 이익 개념이라고 할 수 있다.

공헌이익이 적자인 상품부문의 생산을 중지하면 영업이익이 전체적으로 향상

비용 개념 변환

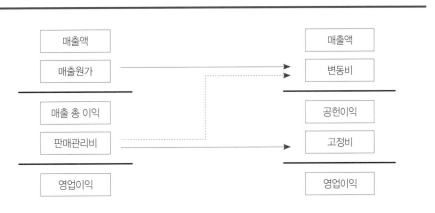

모 기업의 상품별 공헌이익과 채산성　　　　　　　　　　　　　　　　　　　　　(단위: 만 원)

항목	A	B	C	D	합계
매출액	1,000	1,500	2,000	2,500	7,000
변동비	400	1,050	2,200	2,000	5,650
공헌이익	600	450	-200	500	1,350
고정비	적자 상태인 상품 C의 생산을 중지한다 해도				1,000
영업이익	고정비는 달라지지 않는다.				350

될 수 있다. 반대로 느낌상 적자인 것 같은 상품부문이라도 공헌이익이 나오는 동안은 사업을 계속하는 쪽이 이익일 경우도 많다.

상품 C의 생산을 중지하면 공헌이익은 1,350만 원에서 200만 원이 증가한 1,550만 원으로 증가하고 영업이익은 350만 원에서 550만 원으로 증가한다. 하지만 채산성이 떨어지는 상품 부문을 중지해도 조업도만 내려갈 뿐이고 생산설비에 들어가는 고정비는 일정하다.

2) 공헌이익과 고정비 관리로 이익 창출

이익을 어떻게 늘릴지에 대한 방안은 모든 기업의 중요 관심사항이다. 공헌이익과 고정비의 개념을 활용해 체계적으로 이익을 창출하는 방안은 기업이 처한 상황을 분석해 공헌이익을 늘리거나 고정비를 줄이는 것이다. 전략을 선택하면 그와 연관 있는 활동으로 기업경영의 방향을 설정해야 한다.

이익 창출 방안

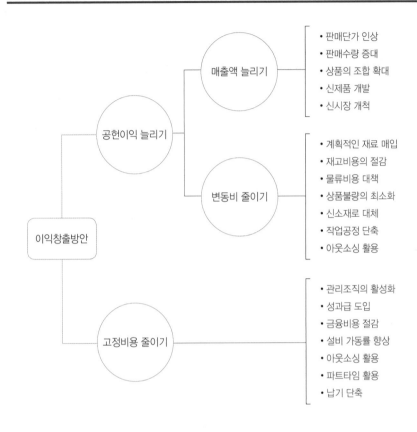

- 이익창출방안
  - 공헌이익 늘리기
    - 매출액 늘리기
      - 판매단가 인상
      - 판매수량 증대
      - 상품의 조합 확대
      - 신제품 개발
      - 신시장 개척
    - 변동비 줄이기
      - 계획적인 재료 매입
      - 재고비용의 절감
      - 물류비용 대책
      - 상품불량의 최소화
      - 신소재로 대체
      - 작업공정 단축
      - 아웃소싱 활용
  - 고정비용 줄이기
    - 관리조직의 활성화
    - 성과급 도입
    - 금융비용 절감
    - 설비 가동률 향상
    - 아웃소싱 활용
    - 파트타임 활용
    - 납기 단축

불황 땐 고정비용 줄여주는 아웃소싱이 빛을 발한다

인포시스가 최초로 사업을 시작한 인도의 푸네에 위치한 글로벌교육센터 캠퍼스 전경

인노의 2위 IT서비스 업체인 인포시스는 1981년 인도 중서부의 교육도시인 푸네Pune에서 단돈 250달러로 시작되었다. 크리스 고팔라크리슈난과 나라야나 무르티, N. S. 라그하반, 난단 닐레카니 등 7명이 창업의 주역이다.

당시엔 사무실을 얻을 돈도 없어 라그하반의 집에 사무실을 차렸다. 1983년 본사를 뭄바이로 이전했고, 1992년에는 보스턴에 첫 해외 사무실을 냈다. 단순 아웃소싱 서비스에서 시작해 IT 인프라 서비스, 비즈니스 프로세스 아웃소싱, 고객 소프트웨어 개발 및 유지보수, 시스템 통합, 리엔지니어링, 컨설팅 등으로 사업 영역을 빠르게 확대했다.

1999년에는 매출 1억 달러를 달성하면서 인도 기업 최초로 미국 나스닥 상장에 성공했다. 무르티에 이어 CEO가 된 닐레카니는 "우리가 게임을 하는 경기장이 평평해졌다"는 말로 유명하다. 인도 같은 가난한 나라의 기업도 세계시장에서 동등한 조건으로 경쟁할 수 있게 됐다는 뜻이다. 이 말은 토머스 프리드먼의 책《세계는 평평하다》의 모티브가 됐다.

다음은 고팔라크리슈난 회장과의 일문일답이다.

Q. 인포시스의 강점은 무엇인가.

A. 시장과 발맞춰 간다는 것이다. 모바일 애플리케이
션과 클라우드를 사용하여 우리 서비스 영역을 넓
히는 것이 대표적 사례다. 이처럼 시장의 수요에
맞추기 때문에 현재 잠시 주춤하지만 시장의 상황
이 좋아지는 대로 우리도 호전될 것이다.

Q. 경제사정이 좋지 않을 때 한국 기업들은 아웃소싱을 줄인다. 어떻게 생각
하는가.

A. 물론 상황에 따라 다르겠지만 내가 생각하는 아웃소싱은 기업의 사정이
좋지 않을 때 더욱 빛을 발한다. 아웃소싱을 함으로써 고정비용의 비중을
줄일 수 있기 때문이다. 경제사정이 나쁠 때는 고정비용을 줄이는 게 통상
적이다. 반대로 아웃소싱이 아닌 인소싱을 한다면 고정비용이 올라간다.
뿐만 아니라 경제침체를 이겨내기 위한 다양한 방안을 얻는 데도 아웃소
싱이 도움이 된다. 예를 들어 세계적인 기업들과 협업하는 인포시스 같은
아웃소싱 기업에는 모범사례도 많고 내공이 있기 때문에 여러 가지 해결
방안들을 생각해낼 수 있다. 반면 인소싱만 한다면 한 뿌리에서 한 가지 이
야기만 나올 수 있어 경제침체를 이겨내기에 역부족일 수 있다. 결론적으
로 불황에는 아웃소싱을 더욱 적극적으로 해야 한다.

Q. 아웃소싱의 모범사례를 말해 달라.

A. 인도의 한 통신기업 이야기를 하고 싶다. 이 기업은 고객 서비스 관리를 제
외한 거의 모든 운영체제를 아웃소싱한다. 고객의 소리는 직접 듣지만 나
머지 운영은 모두 아웃소싱을 한다는 얘기다. 덕분에 이 회사가 하는 일은
매우 단순해졌다. 동시에 매우 성공적이다. 이 기업은 아웃소싱하는 방법
도 매우 특이하다. 모든 아웃소싱 파트너들과 계약을 할 때 매출에 비례해

가격을 매긴다. 매출이 많을수록 파트너 기업에 더 많은 비용을 지불하고, 매출이 적을 때는 아웃소싱비도 적게 낸다. 덕분에 고정비용을 줄이고 변동비용 비중을 크게 높일 수 있었다.

(이하 생략)

- 〈매경MBA: 고속성장 신화 '인도 IT기업 인포시스' 편〉

국가공인시험 매경TEST 공식 기본서

경제·경영 핵심 정리

자본 비용과 투자결정

학습 목표

- 기본적인 재무 활동을 이해한다
- 재무 관리의 원리를 설명할 수 있다
- 선물과 옵션 등 특수 재무 관리의 개념을 파악한다

| 들어가며 |

자본 형성을 위한 원가, 자본 비용

재료비, 인건비, 관리비 등 기업이 상품이나 서비스를 생산·공급하는 과정에는 여러 가지 비용이 수반된다. 경영자는 이들 비용을 줄이기 위해 많은 노력을 기울이는데 일본 도요타자동차가 물류 시스템을 개선해 원가를 줄인 것이 대표적인 예이다.

하지만 기업의 비용은 회계 장부상의 비용이 전부가 아니다. 기업은 자산을 취득하기 위해 자금을 조달해야 한다. 이 자금도 비용을 발생시키는데 이를 자본 비용이라 한다. 즉 기업이 제품이나 서비스를 제공하기 위해 필요한 자본을 형성하는 데 드는 원가인 셈이다. 은행에서 돈을 빌리면

기업 활동에 필요한 자금은 다양한 원천에서 조달된다. 조달되는 자금은 사업의 수익성, 안정성 자금 조달처에 따라 매겨지는 비용과 기업에 미치는 영향이 달라진다.

대출 이자를 내야 하듯이 기업 역시 자본을 제공한 이에게 대가를 지불해야 한다. 기업의 몸값(가치)을 상승시키려면 원가 절감 노력과 마찬가지로 이러한 자본 비용을 줄이려는 노력도 필요하다.

1. 재무 활동의 이해

기업이 목표를 달성하기 위해 경영 활동에 필요한 자금을 어떻게 합리적으로 조달하고 조달된 자금을 효과적으로 운용할 것인지 결정하는 활동을 재무 활동이라고 한다.

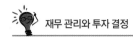

재무 관리와 투자 결정

재무 관리는 기업의 자본 조달과 투자 결정을 다루는 분야이다. 투자 결정은 자본 예산(Capital Budget)이라고 부르기도 한다.

1) 재무 관리의 의의

재무 관리Financial Management는 좁은 개념과 넓은 개념으로 정의할 수 있다. 우선 좁은 의미의 재무 관리는 기업 재무Corporate Finance라고도 하며, 기업의 자금 흐름과 관련된 활동을 다루는 분야를 지칭한다. 따라서 자금의 조달과 운용, 그리고 그와 관련된 계획 및 통제 등이 연구 대상이 된다.

반면에 넓은 의미의 재무 관리는 기업 재무 외에 유가 증권·부동산·외환 등의 투자 의사 결정을 다루는 투자론, 금융 기관·금융 시장·금융 제도 등을 다루는 금융 기관론, 선물·옵션·스왑 등의 파생 상품과 그들이 거래되는 파생 상품 시장을 다루는 파생 금융 상품론 등 광범위한 연구 분야를 포함하는 재무학을 지칭한다.

2) 재무 관리의 목표

재무 관리의 목표는 자본 조달과 투자 선택의 기준이 되므로 명확하게 설정되어야 한다. 과거 전통적 재무 관리의 목표는 기업의 이익 극대화였지만, 이에 대해서는 많은 논란이 있었다. 이익 개념의 모호성, 화폐의 시간 가치와 미래 현금 흐름의 불확실성, 그리고 회계 처리 방법에 따라 이익이 달라지는 문제가 있었기 때문이다. 따라서 오늘날은 재무 관리의 목표가 기업 가치의 극대화Maximization of Firm Value와 자기자본 가치의 극대화Maximization of Equity Value로 인식되고 있다. 이는 기업 소유자인 주주들의 부를 극대화하는 것을 의미한다.

3) 재무 관리의 기능

재무 관리는 경영자가 자본조달, 투자, 배당에 대한 효과적인 의사 결정을 하도록 도와 궁극적으로 기업 가치를 극대화하는 기능을 한다.

(1) 투자 의사 결정

기업이 '어떤 종류의 자산을 어느 정도로 보유할 것인가'에 대한 의사 결정으로, 기업의 미래 현금 흐름과 영업 위험을 결정한다. 어떤 자산을 소유하는가에 따라 기업의 수익성과 성장성이 달라진다.

(2) 자본조달 의사 결정

기업의 지속 가능한 활동을 위해서는 투자 자본(자금)이 필요하다. 이러한 자본의 원활한 조달은 기업의 성장은 물론 존속에도 큰 영향을 미친다. 자본 비용이란 기업이 조달 운용하고 있는 자본과 관련해서 부담하는 비용이다. 투자에 소요되는 자본을 어떻게 효율적으로 조달할 것인가에 대한 의사 결정은 자본 비용을 최소화하는 자본과 부채의 비율을 찾아 최적의 자본 구조가 되도록 결정하도록 돕는다.

(3) 배당 의사 결정

투자 결정 및 자본 조달 결정으로 창출된 기업의 순이익 중 얼마를 주주에게 배당하고 얼마를 기업 내에 유보할 것인가에 대한 의사 결정으로, 사내 자본 조달 결정과 연결되므로 자본 조달 결정의 한 형태로 볼 수 있다.

재무 관리의 목표와 기능

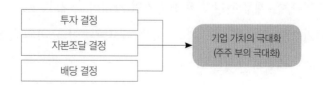

재무상태표

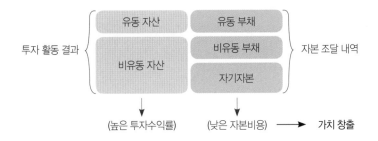

2. 재무 관리의 주요 원리

재무 관리에는 두 가지 원리를 반드시 알아야 한다. 하나는 화폐의 시간 가치에 대한 원리이고, 다른 하나는 위험과 수익률의 원리이다. 이 두 원리는 재무 관리를 뒷받침하는 핵심 개념이다.

1) 화폐의 시간 가치

(1) 화폐와 이자율

화폐의 시간 가치가 어떤 원리인지를 학습하기 위해서 다음의 두 사람의 대화를 살펴보자.

A: 나 100만 원만 빌려주라. 1년 정도 쓰다 갚을게.

B: 어? 1년씩이나?

A: 1년 쓰고 100만 원 그대로 갚을게.

B: 이거 완전히 도둑 심보네. 친구 맞아?

A: 내가 왜 도둑이야? 그대로 갚는다니까?

돈은 액수가 같다고 할지라도 돈을 언제 받느냐(주느냐)에 따라 그 액수에서 얻는(사라지는) 가치가 서로 다르다. 즉 액수는 같을지라도 시점에 따라 가치가 달라지는 것이다. A에게 빌려주는 100만 원은 B에게는 투자에 대한 기회비용을 발생시킨다. 이는 빌려가는 기간이 길어질수록 커진다. 따라서 A는 B에게 이러한 기회비용에 대한 보상으로 B가 만족할 만한 이자를 지급해야 하며, A에게는 그 이자비용이 자본 비용(자본 조달에 들어가는 비용)이다.

만약 A가 B에게 1년 후 110만 원을 주기로 했다면(이자율 10%), A와 B 두 사람에게 현재 화폐 100만 원은 1년 후의 화폐 110만 원과 동일한 가치를 가졌다고 할 수 있다. 따라서 화폐의 현재 가치와 미래 가치를 연결 짓는 가장 중요한 연결 고리는 이자율이라 할 수 있다. 현재의 화폐 가치가 미래 화폐의 가치보다 상대적으로 더 커지면 커질수록 이자율은 커지게 된다. 이렇게 시간이 흐름에 따라 화폐의 가치가 달라지는 것을 화폐의 시간 가치라고 한다.

(2) 화폐의 시간 가치에 대한 공식

❶ 미래 가치

미래 가치Future Value란 현재 시점에서 투자를 하면 일정 기간 후에 얻게 될 대가를 말한다. 일정 기간 투자를 하면 이자를 받게 된다. 따라서 현재 시점의 화폐 가치와 미래 시점의 화폐 가치는 서로 다르다. 현재 시점에서 보유한 금액과 동일한 가치를 갖는 미래 시점의 금액은 원금에 이자를 더해준 것이다.

미래 가치(FV) = 현재의 현금(PV) × $(1+\text{이자율})^n$ (n: 기간)

❷ 현재 가치

현재 가치Present Value란 미래의 현금을 현재의 시점에서의 가치로 환산한 금액을 말한다. 미래의 현금을 현재의 시점에서 평가하기 위해서는 이자율을 감안하여 미래의 현금을 할인해주어야 한다.

현재 가치(PV) = 미래의 현금(FV) ÷ $(1+\text{이자율})^n$ (n: 기간)

2) 위험과 수익률

어떤 사업이나 증권의 가치를 평가할 때 먼저 그 사업이나 증권으로부터 발생할 현금 흐름을 계산한 후 그 현금 흐름의 현재 가치를 계산해야 한다. 미래에 발생할 현금 흐름은 대부분 불확실하다. 새로 설비를 갖춰도 이후 매출을 얼마나 올릴 수 있을지, 주식에 투자할 경우 주가가 얼마나 올라가고 또 배당은 받을 수 있을지 미지수이다. 이 불확실성이 바로 위험이며, 현금 흐름의 불확실성이 클수록 그 현재 가치는 줄어든다. 이처럼 수익률을 이해하기 위해서는 반드시 위험Risk 요소를 고려해야 한다.

(1) 위험과 태도

재무 관리에서 사용되는 위험의 개념은 기업의 미래 현금 흐름 등이 실현되지 않을 가능성, 즉 변동 가능성Variability을 의미한다. 미래가 불확실할 경우(위험이 클 경우) 기대 수익률이 크다고 하더라도 투자자의 만족감은 낮아진다. 결국 투자 의사

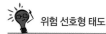
위험 선호형 태도

위험 선호형이란 큰 수익율을 기대하며 위험을 취하는 태도가 아니라 동일한 기대 수익율인데도 위험이 더 큰 쪽을 선호하는 것이다. 현실에서 이런 유형은 거의 없다.

결정은 위험과 수익의 조합 중 가장 만족할 만한 수준에서 결정된다. 일반적으로 위험에 대한 투자자의 태도는 다음의 세 가지로 구분된다. 이 중 대부분의 투자자는 ① 위험 회피형의 태도를 보인다.

---

① 위험 회피형Risk Averse : 다른 모든 조건이 같을 때 위험을 싫어하는 유형
② 위험 중립형Risk Neutral : 의사 결정시 위험에 대해 무관한 유형
③ 위험 선호형Risk Seeking : 같은 조건하에서 위험이 있는 것을 선택하는 유형

---

(2) 지배 원리Dominance Principle

지배 원리란 같은 위험에서는 기대 수익률이 높고 위험이 작을수록 그렇지 않은 투자 대상을 지배한다는 것을 말한다. 평균-분산 모형에 의해 개별 자산과 포트폴리오를 평가할 시에 기대 수익률과 위험의 두 요인을 고려한다. 투자 자산의 가치는 기대되는 수익률이 크고 위험이 작을수록 높아진다. 따라서 투자자들은 수많은 투자 대상 가운데에서 기대 수익률과 위험을 고려해 투자를 선택하게 된다. 즉 위험과 수익은 상충 관계에 있는 것이다. 이 지배 원리에 입각한 선택지가 효율적 투자 대상이다.

따라서 투자자가 투자안을 선택할 때 위험이 동일한 경우에는 기대 수익률이 가장 높은 투자안을 선택하고, 기대수익률이 동일한 경우에는 위험이 가장 낮은 투자안을 선택하게 된다.

평균-분산 모형

투자 수익률의 확률 분포가 정규 분포를 이룰 경우 투자자의 선택 행동은 평균과 분산이라고 하는 두 가지 요인으로 충분히 설명할 수 있는데, 이와 같이 평균과 분산의 두 가지 요인을 이용하여 투자자의 선택 행동을 설명하는 이론을 평균-분산 모형(Mean-Variance Model)이라고 한다.

위험-수익의 상충 관계

미래 현금 흐름의 불확실성이 커지면 투자자가 위험 부담에 대한 대가(위험 프리미엄)로 더 많은 수익을 요구하는 관계를 말한다. 재무 관리에서 투자자들은 위험을 싫어한다고 가정한다(High Risk High Return, Low Risk Low Return).

(3) 포트폴리오와 위험

투자자들이 투자 자금을 여러 종류의 자산에 분산 투자

포트폴리오와 기대 수익률

	운동화	장화	포트폴리오(1/2 운동화, 1/2 장화)
맑은 날	10%	0%	5%
비 오는 날	0%	10%	5%
기대 수익률	5%	5%	5%
표준 편차	7%	7%	0

하게 될 때, 소유하는 여러 자산의 집합을 포트폴리오Portfolio라고 부른다. 투자자들이 포트폴리오를 구성하는 가장 중요한 목적은 분산 투자Diversification에 의해 투자 위험을 감소시키는 데 있다. 투자자들은 포트폴리오 분석을 통해 원하는 수준의 기대 수익률에 대하여 위험을 최소화시키거나, 혹은 투자자들이 부담하고자 하는 위험 수준에서 가장 높은 기대 수익률을 실현하는 효율적인 포트폴리오를 선택하고자 할 것이다. 예를 들어 운동화와 장화를 만드는 회사의 기대 수익률과 표준 편차(위험)가 위의 표와 같다고 하자. 투자자 입장에서 이 두 자산으로 구성된 포트폴리오의 기대 수익률과 위험을 구해보자.

만약 운동화와 장화에 분산 투자를 하면, 즉 운동화에 50%, 장화에 50%를 투자한다면, 날씨에 상관없이 5%의 수익을 기대할 수 있다. 즉 날씨에 따른 수익률 변동이 없어지면서 위험이 제거된 것이다. 기업의 위험이란 특정 기업의 증권을 보유하기 때문에 직면하는 투자자 입장에서의 금융적 불확실성을 말하고, 분산 투자를 통해 완화될 수 있다. 이를 포트폴리오 이론이라고 한다.

추가적으로 다른 기업들의 증권을 구매하거나 해당 기업과 상관 관계가 높지 않은 자산을 구매함으로써 투자자들은 단일 기업 성과의 좋고 나쁨에 따른 위험을 분산시킬 수 있다. 이렇게 제거될 수 있는 위험을 '분산 가능 위험' 또

포트폴리오 이론

포트폴리오 이론이란 기업이 가지는 고유한 위험을 제거하기 위해 분산 투자를 이용하는 것을 말한다. 분산 투자를 하면 일정한 기대 수익에서 위험을 최소화하거나 일정한 위험 하에서 기대 수익을 극대화 할 수 있다. 이를 잘 표현하는 속담으로 "계란을 한 바구니에 담지 마라"가 있다.

포트폴리오 효과와 위험의 구분

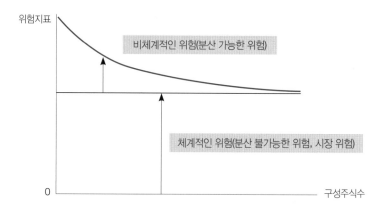

위험지표

비체계적인 위험(분산 가능한 위험)

체계적인 위험(분산 불가능한 위험, 시장 위험)

0   구성주식수

는 '비체계적 위험Unsystematic Risk'이라고 부른다.

반면 포트폴리오를 구성하는 자산의 수를 아무리 증가시켜도 줄어들지 않는 위험이 있는데, 이와 같이 분산 투자로서 제거할 수 없는 위험을 체계적 위험Systematic Risk 혹은 시장 위험이라고 한다. 체계적 위험은 인플레이션, 이자율의 변동, 경기 변동, 전쟁 등 시장 전체적인 요인의 변화로 인하여 발생하는 위험이다.

3) 재무 관리와 두 핵심 원리의 의미

이처럼 재무 관리의 두 가지 핵심 원리란 화폐의 시간 가치에 대한 원리와 위험과 수익률의 원리이다. 이 두 원리는 투자안 선택의 기준을 제공한다. 즉 화폐의 시간적 가치 원리를 이해하면 투자의 손익을 따질 때 미래에 발생할 현금 흐름을 할인해야 할 필요성을 알게 된다. 또 다른 원리인 위험과 수익률과의 관계를 이해하면 할인율의 크기를 어떻게 결정해야 하는지 이해할 수 있다. 예를 들어 해당 프로젝트의 위험이 커지면 커질수록 더 큰 할인율을 적용해야 한다. 이는 위험이 큰 만큼 그에 걸맞은 수익률이 커진다는 의미와 동일하다.

3. 재무 관리의 기능

1) 투자 의사 결정

(1) 투자 의사 결정의 정의

기업의 경영자나 재무 담당자는 기업 가치를 극대화하기 위해 어떤 자산에 얼마나 투자할지를 결정해야 한다. 즉 기업의 장기 투자와 관련한 투자 대안의 수익성을 평가하고 이를 바탕으로 투자 대안에 대한 승인 여부를 결정해야 하는 것이다. 이러한 의사 결정을 투자 의사 결정 또는 자본 예산Capital Budgeting이라고 한다. 투자 의사 결정은 기업 가치를 올리기 위한 최적의 자산 구성을 취하고자 하는 활동이다. 설비나 건물 등 실물 투자뿐만 아니라 증권을 매입하고 다른 기업을 인수하는 것도 투자 의사 결정에 해당된다. 이는 기업의 재무 상태표에서 자산 부분(차변)에 해당하는 항목을 다루는 것이다.

(2) 투자안의 성격에 따른 분류

❶ 독립적 투자안

여러 투자 대안이 존재할 때 하나의 투자 대안에 대한 승인 및 기각 여부가 다른 투자 대안의 승인 및 기각 의사 결정에 영향을 미치지 않는 경우를 말한다.

❷ 상호배타적 투자안

여러 투자 대안이 존재할 때 하나의 투자 대안에 대한 승인 및 기각 여부가 다른 투자 대안의 승인 및 기각에 영향을 미치는 투자안을 말한다. 독립적인 투자안 평가에 있어서는 순현가법과 내부 수익률법의 결과가 동일하나 상호배타적인 투자안에서 내부 수익률법은 잘못된 결과를 산출할 수 있으므로 순현가법에 의해 평가해야 한다.

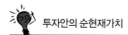
투자안의 순현재가치

투자안의 순현가란 투자에 소요된 자금의 기회 비용인 자본비용을 고려한 후의 가치를 말한다. 따라서 순현재 가치가 0보다 크다(NPV>0)는 것은 투자 자금의 자본 비용을 제외하고도 가치가 증가한다는 것이므로 투자 가치가 있다는 것이다.

(3) 투자안의 경제성 평가 방법

❶ 순현가법 NPV, Net Present Value

투자에서 창출되는 미래의 현금 흐름을 적절한 할인율을 사용하여 현재 가치로 계산한 후, 최초 투자비를 뺀 금액을 의미한다. NPV〉0이면 투자하고 NPV〈0이면 기각하는 방법을 쓴다. 이때 현재 가치는 할인율을 이용해 계산한다. 할인율은 투자자의 기회비용, 즉 투자 자금의 자본 비용을 의미한다.

> **NPV =** 미래 현금 흐름의 현재 가치 – 투자 금액

$$NPV = \sum_{t=0}^{\infty} \left\{ \frac{CI_t}{(1+r)^t} - \frac{CO_t}{(1+r)^t} \right\}$$

※ CI는 Cash Input으로 현금유입, CO는 Cash Output으로 현금유출(투자)

• 투자안의 평가 기준

독립적인 투자안의 경우	상호배타적인 투자안의 경우
NPV 〉 0 ⇒ 투자안 채택	NPV 〉 0 인 투자안 중
NPV 〈 0 ⇒ 투자안 기각	NPV가 가장 높은 투자안을 선택

• 순현가법의 특성

- NPV는 현금 흐름을 사용한다.

- NPV는 투자안의 모든 현금 흐름을 사용한다.

- NPV는 현금 흐름을 적절한 할인율로 할인한다(화폐의 시간 가치를 고려한다).

- NPV는 가치의 가산 원칙이 성립한다.

  예를 들어 NPV(A+B) = NPV(A) + NPV(B)이다.

❷ 내부 수익률법 Internal Rate of Return

특정 투자안의 내부 수익률이 동일한 투자안의 적정 할인율(NPV에 사용됐던 투자 자본의 자본 비용)보다 크면 투자안을 채택하고, 작으면 기각하는 방법을 말한다. 여 기에서 내부 수익률IRR은 기대되는 현금 유입의 현재 가치와 현금 유출의 현재 가 치를 같게 하는 할인율, 즉 투자안의 순현재가치NPV를 0으로 만드는 할인율을 의 미한다.

$$\sum_{t=1}^{T} \frac{CI}{(1+IRR)^t} = \sum_{t=1}^{T} \frac{CO}{(1+IRR)^t}$$

• 투자안의 평가 기준

독립적 투자안의 경우	상호배타적 투자안의 경우
IRR 〉 r (∵ NPV 〉 0) ⇒ 투자안 채택	IRR 〉 r 인 투자안 중
IRR 〈 r (∵ NPV 〈 0) ⇒ 투자안 기각	IRR이 가장 높은 투자를 선택

IRR값이 할인율(자본비용)보다 크면 해당 투자안은 채택, 작으면 투자안은 기각 된다. IRR은 실물 투자안을 채택해 얻을 수 있는 투자 성과의 종합적인 지표로서 의 정보를 의미한다. 반면 비교 대상으로서의 할인율은 IRR을 창출하기 위해 투입 된 비용의 개념으로 자본 시장이 평가한 해당 투자안의 위험에 대한 종합적인 정 보를 담고 있는 지표를 의미한다. 따라서 IRR과 할인율의 비교는 해당 투자안의 성과와 자본 시장으로부터의 자금 조달 비용을 비교해 상대적 우위를 가리는 과정 인 셈이다. IRR값이 할인율보다 더 크면 투자 성과가 투자 비용보다 더 크므로, 결 과적으로 기업 가치를 증대시키는 투자안이다.

• IRR의 한계점

IRR 수준을 너무 높게 설정하면 수익성이 높지 않은 사 업에 투자하는 것을 방지하는 긍정적인 효과가 있다. 하지

 순현가법과 내부 수익률법의 비교

NPV법과 IRR법은 다 같이 화폐의 시간 가 치를 고려하여 투자안을 평가하는 방법으로 상호독립적인 투자안을 선택하는 경우 결과 가 동일하지만, 상호배타적인 투자안을 선택 하는 경우 서로 다른 결과가 종종 도출된다.

만 IRR 수준이 높아지는 만큼 전략적으로 투자할 가치가 있는 사업인데도 투자가 이뤄지지 않게 되는 단점이 있다. 즉 단기적인 시각으로 투자 의사 결정을 적용하는 경우가 있어서 기업 성장을 위한 정기적이고 전략적인 투자 결정에 소홀할 가능성이 있다.

❸ 그 외 투자안 평가법

- 회수 기간법Payback Period : 최초 투자 자금이 전액 회수되기까지의 기간을 계산한 후 이를 사전에 설정한 목표 회수 기간과 비교하여 승인 여부를 결정하는 방법이다.
- 회계적 이익률법Accounting Rate of Return : 투자 대안의 회계적 이익률을 계산하여 이를 목표 회계적 이익률과 비교한 후 승인 여부를 결정하는 방법이다.
- 수익성 지수법PI, Profitability Index : 여러 투자 대안이 있을 때 투자 규모를 표준화하여 비교하는 방법이다.

2) 자본 조달 의사 결정

아무리 좋은 투자안이 있더라도 투자할 자금이 없으면 기업 활동을 계속해나갈 수 없다. 따라서 기업이 성장하고 발전하기 위해서는 자금을 필요한 시기에 안정적으로 확보하고 운용하는 것이 중요하다. 기업은 필요로 하는 자금을 여러 방법으로 조달한다. 내부 자금만으로 필요한 자금을 충당하기에는 어렵기에 외부에서 자금을 조달하거나 거래처로부터 단기 자금을 빌려오기도 한다. 경영자나 재무 담당자는 두 방식의 장단점을 고려해 자기자본과 타인자본의 구성을 최적화하는 의사 결정을 해야 한다.

(1) 자본 조달 방법

기업에 필요한 자금을 조달하는 방법에는 자본 시장을 이용한 장기 자금 조달과 거래처나 금융 회사를 이용하는 단기 자금 조달이 있다.

❶ 금융 시장

자금의 수요자와 공급자가 만나 자금 거래가 이뤄지는 시장을 금융 시장이라고 한다. 기업은 금융 시장인 자본 시장을 통해 다수의 소규모 투자자들로부터 기업 활동에 필요한 자금을 모집한다. 이런 점에서 금융 시장은 국민 경제 전체에 매우 중요하다.

❷ 금융 시장의 구조

금융 시장의 형태는 자금이 공급자로부터 수요자에게 이전되는 방법에 따라 직접금융시장과 간접금융시장으로 구분할 수 있다. 직접금융시장은 자금의 수요자인 기업이 주식이나 채권 등의 증권을 발행해 자금을 조달하는 시장을 말한다. 이때문에 자본 시장 또는 증권 시장이라고도 부른다. 간접금융시장은 좁은 의미의 금융 시장으로 주로 은행 등으로부터 자금을 조달하는 시장이다. 사람들이 은행에 맡긴 예금을 재원으로 은행에서 간접적으로 기업에 자금이 제공된다.

자본 시장은 다시 발행 시장과 유통 시장으로 나뉠 수 있다. 발행 시장은 기업이 자금을 조달하기 위해 증권(주식, 채권 등)을 발생하는 시장이다. 유통 시장은 발생된 증권이 최초의 투자자에게서 이전되는 시장이다.

(2) 자본 조달 시 고려 사항

❶ 자본 비용

기업은 자본을 조달할 경우 자금 사용에 대한 사용 대가를 지불해야 한다. 이와 같이 자본을 사용하여 발생하는 비용을 자본 비용Cost of Capital이라고 한다. 예를 들어

WACC(가중평균 자본 비용)

기업의 가치 평가에 결정적인 역할을 하는 자본 비용은 기업이 자기자본과 타인자본을 사용하는 경우 이 두 자본 사용의 대가를 모두 고려한 기업 전체의 자본 비용이 돼야 한다. 이를 가중평균 자본비용(WACC)이라고 한다. WACC는 자본의 원천별로 자본비용을 구해 각 자본의 구성 비율로 가중 평균한 것이다.

부채 형태의 자본 조달은 일정한 이자를 지급해야 하고, 주식을 발행해 자금을 조달한 경우 주주에게 배당을 지급해야 한다. 이처럼 이자와 배당 등이 자본 비용이라 할 수 있다. 자본 비용은 조달 방법에 따라 다르기 때문에 기업에서는 자본 조달을 결정할 때에는 자본 비용을 가장 먼저 고려해야 한다. 자본 비용이 중요한 이유는 새로운 투자를 할 때 투자로부터 기대되는 현금 흐름의 현재 가치를 계산하는 데 할인율로 사용되기 때문이다. 또한 기업의 자본 구조를 분석해 현재의 기업 가치를 파악하는 데 사용될 수도 있다.

❷ 조달 기간과 자본의 용도

자본은 조달 방법에 따라 조달 기간이 달라지고 자본 비용에도 영향을 미친다. 예를 들어 은행의 장기 대출이나 회사채 주식 등을 발행해 자금을 조달하는 것은 시간이 오래 걸리지만, 상대적으로 자본 비용은 낮다. 하지만 단기 차입은 조달 시간을 당길 수 있지만 높은 조달 비용(이자 등)을 감당해야 한다.

원재료의 구입이나 단기 차입금을 상환 등 단기적인 용도를 위해 장기 자본을 사용하게 되면 불필요한 유휴 자금이 발생한다. 반대로 설비 도입이나 공장 건설과 같은 장기적인 프로젝트에 단기 자본을 끌어들이면 계속해서 자금 조달을 해야 할 뿐만 아니라, 자본 비용에 대한 부담도 높아진다. 따라서 단기간에 필요한 자금은 단기 자본으로 조달하고, 장기적으로 필요한 자금은 장기 자본을 조달하는 것이 바람직하다. 자금의 용도와 원천 그리고 기간을 일치시키는 것은 안정적인 자금 운영에 필수적이다.

❸ 자본 조달과 경영권

자본 조달은 기업의 경영권에도 영향을 줄 수 있다. 만약 주식을 새로 발행해 자금을 조달하게 된다면, 전체 발행 주식 중에서 기존 주주가 차지하는 비율이 감소하게

된다. 이는 기존 주주의 경영권에 대한 영향력이 그만큼 줄
어드는 것을 의미한다.

리스Lease

회사가 기업이 원하는 기계 설비를 구입해 장기간 빌려주고, 대가를 청구하는 금융 제도이다. 리스에는 단순한 임대차 형식의 운용 리스와, 실질적으로 기계나 설비 등을 구입하는 데 필요한 장기 자금을 제공하는 금융 리스가 있다.

❹ 재무 안정성

기업이 타인자본(부채)를 얼마나 사용하는지와 관련된
위험을 재무 위험이라고 한다. 타인자본을 많이 사용하는
기업은 적게 사용하는 기업보다 재무 안정성에서 차이가 난다. 기업이 과도한 타
인자본을 사용하게 되면 차입에 따른 이자비용이 증가해 재무 위험이 높아진다.
파산 가능성도 증가하므로 자본 조달의 원천을 결정할 때는 이러한 재무 안정성을
신중하게 고려할 필요가 있다.

(3) 조달 기간에 따른 자본 조달

기업이 조달하는 자금은 조달 기간에 따라 장기 자본과 단기 자본으로 구분한다.

❶ 장기 자본 조달

장기 자본은 주로 자본 시장에서 기업 직접 주식이나 채권을 발행해 조달한다. 장
기 자본의 조달 방법에는 보통주, 우선주, 채권(사채), 장기 차입금, 리스 등이 있다.

❷ 단기 자본 조달

기업 경영 활동에는 재료비, 인건비 등 판매비와 관리비가 발생한다. 이런 영업
활동을 위해 필요한 자금은 지속적으로 유입되는 자금으로 쉽게 상환할 수 있기
때문에 단기 자본으로 조달하는 경우가 많다. 기업은 주로 금융 회사, 거래처, 매출
채권을 이용해 단기 자본을 조달한다. 기업의 어음 할인,
당좌 차월과 같은 단기 차입금, 외상 매입 또는 어음 발생
등의 신용 거래, 팩터링 등이 주로 사용된다.

팩터링Factoring

기업이 보유하고 있는 상업 어음, 외상 매출 증서 등을 금융 기관에 양도하거나, 담보로 제공하고 자금을 조달하는 방법이다.

(5) 자본 비용의 계산

자본 비용은 회사가 조달하는 자금에 대한 대가로 투자자 입장에서는 자금 투자에 대해 기대하는 요구 수익률이다. 기업의 자본은 타인자본과 자기자본으로 나뉜다. 앞서 말한 은행 대출과 같이 설비 투자용으로 은행에서 차입한 자금을 타인자본이라 한다. 반면 주식을 발행해 그로부터 생성된 자금은 자기자본이 된다.

❶ 타인자본 비용 계산

타인자본의 비용은 상대적으로 쉽게 계산할 수 있다. 은행에서 돈을 빌린 경우 정해진 대출 이자율이 곧 자본 비용의 산정 기준이 된다. 즉 부채의 자본 비용은 이자율이다. 타인자본은 계산이 쉽고 회계 장부상에 영업외비용으로 기록되므로 경영자들이 비교적 명확히 인식하고 있다.

❷ 자기자본 비용 계산

자기자본 비용은 주주들이 기업에 자금을 제공하면서 (즉, 주식을 구입하면서) 기대하는 수익률이다. 기대 수익률이 비용으로 계산되는 이유는 주주들이 자금을 기업에 투자함으로써 잃게 된 기회비용을 포함하기 때문이다. 이해를 위해 다음의 예를 살펴보자.

예를 들어 아들의 사업을 위해 아버지가 자신이 소유한 사무실을 아들에게 무상으로 빌려준다면 아버지는 이를 다른 사람에게 임대할 경우 받을 수 있었던 임대료를 포기해야 한다. 따라서 받지 못한 임대료 수익을 비용으로 산정해야 한다. 기업의 경우에도 주주가 다른 곳에 자금을 사용했을 때 받을 수 있는 수익을 자기자본 비용으로 간주한다. 자기자본 비용은 매년 배당금을 제외하고 명시적으로 지출되는 현금이 없어 비용으로 인식하지 못하는 경우가 있다. 그러나 기회비용의 개념으로 자기자본 비용을 이해한다면 이는 비용에 해당한다.

- 자기자본 비용을 계산하는 데는 자본자산 가격결정모형CAPM: Capital Asset Pricing Model을 이용한 방법이 가장 일반적으로 사용된다. CAPM은 자본 시장이 효율적이라고 가정한 후, 자본 자산의 기대 수익과 위험과의 관계를 나타낸 모형이다. CAPM은 다음과 같은 공식에 의해 산출된다.

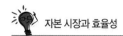
자본 시장과 효율성

자본 시장은 주식과 채권 같은 상품이 거래되는 시장을 말한다. 자본 시장이 효율적이라 함은 시장에서 형성되는 자산의 가격이 그 자산과 관련된 모든 정보를 신속하고 충분히 반영하는 상태를 말한다.

$$r = Rf + [E(Rm) - Rf]·\beta$$

r: 자기자본 비용
Rf: 무위험 이자율 (3년 만기 국공채 이자율)
E(Rm): 주식 시장의 기대 수익률
β: 베타 계수 (개별주식의 주가 변동성과 주식 시장 전체의 주가 변동성 간의 상관 관계를 의미)

여기에서 [E(Rm) - Rf] 는 시장 위험에 대한 프리미엄에 해당한다. 예를 들어, 주식 시장의 기대 수익률 E(Rm)이고, 무위험 이자율이 4%인 국가의 주식 시장의 위험 프리미엄은 (10-4) = 6%이다. 개별 기업의 베타(β)값이 2일 경우, 이 기업의 자기자본 비용은 4+(10-4)×2 =16% 이다. 이것은 이 기업에 투자된 자본에 대한 기대 수익률이 16% 란 의미이다.

❸ 자본 비용의 계산

기업의 자본을 형성하는 각 원천별 자본 비용이 산출되면, 이 비용을 각 자본의 구성 비율로 가중해 다음과 같이 가중평균 자본비용WACC: Weighted Average Cost of Capital을 구할 수 있다. 즉 WACC란 자기자본 비용과 타인자본 비용을 가중 평균한 기업의 총자본 비용을 말한다.

WACC = 자기자본 비용 × (자기자본/총자본) + 타인자본 비용 × (타인자본/총자본)

※ 위 공식에서는 세금이 없다고 가정한다

- 가중치의 산출은 재무상태표에서 구한다. 대개의 경우 시장 가치가 아닌 장부 가치를 사용한다. 시장에서 정해지는 주식 값이나 채권 값은 현재의 가치 판단을 그대로 전달하는 장점이 있다. 하지만 시장 상황에 따라 수시로 변화하기 때문에 안정성이 떨어진다. 장부상 가치는 반대로 현재의 시장 가치를 그대로 반영하지 못하지만, 수시로 변하지 않는 장점이 있다. 따라서 정확하게 구하기 어려워도 산출의 용이성을 위해 장부 가치가 더 널리 사용된다.

- WACC는 두 가지 구성 요소인 자기자본 할인율과 부채 이자율에 의해 수치가 결정된다. 이는 기업이 속한 업종이 불확실하고 개별 기업의 수익 확대 능력이 떨어질 경우, 자기자본 할인율(위험)이 높다. 또 기업의 중장기적인 실적이나 최근의 자금 사정이 좋지 않으면 부채의 차입 금리가 높다. 이런 기업은 결국 WACC 수치가 높아져 투자하기 적합하지 못한 기업이 된다.

❹ 자본 비용 절감과 기업 가치 상승

- 일반적으로 기업의 입장에서 부채(타인자본)는 이자 비용이 발생하기 때문에 절감해야 한다. 마찬가지로 자기자본 비용을 절감하려는 노력도 필요하다. 특히 향후 주식을 발행할 때 더 높은 공모가를 받기 위해서라도 기업의 위험을 감소시키고 현재의 자본 비용을 줄이려는 노력을 해야 한다. 자본 비용은 기업의 미래 현금 흐름의 할인 기준이다. 따라서 자본 비용이 감소하면 기업 가치가 상승한다.

- 대출 이자율과 기대 수익률은 기업 내부의 위험에 따라 결정되므로 경영자는 자본 제공자들이 느끼는 위험을 감소시켜야 한다. 타인자본과 자기자본의 적절한 조합을 통해 최적의 자본 구조를 이루고 위험 관리를 통해 현금 흐름을 관리해야 한다.

IR$_{\text{Investor Relation}}$을 확충하는 등 기업 내부 관리자와 외부 주주 간의 정보 비대칭성을 줄이려는 노력 또한 기업이 내포한 위험을 줄일 수 있다. 위험 감소는 자본 비용을 절감시켜 궁극적으로 기업 가치를 높이는 전략이 된다. 하지만 모든 법칙에 예외가 있듯 자본 비용 감소가 항상 기업의 가치를 증가시켜주지는 않는다. 가스, 전기, 통신과 같은 규제 기업은 자본 비용 감소가 가격 하락을 가져와 현금 흐름이 감소할 가능성도 있다.

• WACC의 적용

WACC의 값은 언제나 할인율로 사용할 수 있는가? 모든 경우에 사용할 수 있는 것은 아니다. 기업에서 일반적으로 진행하는 프로젝트일 경우, 즉 일반적인 투자 위험과 비슷할 경우 사용한다. 예를 들어 베이커리를 개업하려 할 때 WACC가 20%라면, 한국에서는 어디에서든 베이커리에 투자하려면 20%의 할인율을 적용하면 된다. 하지만 중국, 미국 등 비즈니스 환경이 다른 곳에서 투자할 때도 동일한 할인율을 적용할 수는 없다. 즉 WACC는 기업의 전형적인 프로젝트의 수익성을 판단할 때 사용하는 것이다.

만일 어떤 프로젝트가 이 기업의 전형적인 프로젝트가 아닐 경우에는 어떻게 해야 할까? 이 경우는 허들 수익률$_{\text{Hurdle Rate}}$를 사용한다. 허들 수익률은 WACC±α이다. 여기서 α 값은 경영자(혹은 재무경영자)의 주관적 판단이다. 이 α값을 잘 구하는 사람이 유능한 경영자인 것이다.

(5) 자본 구조와 기업 가치

타인자본의 사용은 기업의 자본 구조 정책에 영향을 미친다. 자본 구조 정책이란 장기 부채와 자기자본의 적절한 결합을 통해 기업 가치를 극대화하는 정책을 말한다. 자본 구조는 기업이 조달한 자금 중에서 장기적인 항목들의 구성을 말한다. 장기적인 자금의 원천은 크게 자기자본과 타인자본으로 구분된다.

과도한 타인자본을 사용하면 기업의 이자 비용이 증가해 재무 건전성에 영향을 미친다. 이러한 재무 위험은 다시 타인자본 비용과 자기자본 비용을 변화시키고, WACC에 영향을 미쳐 궁극적으로 기업 가치가 흔들리게 된다.

3) 배당 의사 결정

(1) 배당 정책

배당 정책은 기업이 얻은 이익을 얼마나 유보 이익으로 남겨두고 주주에게 얼마나 배당할 것인지 배당의 크기, 형태, 시기에 대한 내용을 모두 포함에 결정하는 것을 말한다. 기업의 성장을 위해서는 이익을 기업 내부로 유보해 재투자하는 것이 바람직하다. 하지만 주주의 입장에서는 배당도 중요한 부분이다. 따라서 배당 정책의 목적은 유보 이익과 배당금을 잘 조화시켜 기업의 가치를 극대화하는 데 있다. 일반적으로 성장 단계에 있는 기업은 배당을 줄이고 투자를 위해 사내 유보를 늘리는 경향이 있고 성숙 단계의 기업은 현금이 풍부하므로 배당을 늘리는 경향이 있다.

기업 경영과 배당 및 유보

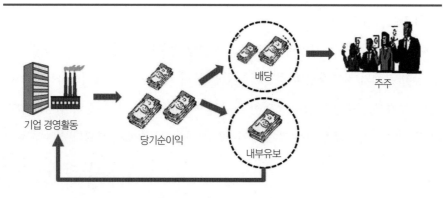

(2) 배당의 종류

대부분의 배당은 현금 배당의 형태로 이뤄지는 것이 일반적이지만 주식으로 지급할 수도 있다. 구체적인 배당의 종류는 다음과 같다.

❶ 현금 배당: 가장 일반적인 형태로 정기적으로 지급하는 정규 현금 배당과 특별 현금 배당이 있다.

❷ 주식 배당: 회사의 주식을 배당으로 지불하는 것으로 주식 배당이 10%라면 주식을 10주 소유한 주주는 1주를 더 받는다.

❸ 자사주 매입: 회사가 주식을 시장에서 매입하는 것을 말한다. 시장에서 주식의 수가 줄면 주식의 가치가 상승하므로 배당의 한 종류라 할 수 있다. 공개시장을 통해 매수하는 경우와 그린 메일러에게 프리미엄을 주고 매입하는 경우가 있다.

❹ 청산 배당: 기업의 청산 과정에서 채권자 지분을 지급하고 남은 자산을 주주에게 나누어주는 방법이다.

(3) 배당이 기업 가치에 미치는 영향

현실에서는 거래 비용, 세금이 존재하고 기업과 투자자 간 정보 비대칭성도 있으므로 경기 전망과 기업의 상태에 따라 배당 정책을 바꿀 필요가 있다.

❶ 저배당 선호

배당이 기업 가치를 하락시키기 때문에 배당을 줄여야 한다는 견해이다.

 그린 메일과 그린 메일러

그린 메일(Green-mail): 보유 주식을 팔기 위해 대주주에게 보낸 편지를 말한다. 공갈이나 갈취를 뜻하는 블랙 메일(Black-mail)과 미국 달러의 색인 그린(Green)의 합성어이다.

그린 메일러(Green-mailer): 기업 사냥꾼과 비슷한 뜻으로 기업의 주식을 대량 매입한 뒤 경영진을 위협해 적대적 M&A를 포기하는 대가로 높은 프리미엄을 받고 주식을 되파는 투자자를 말한다.

 배당 수익률

1주당 배당금을 현재 주가로 나눈 비율로 투자한 자금에 대해 배당이 어느 정도인지를 나타낸다. 예컨대 A사 현재 주가가 1만 원이고 주당 배당금이 1,000원으로 결정됐다면 배당수익률은 10%이다.

 배당 성향

기업의 배당금 총액을 1년 동안 벌어들인 당기순이익으로 나눈 것으로, 이 수치가 높을수록 투자자의 수익은 커진다. 순이익에서 배당금이 차지하는 비중이 높은 주식일수록 배당을 목적으로 한 주식 투자에 유리하다.

• 거래 비용의 존재로 인한 기업 가치의 하락

배당 성향이 큰 기업은 많은 자본을 외부에서 조달해야 하므로 거래 비용을 지불해야 한다. 이는 그만큼의 기업 가치가 하락하는 원인이 될 수 있다. 따라서 배당이 적을수록 유리하다고 주장한다.

• 세금에 의한 기업 가치의 하락

배당은 법인세 차감 후 순이익에서 나오므로 개인소득세만 배당 정책에 영향을 미친다. 배당을 지급할 경우 개인은 배당소득세를 납부할 의무가 생긴다. 배당을 지급하지 않는 경우 주식을 팔아 이익을 실현한다면 자본 이득세를 내야 한다. 이에 근거할 경우 우리나라는 소득세율 15%, 이득세율 0%이므로 배당을 안 하는 것이 최적의 배당 정책이라 할 수 있다. 미국은 1986년에 공표된 세제개혁법을 통해 두 세율이 동일해졌다.

❷ 고배당 선호

배당이 있다는 것은 주주가 배당을 통해 부를 높일 수 있는 요인으로 작용한다는 주장이다. 불완전한 자본 시장에서 배당이 기업 가치를 높일 것으로 여겨지는 요인들은 다음과 같다.

• 대리인 비용을 줄이는 역할

대리인 문제는 대리인 비용을 수반한다. 특권적인 소비를 가능하게 하는 경영자의 재량권은 유보 이익으로 나온다. 따라서 주주 입장에서는 경영자의 특권적 소비가 심할 경우 배당 성향을 높여 유보 이익을 줄임으로써 경영자의 낭비를 줄일 수 있다. 또한 주주는 경영자가 기업 경영의 의무를 다하고 있는지를 파악하기 위해서는 감시 비용을 들여야 하는데 이를 줄이기 위해서 배당을 증가시키는 것이 유리하다. 기업 배당이 늘어나면 기업은 그만큼 외부 자금의 조달이 많아지게 되며 외부 금융 기관이 요구하는 대출 기준을 맞추기 위해 경영 효율성과 투명성을 높이려 한다. 이는 주주가 부담할 감시 비용을 줄여주는 효과가 있다.

• 정보효과로 인한 기업 가치의 상승

배당금의 지급 자체가 중요한 것이 아니라 배당을 지급하거나 증가시킬 때 그 사질이 의미하는 정보로 주가가 상승한다는 것이 배당의 정보전달 효과이다. 배당의 실행은 기업의 미래 수익성에 대한 긍정적인 신호로 전달되어 주가 상승의 요인이 된다. 따라서 안정적인 배당 정책은 기업의 미래 수익이 안정적임을 투자자에게 알리는 역할을 해 주가를 상승시키고 주주의 부를 증가시킨다.

• 불확실성 회피

주주들은 기업 내부에 유보로 기대되는 미래의 불확실한 이익보다는 확실한 소득인 현재 배당을 선호한다. 특히 현금 배당은 비교적 확실한 금액이 지정된 날짜에 투자자에게 지급되기 때문에 불확실성이 적다. 반면 사내 유보의 경우 미래의 불확실성 때문에 유보의 결과가 주식 가격에 긍정적으로 작용될지는 예측하기 어렵다. 이러한 주가의 불확실성 때문에 투자자는 사내 유보보다는 배당을 더 선호한다는 주장이다.

(4) 배당 결정 요인

❶ 기업의 성장과 유동성

배당 지급에 반드시 고려해야 할 사항은 바로 기업의 유동성이다. 신규 투자 기회에서 예상되는 수익률이 높을 경우 배당 대신 내부에 유보해 투자하는 것이 유리하다. 미래의 투자 수익률이 높으면 기업은 빠르게 성장 가능하다. 빠른 성장을 하는 기업은 가급적 배당을 줄여 기업의 유동성을 유지할 필요가 있다. 만약 유동성 부족으로 채권이나 신주를 발행해 자금을 조달하게 되면 그 수익을 채권자나 신규 주주들과 나눠야 한다.

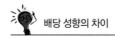 배당 성향의 차이

❷ 당기순이익

당기순이익은 배당 결정에 중요한 요인이다. 결산 후 순이익이 많으면 주주들은 배당을 많이 받을 것으로 기대한다. 보통 기업은 이러한 점을 감안해 배당액을 결정한다.

❸ 부채 상환 의무

부채가 많아 금융 비용이 크거나 원금 상환 만기일에 근접한 기업은 부채 상환에 필요한 자금을 확보해야 하기 때문에 배당을 억제할 필요가 있다.

❹ 기업의 지배권

기업이 주식을 발행해 자금을 조달하게 되면 새로운 주주가 나타나게 되고, 어떤 경우에는 새로운 주주가 기업 경영에 간섭하거나, 기업 지배권을 가지고 있던 대주주의 지위에 영향을 미칠 가능성이 있다. 기업 지배권의 변화는 특히 작은 기업에서 중요한 고려 사항이 된다. 이 경우 기업은 배당을 억제하고 내부로 유보하는 경향이 있다.

❺ 기타 요인

그 외에도 배당 의사 결정에 영향을 미치는 다양한 요인들이 있다. 기업의 안정적인 현금 흐름도 배당 성향을 높이는 경향이 있다. 미래 현금 흐름을 예측할 수 있어서 미래 기업 이익이 불확실할 경우 현금 고갈을 방지하기 위해 내부 유보를 많이 한다. 기업의 신용도 또한 배당 결정에 영향을 미친다. 자금 시장이나 금융 시장으로부터 자금을 쉽게 차입해올 수 있는 기업은 그렇지 못한 기업보다 높은 배당 성향을 보일 가능성이 있다.

자본 구조가 부실한 기업은 사내 유보를 통해 자본 구조를 개선할 수 있어서 유

보율이 높은 편이다. 이후에도 실물, 자산 등의 가격이 상승하는 인플레이션 상황
이나 정부의 법적 규제 등도 기업의 배당 정책에 큰 영향을 미친다.

약도 되고 득도 될 수 있는 '레버리지 효과'

레버리지 효과란 차입금 등 타인자본을 지렛대로 삼아 자기자본 이익률을 높이는 것으로 '지렛대 효과'라고도 한다. 가령 100억 원의 자본으로 10억 원의 순익을 올리게 되면 자기자본 이익률은 10%가 된다. 하지만 자기자본 50억 원에 타인자본 50억 원을 더해 10억 원의 수익을 낸다면 자기자본 이익률은 20%가 된다. 차입금 등의 금리 비용보다 높은 수익률을 기대할 수 있을 때는 타인자본을 적극적으로 활용해 투자를 하는 것이 유리하다. 그러나 과도하게 타인자본을 도입하면, 불황에 금리 부담으로 저항력이 약해진다.

그리스의 철학자이자 수학자였던 아르키메데스는 많은 일화를 남긴 인물이다. 그중 하나가 바로 사라쿠사 왕 히에론 앞에서 "긴 지렛대Leverage(레버리지)와 지렛목만 있으면 지구라도 움직여 보이겠다"고 장담했다는 일화이다. 과학에서 지레는 일의 원리를 설명할 수 있는 중요한 도구이다. 일을 할 때 지렛대를 이용하면 힘의 크기를 줄일 수 있어 적은 힘으로도 같은 일을 할 수 있기 때문이다. 경제에서 '레버리지 효과'가 갖는 의미도 과학에서 말하는 지레의 원리와 크게 다르지 않다. 일반적으로 레버리지 효과는 타인으로부터 빌린 자본을 지렛대 삼아 자기자본 이익률을 높이는 것을 말한다.

• 왜 사람들은 빚을 내서 집을 살까?

지난 2008년 글로벌 금융위기 이전까지 부동산 가격 폭등이 이어지면서 사람들은 경쟁적으로 은행에서 빚을 내어 집을 샀다. 직장인 김씨가 5억 원짜리 집을 산다고 가정해보자. 김씨는 현재 3억 원을 전세보증금으로 갖고 있다. 어느 날 그는 전세를 얻느니 차라리 집을 사겠다고 결정하고 2억 원을 은행에서 대출받았다. 1년 후 김씨가 산 집값이 6억 원으로 1억 원 올랐다고 하자.

김씨가 집을 사기 위해 투자한 자기 돈은 3억 원이다. 따라서 순수익률을 따지

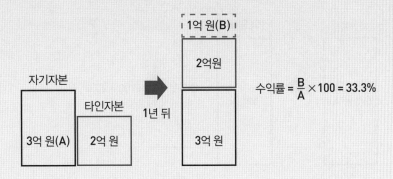

| 은행에서 2억 원을 빌렸을 때, 수익 1억 원 가정(레버리지 효과) |

기 위해서는 3억 원과 대비해 얼마나 벌었는지를 따져봐야 한다. 3억 원을 투자해 1억 원을 벌었으니 김씨는 약 **33.3%**(1억/3억=33.3%)의 수익률을 올렸다(대출받은 2억 원은 나중에 집을 팔아 갚으면 되기 때문에 수익률 계산에서는 빠진다).

만약 김씨가 5억 원을 전부 자기자본으로 마련해 1억 원을 벌었다면 수익률은 **20%**(1억/5억=20%)에 불과하다. 물론 여기에 5억 원을 모으기까지 걸리는 시간을 기회비용으로 계산해 더한다면 수익률 격차는 더욱 커질 수밖에 없다.

이처럼 개인이 빚을 지렛대 삼아 주식이나 부동산 등에서 수익률을 높이는 사례를 보고 레버리지 효과를 냈다고 한다.

레버리지 효과는 기업에도 적용된다. 예를 들어 새로 사업을 시작하려는 벤처 기업가를 생각해보자. 종자돈 10억 원을 투자해 1억 원의 순이익을 거뒀다면 수익률은 **10%**(1억/10억=10%)가 된다. 만약 1억 원의 종자돈만 갖고, 9억 원을 은행에서 대출받은 뒤 사업을 통해 1억 원을 벌었다면 수익률은 **100%**(1억/1억=100%)가 된다.

경영학에서는 이 같은 레버리지를 특히 '재무 레버리지'라고 한다. 재무 레버리지란 기업이 타인자본을 활용해 기업 이익의 변동성을 확대하는 것을 말한다. 대기업들이 신규 사업에 진출할 때도 은행에서 대출을 받는 경우가 많은데 이는 여유자금이 없어서라기보다는 레버리지 효과를 활용하기 위한 측면이

| 자기자본으로만 5억 원짜리 집을 살 경우(1년 뒤 1억 원의 수익을 낸다고 가정) |

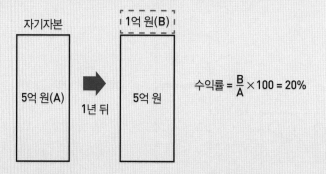

크다.

• 레버리지 효과, 약藥도 되고 독毒도 된다

하지만 빚을 낸다는 건 굉장한 모험이다. 당장 주위를 둘러봐도 빚을 내 주식을 산 사람 치고 성공한 사례는 찾아보기 어렵다. 오히려 큰 손실을 입는 경우가 많다. 왜일까? 위에서 설명한 사례가 한 가지 중요한 가정을 밑바탕에 깔고 있기 때문이다. 바로 집값이 오를 것이란 가정이다.

반대로 1년 후 김씨의 집값이 5,000만 원 떨어진 경우를 생각해보자. 만약 김씨가 5억 원 전체를 자기 돈으로 마련했다면 손실률은 10%에 그친다. 하지만 레버리지 효과를 노리고 빚을 냈을 경우 자기자본 3억 원을 기준으로 손실률을 추산하면 16%가 넘는다. 극단적으로 경기 악화로 부동산 시장이 위축되면서 집값이 폭락해 2억 원까지 떨어졌다고 하자. 대출 이자를 견디다 못한 김씨는 결국 2억 원에 집을 내놓는다고 했을 때, 집을 팔아 손에 쥔 2억 원은 대출금을 갚고 나면 한 푼도 남지 않는다.

김씨가 온전히 자기 돈으로 집을 샀다면 경기가 나빠지더라도 집 자체는 남게되지만 대출을 통해 집을 마련했기 때문에 빈털터리가 된 것이다. 이처럼 레버리지 효과는 집값이 오를 때는 엄청난 상승 효과를 낼 수 있지만, 반대로 집값이 하락할 때는 큰 손실이 불가피하다. 이는 빚을 내서 집이나 주식을 사는 것은 무척 위험한 일임을 보여주는 단적인 예다. 실제로 글로벌 금융위기 이후 거품이 가라앉고 부동산 불패론이 힘을 잃으면서 김씨와 같은 부동산 투자자들은 막대한 손실을 봤다.

기업도 마찬가지다. 주주 입장에서 보면 레버리지 효과는 양날의 검이나 다름없다. 매출액의 변화보다 영업이익의 변화폭이 크다는 것은 기업의 불안정성이 높다는 의미이기 때문이다. 이는 불황 및 금리 상승 등 기업에 우호적이지 않은 경제 상황이 발생했을 때 커다란 위협으로 작용할 수 있다.

- 매일경제신문 2010년 8월 20일자

01 기업의 재무제표에 관한 다음 설명 중 옳은 것을 모두 고르면?

> ㉠ 재무상태표는 기업이 해당 기간에 수행한 수익 창출 활동의 결과를 요약·보고하는 재무제표다.
> ㉡ 현금흐름표는 특정 시점의 영업, 투자, 재무 활동의 결과로 발생하는 현금흐름상 변동 내용을 알려준다.
> ㉢ 재무제표를 작성하는 목적은 기업의 이해관계자들에게 의사 결정에 도움이 되는 재무 정보를 제공하는 데 있다.
> ㉣ 포괄 손익계산서는 해당 기간 중 재무성과를 보고하는 재무제표며, 특히 이해관계자에게 유용한 순이익 정보를 제공한다.

① ㉠, ㉡   ② ㉠, ㉢

③ ㉡, ㉢   ④ ㉡, ㉣

⑤ ㉢, ㉣

정답 ⑤

재무제표는 기업과 관련된 다양한 이해관계자의 경제적 의사 결정에 유용한 정보를 제공하는 것을 목적으로 한다. 재무제표는 재무상태표, 포괄 손익계산서, 자본변동표, 현금흐름표, 주석이라는 5가지를 포함한다. 재무상태표는 일정 시점(기말)에 기업이 보유하고 있는 자산, 부채, 자본 등 구성 내용을 표시하는 재무제표다. 포괄 손익계산서는 해당 기간(회계 기간) 중 기업의 경영 성과, 즉 수익성에 대한 정보를 제공하는 재무제표다. 재화 혹은 용역 제공 등에 따른 수익 창출 활동의 결과(수익)와 이러한 수익 창출을 위하여 희생된 경제적 자원의 소비(비용)를 표시하여 순이익을 계산하게 된다. 현금흐름표는 특정 시점이 아니라 일정 기간의 영업 활동, 투자 활동, 재무 활동의 결과로 발생하는 현금 흐름상 변동 내용을 알려주는 재무제표이다.

02 다음은 기업의 유동자산과 관련된 설명이다. 이 중 올바르지 않은 설명은?

① 유동비율이 100%라는 것은 유동성이 충분하다는 것을 의미한다.

② 비유동자산은 현금흐름의 불확실성 측면에서 유동자산보다 위험이 크다.

③ 유동자산은 일정 기간 내 현금화될 수 있는 자산으로 보통 기간의 기준은 1년이다.

④ 유동비율은 단기채무를 변제 가능한 유동자산이 얼마나 되는지를 나타내는 비율이다.

⑤ 유동자산에는 현금이나 유가 증권뿐만 아니라 제품과 반제품 등의 재고자산도 포함된다.

정답 ①

유동자산은 기업의 자산 중 1년 이내 현금화할 수 있는 자산으로 현금, 예금, 재고자산 등이 이에 속한다. 보통 기업의 안전성은 유동비율로 측정한다. 유동비율은 유동자산을 유동부채로 나눈 비율이다. 이 비율은 보유한 유동자산으로 1년 내 만기가 도래하는 채무를 얼마나 변제 가능한지를 나타낸다. 보통 유동비율이 200% 이상이면 안전하다고 평가한다. 그 이유는 위험에 대비해 유동자산의 50% 정도를 평가절하해보는 것이 보수적인 투자자 입장에서 안전하다고 생각하기 때문이다. 일반적으로 유동비율이 130% 정도면 유동성이 어느 정도 확보됐다고 보지만, 100% 이하인 경우에는 문제가 있는 것으로 판단한다. 비유동자산은 1년 안에 유동화될수 없는 자산이므로 유동자산에 비해 현금화 가능성이 더 낮아 현금흐름의 불확실성 위험이 더 크다.

03 다음 중 유가 하락의 영향이 기업의 재무 상황에 미치는 가능성을 유추해 볼 때 가장 거리가 먼 것은?

① 해운사의 영업이익 증가   ② 항공사의 영업이익 증가

③ 발전회사의 생산원가 하락   ④ 완성차 제조사의 매출 증가

⑤ 정유회사의 재고 평가이익 증가

정답 ⑤

국제 유가가 하락하면 석유를 연료로 사용하는 해운·항공사는 운행비용이 줄어 영업이익이 증가하며, 발전회사 역시 유가 하락으로 생산원가가 감소한다. 자동차 산업에서는 유가가 하락하면 차량 유지비가 감소해 자동차 구매량이 전보다 늘어 매출이 증가한다. 반면 미리 원유를 구매하는 정유사의 경우 재고자산의 평가이익보다는 오히려 평가손실 가능성이 높다.

04 자기자본 대비 수익성을 측정하기 위해 당기순이익을 자기자본(우선주를 제외한 보통주만을 의미)으로 나눈 지표로, 기업이 주주 지분을 활용해 한 해 동안 얼마를 벌어들였는가를 나타내는 대표적인 경영 효율성 지표는?

① ROA

② ROE

③ EVA

④ EBIT

⑤ EBITDA

정답 ②

문제는 Return On Equity, 즉 자기자본 수익률을 물어보고 있다.

05 ROE(자기자본 이익률)와 ROA(총자산 순이익률)는 기업 수익성에 대한 대표 지수다. 어떤 기업의 ROE가 ROA보다 훨씬 크게 나타날 때 이를 올바르게 분석한 것은?

① 수익성 둔화가 나타나고 있다.

② 현재 기업의 주가는 고평가됐다.

③ 낮은 부채 비율로 안정적인 재무구조를 가진다.

④ 타인자본의 레버리지 효과를 활용해 수익을 내고 있다.

⑤ 기업이 창출한 영업이익으로 이자비용을 충당하기 어렵다.

정답 ④

ROE(Return On Equity)는 순이익을 자본으로 나눈 비율이고, ROA(Return On Assets)는 순이익을 총자산(타인자본과 자기자본의 합계)으로 나눈 비율이다. 두 지표 분자에 공통적으로 들어가는 당기순이익은 자기자본뿐만 아니라 타인자본을 활용해서 증가시킬 수 있다. 즉 자기자본이 적은 기업이라도 타인자본을 활용하면 많은 수익을 내는 것이 가능하다. 이러한 효과는 ROA와 ROE를 통해 확인할 수 있다. 문제와 같이 ROE가 ROA에 비해 훨씬 크게 나타나는 경우가 이에 해당한다.

06 재무제표 분석에서 사용되는 재무비율에 대한 다음 설명 중 타당한 것을 모두 고르면?

> ㉠ 기업 경영 성과를 나타내는 수익성 비율 중 하나인 자기자본 이익률ROE은 보통주 및 우선주 등 주식 발행을 통해 출자된 모든 자본이 얼마나 효율적으로 운용되었는지를 나타내는 재무비율이다.
> ㉡ 장기 채무의 변제 능력을 측정하는 레버리지 비율 중 하나인 부채 비율이 높을수록 채권자의 투자 위험이 증가한다고 볼 수 있다.
> ㉢ 단기채무 변제능력을 측정하는 유동 비율은 기업의 연중 유동성을 측정하는 지표로서 유동 비율이 높을수록 기업 경영이 효율적이라 할 수 있다.
> ㉣ 자산의 효율적 이용을 평가하는 자산 효율성 비율 중 하나인 총자산 회전율은 자산 한 단위의 이용이 기업에 가져오는 매출액을 나타내는 재무비율로 수치가 높을수록 자산이 효율적으로 이용된다고 할 수 있다.

① ㉠, ㉡   ② ㉠, ㉣
③ ㉡, ㉢   ④ ㉡, ㉣
⑤ ㉢, ㉣

정답 ④

자기자본 이익률은 보통주 소유자에 의해 출자된 자본의 효율적 이용을 측정하는 척도로 당기순이익에서 우선주 배당을 제외한 금액을 우선주를 제외한 평균 자기자본으로 나누어 계산하게 된다. 총자산 회전율은 매출액을 평균 총자산으로 나누어 측정하며, 총자산이 효율적으로 수익 창출에 기여했는지 여부를 나타낸다. 부채 비율은 장단기 부채 상환 능력을 측정하는 지표로 투자 위험을 평가하는 지표로 자주 사용된다.

07 다음에 제시된 재무제표를 보고 유동 비율과 부채 비율을 각각 구하면?

(단위: 만 원)

유동 자산	500	유동 부채	100
		비유동 부채	100
비유동 자산	500	자본금	500
		이익 잉여금	500

	유동 비율	부채 비율
①	500%	25%
②	40%	75%
③	500%	400%
④	100%	50%
⑤	40%	400%

정답 ①

유동 비율은 유동 자산을 유동 부채로 나눈 값으로(유동 비율 = 유동 자산/유동 부채×100), 기업의 현금 유동성을 파악하는 대표적인 지표이다. 따라서 유동 비율은 500/100 ×100 = 500%이다. 부채 비율은 자기자본에서 총부채(타인자본)이 차지하는 비율 (부채 비율=총부채/자기자본(자본금+잉여금)×100)로 기업의 안정성을 평가하는 지표이다. 따라서 이 기업의 부채 비율은 200/800×100 = 25%이다.

08 다음 표는 ㈜ABC의 유동 자산과 관련한 재무비율이다. 표를 보고 분석한 내용으로 올바르지 않은 설명은?(단, 이 기업 자산 규모와 매출액은 산업 평균 수준이다.)

비율	㈜ABC	산업 평균
유동 비율	150%	130%
당좌 비율	45%	80%

① 재고 자산을 비교적 많이 갖고 있다
② 재고 자산 회전율이 산업 평균보다 낮을 것이다
③ 현금과 유가 증권 보유 비중이 산업 평균보다 낮다
④ 자기자본 부채 비율이 산업 평균 이상인지 알 수 없다
⑤ 보수적으로 보면 산업 평균 이상의 부채 상환 능력을 가졌다

정답 ⑤

유동 자산은 크게 현금과 예금, 유가 증권 등 당좌 자산과 반제품, 상품 등을 포함한 재고 자산으로 구성돼 있다. 표를 보면 ㈜ABC 유동 비율은 산업 평균보다 높지만 당좌 비율은 더 낮다. 이는 ㈜ABC 유동 자산 항목 중 재고 자산이 차지하는 비중이 높고 현금이나 유가 증권 비중이 낮다는 것을 의미한다. ㈜ABC 유동 비율은 산업 평균보다 높지만 당좌 비율은 더 낮다. 현금 등 자산은 산업 평균에 미치지 못해 보수적인 관점에서 볼 땐 부채 상환 능력이 산업 평균 이하임을 알 수 있다. 이 표에 자본 규모에 대한 정보는 없다.

09 아래 표는 A사와 B사의 손익계산서와 비용에 대한 세부 내역을 보여주고 있다. 이를 보고 A사와 B사의 경영 실태를 가장 올바르게 분석한 것은?

(단위: 억 원)

구분	A사	B사
매출액	3,000	3,000
비용	-2,700	-2,700
-변동비	1,800	1,500
-고정비	900	1,200
이익	300	300

① 두 기업 모두 매출, 총비용, 이익이 같아 경영 상태는 동일하다.

② 경기가 불황일 때 A사가 B사에 비해 이익 창출 면에서 더 유리하다.

③ B사가 A사에 비해 고정비가 더 크기 때문에 구조 조정에 더 유리하다.

④ B사는 변동비와 고정비 차이가 크지 않아서 환경 변동에 더 유리하다.

⑤ 총비용은 차이가 없지만 A사는 변동비가 많아 이익의 질은 B사가 좋다.

정답 ②

A와 B 두 기업은 매출액, 총비용, 이익이 모두 같아 겉으로 보기에는 마치 경영 상태에 별다른 차이가 없어 보인다. 그러나 각 기업은 변동비와 고정비 구조가 서로 다르기 때문에 세부적으로 차이가 있다. A사는 변동비가 많이 들어가는 비용 구조지만, B사에 비해 고정비 부담이 작아 손익분기점은 더 낮다. 이는 경기가 불황에 직면했을 때 A기업이 B기업보다 불황에 더 강한 구조를 가진다는 것을 의미한다. 따라서 외부 환경이 부정적으로 변할 때는 고정비 비중이 낮은 A기업이 B기업보다 더 유리할 수 있다.

10 다음 중 활동기준원가계산에 대한 다음 설명 중 옳은 것을 모두 고르면?

> ⊙ 활동기준원가계산은 제조간접원가를 활동별로 집계한 후 제품에 배부하는 2단계 배부 방법을 의미한다.
> ⓒ 활동기준원가계산은 생산량이나 작업시간을 배부기준으로 사용한다.
> ⓒ 활동기준원가계산 활용은 기업의 비부가가치 활동을 파악하고 이를 줄여서 원가를 절감하는 활동기준관리ABM가 가능하게 한다.
> ⓔ 활동기준원가계산은 판매관리비 배부나 서비스업종에서 사용은 제한적이다.
> ⓜ 활동기준원가계산 도입은 제품의 다양성이 클 때 그 혜택이 클 가능성이 있으나 항상 도입 비용과 혜택에 대한 비교가 선행되어야 한다.

① ⊙, ⓒ, ⓒ

② ⓒ, ⓒ, ⓔ

③ ⓒ, ⓔ, ⓜ

④ ⊙, ⓒ, ⓜ

⑤ ⓒ, ⓔ, ⓜ

정답 ④

활동기준원가계산(Activity-Based Costing : ABC)은 기업 내 활동별로 제조간접원가를 집계한 후, 활동별 원가 발생 원인이 되는 원가 동인을 이용하여 활동원가를 제품에 배부한다. 기존 원가배부방법이 생산량이나 작업시간을 배부기준으로 사용한 반면에 활동기준원가계산은 생산량과 비례하지 않는 제조간접원가의 정확한 배부를 위해 활동원가를 발생 유형에 따라 단위수준원가, 배치수준원가, 제품유지원가, 설비유지원가 등 네 가지 계층구조로 파악하고, 각 활동원가에 대해 적합한 원가 동인을 파악하여 사용한다. 활동기준원가계산은 원가 절감을 위해 원가항목별 관리보다 원가를 발생시키는 활동 자체를 효과적으로 관리하는 것이 필요하다는 새로운 시각이다.

11 다음은 국내에서 흥행에 성공한 영화에 출연했던 주연배우들의 출연료 계약에 대한 예시다. 배우들과 이 같은 계약을 체결한 영화 제작사의 입장과 가장 거리가 먼 것은?

> (계약 1) 주연배우 A는 기본 출연료 외에 국내 수익의 5%에 해당하는 인센티브 계약을 통해 수억 원대의 보너스를 받았다.
> (계약 2) 주연배우 B는 인센티브 계약을 맺지 않는 대신 배우 A에 비해 높은 고정 출연료를 받았다. 이 때문에 B는 영화 흥행에도 불구하고 추가 보너스를 받지 못했다.

① (계약 1)이 (계약 2)에 비해 흥행 성공 시 유리하다.

② (계약 1)이 (계약 2)에 비해 위험이 적을 것으로 평가된다.

③ (계약 1)이 (계약 2)에 베해 흥행의 불확실성이 커질수록 유리하다.

④ (계약 1)이 (계약 2)에 비해 흥행 실패 시 제작비 부담을 줄일 수 있다.

⑤ (계약 1)이 (계약 2)에 비해 손익분기점을 달성하기가 쉬운 것으로 평가된다.

정답 ①

위의 예제는 기업의 영업 레버리지 효과를 설명하는 것이다. 영업 레버리지 효과란 기업의 총원가 중 고정원가가 차지하는 비중이 이익에 미치는 영향을 평가하는 지표로 공헌이익을 세전이익으로 나누어 측정한다. 영업 레버리지는 고정원가가 총원가에서 차지하는 비중이 높을수록 높게 평가되며, 영업 레버리지가 높을 경우에는 판매량의 변화에 따른 이익의 변화도 고정원가의 존재 때문에 높게 된다. 즉 판매량이 낮은 경우에는 영업 레버리지가 높을수록 이익이 낮거나 손실이 크게 된다. 또한 영업 레버리지가 높을 경우에는 손익분기점도 고정원가의 존재 때문에 높아지는 경향이 있다.

12 포트폴리오 위험은 분산 투자를 함으로써 제거할 수 있는 비체계적 위험과 분산 투자를 하더라도 제거할 수 없는 체계적 위험으로 나눌 수 있다. 각 위험의 종류를 알맞게 짝지은 것은?

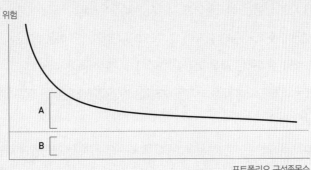

	A	B
①	환율 변동의 위험	경기 침체의 위험
②	판매 부진의 위험	인플레이션 위험
③	이자율 변동의 위험	경기 침체의 위험
④	환율 변동의 위험	법적 소송의 위험
⑤	파업의 위험	경영진 변동의 위험

정답 ②

A부분은 비체계적 위험 B는 체계적 위험이다. 체계적 위험으로는 환율 변동, 인플레이션, 경기 침체, 이자율 변동 등이 있다.

13 자본 비용Cost Of Capital은 회사가 조달하는 자금 사용에 대한 대가라고 할 수 있다. 자본 비용에 대한 다음 설명 중 옳은 것은?

① 부채에 대한 자본 비용은 이자율이고 자기자본 비용은 배당 수익률이다

② 우선주는 채권과 주식의 중간 형태라 할 수 있으니 자기자본 비용보다 높다

③ 일반적으로 배당 수익률은 시장 이자율보다 자기자본 비용이 낮다

④ 자기자본 비용과 타인자본 비용의 평균 개념인 가중평균 자본비용 (WACC)은 항상 자기자본 비용보다 높다

⑤ 여러 사업부가 존재하는 기업에서 WACC를 기준으로 투자 결정을 한다면 위험이 높은 사업부가 자금을 더 많이 사용할 가능성이 있다

정답 ⑤

자본비용은 회사가 조달하는 자금 사용에 대한 대가로서 투자자 입장에서는 그 자금 투자에 대해 기대하는 요구 수익률의 개념이다. 부채의 자본 비용은 이자율이다. 그러나 자기자본에 대한 비용은 배당 수익률에 향후 기업의 성장 가능성까지 포함한다.

따라서 자기자본 비용이 부채에 대한 비용보다 더 크다. 우선주는 채권과 주식의 중간 형태라 할 수 있기 때문에 자기자본 비용보다 낮고 부채 비율보다는 높다. 마지막으로 여러 사업부가 존재하는 기업에서 WACC를 기준으로 투자 결정을 한다면 위험이 높은 사업부는 상대적으로 더 낮은 WACC를 사용해 투자안의 순현재가치(NPV)가 커지게 되므로 자금을 더 많이 사용할 가능성이 있어 유리하다.

14 기업은 특정 프로젝트 시행 전 해당 프로젝트에서 기대되는 현금 흐름과 사용될 자본의 비용을 고려해 타산을 평가한다. 투자안 평가에서 많이 사용되는 방법 중 하나가 NPV(순현재가치)법이다. 아래 그림은 이 기업의 'M프로젝트'에서 NPV와 자본비용의 관계를 보여준다. 만약 국공채 이자율이 3%라고 했을 때 옳은 설명을 모두 고르면?

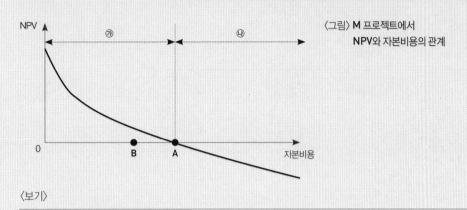

〈그림〉 M 프로젝트에서 NPV와 자본비용의 관계

〈보기〉

> ㉠ A는 이 투자안의 현금흐름 현재가치 총합이 극대화되는 지점이다.
> ㉡ 손익 분기를 넘어섰기 때문에 ㉯영역의 투자안이 채택되어야 한다.
> ㉢ A는 NPV 값이 0이 되는 할인율로서 투자안의 최소 목표 수익률이다.
> ㉣ 투자안 내부 수익률이 10%이고 자본 비용이 B라면 이 투자안은 기각하는 게 낫다.

① ㉠, ㉡   ② ㉠, ㉢   ③ ㉡, ㉢   ④ ㉡, ㉣   ⑤ ㉢, ㉣

정답 ⑤

A점은 NPV가 0이 되는 할인율로 IRR에 해당된다. ㉠ 투자안의 현금흐름 현재가치는 자본비용이 작을수록 극대화 값에 가까워진다. ㉡ ㉯ 영역의 투자안은 NPV 값이 0보다 작고 IRR 값이 자본비용보다 작으므로 기각되어야 한다. ㉢ A는 NPV 값이 0이 되는 할인율로서 투자안의 내부 수익률 IRR이므로, 투자안에서 얻고자 하는 최소한의 목표 수익률이라고 할 수 있다. ㉣ 투자안의 내부 수익률이 10%이고 자본비용이 B값으로 8%라면 내부 수익률과 자본비용의 차이가 2%이므로, 국공채 이자율 3% 보다 작다. 따라서 이 투자안보다 국공채에 투자하는 것이 더 좋다.

경제·경영 고급이론과 주요 개념

정보 비대칭과 경제 문제

학습 목표

- 정보 비대칭의 원인을 이해할 수 있다
- 정보 비대칭의 문제점을 파악한다
- 정보 비대칭 문제의 해결책을 이해한다

| 들어가며 |

불량 자동차의 대명사가
된 '레몬'

레몬과 복숭아

경제학에서는 '레몬Lemon'이란 말이 자주 등장한다. 왜 많은 과일 중 하필이면 레몬일까? 1965년형 폭스바겐에서 출시한 차 비틀 중 레몬 색상의 차들이 자주 고장을 일으켰다. 중고차 판매상들은 자동차의 사고나 불량에 관한 지식이 없는 구매자들에게 비싼 값에 이 차를 팔려고 했다. 이로 인해 중고차 시장에 레몬이 넘치면서 불신이 확산됐다.

결국 레몬은 불량 중고차의 대명사가 됐고 중고차 시장 전체가 위축되는 상황이 발생했다. 이 때문에 레몬 문제는 재화나 서비스의 품질을 구매자가 알 수 없어 불량품만이 존재하는 시장 상황을 의미하는 말이 됐다. 레몬이란 말은 조지 애컬로프 교수가 쓴 〈The Market for Lemons〉이란 논문에서 유래했다. 그는 이 논문으로 2001년 조지프 스티글리츠 교수, 마이클 스펜스 교수와 공동으로 노벨 경제학상을 수상했다. 이 때문인지 영어사전을 찾아보면 레몬은 속어로 '불쾌한 것', '불량품'이라는 의미도 있다. 이와 반대로 성능이 쓸 만한 중고차는 '복숭아Peach'라고 부른다. 두 과일의 맛을 생각해보면 상반되는 의미를 쉽게 이해할 수 있을 것이다.

1. 정보와 경제

1) 정보와 의사 결정

소비자와 기업 등 경제 주체는 재화와 서비스를 소비, 생산, 교환하는 과정에서 의사 결정을 한다. 의사 결정을 위해서는 여러 정보를 이용하는데, 이러한 정보는 상품의 제조자, 가격과 같이 확실하게 알 수 있는 것과 생산 원가나 생산·유통 과정과 같이 공개되지 않거나 일부만 알 수 있는 것들이 있다. 경제 주체의 의사 결정은 모든 것이 확실한 여건 속에서 이루어지는 것이 아니기 때문에 다양한 정보를 이용해 위험 요소(리스크)를 줄이면서 더 높은 효용이나 이윤을 얻고자 한다.

따라서 경제학에서 경제 주체의 의사 결정에는 정보가 반영되어 시장의 자원 배분과 경제 주체의 후생에 영향을 미친다. 만약 모든 것이 확실한 상황에서 의사 결정을 내려야 한다면 위험이 발생하지 않으므로 정보를 이용할 필요가 없을 것이다. 하지만 현실에서의 의사 결정은 대부분 불확실한 경우이므로 경제 주체들에게 정보는 합리적인 의사 결정을 위한 필수적인 요소이다.

2) 정보의 종류

(1) 완전한 정보와 불완전한 정보

정보는 정보의 질을 기준으로 완전한 정보Perfect Information, 불완전한 정보Imperfect Information로 나눌 수 있다. 완전한 정보는 하나의 메시지가 주어지면 어떤 불확실한 상태가 발생할지 알 수 있는 정보이고, 불완전한 정보는 하나의 메시지에 여러 개의 불확실한 상태가 관련돼 있기 때문에 어떤 상태가 발생할지 알 수 없는 정보이다. 예를 들어 100% 정확한 일기 예보가 있다면 이는 완전한 정보로 볼 수 있지만 실제로 이는 불가능하다. 이처럼 현실에서 대부분의 정보는 불완전한 정보에 속한다.

(2) 공적 정보와 사적 정보

정보 공유의 범위에 따라 정보를 공적 정보와 사적 정보로 구분할 수 있다. 공적 정보는 TV뉴스와 신문 등을 통해 전달되는 정보와 같이 누구나 얻을 수 있는 정보를 말하며, 사적 정보는 주식 시장의 내부자 정보와 같이 특별한 경로로 얻을 수 있는 정보를 말한다. 공적 정보는 접근이 쉽고, 정보 입수 비용이 없거나 적은 반면 사적 정보는 정보 접근이 어렵고 정보 입수 비용을 지불해야 하며, 경우에 따라서는 많은 비용을 지불해도 정보 획득이 불가능할 수 있다.

3) 정보의 비대칭성

(1) 정보 비대칭과 경제 문제

정보를 분류하는 기준 중에 가장 대표적인 것은 정보의 비대칭성(정보의 불균형)이다. 정보가 대칭적이라는 것은 시장에서 누구나 동일한 정보를 보유하고 있는 상황을 말한다. 이는 누구나 동일하게 완전한 정보를 갖는 것뿐만 아니라 동일하게 불완전한 정보를 갖는 경우까지 포함된다. 반면 정보가 비대칭적이라는 것은 단순히 서로 다른 정보를 보유하고 있을 뿐만 아니라 시장에서 누군가가 다른 사람보다 우월한 정보를 가지고 있는 상태를 말한다.

정보가 대칭적이라면, 경제 주체들은 동일한 정보를 반영해 소비와 생산 계획을 결정하며, 시장에서는 수요와 공급이 일치하는 균형 가격과 공급량이 설정된다. 따라서 대칭 정보에서는 가격의 효율적인 자원 배분이 이루어진다. 정보가 비대칭일 경우에는 상황이 전혀 달라진다. 이 경우에는 수요와 공급의 법칙이 그대로 적용되지 않고 경우에 따라서는 시장 자체의 기능이 마비될 수 있다. 경제학에서는 이를 '시장 실패'(3장 참고)라고 부른다.

정보 비대칭 분류와 경제 문제

정보 비대칭	경제 문제
감추어진 특성	역선택
감추어진 행동	모럴해저드

(2) 감추어진 특성과 행동

정보 비대칭에서 발생하는 경제 문제는 그 원인에 따라 두 가지로 구분할 수 있다. 하나는 재화나 서비스의 특징을 어느 한쪽이 감추는 '감추어진 속성Hidden Characteristics'이고 다른 하나는 거래 상대방이 본래 의도를 숨기고 행동하는 '감추어진 행동Hidden Action'이다. 즉 정보를 불균형적으로 만드는 것이 재화나 서비스의 감추어진 특성인지 아니면 거래 상대방의 감추어진 행동인지에 따라 구분되는 것이다.

감추어진 특성은 거래 상대방의 상태나 상품 품질과 같은 속성을 잘 모르는 경우를 말하는데, 이것은 거래나 계약체결 이전에 이미 비대칭 정보가 존재한다는 의미로 '계약 이전의 비대칭Precontract Asymmetry'이라고도 한다. 감추어진 행동은 계약 체결 이후 상대방의 행동을 항상 완벽하게 관찰할 수 없는 상황을 말하는 것으로 '계약 체결 후 비대칭Postcontract Asymmetry'이라고도 한다. 일례로 자동차보험에 가입한 사람이 보험 가입 이후에도 사고가 나지 않게 주의해서 운전하는지 알 수 없는 것을 들 수 있다. 시장에서 감추어진 속성과 감추어진 행동이 발생하면 자원이 비효율적으로 배분되는 경제 문제가 발생하게 되는데, 이를 역선택Adverse Selection과 모럴 해저드Moral Hazard라고 부른다.

(3) 정보 비대칭의 사례

시장에서 정보 비대칭은 다양하게 나타난다. 생산물 시장에서 상품의 품질에 관한 정보는 생산자가 소비자에 비해 더 많이 알고 있으며, 생산자가 상품 품질을 낮추더라도 소비자가 이를 정확히 알기 어렵다. 이 경우 상품의 품질은 '감추어진 속성'에 해당하고 생산자의 품질 관리는 '감추어진 행동'에 해당한다. 금융 시장에서 실제 투자자가 투자의 위험성을 정확히 알기는 어렵고, 프로젝트 수행자의 업무 모두 모니터링하기도 어렵다. 이 경우 프로젝트의 위험성은 감추어진 속성에 해당하고 프로젝트 수행자의 업무 실적은 감추어진 행동에 해당한다.

노동 시장에서는 구직자의 업무능력에 대해서 회사가 정확히 알기 어렵다. 또한 취업한 이후에 직원이 얼마나 열심히 일하는지 완벽하게 감시하는 것은 불가능하다. 이 경우 구직자의 능력은 감추어진 속성에 해당하고 직원의 업무 태도는 감추어진 행동에 해당한다.

　보험 시장에서는 보험사는 보험에 가입할 건물의 화재 발생 가능성에 대해서 심사하기 어렵고, 또 보험 가입 이후에 건물주가 사고 예방에 얼마나 노력하는지 점검하기 어렵다. 이 경우 건물의 화재 발생 가능성은 감추어진 속성에 해당하고 건물주의 사고 예방을 위한 노력은 감추어진 행동에 해당한다.

• 시장에서의 정보 비대칭

	감추어진 속성 (역선택의 원인)	감추어진 행동 (모럴해저드의 원인)
생산물 시장	상품의 품질	사후 품질 관리
노동 시장	노동 생산성(업무능력)	근무 태도
금융 시장	투자 프로젝트의 위험성	투자 프로젝트 선택
보험 시장	건물의 화재 발생 가능성	사고 예방을 위한 노력

2. 역선택과 모럴해저드

1) 역선택의 과정

　역선택은 재화나 서비스의 감추어진 특성으로 인해 시장에서 상대적으로 좋은 품질의 상품이 퇴출되고 나쁜 품질의 상품만이 거래되는 현상을 말한다. 즉 소비자가 정보 비대칭 때문에 열등한 상품을 선택하게 되는 것이다. 이렇게 시장에서 역선택이 발생하면 정보가 부족한 당사자는 높은 가격을 제시하더라도 자신이 원하는 재화나 서비스를 선택할 수 없게 된다.

　역선택의 대표적인 예로 중고차 시장과 보험 시장을 꼽을 수 있다. 중고차 시장에서 판매자는 품질이 좋은 차와 품질이 나쁜 차가 무엇인지 잘 알고 있지만 소비자는 알 수가 없다. 자신의 차가 결점이 많은 것을 아는 판매자는 이미 정해진 중고차 시장 가격에 만족해 자신의 차를 시장에 내놓지만 좋은 차를 보유한 사람은 평균적인 시장 가격이 만족스럽지 못하기 때문에 차를 시장에 내놓지 않으려고 한다. 이로 인해 시장에는 질이 안 좋은 차가 상대적으로 더 많아지므로 구매자는 품질이 좋은 상품보다 품질이 낮은 상품을 선택할 가능성이 높아진다.

예를 들어 중고차 시장에서 정상 차를 팔려는 이는 1,000만 원, 불량 차를 팔려는 이는 200만 원을 받으려 하며 정상 차를 사려는 이는 1,200만 원, 불량 차를 사려는 이는 300만 원까지 지불할 의사가 있다고 가정하자. 차를 팔고 사는 쪽 모두 어느 차가 정상이고 어느 차가 불량인지 분명히 알 수 있으면 문제가 발생하지 않는다. 정상 차는 1,000~1,200만 원에, 불량 차는 200~300만 원에 거래가 이뤄질 것이다. 하지만 차를 구매하는 쪽에서 정상 차와 불량 차를 구분할 길이 없을 경우에는 어떻게 될까? 구매자들은 매물로 나온 중고차에 적정한 가치를 지불하기 위해 일정한 추론을 끌어내야 할 필요가 있다. 만약 정상 차와 불량 차가 반반씩 섞여 있다면 이들이 선택될 확률은 50대 50이다. 그러므로 요구 판매 가격은 $(1/2) \times 1,200 + (1/2 \times 300) = 750$만 원이라는 결론이 나온다. 그렇다면 이 기대 값에 따라 거래가 이뤄질까?

사는 쪽에서 750만 원을 제시하면 불량 차 주인은 '이게 웬 떡이냐'며 냉큼 팔아치우려 할 것이다. 하지만 정상 차 주인은 '차라리 팔지 않겠다'며 당장 매물을 거둬들일 것이다. 결국 시장에서 정상 차는 모두 자취를 감추고 불량 차만 남게 된다. 품질이 나쁜 상품이 좋은 상품을 시장에서 모두 몰아내버린 것이다.

보험은 어떨까? 건강한 사람들은 보험금을 받을 가능성이 적기 때문에 굳이 높은 보험료를 지급하며 생명보험에 가입하려 하지 않을 것이다. 반면에 건강하지 않은 사람들은 보험금을 받을 가능성이 크기 때문에 높은 보험료를 내서라도 보험에 가입하려고 한다. 그렇지만 보험 회사는 누가 병에 걸릴 확률이 높은 사람인지 판단할 수 있는 정보를 갖지 못한다. 이렇게 정보가 비대칭적인 상황에서는 결국 건강이 악화될 가능성이 높은 사람들만 보험에 가입하게 돼 보험료가 점차 높아지는 악순환이 발생하게 된다. 이러한 역선택은 자원의 효율적 배분을 저해할 뿐만 아니라 시장을 위축시키는 심각한 문제를 발생시킬 수 있으므로 각종 정책을 통해 완화시킬 필요가 있다.

2) 모럴해저드의 과정

근로 계약, 보험 계약 등과 같이 여러 경제 활동은 계약을 통해 이루어진다. 이러한 계약은 대개 어느 한쪽이 다른 쪽에 권한을 위임하는 형태를 띠게 된다. 만약 권한을 위임한 사람(주인)이 상대방에 대해 완전한 정보를 가지고 있다면 권한을 위임받은 사람(대리인)이 계약 내용을 충실히 이행하는지 감독할 수 있어 계약을 통한 효율적인 자원 배분이 가능하다.

하지만 현실에서의 주인-대리인 관계에서 주인은 대리인이 자신을 위해 최선의 행동을 하였는지 정확하게 파악할 수 없다. 따라서 주인 입장에서는 대리인에게 어떤 보상을 해주는 것이 적절한지 판단하기 어렵다. 이러한 상황에서 주인을 위해 최선을 다하는 것은 대리인 입장에서는 그만큼의 비효용을 감수하는 것이 되기 때문에, 대리인은 최선의 노력을 기울이지 않는 성향을 보인다. 이를 모럴해저드라 한다. 결국 주인-대리인 문제는 이와 같은 모럴해저드 현상을 일반적인 경우로 확대시킨 것이다. 모럴해저드가 일어나면 계약은 더 이상 효율적인 자원 배분을 보장하지 못한다.

모럴해저드의 또 다른 대표적인 예는 화재보험 계약이다. 건물 주인은 화재 보험에 가입하기 전에는 화재 예방을 위해 정기적으로 소화 시설 관리와 안전 점검 등의 노력을 한다. 그런데 화재보험에 가입한 이후에는 화재가 나더라도 보험금을 받기 때문에 보험 가입 전보다 화재 예방을 게을리 할 유인이 생긴다. 게다가 보험 회사는 건물 주인과 같은 보험 가입자들의 행동을 모두 감시하기가 불가능하므로 건물 주인이 화재 예방에 얼마나 노력을 하는지 일일이 모니터링하기 어렵다. 따라서 건물주는 화재 예방을 게을리 할 가능성이 크다. 이외에도 모럴해저드는 일상에서도 종종 발견된다. 상점 주인과 종업원의 관계에서 상점 주인이 종업원에게 자신의 점포를 맡기고 자리를 비우는 경우가 빈번하면, 종업원이 상점 주인을 위해 열심히 노력하리라 기대하기는 어렵다. 이외에도 소유와 경영이 분리된 기업에서 전문경영자가 주주의 이익을 위해서 최선의 노력을 할 것인지, 또 소송 의뢰인과 변호인의 관계에서 변호사가 의뢰인을 위해 최선을 다해서 소송을 진행하는지 등 모럴해저드의 사례는 일상생활에서 쉽게 찾아볼 수 있다.

• 정보 비대칭성이 야기하는 경제 문제

경제 문제	레몬 시장의 역설	보험사의 역선택	주인-대리인 갈등	모럴해저드
내용	중고차 판매상이 자동차 정보를 속이고 나쁜 중고차(레몬)을 판매해 폭리를 취하다 결국 중고차 시장 전체가 외면 받게 되는 현상	보험 가입자가 자신의 건강에 대한 정보를 속이고 보험에 가입해 보험사가 우량 고객이 아닌 불량 고객을 선택하게 되는 현상	회사 재무 사정을 속속들이 아는 전문 경영인이 주주와 자신의 이해가 상충될 때 자신의 이해를 앞세워 주인(주주)의 이익을 침해하는 현상	은행에서 대출받은 고객이 위험 자산에 투자하는 등 대출 회수가 어려운 행동을 하더라도 은행이 통제하지 못하는 경우

3. 역선택과 모럴해저드 해결

역선택과 모럴해저드를 어떻게 해소할 수 있을까? 역선택과 모럴해저드는 모두 정보가 부족한 거래 상대방이 손해를 보는 점은 같지만 원인이 다르기 때문에 해결 방안은 서로 차이가 있다. 역선택에서는 '신호Signaling'와 '선별Screening'로, 모럴해저드에서는 '인센티브Incentive'로 정보 비대칭 문제를 해결할 수 있다.

1) 역선택의 해결 방안: 신호와 선별

역선택 문제를 해소하기 위해 방안으로 신호Signal 이론이 있다. 정보를 많이 소유한 쪽이 비용을 들여서라도 정보를 소유하지 못한 쪽에 정보를 제공하면 불균형이 해소된다는 것이 주 내용이다. 예컨대 구직자는 자신의 능력에 대해 잘 알고 있지만 기업은 구직자에 대한 정보가 부족하다. 이때 구직자가 기업에 보낼 수 있는 신호는 학력이나 매경Test 점수, 토익 점수 등이 될 수 있다. 돈이 들더라도 대학을 졸업하고 자격증을 따는 것이 일종의 신호 역할을 해 기업과 구직자 모두에게 이익이 될 수 있다. 기업이 배당금 액수를 통해 주식 투자자들에게 기업의 경영 상태를 파악하도록 해준다는 것도 신호 이론의 사례 중 하나다. 다시 중고차의 사례를 보면 중고차 시장에 존재하는 정보의 불균형 문제는 판매자가 구매자에게 일정한 보증 기간을 제시함으로써 상쇄될 수 있다.

또 다른 방안인 선별Screening 이론은 정보가 부족한 이해당사자가 정보를 많이 소유한 사람으로부터 필요한 정보를 얻어내기 위한 방안으로 제시되었다. 소비자가 중고차나 원산지 구별을 위해 전문가의 도움을 받아 공부를 한다든지, 은행들이 자체적으로 신용 평가를 하는 부서를 두는 것, 기업이 좋은 인재를 판별할 수 있는 자신만의 지표를 마련하는 것이 선별의 사례라 할 수 있다. 또 보험사가 고객에게 건강 진단서를 요구하는 것 또한 선별의 예가 될 수 있다.

정리해보면, 신호는 정보를 가진 쪽이 정보가 없는 상대방에게 재화나 서비스에 관한 정보를 알려주는 것을 말하고, 선별은 신호와 반대로 정보가 없는 쪽이 정보가 있는 상대방에게 재화나 서비스에 관한 정보를 요구하는 것을

'보험사기 꼼짝마' 생보협·경찰청 손잡아

변사자 보험확인시스템 구축

생명보험협회가 경찰청과 함께 보험사기 척결을 위한 변사자 보험계약조회 시스템을 구축한다.

15일 업계에 따르면 생보협회는 변사 사건 발생 시 경찰이 변사자의 보험가입 내용을 신속하게 확인할 수 있도록 변사자 보험계약조회 시스템을 구축하고 있다. 경찰청과 생보협은 3월까지 시스템 구축을 완료하고 4월에 시험 운영한 후 5월부터 본격 가동에 들어갈 예정인 것으로 알려졌다. 이 시스템이 구축되면 기존 사건 발생 후 7~20일 정도 소요되던 조회 기간이 1시간 이내로 줄어들 전망이다. 기존에는 경찰이 법원 압수 수색영장을 발급받아 협회에 조회 신청을 한 후 결과를 회신받아야 했지만 시스템 구축이 완료되면 경찰 수사관이 경찰청 내부망을 통해 직접 조회할 수 있다. 박준형 기자

매일경제신문 2016년 2월 16일자
조회 시스템의 발전은 선별력을 높여 정보 비대칭 상황을 줄인다

말한다. 즉 신호와 선별은 정보 불균형의 발생 원인이 되는 재화나 서비스의 감추어진 특성을 드러나게 하는 것이다.

2) 모럴해저드의 해결 방안: 인센티브 제도

모럴해저드는 여러 시장에서 다양하게 발생하지만 그 특성은 동일하다. 즉 어떤 종류의 계약이라도 계약 당시 약속한 것처럼 성실하게 노력하지 않는 성향이 나타난다. 보험 계약을 예로 들면 보험 가입자는 사고 방지를 위해 성실하게 노력하지 않으므로 사고 확률은 높아진다. 따라서 보험 회사는 적자를 보게 되어 더 이상 사업을 계속하기 어렵고, 사고 확률이 높아져 사회적 후생도 감소하게 된다. 따라서 모럴해저드가 만연한 경우에는 효율적인 자원 배분을 기대하기 어렵다.

이러한 상황에서는 계약 당사자들 간 이해관계가 일치하도록 유인을 설계하면 이 문제를 완화시키거나 해결할 수 있다. 예를 들어 자동차보험의 경우 사고가 났을 때 보험사가 손해를 전부 떠안게 된다면 가입자들은 운전에 주의를 기울이지 않게 된다. 이때는 운전자도 손해의 일부를 떠안게 하면 이러한 문제를 개선할 수 있다. 운전자가 손실액 가운데 일정 비율을 책임지도록 하는 공동 보험Co-Insurance이나 손실액 가운데 일정 금액 이하는 주인이 부담하도록 하는 초기 공제Initial Deduction

가 대표적인 사례이다.

기업의 경우에는 임직원의 모럴해저드 문제를 해결하기 위해 직원들에게 부분적으로 성과급 제도를 적용하거나 기업의 이윤을 공유할 수 있도록 종업원 지주제와 같은 방안을 시행하고 있다. 또, 경영인과 기업의 주인인 주주들과 이해를 일치시키기 위해 스톡옵션Stock Option과 같은 제도를 활용하기도 한다. 아래에서 모럴해저드와 기업지배구조와 관련해 좀 더 자세히 살펴보기로 하자.

3) 대리인 문제와 기업 지배 구조

기업의 발전을 위해 소유 경영인과 전문 경영인 중 어떤 경영인이 바람직한가의 문제는 지금도 진행되고 있는 논란 중 하나이다. 기업 규모가 커지고 이에 따라 소유와 경영이 분리되면서 경영에 직접 참여하지 않는 소유주인 주주Principal와 소유는 하지 않은 채 경영만 전담하는 전문 경영인Agent 사이의 대리인 문제가 대두됐다. 이런 대리인 문제는 주주와 경영인 사이의 '이해 상충'과 '정보의 비대칭성'이라는 두 가지 전제하에 발생한다.

스톡옵션Stock Option

대리인 문제를 해결하기 위한 대표적 방안으로, 경영자의 보수를 주가와 연동시키는 제도이다. 이 제도는 경영자에게 고정급 이외에 회사의 주식을 일정 가격에 살 수 있는 권리를 제공하여, 전문 경영인이 열심히 노력하여 기업의 주가가 상승하면 그만큼 자신의 이익도 증가하게 되어 주주와 전문 경영인의 이해관계를 하나로 묶는 수단이 된다.

이런 스톡옵션 제도는 넉넉한 임금을 지급하지 못하는 벤처기업에서 우수한 직원을 고용하기 위한 수단으로 사용되기도 한다. 그러나 스톡옵션을 부여받은 임직원이 자신의 이익을 극대화하기 위하여 단기 성과 위주로 경영할 수 있으며, 스톡옵션 행사 과정에서 주식수가 증가해 주가가 낮아질 수 있다는 부작용도 있다.

즉 주주가 기업 경영에 관한 정확한 정보가 부족한 상황(정보의 비대칭성)에서 주주 이익과 자신의 이익이 상충할 때(이해 상충) 전문 경영인이 자신의 이익을 추구한다는 것이 대리인 문제다. 대리인 문제로 인해 전문 경영인은 자신이 혜택을 보다 많이 얻는 데 집중하고, 재선임을 위해 당장 임기 내에 가시적 성과가 나올 수 있는 단기 프로젝트에 치중하게 되며, 위험이 수반되는 의사 결정을 주저하게 된다. 또한 자신의 의사 결정을 주위 사람들에게 승인받아야 해 의사 결정과 집행이 느린 경향이 있다.

이런 전문 경영인 체제의 대리인 문제를 해결하기 위한 수단이 기업 지배 구조다. 즉 주주가 기업 경영에 대한 상세한 정보를 갖고 있어 정보의 비대칭성이 없는 경우 비록 주주와 전문 경영인 사이에 이해 상충이 있더라도 경영자가 자신의 이익만을 추구하기 어렵다. 또한 비록 정보의 비대칭성이 있더라도 전문 경영인의 이해가 주주의 이해와 일치한다면 대리인 문제는 발생하지 않는다.

지배구조·실적 다 잡은 GS, 질주하나

주력회사 칼텍스·리테일 이익 전망 밝아…6개월새 주가도 15%↑

국내 재계 순위 7위 GS그룹의 지주회사인 GS가 안정적인 지배구조와 계열사 주력 사업의 양호한 실적에 힘입어 지난 6월 이후 주가 상승세를 이어가고 있다.

27일 금융감독원과 대신경제연구소에 따르면 2015년 말 기준 GS그룹 내 부자분율은 69.55%로 나타났다. 내부 지분율은 최대주주 및 특수관계인, 관계사가 그룹 내 상장사와 비상장 계열사를 얼마나 소유하고 있는지 나타내는 지표다. 같은 기준으로 국내30대 그룹 평균 내부지분율이 60.62%란 점을 감안하면 GS그룹 지배구조는 안정적인 편이다. 안상희 대신경제연구소 지배구조연구실 연구위원은 "GS그룹은 최대주주 및 특수관계인 49명 중 허창수 GS그룹 회장 등 3세를 중심으로 한 경영체제가 과거 10년 이상 안정적으로 유지돼 왔다"며 "이제 허세홍 GS칼텍스 부사장 등 4세 중심의 지배구조에 대해서도 논의가 필요한 시점"이라고 분석했다.

그룹 내 주요 상장사인 GS와 GS건설, 삼양통상은 최대주주가 계열사가 아닌 다수의 친족으로 구성돼 있다. 특히 GS건설, 삼양통상 등 일부 계열사는

69개 계열사 중 상장사 6곳 불과… 기업 공개 늘려야

허 회장이 아닌 다른 친족인 점을 고려하면 향후 지배구조가 변할 때 계열분리 이슈가 제기될 가능성도 있다.

GS그룹의 핵심 축은 지주회사 GS다. 3분기 기준 GS는 4.75%를 보유하고 있는 허 회장을 비롯해 최대주주 및 특수관계인 지분율이 46.59%에 달한다. GS의 핵심 계열사는 GS칼텍스와 GS리테일이다. GS칼텍스는 GS가 100% 자회사인 GS에너지를 통해 보유하고 있는 손자회사고, GS리테일은 지분 65.8%를 보유한 자회사다. 두 회사의 주력 사업이 모두 당분간 전망이 밝다. GS칼텍스의 경우 석유수출국기구(OPEC) 감산 합의로 올해 4분기 재고평가이익이 크게 늘어날 것으로 보인다. 배은영 이베스트투자증권 애널리스트는 "올겨울에는 라니냐에 따른 추운 날씨까지 예고돼 있어 정제마진 개선에 대한 기대감이 더 커지고 있다"고 덧붙였다.

GS리테일은 편의점 사업 성장 추세와 더불어 파르나스호텔 실적 개선에 힘입어 내년 영업이익이 크게 증가할 것으로 전문가들은 내다봤다. 김근종 현대증권 애널리스트는 "편의점 사업 영업이익은 올해 2221억원으로 2018년 3397억원으로, 파르나스호텔 영업이익은 같은 기간 121억원에서 544억원으로 늘어날 것으로 전망된다"고 분석했다. GS리테일은 이날 전날보다 0.42% 오른 4만7900원에 장을 마쳤고, 현재 주가순자산비율(PBR)은 2.06배다. GS리테일이 속한 '백화점과일반상점' 업종 PBR 평균이 1.13배이기 때문에 고평가돼 있다고 판단할 수도 있으나, GS리테일의 사업 포트폴리오를 감안하면 상황은 달라진다. GS리테일처럼 편의점 사업이 주력인 BGF리테일 PBR는 5.24배에 달하기 때문이다.

즉 GS그룹은 국내 다른 대기업들이 지주사 체제 전환, 수익성 확보라는 두 마리 토끼를 잡는 데 전력을 쏟고 있는 상황에서 상대적으로 유리한 위치에 있는 셈이다. 그러다 보니 GS의 주가는 지난 6월 이후 상승 추세다. 6월 28일 4만7150원이던 주가는 이달 27일까지 15.38% 상승한 5만4400원에 달한다. GS의 PBR은 0.82배이고, GS가 속한 석유·가스 업종 평균이 2.07배이기 때문에 아직도 상승 여력이 있다.

그러나 69개 계열사 중 상장사가 6곳(8.7%)에 불과하다는 점은 GS그룹이 극복해야 할 숙제다. 30대 기업 평균 기업공개가 16.6%인 상황에서 GS는 그만큼 경영 투명성이 낮다고 볼 수 있다. 특히 주력 계열사인 GS칼텍스도 현재 비상장사다. 등기임원이 그룹 내 다른 계열사의 사내이사, 감사 등을 겸직하고 있다는 점도 경영 투명성을 악화시키는 요인이다.

윤진호 기자

GS그룹 지배구조 (단위:%)

최대주주 및 특수관계인 46.59 → *GS

- GS에너지 100.0
- *GS리테일 65.8
- *GS홈쇼핑 30.0
- *GS글로벌 50.7
- GS칼텍스 50.0 / GS파워 50.0

※ 숫자는 지분율
*는 상장사, 2016년 3분기 기준.
자료=금융감독원

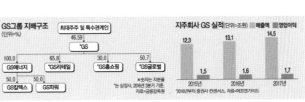

지주회사 GS 실적 (단위:조원)

	2015년	2016년	2017년
매출액	12.3	13.1	14.5
영업이익	1.5	1.6	1.7

*2016년부터 증권사 컨센서스. 자료=에프앤가이드

매일경제신문 2016년 12월 28일자

따라서 기업 지배 구조는 대리인 발생의 두 가지 전제 조건인 이해 상충과 정보의 비대칭성을 없애기 위한 것이다. 주주와 경영자 사이의 이해 상충을 없애기 위해 경영자 이해를 주주 이해와 일치시키는 방법이 있는데 경영자에게 주식 또는 스톡옵션을 주거나 경영자의 승진과 보상을 주가 또는 기업 성과에 연계하는 것이

대표적이다. 정보의 비대칭성을 줄여 대리인 문제를 극복하고자 하는 기업 지배 구조로는 이사회 제도, 회계의 투명성 및 공시 제도 등이 있다.

● **대리인 문제**Agency Problem

대리인 문제란, 주주로부터 기업의 경영을 위탁받은 대리인인 전문 경영자가 주주의 이익에 반하는 행동을 하는 것을 말한다. 기업의 성장과 더불어 지분이 분산되면서 등장한 전문 경영인 제도로 인해 발생하였다. 예를 들어, 자신의 편의를 위해 회사의 자금으로 별장이나 자가용 비행기를 구입하거나, 기업의 자금을 마치 자신의 돈인 것처럼 사용하거나, 위험을 수반하는 투자를 회피하거나, 자신의 사회적 위신을 위해 수익성이 없는 사업으로 다각화하여 기업 규모를 키우는 데 주력하는 등의 행위를 말한다.

연인 사이에도 신호가 필요하다

여름휴가 때 배낭여행을 간 카푸친 씨는 관광객들이 들끓는 명승지 레스토랑 음식은 늘 맛이 없다고 느낀다. 사실 잠시 스쳐가는 외국인 관광객들은 어느 레스토랑이 맛있는지 알 길이 없다. 이런 정보 비대칭 때문에 관광객이 몰리는 명승지에는 레몬처럼 겉만 번드르한 레스토랑들이 판치는 경우가 많다.

카푸친 씨가 여자 친구에게 줄 비싼 선물을 사는 것도 신호 효과를 위한 것이다. 여자 친구는 카푸친 씨가 그녀를 얼마나 사랑하는지 알 수 없다. 둘 사이에도 정보 비대칭이 존재하는 것이다. 카푸친 씨가 시간과 돈을 소비하며 그녀에게 선물을 산 것은 얼마나 그녀를 사랑하는지를 보여주려는 것이다. 그녀를 많이 사랑할수록 어떤 선물이 그녀의 선호에 맞는지 오랫동안 생각하게 될 것이다.

이처럼 연인 사이에도 비싼 선물로 신호를 보내야 할 때가 있다. 받는 쪽에서는 선물보다 현금을 더 좋아하는데 단지 속마음을 보여주기 위해 많은 시간과 돈을 쓰는 건 어떤 의미에서는 사회적인 낭비일 수도 있다. 사랑을 의심하지 않는 (정보 비대칭이 없는) 아버지와 딸 사이라면 많은 시간과 돈을 쓰며 선물을 사야 할 필요는 없을 것이다.

경제학자들은 객관적인 검증을 거치지 않은 말은 믿지 않는다. 사람이 사람 속을 들여다볼 수 없는 한 정보 비대칭에 따른 문제들을 피할 수 없다. 그럴수록 가장 효과적인 신호와 선별을 통해 레몬 문제를 피하는 법을 터득해야 한다.

- 장경덕 매일경제 논설위원, 칼럼 〈레몬은 어떻게 가려낼까?〉 중에서

게임이론과 죄수의 딜레마

학습 목표

- 게임이론의 개념을 이해한다
- 죄수의 딜레마 상황을 이해한다
- 이론의 적용 상황을 이해한다

| 들어가며 |

단 한 줄의 추천서, '수학 천재, 존 내시John Nash'

영화 〈뷰티풀 마인드〉의 실제 주인공인 미국 천재 수학자 존 내시는 1994년 게임이론을 발전시킨 공로로 노벨 경제학상을 받았다. 내시는 1949년 21세에 쓴 32쪽짜리 프린스턴대학 박사 학위 논문 〈비협력게임〉을 통해 '내시균형Nash Equilibrium' 개념을 처음으로 제시했다. 내시균형은 게임 참가자들이 각자 상대방에게 선택이 주어진 것으로 보고 서로 자신에게 최선의 전략을 선택하면 그 결과가 균형을 이루는 최적 전략의 조합을 말한다. 즉 서로가 자신의 선택을 더 이상 바꿀 필요를 느끼지 않는 상태에 도달한 것을 의미한다. 이 이론은 경쟁전략, 기업조직 개편, 무역협상 등 광범위한 분야에 적용되고 있다. 카

'존 내시' 교수의 삶을 소재로 한 영화 〈뷰티풀 마인드〉

네기멜론대에서 학사와 석사를 마친 내시는 박사과정 진학을 위해 지도교수의 추천서를 받았는데, 그 추천서에는 단 한 줄만 적혀있었다. "그는 수학 천재다He is a mathematical genius." 이 한 줄로 그는 하버드대와 프린스턴대에 동시 합격했고 결국 프린스턴대로 진학했다. 이후 그는 수학계 노벨상으로 불리는 아벨상도 수상했는데, 수상식 후 돌아오는 길에 불의의 교통사고로 부인 얼리샤 내시와 함께 숨을 거두면서 영화 같은 삶을 마감했다.

1. 게임이론

1) 게임이론이란

오래전부터 인간은 더 나은 것을 추구하기 위한 선택의 문제에 직면해왔다. 하지만 우리가 살아가는 사회에 개인의 이해관계는 여러 사회 구성원들과 얽혀 있기 때문에 합리적인 선택을 하는 게 쉬운 일은 아니다. 이러한 합리적 선택의 어려움을 '게임이론'을 통해 살펴볼 수 있다.

'게임이론Game Theory'은 경쟁주체가 상대편의 대처행동을 고려하면서 자기의 이익을 효과적으로 달성하기 위한 수단을 선택하는 행동을 수학적으로 분석하는 이론이다.

게임이론에서의 게임은 흔히 우리가 떠올

게임이론은 형식화된 유인구조, 즉 게임 속 참여자들의 상호작용 모델을 연구하는 수학의 한 분야다. 경영학, 경제학, 정치학, 군사전략 등의 다양한 분야에서 응용된다.

리는 오락이나 인터넷 게임이 아닌, 각자 이해관계에서 자신에게 가장 합리적 선택을 위해 행동하는 상황을 말한다. 이 게임에서는 경쟁자가 어떤 전략을 선택하느냐에 따라 자신의 이익이 좌우되기 때문에 각 경쟁자는 상대방이 어떤 전략을 선택하더라도 자기의 이익을 극대화시킬 수 있는 전략을 선택하게 된다.

예를 들어 특정 기업이 독점하는 시장에 어떤 기업이 진입 여부를 결정해야 하는 상황이 있다고 가정해보자. 이 게임에는 시장 독점자와 신규 진입자라는 참가자가 있다. 시장 독점자는 신규 진입자를 상대로 승리해야 독점적 지위를 유지할 수 있고, 반대로 신규 진입자는 시장 독점자를 이겨야 새로운 수익 기반을 만들 수 있다. 참가자들은 각자 자신만의 목표를 위해 전략을 구사하게 되고, 서로의 경제적 기반에 따라 승리자가 결정된다. 이런 경쟁상황은 게임이론 분석틀을 통해 알아볼 수 있는데, 게임이론에서 가장 잘 알려진 이야기인 '죄수의 딜레마'가 있다.

2) 죄수의 딜레마

죄수의 딜레마란 각자 다른 방에서 조사를 받는 두 용의자가 서로 믿고 죄를 자백하지 않으면 가장 낮은 형벌을 받을 수 있음에도 불구하고 서로 신뢰하지 않아 둘 다 죄를 자백하면서 동시에 처벌받는 상황을 말한다. 조사를 받는 두 공범자가 상호 신뢰를 바탕으로 협력하면 양쪽 모두 좋은 결과를 도출할 수 있지만 모두 '배신'을 선택하게 됨으로써 양쪽 모두가 손해를 보는 결과가 생긴다.

예를 들면, 우선 수사관이 용의자로 구속된 A, B 사이에 정보를 차단한 후 한 가지 제안을 한다. 둘 다 자백할 경우에는 각각 5년 형을 받지만, 만약 한 사람만 자백할 경우 그 사람은 수사에 협조한 대가로 형을 면제받고, 자백하지 않은 사람은 9년 형을 받게 된다는 것이다. 둘 다 자백하지 않으면 증거 불충분으로 각각 1년 형을 받는다.

이 경우 본인이 자백을 하느냐 마느냐 뿐만 아니라 다른 사람의 자백 여부 또한 자신의 이익에 영향을 준다. 그러나 두 용의자는 상대방이 자백을 할지 안 할지를 알 수 없다. 결국 이 상황에서 A, B는 자신에게 가장 유리한 행동인 자백을 결심하지만, 결국 이 때문에 각각 5년, 도합 10년이라는 최악의 결과가 도출되는 모순적 상황이 발생한다. 이것이 '죄수의 딜레마'이다.

A \ B	자백	자백하지 않음
자백	(5년, 5년)	(면제, 9년)
자백하지 않음	(9년, 면제)	(1년, 1년)

2. 게임이론의 적용

1) 게임이론과 과점시장

게임이론을 기업의 사례에 적용해보자. 시장에 새로 진입하려는 기업의 경우 독점기업이 갑자기 제품 가격을 크게 떨어뜨려 상대방을 시장에서 몰아낼 수 있는 여력이 있을 때는 진입하지 않는 것이 가장 유리하다. 막대한 투자비만 날릴 수 있기 때문이다.

즉, 독점기업이 '가격 인하'라는 결정을 내릴 것이라는 전제로 '진입 포기'라는 최적의 전략을 선택한 것이며, 결국 독점 유지라는 상황은 변하지 않는다.

시장에서 균형은 각 시장 참여자의 편의뿐만 아니라 사회 전체적으로 후생을 극대화하지만 죄수의 딜레마에서는 게임의 균형이 최적의 결과를 보장하지 못한다.

다만, 게임이론의 적용은 참가자들의 특성을 알 수 있는 상황에서만 가능하다. 예를 들어 완전경쟁시장에 가까운 농산물시장이나 주식 시장에서는 이론 적용이 어렵다. 시장 참여자들의 행동을 모두 분석하는 것이 어려운 데다 각 참여자의 행동이 전체 시장에 미치는 영향력이 미미하기 때문에 이들의 선택으로 나타날 시장 변화를 예측하는 것도 어려운 일이기 때문이다.

그러나 소수의 생산자가 존재하는 과점시장(우리나라의 경우 이동통신, 자동차, 가전)에서는 생산자들의 전략적인 행동으로 인해 게임이론이 잘 적용된다. 과점시장 내 기업들은 제품의 가격이나 생산량 등을 결정할 때 다른 기업들이 현재 어떻게 행동하는지를 면밀히 분석한다. 예를 들어 삼성전자가 자사 제품의 판매량을 알기 위해서는 LG전자가 어떤 전략을 구사하는지를 알아야 하는 것이다.

2) 리니언시 제도와 '팃 포 탯'

죄수의 딜레마 원리를 현실에 적용한 제도가 바로 담합자 자진신고제인 '리니언

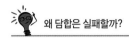

왜 담합은 실패할까?

과점시장의 기업들은 서로 잘 협력하면 독점 기업과 비슷한 효과를 누리면서 큰 이익을 올릴 수 있다. 그러나 현실에서는 상이한 이해관계나 문화 때문에 협력이 어려운 경우가 많다. 과점기업 간 협력이 잘 일어나지 않는 이유도 죄수의 딜레마로 설명이 가능하다.

시Leniency 제도'다. 이 제도는 기업들이 담합했을 경우 먼저 담합 사실을 자진신고하면 과징금을 면제해주거나 경감해주는 제도로 기업에 과징금 면제 혜택을 제공하면서 기업들을 딜레마에 빠지게 한다. 기업판 죄수의 딜레마라 할 수 있다.

예를 들면, 담합에 가담한 두 기업이 공정거래위원회의 담합조사에서 얻을 수 있는 최선의 보상은 담합 사실을 끝까지 밝히지 않아(죄수의 '묵비권' 행사) 결국 무혐의를 얻는 것이다. 이 경우 과징금과 사회적 비난을 모두 피할 수 있다. 하지만 담합에 참여한 상대 기업이 먼저 담합을 실토하면 자신만 과징금 폭탄을 맞게 될 수 있기 때문에 결국 두 기업 모두 담합 사실을 자백하게 된다.

원래 죄수의 딜레마는 1회적 선택에 그치는 것이다. 하지만 계속적으로 이러한 선택을 해나가야 하는 상황이 된다면 어떻게 될까? 인공지능에 준하는 전략적 컴퓨터 프로그램으로 하여금 반복적으로 '죄수의 딜레마' 게임을 플레이하게 하였더니 우승자는 '팃 포 탯Tit-for-Tat(되갚기 전략, 의역하면 눈에는 눈, 이에는 이)'이라는 프로그램이었다.

'팃 포 탯'의 메커니즘은 매우 단순하다. 첫 게임에서는 '협력'을 선택하되 이후 게임부터는 상대방이 바로 직전 게임에서 취한 행위를 선택하는 것이다. 즉, 시작은 친절하지만 상대의 배신에 대해서는 즉각적이고 일회적인 보복을 가하는 것이다. 이 전략에 따른 방법은 다음과 같다.

첫째, 우선 상대방을 믿고 협조하라 (초기 신뢰)

둘째, 상대방이 협조하면 계속 협조하라 (신뢰 유지)

셋째, 만약 상대방이 배신하면 같이 배신하라 (응징)

넷째, 배신한 상대방이 협조하면 다시 협조하라 (용서)

이러한 '팃 포 탯' 전략은 양자 간 협력의 이유가 이타심이라기보다 '내가 배신하면 상대도 확실히 배신할 것이다'라는 합리적인 계산에 바탕을 두고 성립한 이론인 셈이다. 그 바탕하에 신뢰와 용서는 미덕일 뿐 아니라 경제적으로도 가치 있는 행위로 치환될 수 있다.

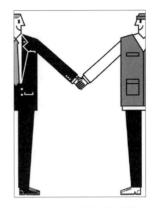

신뢰를 바탕으로 한 협력은 윈윈을 만든다.

이를 우리나라 속담으로 표현하자면 '가는 말이 고와야 오는 말이 곱다'다. 회사와 사원 간, 회사와 회사 간, 국가와 국가 간 제휴에서의 신뢰(협조)가 매우 중요하다는 것을 시사하는 것이다. 또한 형사절차에서도 이 전략이 적용된다고 볼 수 있는데, 초범인 경우 선처받기 쉬우나 재범일 경우 중하게 처벌받는 것이 대표적인 예라고 할 수 있다.

5년내 또 리니언시땐 혜택없다
〈 담합 자진신고 〉

공정위, 담합 반복 악용사례 막기위해 제도개선

담합에 가담했다가 자진 신고로 과징금을 감면받은 기업은 또 다른 담합으로 자진 신고를 하더라도 그 기간이 첫 사건 의결일로부터 5년을 넘기지 않았다면 두 번째 자진 신고에 따른 혜택을 받지 못하게 된다. 이와 함께 자진 신고자가 경쟁 당국에서 소송을 당하면 담합 사실을 부정하는 주장을 할 수 없도록 제도가 만들어진다.

공정거래위원회는 '부당한 공동행위 자진 신고자 등에 대한 시정조치 등 감면제도 운영고시' 개정안을 마련해 다음달 9일까지 행정예고한다고 19일 밝혔다. 이른바 리니언시로 불리는 자진신고제도가 일부 불명확한 규정이 있어 이를 바로잡기 위한 것이다. 담합을 반복한 뒤 리니언시를 악용하는 사례를 막기 위해 감면 제한 규정이 개선된다. 그동안 2건 이상 담합을 한 뒤 리니언시로 법망을 교묘히 빠져나가는 사례가 있었다. 이는 '5년 내 당해 시정조치 위반 시 감면을 제한한다'는 규정 가운데 '당해 시정조치' 기준이 불명확해 해석상 문제점이 있었다는 게 공정위 측 설명이다. 신영호 공정위 카르텔총괄과장

은 "자의적인 법 집행 소지가 있기 때문에 삭제하기로 했다"고 설명했다. 대신 리니언시로 감면받은 자가 '감면 의결일'부터 5년 안에 다시 위반 행위를 하는 데 대한 규정은 현행을 유지하기로 했다. 결국 리니언시로 과징금을 받게 됐다면 '의결일로부터 5년'이라는 규정이 명확해지는 것이다. 아울러 리니언시를 하고 소송 과정에서 담합 행위를 부인하는 사례를 막기 위한 제도적 장치도 만들어진다. 개선안에 '자진 신고 감면을 인정받은 자가 사실관계를 부정하는 주장을 해서는 안 된다'는 주의적 규정을 신설하기로 한 것이다.

김유태 기자

매일경제신문 2014년 11월 20일자

선물과 옵션

학습 목표

- 선도 거래와 선물 거래를 이해한다
- 옵션의 개념과 구조를 이해한다

| 들어가며 |

세계 최초의 선물거래소

미국 월스트리트Wall Street는 미래의 거래에 대한 권리를 상품화한 선물옵션 파생상품의 메카이다. 하지만 역사상 가장 오래된 선물거래소는 미국이 아닌 일본의 오사카.

일본의 에도시대인 1730년, 오사카의 상인들은 파생상품의 개념을 이용해 쌀의 가격변화 위험에 효과적으로 대처하는 방식을 정립했다. 쌀을 매개로 한 세계 최초의 선물거래소를 운영했던 것이다.

일본 오사카의 상징인 오사카 성 뒤로 근대화된 건물이 병풍을 이루고 있다. 최초의 선물거래소가 생길 만큼 당시 오사카는 일본 상업과 물자 공급의 중심지였다.

이 세계 최초의 선물거래소(도지마 쌀 선물거래소)는 쌀 시세를 정하는 표준 시장이자, 오늘날 주식시세흐름을 분석할 때 사용하는 켄들차트(봉차트)를 최초로 고안한 곳이기도 하다.

쇄국 정책과 철저한 신분제도의 시대, 칼과 사무라이로 대표되는 에도막부의 시대 이면에는 환금융, 상인조합과 같은 실물경제 시스템뿐만 아니라 토지 개간,

해운과 선운 같은 수상교통 등의 눈부신 경제적 발전이 있었다. 상인들의 독창적인 아이디어와 에너지가 흘러넘쳤던 소위 벤처 비즈니스 시대였다.

1. 선도와 선물

1) 선도 거래Forward

두 당사자가 가격 변동의 위험에서 벗어나기 위해 체결하는 계약이다. 예를 들자면 농부와 도매상이 배추 가격이 움직이는 위험에서 벗어나고자 1kg당 1,000원에 계약하는 것을 들 수 있다. 이 계약으로 두 당사자 모두 예상하기 어려운 가격 변동의 위험에서 벗어날 수 있다. 선도 계약의 최종적인 이행 여부는 계약 당사자들 간의 신용에 좌우되며, 어느 한쪽이 사정이 생겨도 계약을 제3자에게 넘길 수는 없다.

2) 선물 거래Futures

선도 거래에서 생기는 계약 불이행을 방지하고 문제점을 개선한 계약이다. 거래 조건을 표준화하고 지정된 거래소에서 거래 가능하다. 다수의 수요자와 공급자가 기초 자산의 품질, 규격, 거래 조건이 표준화되어 있는 '선물거래소'라는 정해진 장소에서 만나 거래를 하게 된다. 계약의 이행을 제3자가 보증할 뿐 아니라 계약된 만기일 이전에도 계약과 관련한 권리를 제3자에게 매매할 수도 있다.

❶ 선도 거래와 선물 거래의 비교

선도 거래	선물 거래
• 장외 거래의 성격 • 당사자 간 직접 거래 • 당사자 간 계약 조건 합의 • 만기일에 결제	• 선물거래소에서 거래 • 거래소의 개입 • 표준화된 계약 조건 • 거래소에서 일일 정산

❷ 선물환과 환헤지

선물환이란 달러를 미리 사고파는 것을 말한다. 정해진 기한 후 이뤄질 외환 거

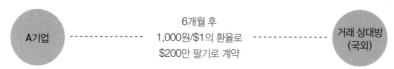

	6개월 후 환율	
	환율 상승 1,200원/$	환율 하락 800원/$
A기업의 손익	(1,000−1,200)×200만=−4억 환차익 4억에 대한 기회 상실	(1,000−800)×200만=4억 환손실 4억에 대한 위험 제거

래 계약을 미리 체결하는 것이다. A기업이 미국에 200만 달러어치 제품을 수출하고 대금은 6개월 뒤에 받기로 하는 수출 계약을 체결했다고 하자. 환율을 1달러당 1,000원으로 계산하면 매출 20억 원을 올릴 수 있다. 그런데 현재 환율을 예측할 수 없는 상황으로 만약 환율이 1,200원으로 오르면 매출은 24억 원으로 오른다. 하지만 반대로 환율이 800원으로 떨어지면 매출은 16억 원으로 급감한다.

이처럼 환율 변동은 기업의 매출과 영업이익에 큰 영향을 미친다. 기업이 경영 계획을 세우거나 금융권에서 자금을 차입하려면 기업의 매출과 영업이익을 확정할 수 있어야 한다. 이때 환율 변동은 경영의 안정성을 해치는 위험 요소로 작용한다. 따라서 기업은 환율 변동 위험을 안정화시키기 위해 선물환을 이용한다. 선물환은 수익을 올리는 것보다는 손실 위기를 막는 데 중점을 둔 환위험 회피 방법이다.

만약 A기업이 선물환을 이용해 환위험을 회피한다면, 6개월 뒤 현재 환율(1달러 =1,000원)에 200만 달러를 팔겠다는 계약을 체결해 두는 것을 의미한다. 그렇게 되면 환율이 6개월 뒤에 어떻게 변하든 A기업은 달러당 1,000원에 200만 달러를 팔아 20억 원을 안정적으로 받을 수 있다. 만약 6개월 뒤 환율이 1,200원이 됐다면 A기업은 4억 원의 환차익을 거둘 기회를 상실하지만, 환율이 800원이 됐다면 4억 원의 손실을 볼 위험을 없앨 수 있다. 이처럼 위험을 없애기 위해 선물환 거래를 하는 기업들의 행위를 '환혜지'라 한다.

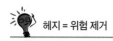

헤지 = 위험 제거

헤지(Hedge)는 위험을 피하기 위한 노력을 의미한다. 여기에 '환(換)'자가 붙으면 환위험을 피하기 위한 노력을 의미하게 된다.

2. 옵션_{Option}

옵션이란 어떤 상품이나 유가 증권 등을 미리 정한 가격으로 일정 시점에 사거나 팔 수 있는 권리를 말한다. 물론 여기는 사지 않거나 팔지 않을 권리도 포함된다. 그렇기에 옵션(선택권)인 것이다.

1) 선물과 옵션의 차이점

똑같이 현물에 기초한 파생 상품이라는 점에서 옵션과 선물은 비슷하다. 하지만 자세히 들여다보면 여러 차이점이 있다.

❶ 거래 대상의 차이

선물과 옵션은 그 거래 대상이 다르다. 선물 거래가 미래의 상품 가격 상승(또는 하락)을 놓고 '상품' 자체를 사고파는 거래라면, 옵션 거래의 대상은 일정 시점에 매매할 수 있는 '권리' 자체이다.

❷ 권리와 의무의 차이

선물과 옵션의 차이점은 권리와 의무의 범위에 있다. 선물 시장에서는 매수자와 매도자가 동일하게 권리와 의무를 부담한다. 예컨대 주가 지수를 선물로 매수한 사람은 지수가 올라가면 전매를 통해 이익을 실현할 수 있는 권리를 얻는다. 반대로 지수가 떨어질 경우에도 일단 선물을 사들인 뒤 손절매할 의무가 있다.

즉 선물은 특정 시점에 특정 가격으로 매매할 의무가 주어지지만 옵션에서 매수자는 권리만 가질 뿐 의무는 없다. 이익이 발생하면 권리를 행사하고 손해가 나면 권리를 포기하면 된다. 반대로 매도자는 매수자가 옵션 권리를 행사하면 반드시 응해야 할 의무를 진다. 대신 옵션 계약 때 매도자는 매수자로부터 계약금(프리미엄)을 받는다. 옵션 매수자가 권리 행사를 포기할 때는 계약금도 함께 포기해야 한

다. 이 경우 계약금은 온전히 매도자의 수익이 된다. 계약
금액은 옵션 계약에 따라 다른데 만기일이 길고 지수의 변
동성이 클수록 계약금이 커진다.

2) 콜옵션과 풋옵션

콜옵션Call Option이란 한 마디로 '살 수 있는 권리'를 말한다. 반대로 '팔 수 있는 권
리'는 풋옵션Put Option이라 한다. 즉, 콜옵션 매수자는 매매 계약 후 만기일에 옵션 권
리를 행사해 해당 옵션을 살지, 사지 않고 계약금을 포기할지 결정할 수 있다.

콜옵션 매수자는 만기일에 기초가 되는 상품이나 증권의 시장 가격이 미리 정한
행사 가격보다 높을 경우 옵션을 행사해 그 차액만큼 이익을 볼 수 있다. 이 경우
순익은 콜옵션을 행사해 받는 차액에서 계약금을 뺀 값이 된다. 물론 만기일에 시
장 가격이 행사 가격보다 낮다면 직접 시장에서 상품을 사는 것이 낫기 때문에 매
수자는 콜옵션 행사를 포기하게 된다. 이 경우 앞서 설명했듯 매수자는 계약금만
큼의 손실만 부담하면 된다.

다만 언제 권리를 행사하고 언제 포기할 것인가를 결정하기 위해선 옵션의 손익
분기점을 정확히 알고 있어야 한다. 매수자 입장에선 최소한 미리 지불한 계약금
만큼의 차액이 들어오는 시점이 손익 분기점이 될 것이다.

3) 콜옵션과 스톡옵션

기업체에서는 이와 같은 특징 때문에 콜옵션을 인센티브 제도로 많이 활용해
왔다. 바로 2000년대 초 IT벤처 호황과 함께 유행했던 '스
톡옵션Stock Option'으로 일정 수량의 자사주를 매입할 수 있는
권리를 부여하는 것이다. 벤처기업의 경우 당장은 자금이
부족해 많은 월급을 주지 못하지만, 스톡옵션을 인센티브

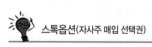

콜옵션의 수익 구조

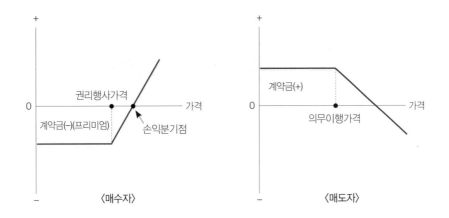

로 제공할 경우 유능한 인력을 장기간 확보할 수 있다는 점에서 많이 활용됐다.

스톡옵션을 받은 임직원이 성과를 내고 회사의 주가가 오르면 나중에 스톡옵션 권리를 행사해 싼값으로 주식을 사들인 뒤 처분함으로써 막대한 차익을 남길 수 있다. 다만 콜옵션이 어느 때나 행사할 수 있는 권리인데 반해, 스톡옵션은 행사 기간이나 조건에 제약이 따른다는 점이 다르다.

환율 결정과 환위험

학습 목표

- 환율과 환율의 결정 요인을 이해한다
- 국제 수지와 국제 수지 균형의 요건을 안다
- 세계 통상 환경을 설명할 수 있다

| 들어가며 |

장정 한 사람이 1달러를 어깨에 지다

이 사진은 러일전쟁을 취재하러 왔던 미국의 특파원 로버트 던Robert L. Dunn이 엄청난 엽전 더미 앞에서 기념 촬영을 한 것이다.

이 동전은 그가 북으로 진격하는 일본군을 취재하면서 사용할 취재 경비였다. 던은 한국 화폐의 가치가 어느 정도로 떨어졌는지 알지 못했다. 서울을 떠날 준비를 하던 날 아침 일본인 통역에게 150달러를 바꿔오도록 지시한 그는 저녁 때 짐꾼들이 지고 온 엽전 더미를 보고 놀라 나자빠질 지경이었다.

엽전 더미 앞에 선 로버트 던 특파원
《Collier's Weekly, 1904. 6. 4.》

'한국에서의 현금 환전'이란 제목의 기사에서 그는 미화 1센트가 종류에 따라 엽전 15~30개와 맞먹는 액수였으며 1달러를 환전하면 장정 한 사람이 지고 가야 할 지경이었다고 설명했다.

1. 환율 제도와 환율의 결정

금 태환성 Gold Convertibility

금이 다른 통화나 재화 또는 용역의 대가로 자유롭게 교환될 수 있는 것을 말한다.

1) 환율 제도

환율 제도에는 정부가 환율을 일정 수준으로 고정시키는 고정환율제도와 환율이 외환 시장에서 외환의 수요와 공급에 의해 결정되도록 하는 변동환율제도가 있다. 그리고 고정환율제도와 자유변동환율제도의 중간 형태인 관리변동환율제도도 있다.

(1) 고정환율제도

환율 변동을 전혀 인정하지 않거나 그 변동 폭을 극히 제한하는 환율 제도를 말한다. 가장 전통적인 고정환율제도는 19세기 말~20세기 초의 '금본위제'인데 이러한 제도하에서 각국은 자국 통화의 가치를 금에 고정시키고 금 태환성을 보장함으로써 모든 통화에 대한 환율을 안정적으로 유지할 수 있었다. 고정환율제도는 환율이 안정적으로 유지됨에 따라 경제 활동의 안정성이 보장되어 대외 거래를 촉진시키는 장점이 있으나, 환율 변동에 의한 국제 수지의 조정이 불가능함에 따라 대외 부문의 충격이 국내 경제를 불안정하게 하는 단점도 있다.

(2) 변동환율제도

외환의 수급 상황에 따라 외환 시장에서 자유로이 환율을 변동시키는 제도를 말한다. 환율의 변동 범위를 전혀 인정하지 않거나 소폭의 범위 내에서 변동시키는 고정환율제도의 반대 개념으로 이해할 수 있다. 또한 변동환율제도는 변동 폭을 전혀 규제하지 않는 자유변동환율제도와 일정한 범위 내에서만 환율 변동을 허용하는 제한적 변동환율제도로 구분할 수 있다.

외환 시장의 거래는 대부분 은행이나 외환 딜러의 거래실(Dealing Room)에서 이뤄진다. 거래 참가자들은 전화나 컴퓨터로 사거나 팔려고 하는 외환의 가격을 제시하여 제시 가격이 서로 일치하는 상대와 거래가 이뤄진다. 이때 환율은 시시각각 변하게 되는데, 외국과의 거래 결과 달러화의 공급이 수요보다 많으면 외환의 가격인 환율은 하락하고, 반대로 달러화에 대한 수요가 공급보다 많으면 환율은 상승한다.

(3) 관리변동환율제도

환율이 외환 시장의 수급 상황에 따라 변동하도록 하되 중앙은행이 적정하다고 판단하는 수준에서 수시로 외환 시장에 개입하여 환율 수준을 관리하는 제도이다. 고정환율제도와 자유변동환율제도의 장점을 살린 중간 형태라 할 수 있다.

2) 환율과 외환 시장

(1) 외환 시장과 환율의 결정

환율은 외환의 가격이므로 시장의 외환 수요와 공급에 의해 결정된다. 한 나라의 환율은 수출과 수입의 상대적 크기뿐만 아니라 이자율, 인플레이션, 소득수준, 향후 경제에 대한 전망 등이 영향을 미친다. 다른 재화와 마찬가지로 환율도 외환에 대한 수요가 증가하면 상승하고 공급이 증가하면 하락한다. 여기서 외환의 수요는 상품과 서비스의 수입, 해외 송금, 외국으로 자본을 수출할 때 우리나라 통화 대신 외국 통화를 지급받는 것 등을 말하고, 외환의 공급은 상품과 서비스의 수출 및 외국으로부터의 송금, 외국으로부터의 현금 차관 도입을 통해 발생한다.

환율은 경제에 양날의 칼과 같다. 자국 통화의 가치가 하락하면 수출 경쟁력이 높아지지만 지나치게 하락하면 국가 경제가 약골이라는 신호로 받아들여져 투자

환율 변화에 영향을 미치는 원인(원 달러 환율)

환율 상승의 원인(원화 약세)	환율 하락의 원인(원화 강세)
국제 수지 적자 → 외환의 과다 지출	국제 수지 흑자 → 외환 유입
물가 상승 → 구매력 하락	물가 하락 → 구매력 상승
국민 소득 하락 → 구매력 하락	국민 소득 상승 → 구매력 상승
금리 하락 → 외환 유출	금리 상승 → 외환 유입

자료: 금융감독원

자금이 떠날 수 있다. 반대로 가치가 상승하면 정반대 현상이 일어난다. 자국 통화의 강세로 수출 기업에게는 악영향을 미칠 수 있지만 해외에서 시세 차익과 환차익을 노리는 투자 자금이 들어온다. 이처럼 환율은 기업 경쟁력과 자금 흐름을 미리 짐작할 수 있는 유용한 경제 척도라 할 수 있다.

(2) 환율에 대한 시장 균형 이론

환율에 대한 시장균형이론은 국제 금융 거래를 통해 나타나는 이자율, 환율, 물가 간의 관계를 나타낸다. 이들 관계는 국제 금융 시장의 여러 현상을 분석하고 이해하는 데 기본적인 틀이다.

❶ 구매력 평가설PPP, Purchasing Power Parity Theory

위에서 설명했듯이 환율은 그날의 수요와 공급에 의해서 결정된다. 하지만 장기적으로 환율의 변화는 화폐의 구매력에 의해 설명할 수 있다. 이를 구매력 평가설이라고 한다. 구매력 평가설은 일물일가의 법칙(동일 제품의 가치는 세계 어디에서나 같다)이 성립하고 관세를 포함한 무역 장벽이 없으며, 수송 비용이 크지 않은 경쟁적인 시장을 가정한다. 즉 동일한 재화는 미국과 프랑스, 한국에서 동일한 가격으로 거래된다는 것이다.

만일 동일한 재화 대해 지역 간 가격차가 존재하면 차익 거래에 의해 곧바로 가격의 균일화가 이뤄질 것이다. 따라서 구매력 평가설이 성립하는 상황이라면 환율의 변동은 결국 국내의 물가 상승률과 외국의 물가 상승률의 차이로 결정된다. 따라서 다음과 같은 방정식이 성립한다.

환율의 변동 비율 = 국내 물가 상승률 – 외국 물가 상승률 구매력 평가설에 의하면 한 국가의 인플레이션이 높아질수록 그 나라의 환율은 장기적으로 하락한다. 만약 각국의 정부가 환율의 결정에 적극적으로 개입한다면 단기적으로는 구매력 평가설이 적용되지 않는 경우도 있다. 하지만 장기적인 환율 변동은 구매력 평가설에서처럼 각국의 인플레이션 차이에 의해 이뤄진다는 것이 여러 실증 연구에서 나타나고 있다.

빅맥 지수

미국 맥도날드 햄버거 '빅맥' 가격을 달러로 환산해 미국 내 가격과 비교한 지수다. 이를 통해 국가 간 물가 수준과 통화 가치를 비교하고 각국 환율의 적정성을 측정한다. 예를 들어 시장 환율이 달러당 1,300원일 때 미국 빅맥 가격이 2.5달러, 우리나라 가격이 3,000

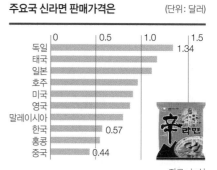

주요국 신라면 판매가격은 (단위: 달러)

자료: 농심

원이라면 두 나라 간 적정 환율은 1,200원이다. 시장 환율이 적정 환율보다 크므로 원화가 저평가된 것이다. 환율은 각국 통화의 구매력에 따라 결정된다는 '구매력 평가설'과 동일 제품의 가치는 세계 어디에서나 같다는 '일물일가의 법칙'을 전제로 한 산출 방식이다.

빅맥을 기준으로 한 것은 맥도날드가 전 세계 120여 개국에 진출해 있고, 나라마다 크기, 재료, 품질 등이 표준화돼 값이 거의 일정하기 때문이다. 영국 경제 전문지 〈이코노미스트〉가 매 분기 발표한다. 2016년 1월 환율을 기준으로 발표한 우리나라 빅맥 지수는 3.59달러로 원화가 미국 달러화에 비해 27.2% 저평가된 것으로 나타났다. 빅맥 지수 외에도 세계적으로 많이 팔리는 특정 제품 가격을 기준으로 하는 다양한 지수가 개발됐다. 스타벅스 '라떼 지수'를 비롯해 '아이팟 지수', '코카콜라 지수', '신라면 지수' 등이 있다.

❷ 피셔 효과와 국제 피셔 효과

환율의 변동은 구매력 평가설에서 설명하는 인플레이션 외에도 각국의 이자율의 차이와도 밀접한 관계가 있다. 피셔Fisher는 다음의 식에서 나타난 것과 같이 한 국가의 명목 이자율은 실질 이자율과 기대 인플레이션율을 합친 것으로 결정된다고 보았다.

A국의 명목 이자율 = A국의 실질 이자율 + A국의 기대 인플레이션율

이자율의 차이에 의한 국제간의 자본의 흐름은 양국 간의 실질 이자율이 같아질 때까지 이동할 것이다. 만일 실질 이자율이 전 세계적으로 똑같아지면 그 명목 이자율의 변화는 각국의 인플레이션율의 차이에 의해서만 발생한다. 한국의 기대 인플레이션율이 미국보다 훨씬 크다고 예상될 경우 한국의 명목 이자율은 미국의 명목 이자율보다 더 높아질 것이다.

예를 들어 한국과 미국의 실질 이자율이 같고 한국의 인플레이션율이 미국의 인플레이션율보다 5% 높을 것으로 예상된다면, 한국의 명목 이자율은 미국의 명목 이자율보다 5% 더 높아진다는 것이다. 국제 금융 시장이 균형을 이루게 되면, 세계 어느 국가에서의 실질 이자율은 서로 동일해진다. 그렇게 되면 명목 이자율은 각 국가의 기대 인플레이션율의 차이만큼 달라진다. 이를 피셔 효과라 부른다.

여기에 구매력 평가설을 적용하면 기대 인플레이션율과 환율의 변동에는 밀접한 관계가 있음을 보게 된다. 각국의 기대 인플레이션율이 차이가 있게 되면 환율도 변화하게 되고 동시에 명목 이자율도 변화하게 된다. 이 둘을 결합한 것이 바로 국제 피셔 효과라고 불리는 이론으로 어느 두 국가 간의 현물 환율은 두 나라 사이의 명목 이자율의 차이와 똑같은 양만큼 변하지만 서로 다른 방향으로 변화한다는 이론이다.

❸ 이자율 평형설IRP: Interest Rate Parity Theory

양국 사이의 명목 이자율의 차이와 환율 기대 변동률의 관계를 설명하는 이론이다. 이는 양국 간에 자유로운 자본 이동이 가능한 경우 국내 투자 수익률과 해외 투자 수익률이 동일해야 한다고 주장한다.

기본적으로 이 이론은 재정 거래가 없다고 가정한다. 예를 들어 한국의 이자율이 10%이고 미국이 이자율이 5%일 경우, 이자율 평형설에 따르면 환율의 예상 변동률은 5%로써 원/달러 환율(명목환율)이 5% 오를 것(원화가치 하락)으로 예상한다. 단기적으로 한국에 투자 수요가 늘어 원화 가치의 상승을 이끌겠지만, 장기적으로 보면 선물 시장의 역할로 인해 미국 달러의 수요가 늘어나고(이자율이 저렴한 미국에서 돈을 빌려 한국에 투자) 결국 양국가의 투자 수익률의 차이를 상쇄시키는 방향으로 환율이 평형 작용을 하게 된다. 따라서 이자율 평형설에 따르면 + 5%의 금리차는 –5%의 화폐 가치 하락을 유도한다.

하지만 현실에서는 이자율 평형설이 잘 들어맞지 않는다. 그 이유는 우선 거래 비용이 존재하고 국제 자본 이동에 대해 각국 정부가 통제하며, 조세 제도와 정치적 위험이 국가마다 서로 다르기 때문이다.

환율과 이자율 그리고 인플레이션

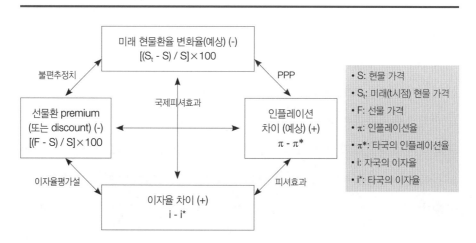

❹ 환율의 기대 가설(불편 예측)

환율의 기대 가설은 선물 환율은 미래 현물 환율의 기댓값과 같다는 주장이다. 선물 환율이 미래 현물 환율의 기댓값과 같을 때 선물환 시장은 균형 상태가 된다. 만약 그렇게 되면 선물 환율이 미래의 현물 환율과 동일하므로 선물 환율이 미래 환율의 불편 예측치Unbiased Prediction가 된다.

3) 환율 변동과 경제 현상

(1) 환율 변동과 원화값

원화값은 미국 달러나 일본 엔 등 외국 통화와 비교한 우리 화폐의 가치다. 달러당 원화값이 1,000원이라면 1달러와 1,000원이 같은 가치를 지니고 있다는 의미다. 달러당 원화값이 1,000원에서 900원으로 변하면 1,000원을 주고 1달러를 얻을 수 있는 상황에서 900원만 주면 1달러를 얻는 환경으로 변화했으므로 그만큼 원화 가치가 올라갔다고 볼 수 있다. 이를 두고 원화 강세라고 한다. 반대의 상황은 원화 약세라고 한다.

원화값을 가리키는 용어로 환율이 있다. 환율은 900원, 1,000원 등 수치 자체를 언급하는 말이다. 원화값이 1,000원에서 900원으로 변하면 수치 자체는 떨어졌으므로 환율이 하락했다고 말한다. 즉, 환율 하락은 원화값 상승과 동일한 표현이다.

(2) 원화값 상승과 국가 경제

❶ 원화값과 경상 수지

원화값이 상승하면 더 적은 돈으로 같은 가치의 달러를 구입할 수 있다. 달러 구입 부담이 그만큼 줄어든다. 하지만 원화값 상승은 국가 경제에 큰 부담이 되기도 한다. 원화 강세는 경상 수지와 기업 수지 악화를 불러오기 때문이다. 다음의 상황을 예로 들어보자.

A기업은 1달러짜리 옷을 미국에 수출한다. 원화값이 1,000원일 때는 옷 한 벌을 수출해 1,000원을 벌 수 있다. 하지만 최근 달러당 원화값이 1,000원에서 500원으로 올랐다. 원화값이 올라 이제는 1달러짜리 옷을 수출해도 500원밖에 벌지 못한다. 달러 기준으로는 옷 가격은 그대로지만 원화로 환산하면 가격이 절반으로 떨어졌기 때문이다.

만약 A기업의 생산 단가가 800원이라면 이 기업이 수출로 손해를 보지 않기 위해서는 옷 가격이 최소한 800원은 돼야 한다. 하지만 원화값 상승으로 옷 가격이 500원으로 떨어지는 결과가 발생하면 이 기업은 수출로 손해를 보게 된다. 그렇다면 A기업은 원화값이 500원으로 오른 상황에서 예전처럼 옷 한 벌을 수출해 1,000원을 벌기 위해서는 2달러로 제품 가격을 올려야 한다. 하지만 해외에서 가격 경쟁을 치열하게 벌이는 상황에서 제품 가격을 크게 올리면 제품이 판매되기 어렵다. 결국 A기업은 그나마 손해를 안보기 위해 제품 가격을 1.6달러(원화값 환산 800원)로 올렸다. 하지만 기존보다 0.6달러가 비싸졌기 때문에 제품 판매가 크게 줄어들 수밖에 없다.

반면 수입 기업들은 유리해진다. 1달러짜리 물건을 수입하기 위해 예전에 1,000원이 들었지만 지금은 500원만 있어도 되기 때문이다. 이 경우 수입 기업은 같은 돈으로 수입을 최대 두 배까지 늘릴 수 있다. 이처럼 수출이 감소하고 수입이 증가하면 경상 수지가 악화된다.

❷ 원화값과 기업 수익성
원화값이 비싸져 원화로 환산한 수출 단가가 하락하면 기업의 수익성은 악화된다. A기업의 경우 수출 단가를 1.6달러로 올려 800원을 받으면 예전보다 수익이 200원 줄어든다. 기업 수익성의 악화는 국민 소득 감소로 이어진다. 국민 소득이 줄어들면 소비가 침체되고 소비 침체는 기업 생산 의욕을 꺾어 투자 부진으로 이

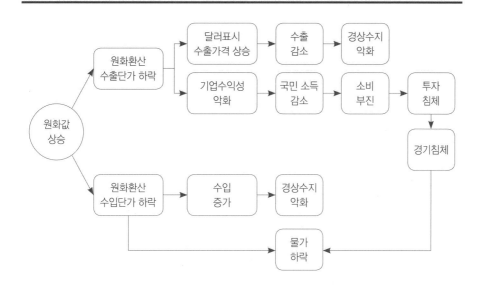

어진다. 결국 원화 강세가 경기 침체로 이어지는 것이다.

❸ 원화값과 물가

원화 강세가 경제에 항상 부정적인 영향만 미치는 것은 아니다. 원화값 강세는 물가를 안정시키는 효과가 있다. 달러당 원화값이 1,000원에서 500원으로 올라가면 그만큼 구매력이 상승해 수입 물품 가격도 그만큼 떨어질 가능성이 생긴다. 예를 들어 국제 유가가 급등했지만 원화 강세로 인해 체감 유가가 그만큼 오르지 않는 경우도 있다.

(3) 원화 가치의 상승 요인

우리나라의 원화 가치 변동은 국내외 요인의 복합적인 상호 작용의 결과이다. 원화 가치 상승에 대한 주요 요인을 살펴보면 다음과 같다.

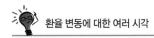
적정환율 얼마? 국내외 시각 '극과극'

IMF 968원 vs 현代硏 1134원

달러당 원화값이 세 자릿수에 근접하면서 적정 환율에 대한 분석이 엇갈린다. 국제통화기금(IMF)은 현재 달러당 968원을 적정 환율이라 보고 국내 연구기관인 현대경제연구원은 달러당 1134원을 적정 환율로 보고있다.

IMF는 지난달 17일(현지시간) 내놓은 2013년 연례협의보고서에서 우리나라 원화값이 2~8% 저평가돼 있다고 분석했다. 현재 경상수지 흑자를 볼 때 저평가 정도가 8%에서 더 가까워진 실정이다. 보고서가 작성된 2013년 12월 원화값을 기준으로 계산하면 달러당 968~1103원이다.

반면 현대경제연구원은 지난달 2일에 발표한 '원·달러 균형 환율의 추정과 시사점' 보고서에서 심리심리효과를 배제한 환율은 장기균형 수준을 반영한 원·달러 환율값이 4.8% 고평가된 것으로 분석했다. 이는 달러당 1122~1134원 수준이다. 원

기준으로 보는 적정 환율 차이가 166원이나 되는 것이다.

적정 환율에 대한 시각은 외환 당국의 역할에 영향을 미친다. 당국에서는 '수준이 아니라 속도'만 문제 본다고 설명하고 있지만 원화값 저평가냐 상장이냐에 따라 정책 방향이 달라진다.

하지만 경상수지 흑자가 계속되면서 원화값이 더욱 가파르게 오를 것이라는 전망이 나오면서 한국은행에 따르면 2012년 3월 경상수지는 25개월 연속 흑자를 기록하고 있다. 2013년 4월 800억달러 이 토르로서 누적돼왔다. 흑자인 이 기간 원화값이 달러당 15원 오르는 대 그쳤다. 한 민간연구소 연구원은 "주체마다 이해관계가 다르기 때문에 적정 환율에 대한 분석이 다르게 나올 수 있다"면서 "현대경제연구원의 기준이 이 예를 심리심리이 때문에 고평가됐다는 분석이 나온 것"이라고 말했다. 지금처럼 대규모 경상수

지 흑자가 나오는 상황에서는 원화값의 오르지 않는 게 오히려 이상하다는 것이다.

내수와 수출의 균형 심리성 예를레서 원화값의 더 올라가야 한다는 주장도 나온다. 현재 원화값의 저평가가 심각하다는 것이다.

현대경제연구원은 "올해 4월 이후 원화값 상승세가 더욱 빨라질 것이며 경상수지 흑자와 선진국 통화정책 등을 고려할 때 원화값의 더 상승할 수밖에 없다. IMF도 보고서를 통해 원화값의 점심적으로 내수 균형 성장이 가능하다고 조언했다.

현대경제연구원은 "올해는 원화값 상승세가 더욱 빨라질 것이며 선진국 통화정책 등을 고려할 때 원화값의 더 상승할 것"이라고 했다.

또 원화값의 더 심리심리이 심화돼 대규모 환율이 필요한 대 정책의 균형 정책이 필요한 대 이 환율 문제 정책이 필요하다고 했다. IMF는 "시장 개입은 원화가 점심적으로 때 이 관심받지고 경향이 있다"면서 정부의 심리심리이 경향이 아니라고 지적했다.

매일축 기자

매일경제신문 2014년 5월 8일자

"1020원은 못 내줘" 외환당국 구두개입

외환당국이 급격한 원화 강세 앞에서 결국 구두 개입에 나섰다. 지난 7일 달러당 원화값이 1020원대를 넘어선 이후 사흘간 원화 강세 기조가 이어지자 더 이상 환율 쏠림현상을 좌시하지 않겠다는 의지를 표명한 것으로 풀이된다.

9일 달러당 원화값이 1021원까지 급등했는데 이대로 둘 경우 1020원 선이 붕괴되면서 조만간 세 자릿수 환율이 현실이 될 수 있다는 위기감이 작용한 것으로 보인다.

기획재정부는 9일 오후 1시 21분 최희남 국제금융정책국장 명의 메시지를 통해 "정부는 최근 환율 움직임과 관련해 외국인 자금 유입, 역외 차액결제선물환(NDF) 거래 등에 있어서 투기적 요소가 있는지 모니터링을 강화할 것"이라고 밝혔다.

기재부 관계자는 "7일 이후 사흘 연속 시장의 쏠림현상이 이어지고 있는데 이 같은 동인이 무엇인지를 보면 경상수지 자금 흐름인지 의문"이라며 "외국인 채권자금과 역외 NDF 등이 원화값 상승에 큰 영향을 미치는 만큼 쏠림현상이 지속되면 당국 차원의 대응이 필요하

다는 판단"이라고 설명했다.

최근 급격한 원화 강세 앞에서 정부는 섣불리 시장에 개입할 수 없는 입장이었다. 미국 등 선진국에서 한국 경제를 유독 긍정적으로 평가하면서 '긴축적 통화정책'을 권고했기 때문이다.

또 세월호 사고 여파로 소비가 크게 위축되면서 원화가치 강세가 수입품 가격 하락으로 이어지면서 소비 개선에 도움을 줄 수 있다는 점도 무시할 수 없었다.

하지만 며칠 동안 급격하게 원화가치가 오르면서 1020원 선이 물파를 눈앞에 두게 되자 정부는 비공식적 쏠림으로 판단하고 결국 구두개입에 나선 것이다.

같은 날 열린 한은 금통위에서 이주열 한은 총재도 환율 쏠림 현상을 경계했다.

한편 지난달 10일에 이어 한 달 만에 기재부가 구두개입에 나선 시점이 한은 금통위 개최 시점과 일치한다는 점도 주목을 끌을 수 있다. 정부가 매파로 불리는 이주열 총재의 입을 빌려 함께 쌍끌 개입에 나섰다는 분석이 나오고 있다.

전범주·김유태 기자

매일경제신문 2014년 5월 9일자

❶ 달러화의 수급

화폐도 일종의 자산인 만큼 수요 공급 원리에 따라 가격이 결정된다. 국내 은행들은 대출 자금으로 활용하기 위해 해외에서 막대한 단기 자금을 빌린다. 은행들이 단기 차입을 통해 달러를 공급하면 시중에 달러화 공급이 크게 늘어난다. 이 경우 달러화 공급이 늘면서 달러화 가치가 떨어지고 상대적으로 원화값은 오른다.

❷ 경상 수지 흑자

기업들의 수출 증가로 경상 수지가 흑자일 경우, 국내에 달러의 공급이 늘어난다. 이 같은 상황은 상대적으로 외환 시장에서 원화값을 상승시키는 원인으로 작용한다.

❸ 기업들의 달러 매도

수출 기업들이 장기적으로 원화 강세가 지속될 것으로 예상하면, 하루라도 빨리 달러화를 내다 팔려 한다. 만약 현재 달러당 원화값이 1,000원인데 6개월 뒤 500원으로 오를 것으로 예상되면 달러를 계속 갖고 있을 경우 500원을 손해 보게 된다. 이에 기업들은 적극적으로 수출 대금으로 받은 달러를 내다 팔려고 한다. 결국 시장에 필요 이상의 달러 매물이 나오면서 달러값은 떨어지고 원화값은 올라가게 된다.

❹ 달러화 가치 약세

2008년 금융위기 이후 미국은 경기 회복을 위한 수단으로 양적완화 정책을 실시한다. 이는 결국 전 세계에 엄청난 규모의 달러 공급을 초래했다. 이로 인해 달러화 가치 하락이 심해져 상대적으로 원화 가치는 더욱 고평가된다.

(4) 환율 변동과 정부 개입

환율 변동이 심상치 않을 경우 정부는 외환 시장 개입에 대해 논의한다. 일반적으로 환율은 시장에서 결정되지만 시장이 제대로 작동하지 않는 경우가 발생한다. 이때 정부가 외환 시장에 개입하는데 소위 '시장 실패'에 따른 부작용을 줄이기 위해서다.

외환 당국은 투기 세력이 시장을 교란해 가격 결정 과정에 혼선을 줄 때 이에 막아주는 역할은 한다. 외환 당국은 가지고 있는 미국 달러를 비롯한 보유 외환을 시장에서 사고파는 방식으로 환율의 급격한 변화에 대응한다. 이것을 정부의 외환 시장 개입이라고 한다.

우리나라의 외환 보유고는 2014년 4월 말 현재 3,558억 달러로 전 세계 7위에 해당하는 큰 규모이다. 이 때문에 외환 당국에서 시장 개입에 나서겠다고 언급하면 외환 시장이 이에 반응해 균형을 찾아 움직이게 된다. 투기 세력이 섣불리 정부와 맞섰다가는 손해를 볼 수 있기 때문이다. 이 같은 상황에서 달러화 공급이 늘면 달러화 가치가 떨어지고 상대적으로 원화값은 오르게 된다. 이것을 외환 당국의 구두 개입이라고 한다. 이렇게 구두 개입만으로도 효과가 있기 때문에 외환 당국은 말만 하고 실제 개입까지 하지 않는 경우도 있다. 하지만 자주 사용하면 엄포에 그친다는 것을 알기에 외환 당국도 이를 자주 사용하지는 않는다.

2. 환위험

1) 환위험과 종류

(1) 환위험이란

미래의 불확실한 환율변동으로 인하여 기업의 경제적 가치가 변동할 수 있는 가능성을 의미한다. 그리고 환위험노출Foreign Exchange Exposure(또는 환노출)이란 개별적인 자산이나 부채 또는 거래가 환율변동에 의하여 그 가치가 변동할 수 있는 상태를 말한다.

예를 들어 우리나라 삼성전자가 미국의 K기업으로부터 수출대금(미수금) 100만 달러를 받아야 한다고 가정하자. 삼성전자의 수출대금은 대미 환율의 변동에 노출되어 있다고 말한다. 그러나 만약 삼성전자가 미국의 다른 기업에 동일 금액, 동일 만기의 수입대금(미지급금)을 지급해야 한다면, 두 대금을 동시에 고려할 경우 환위험에 노출되어 있지 않다.

(2) 환위험의 종류

환위험의 종류는 세 가지로 분류된다.

❶ 환산노출

환산노출Translation Exposure은 과거에 발생한 거래로부터 발생하는 회계적 노출이다. 예를 들어 A기업이 해외로부터 100만 달러를 3년 만기로 차입한 경우를 보자. 차입 당시에는 환율이 1달러당 1,100원이었기 때문에 당시 장부상의 차입금은 11억 원(=100만 달러×1,100원)이다. 결산일인 12월 31일의 환율은 달러당 1,200원이었으며, 아직 차입금을 상환하지 않은 상태라고 하자. 이때 A기업의 환산손실은 1억 원이다. 결산일인 12월 31일 현재 갚아야 할 원화금액은 12억 원이기 때문이다. 반대로 환율이 B기업에 유리하게 변동하였다면 환산이익이 발생한다.

실제로 과거 1997년 말 외환위기로 대미환율이 치솟는 바람에 외국으로부터 돈을 차입한 국내 기업들이 거액의 환산손실을 기록한 적이 있다. 환산손익은 현재 시점에서는 당장 현금 유출입이 없지만 미래의 현금 유출입을 예견하는 역할을 한다.

❷ 거래노출

거래노출Transaction Exposure은 외화표시로 계약을 체결할 때, 계약시점과 대금 결제 시점의 환율변동으로 인해 발생하는 환차익(또는 환차손) 위험을 말한다. 거래노출

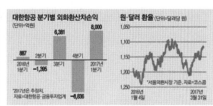
매일경제신문 2017년 4월 15일자

은 수출입 거래 및 외화자금 거래에서 자주 나타난다.

예를 들어 하이닉스반도체가 100만 달러어치의 반도체를 미국에 수출하는 계약을 체결하면서 대금은 3개월 후에 받기로 한 경우를 보자. 계약한 시점과 대금결제 시점 사이(즉, 3개월)의 환율변동으로 인한 경제적 이득 또는 손실이 거래노출위험이다.

❸ 경제적 노출

경제적 노출Economic Exposure은 미래의 환율변동으로 인하여 기업의 전반적 경쟁력의 위축 또는 향상과 관련된 위험노출을 말한다. 예를 들어 현재 대미환율이 1,150원인데 이것이 1,100원 미만이 되면 우리나라의 반도체산업은 경쟁력을 상실하고, 1,000원 미만이 되면 조선산업마저 경쟁력을 상실한다는 등의 분석과 관련된다.

2) 환헤지(환위험 관리 수단)

환헤지 수단은 크게 선물환, 환변동보험, 달러선물 등 세 가지 방법이 있다.

(1) 선물환

선물환은 환위험을 피하기 위해 대표적으로 사용하는 수단이다. 선물환 거래는 현물환 결제일 이후 특정일에 미리 정한 환율로 외환거래를 하기로 약정하는 계약이다. 수출계약을 할 때 만약 달러당 환율이 1,200원이고 7월 30일 수출대금(현물환)이 100만 달러 입금된다면 7월 30일 이후 100만 달러를 은행에 팔 수 있는 계약을 '1달러=1,200원'으로 약정하는 식이다.

예를 들어 A기업이 3개월 후 100만 달러 수출 계약을 체결했다고 하자. 그런데 A기업은 현재 원화값이 달러당 1,050원인 상황에서 3개월 뒤 950원으로 떨어질 것으로 예상하고 있다. 이 기업은 당장 100만 달러를 받아 환전하면 10.5억 원을 얻을 수 있지만 3개월 뒤에는 9.5억 원밖에 확보하지 못한다. 이 기업으로서는 3개월 만에 1억 원을 손해 보는 것이다. 이때 이 기업이 은행을 통해 3개월 뒤 받을 100만 달러를 미리 달러당 1,100원에 팔 수 있다면 A기업은 이 기간에 원화값이 어떻게 변하든 3개월 뒤 11억 원을 확보할 수 있게 된다.

이처럼 정해진 시점 후 이뤄질 외환거래 계약을 미리 체결하는 것을 선물환이라고 한다. 선물환 거래는 가장 기본적인 환위험 관리 수단으로 기업들이 활용하고

선물환 거래 개요

있다. 또한 기업의 사업계획을 수립하고 수익성을 분석하는 지표환율로 활용될 수 있다.

(2) 환변동보험

수출보험공사가 판매하는 환변동보험은 증거금이 없고 보험료도 10만 달러를 헤지할 때 비용이 1만 5,000원 정도로 저렴하다. 또한 실물인도 없이 환차익과 환손실 간 차액정산 방식으로 운용되기 때문에 이용절차 역시 간편하다.

(3) 달러선물

증권선물거래소에 상장된 달러 선물은 장내시장에서 실시간 거래가 가능하다는 장점이 있다. 그러나 환변동보험보다 비용이 많이 들고 매일 정산해야 하는 복잡함이 존재한다.

(4) 스퀘어 포지션Square Position 전략

수출과 수입으로 발생하는 외화를 활용해 상계하는 방식이다. 즉, 수출대금이 많을 경우 수출대금으로 결제하고 수입이 많아 생긴 부족분은 달러를 빌려 상환하는 식이다. 예를 들어 A기업한테는 수출대금 340만 달러, 수입대금 380만 달러가 있는데 현재 결제대금으로 40만 달러가 부족한 상태다. 달러값이 오르자 A기업은 수출입은행과 900만 달러의 외화대출 약정을 맺는다. 대출받은 달러로 부족분을 상환한 뒤 원화값이 강세가 되면 대출받은 외화를 상환하는 방식으로 위험을 줄이는 것이다.

이처럼 원화값 약세에 대비해 단기성 외화대출을 이용하는 것도 환헤지에 매우 유용한 방식이다. 차입금 중 일정 금액을 외화차입으로 충당해 그 범위에서 수시로 상환 또는 추가 차입을 통해 별도의 수수료 부담 없이 자연스럽게 환율을 관리할 수 있다.

환헤지의 목적

환헤지의 목적은 환율 변화에 따른 차익을 얻는 것이 아니다. 수출이 확정됐을 때 환위험 관리상품에 가입해 미래의 현금 흐름을 일정하게 유지하는 것이 중요하지, 환율 투기로 인한 수익에 관심을 두어서는 곤란하다.

3) 환헤지와 투기

기업들은 헤지 거래를 통해 이익을 극대화하는 것을 환위험 관리라 생각하는 경향이 강하다. 또한 외환파생상품을 통해 이익을 보았을 때 성공적으로 외환관리를 했다고 평가한다. 하지만 이는 기초자산 없이 외환파생상품 자체의 가격 변동에서 이익을 얻고자 하는 헤지펀드와 트레이더의 투기 거래와 다를 바가 없다.

환위험 관리란 헤지를 통해 이익을 보는 게 아니라 이익을 확정시켜 기업 본연의 업무에 충실하기 위한 것이다. 또한 수출대금인 기초자산의 가치변동 위험을 줄여 불확실성을 최소화하는 것이며 나아가 현금흐름과 수익의 변동성을 최소화하는 활동이다. 이를 통해 기업은 미래 사업계획에 대해 확실성을 부여할 수 있다.

'3조 키코 피해' 국내선 은행 손 들어줘

대부분 中企 손실 … 법원, 사기·불공정계약 인정안해

키코 (KIKO)란 환율변동에 따른 위험을 피하기 위한 환헤지 상품으로 2007년께 주로 팔렸다. '녹인, 녹아웃(Knock-In, Knock-Out)'이라는 영문 첫 글자를 따온 것으로 환율이 일정 범위 안에서 움직이면 미리 약정한 환율에 약정금액을 팔 수 있도록 한 파생금융상품이다.

2008년 글로벌 금융위기 직전 달러 대비 원화값 상승에 따른 위험을 피하기 위해 중소기업들이 상당수 가입했다. 하지만 2008년 4월부터 5월 사이 원화값이 급락하면서 은행과 키코 계약을 맺은 중소기업들이 수조원대 손실을 입었다.

특히 원화값이 내릴 때는 은행이 이익을 보고 원화값이 오를 땐 기업이 이익을 보는 구조인데 환율이 약정된 일정 범위를 벗어날 땐 기업만 손해를 보는 구조였기 때문이다. 원화값이 급락하면 기업은 약정 금액의 2배 이상의 달러를 약정 환율에 은행에 팔아야 한다.

2009년 국회 기획재정위 국정감사 당시 2008년 8월부터 1년간 국내 기업이 입은 피해액은 3조 3528억원에 달했는데 이 중 중소기업 피해액이 2조4000억원으로 전체의 72%에 달했다.

피해 기업들은 은행들이 키코의 옵션 행사에 필요한 가격 산정에서 은행이 이를 공정하게 책정하지 않았다며 사기 혐의와 아울러 불공정계약임을 제기했지만 대법원은 이를 인정하지 않고 은행 손을 들어줬다.

하지만 씨티은행 등의 환율조작 혐의가 밝혀지면서 상황은 반전된 모양새다. 불완전판매와 달리 환율조작은 사기 행위에 속하기 때문이다.

김앤배의 김봉준 변호사는 "글로벌 은행들이 환율조작을 하던 시점에 환율과 연계된 파생상품을 판 행위를 항소심에서 부각시킨 게 주효했다"고 전했다.

김호성 기자

키코는 달러 대비 원화 가치가 오르면(환율이 떨어지면) 기업 쪽이 제한적인 환차익을 얻지만 원화 가치가 일정 수준 아래로 떨어지면 손실이 눈덩이처럼 불어나도록 설계된 옵션상품이다. 2008년 금융위기로 원화 가치가 급락해 엄청난 손실을 낸 기업들은 키코 계약 무효와 은행들의 손해배상을 주장하며 법정 싸움을 벌였다.

매일경제신문 2016년 2월 29일자

매경TEST 기출 문제

01 정보 비대칭은 시장에 역선택과 도덕적 해이를 발생시킨다. 아래 사례에서 역선택의 상황을 고르면?

① 직장에 취업한 후 업무를 태만하게 한다.

② 중고차 시장에서 품질이 나쁜 중고차만 거래된다.

③ 의료실비보험 가입 후 이전보다 병원을 더 찾는다.

④ 전문경영인이 주주보다 자신의 이익을 더 추구한다.

⑤ 건물 주인이 화재보험 가입 후에는 화재예방 노력을 게을리한다.

정답 ②

정보 비대칭은 크게 두 가지 원인 때문에 발생한다. 재화의 특성이 감춰졌거나 사람들이 본래 의도를 숨기고 행동했을 경우다. 재화 특성이 감춰졌을 때는 부족한 정보를 갖고 있는 사람이 좋지 않은 결과를 가져다 줄 사람과 거래할 가능성이 높아진다. 이를 '역선택'이라고 한다. 반대로 정보를 가진 측이 정보 비대칭 상황을 이용해 자신에게 유리한 행위를 할 수도 있다. 이를 '모럴 해저드'라고 한다.

02 다음 중 역선택 문제를 해결하기 위한 노력으로 가장 거리가 먼 것은?

① 낯선 관광지의 여러 식당 중 익숙한 프랜차이즈를 찾아간다

② 은행이 기업 대출에 대해 일괄적으로 높은 금리를 적용한다

③ 근로자가 퇴근 이후에 경력 개발을 위해 야간 MBA 과정을 이수한다

④ 중고차를 살 사람이 일정 기간 동안 보증과 수리를 해줄 것을 요구한다

⑤ 자동차보험 회사가 보험 가입 절차로 가입 희망자의 사고 경력 조회를 실시한다

정답 ②

역선택이란 정보 비대칭으로 정보수준이 낮은 측이 사전적으로 바람직하지 못한 상대방과 거래할 가능성이 높은 현상을 의미한다. 역선택은 중고차 시장, 보험 시장, 금융 시장에서 빈번하게 일어난다. 은행이 기업 대출에 일괄적으로 높은 금리를 적용하는 것은 역선택과 관계가 없다.

03 중고차 거래 시장은 대표적인 정보 비대칭 시장이다. 중고차 거래 시장에 대한 설명으로 가장 거리가 먼 것은?

① 정보가 부족한 구매자는 나쁜 품질의 자동차를 구입할 가능성이 높아진다

② 중고차 품질에 대한 정보 비대칭이 해소되면 품질별로 별개의 시장이 만들어질 수 있다

③ 중고차의 품질을 인증하는 기관이 개입하지 않으면 중고차 시장에서는 나쁜 중고차만 남게 될 것이다

④ 구매자들이 중고차 품질에 대한 완벽한 정보를 가진다면 나쁜 중고차는 거래되지 않을 것이다

⑤ 정보의 비대칭에 직면한 구매자가 기대 확률을 근거로 중고차를 판단하게 되면 좋은 중고차를 내놓은 판매자는 판매 유인을 잃고 자신의 차를 내놓지 않을 것이다

정답 ④

①, ③ '레몬 시장', 즉 중고차 시장에서는 이러한 과정을 통해 역선택이 나타난다. ⑤ 품질을 객관화시켜 신호를 보낼 수 있는 장치가 있으면 역선택의 문제는 해결된다. ②, ④ 정보가 비대칭일 경우에는 거래가 되지 않고 시장 실패가 나타난다. 품질에 대한 정보 비대칭이 해소되면 각 품질별로 시장이 형성될 수 있다.

04 기업의 주주와 경영자 간에 발생하는 대리인 문제를 해결하기 위해서 마련한 방안으로 가장 거리가 먼 것은?

① 배당 정책 제한

② 사외이사제 강화

③ 집단 소송 제도 도입

④ 적대적 M&A시장의 활성화

⑤ 옵션 등 경영자를 위한 인센티브 제도를 도입

정답 ①

대리인 관계에 있어 경제 행위를 위임하는 자를 주인, 위임받는 자를 대리인이라고 간주하여 주·대리인 관계라고 칭하기도 한다(예: 주주와 전문 경영인의 관계). 대리인 관계가 성공적으로 유지되기 위해서는 대리인이 주인과의 계약을 성실히 이행하여야 한다. 경영은 경영자인 대리인이 하는 것이기 때문에 주주는 자신들의 이익을 대리인이 경영을 하는지를 제대로 알 수 없고 따라서 항상 대리인을 감시하려 들 것이다. 이 같이 대리인과 주주 간 정보의 비대칭성으로 인하여 성실한 대리인이 시장에서 퇴출되는 역선택, 모럴해저드(Moral Hazard)로 인한 경제적 피해를 가리켜 대리인 문제라고 한다.

이러한 대리인 문제를 해결하기 위해 다양한 방안들이 있는데, 가장 대표적인 사례는 사외이사제의 도입이다. 또 집단 소송 제도와 적대적 M&A를 활성화시키는 등 법적·시장적 제도를 통해서 대리인 문제를 줄일 수 있고, 경영자에 대한 인센티브를 통해 대리인 문제를 해결할 수도 있다. 배당은 주로 주주와 관련된 사항임으로 거리가 멀다.

05 실업보험 제도의 경제적 효과에 관한 설명으로 옳지 않은 것은?

① 자동 안정 장치 중 하나다

② 소득 재분배 효과를 가지고 있다

③ 고용이 불안정한 산업이 상대적으로 성장할 수 있다

④ 고용이 불안정한 근로자들의 안정적인 고용을 유도한다

⑤ 실업자가 적극적으로 구직 활동을 하는 요인 중 하나이다

정답 ⑤

실업보험 제도에서 정부는 실업자가 적극적으로 구직 활동을 하였는지 정확히 모니터링하기 어렵다. 따라서 실업자는 모럴해저드에 빠져 구직 활동을 게을리 할 유인이 생긴다. 이는 결국 한 나라의 노동 공급의 저하로 실업(자발적 실업)을 늘린다.

06 함께 범행을 저지른 것으로 보이는 두 명의 용의자가 검거됐다. 검사는 두 사람이 의견을 교환하지 못하도록 독방에 가두고 차례로 심문해 자백을 받아내려고 다음과 같은 제의를 한다. 이에 대한 설명 중 올바르지 않은 것을 모두 고르면?

> 두 사람 다 순순히 죄를 자백하면 5년형을 구형할 것이지만 다른 용의자는 자백하였는데 본인이 범행을 부인하면 다른 용의자는 방면하고, 당사자는 20년형을 구형한다. 반대로 다른 용의자는 범행을 부인하는데 당사자가 범행을 자백하면 다른 용의자는 20년 구형, 당사자는 방면할 것이며, 둘 다 부인하면 이전에 두 사람이 저지른 범죄를 다시 수사해 2년을 구형한다.

〈보기〉

> ㉠ 위 게임은 죄수의 딜레마 게임이다.
> ㉡ 두 용의자 모두 범죄 사실을 부인할 가능성이 매우 크다.
> ㉢ 이 게임을 한 번만 행하는지 아니면 여러 번 반복하는지에 따라 균형이 변화할 수 있다.
> ㉣ 이 게임을 한 번만 행할 경우 두 사람은 모두 공동으로 달성할 수 있는 최선의 결과에 결코 도달할 수 없다.
> ㉤ 두 명의 용의자 중 단 한 명의 용의자만이 자신에게 언제나 더 유리한 결과를 가져다주는 우월전략을 가지고 있다.

① ㉠, ㉡   ② ㉠, ㉣   ③ ㉡, ㉢   ④ ㉡, ㉤   ⑤ ㉢, ㉣

정답 ④

용의자 A는 용의자 B가 전략으로 부인을 선택할 경우 부인을 하면 2년형, 자백을 하면 방면을 받게 되고, 용의자 B가 자백을 선택할 경우 부인을 하면 20년형, 자백을 하면 5년형을 받으므로 용의자 B의 전략에 관계없이 항상 자백을 선택하는 게 더 좋은 보수를 주므로 자백은 용의자 A에게 우월전략이 된다. 이는 용의자 B의 경우에도 마찬가지다. 따라서 용의자 딜레마 게임에서는 두 명 모두에게 자백이 우월전략이 된다. 따라서 이 게임의 균형은 둘 다 자백하고 5년형씩의 구형을 받게 되는 것이다.

07 리니언시란 먼저 담합 사실을 자진신고한 기업에 과징금을 면제하거나 감면해주는 제도를 말한다. 이 제도의 부정적인 면으로 볼 수 없는 것은?

① 리니언시는 담합 기업들 간의 신뢰구조를 깨뜨린다.

② 리니언시 제도를 과징금이나 처벌 회피 수단으로 이용한다.

③ 리니언시가 보복 성향을 띠면서 업체 간 '폭로전'이 벌어질 수 있다.

④ 리니언시로 과징금을 면책받은 기업들이 다시 담합을 시도하는 모럴해저드가 존재한다.

⑤ 공정위의 현장조사가 대기업 위주로 먼저 진행돼 리니언시 신청 기회가 공평하지 못하다.

정답 ①

죄수의 딜레마 모형에 따르면 참가자들이 자신의 보상을 극대화하는 전략을 선택할 때, 결과적으로 참가자 전체에게 가장 낮은 보상이 발생한다. 예컨대 담합에 가담한 A와 B기업이 조사에서 얻을 수 있는 최선의 보상은 담합 사실을 끝까지 함구할 때다. 그러나 상대 기업이 먼저 담합을 실토하면 자신만 과징금을 맞게 돼 결국 A와 B기업 모두 공정위에 자백하게 된다. 먼저 털어놓을까? 끝까지 모른다고 버틸까? 이 선택의 갈등에서 리니언시는 전자를 이끌어내는 강력한 인센티브로 작용한다. 담합 기업들 간 신뢰구조를 깨뜨린다는 점에서 리니언시는 유용성이 높다. 그러나 제도 시행 후 기업과 정부의 모럴해저드 부작용도 존재한다. 공정위가 가장 먼저 현장을 방문한 기업이 대개 리니언시 1순위 기업이 되는데, 현실적으로 공정위가 리니언시 선착순 원칙과 달리 사전 현장조사를 대기업 위주로 먼저 나가는 경향이 있어 비판의 소리도 있다.

08 한국이는 배추 유통업을 하고 있다. 수확시점(11월)에 가격이 크게 변동할 것을 우려하여 배추 생산농가와 다음과 같은 두 계약을 오늘(9월 22일) 체결했다. 만약 수확 시점에 실제 배추가격이 1,000평에 700만 원으로 폭락했다면 한국이의 손실 또는 이익액은?

> • 계약A : 수확 시점에 배추를 1,000평에 1,000만 원 받고 팔 수 있는 권리를 100만 원에 구입했다. 만약 수확 시점에 배추가격이 1,000평에 1,000만 원 이상한다면 이 권리를 포기할 것이다.
>
> • 계약B : 수확 시점에 배추를 1,000평에 1,000만 원 주고 살 수 있는 권리를 80만 원에 구입했다. 만약 수확 시점에 배추가격이 1,000평에 1,000만 원 이하라면 이 권리를 포기할 것이다.

① 180만 원 손실   ② 80만 원 손실

③ 20만 원 이익   ④ 120만 원 이익

⑤ 200만 원 이익

정답 ④

옵션이란 특정 상품을 일정 기간 안에 일정한 가격(행사가격)으로 매매하는 권리를 돈(프리미엄)을 주고 사고파는 것을 뜻한다. 계약A는 행사가격이 1,000만 원인 풋옵션을 100만 원의 프리미엄을 주고 매입했다는 의미이고 계약B는 행사가격이 1,000만 원인 콜옵션을 80만 원의 프리미엄을 주고 매입했다는 의미다. 따라서 만약 수확시기에 실제 배추가격이 1,000평에 700만 원으로 폭락했다면, 계약A로부터 200만 원의 이익을, 계약B로부터 80만 원의 손실을 얻기 때문에 총 120만 원의 이익을 보게 된다. 즉 계약A를 통해서는 수확시점에 시장에서 배추를 700만 원에 구입해서 1,000만 원에 판매할 수 있으므로 300만 원의 이익을 보고, 여기서 권리매입 가격을 차감하면 200만 원의 이익을 본다. 또한 계약B를 통해서는 시장에서 700만 원에 구입할 수 있으므로 900만 원에 살 이유가 없어져 권리를 포기함으로써 권리매입 가격인 80만 원만 손해 보게 되는 것이다.

09 환율 변동은 다양한 측면에서 기업에 영향을 준다. 만약 원화 강세가 지속된다면 이 현상이 우리나라 기업에 미치는 영향으로 올바르게 추론한 것은?

① 수출 비중이 높은 기업은 매출이 증가한다.

② 외화금융부채가 있는 기업은 상환 부담이 커진다.

③ 외화표시자산이 많은 기업은 외화평가이익이 증가한다.

④ 해외에서 원재료를 조달하는 기업은 원가 부담이 줄어든다.

⑤ 해외 직원에게 외화 급여를 지급하는 기업은 인건비 부담이 커진다.

정답 ④

원화가치가 상승하면 일반적으로 우리나라 상품의 수출가격은 상승하고, 수입 상품 가격은 하락한다. 따라서 수출 비중이 높은 기업은 가격 경쟁력 약화로 인해 매출이 하락할 수 있다. 또 원화 강세는 외환의 상대가격이 하락하는 것을 의미한다. 이는 외화금융부채와 외화표시자산의 실질가치를 감소시켜 상환 부담과 외화평가이익을 감소시킨다. 반면 해외에서 원재료를 조달하는 기업은 원화의 구매력이 커져 원재료 구매에 대한 원가 부담이 줄어든다. 해외 파견 직원 등에게 외화로 월급을 지급하는 기업도 마찬가지로 원화가치 강세로 인해 인건비 부담이 줄어든다.

10 달러에 대한 원화가치가 1달러당 1,100원에서 1,200원으로 변동했다. 반면 엔화에 대한 원화가치는 100엔당 1,100원에서 1,000원으로 바뀌었다. 이 경우 나타날 것으로 예측되는 상황과 가장 거리가 먼 것은?

① 국산 자동차의 미국 수출은 더 늘어날 것이다.

② 우리나라로 오는 일본인 관광객은 감소할 것이다.

③ 일본에서 미국산 옥수수의 가격은 상승할 것이다.

④ 우리나라의 대일(對日) 무역수지는 악화될 것이다.

⑤ 미국으로 어학연수를 떠나는 우리나라 학생은 증가할 것이다.

정답 ⑤

1달러의 원화표시 가격이 1,100원에서 1,200원으로 바뀌었다면 원화가치는 평가절하됐고 달러가치가 평가절상됐다고 볼 수 있다. 이 때문에 대외무역에 있어 동일한 1달러짜리 미국 상품을 수입하는 경우 원화로 표시한 가격은 1,100원에서 1,200원으로 오르고, 반대로 1,100원짜리 우리나라 상품을 미국으로 수출하는 경우 달러로 표시한 가격은 1달러에서 92센트로 떨어질 것이다. 마찬가지로 문제의 환율 변화로 보면 원화에 비해 엔화가치는 평가절하됐고 당연히 달러와 엔화의 관계에서도 엔화는 평가절하되었다. 이 때문에 우리나라로 오는 일본인 관광객의 여비 부담은 증가되어 관광객이 감소할 것이며, 동일하게 미국으로 떠나는 우리나라 학생의 부담도 증가되어 그 수가 감소할 것으로 예상할 수 있다.

11 아래 그래프는 외환 시장에서 수요와 공급의 변동에 따른 환율 변화를 나타낸 것이다. 외환 시장에서 ㉠, ㉡과 같은 현상이 발생하는 원인을 올바르게 짝지은 것은? (단, 다른 조건은 변화가 없다고 가정한다.)

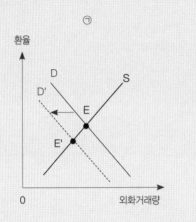

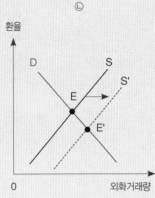

㉠	㉡
① 신종 플루로 해외여행 감소	반도체 등 수출 증가
② 국제 원유 가격의 급등	외국인의 국내 투자 감소
③ 원유 수입 감소	이자율 하락으로 달러 유출
④ 외국인 여행객 감소	수입 원자재 가격 하락
⑤ 자동차, 반도체 등 수출 증가	국제 원유 가격의 급등

정답 ①

㉠은 달러화 수요가 감소해 환율이 하락하는 상황이다. 해외 여행객이 줄거나 수입액이 감소할 때는 ㉠과 같이 달러화 수요가 감소해 환율이 하락한다. ㉡은 외환 시장에서 달러화 공급이 증가해 환율이 하락하는 상황이다. 수출액이 늘거나 외국인의 투자가 증가할 때 달러화 공급이 증가한다.

12 다음 중 원·달러 환율을 아래 그래프와 같이 변동시키는 원인을 [보기]에서 모두 고르면? (단, 다른 경제 조건은 동일하다.)

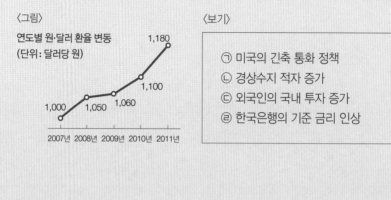

〈그림〉

연도별 원·달러 환율 변동
(단위 : 달러당 원)

1,000   1,050   1,060   1,100   1,180

2007년 2008년 2009년 2010년 2011년

〈보기〉

㉠ 미국의 긴축 통화 정책
㉡ 경상수지 적자 증가
㉢ 외국인의 국내 투자 증가
㉣ 한국은행의 기준 금리 인상

① ㉠, ㉡   ② ㉠, ㉢

③ ㉠, ㉣   ④ ㉡, ㉢

⑤ ㉡, ㉣

정답 ①

그래프에서 원·달러 환율은 지속적으로 상승하고 있다. 이는 외환 시장에서 원화 가치가 하락해 달러화와 교환되는 원화의 양이 증가했음을 의미한다. 외환 시장에서 달러화 공급이 감소하거나 원화 수요가 감소하면 원화 가치는 상대적으로 하락하게 된다. 미국 중앙은행이 긴축 통화 정책을 시행하면 외환 시장에서 달러화 공급이 감소해 원화 가치는 상대적으로 하락하고 달러화 가치는 상승하므로 원·달러 환율이 상승할 수 있다. 경상수지 악화 역시 원화 수요와 달러화 공급을 감소시킴으로써 원화 가치를 하락시키는 원인이 된다. 외국인들이 국내 투자를 늘리면 외환 시장에서는 달러화 공급이 증가해 원화 가치는 상승하므로 원·달러 환율은 하락하게 된다. 한국은행이 기준 금리를 인상하면 외환 시장에서 원화 수요가 늘어 원화 가치가 상대적으로 상승하게 된다.

13 맥도날드 빅맥Big Mac 햄버거의 가격이 미국에서는 3달러, 한국에서는 1,500원이라고 가정하자. 현재 환율이 달러당 1,000원이라면 '빅맥지수'와 이에 근거한 균형 환율은?

빅맥지수	균형 환율
① 0.5	₩500/$
② 0.5	₩1,000/$
③ 2	₩500/$
④ 2	₩1,000/$
⑤ 2	₩2,000/$

정답 ①

빅맥 지수는 각국 빅맥의 가격을 미국의 빅맥 가격(각국 통화 환율로 변환한 가격)으로 나눠 표시한다. 문제의 조건에서 한국의 빅맥 가격은 1,500원, 미국의 빅맥 가격은 3,000원(3달러×1,000원)이다. 이에 따라 빅맥 지수는 1,500원/3,000원=0.5다. 이를 기준으로 미국과 한국의 균형 환율을 구하면 달러당 500원이 돼야 한다. 현재 달러당 1,000원의 환율은 빅맥 지수로 판단할 경우 저평가됐다.

매경 TEST 핵심 정리

초판 1쇄 발행   2017년 10월 15일

지은이   김재진
펴낸이   전호림
책임편집   이영인 강현호
마케팅   황기철 김혜원 정혜윤

펴낸곳   매경출판㈜
등록   2003년 4월 24일(No. 2-3759)
주소   (04557) 서울시 중구 충무로 2(필동1가) 매일경제 별관 2층 매경출판㈜
홈페이지   www.mkbook.co.kr   **페이스북**   facebook.com/maekyung1
전화   02)2000-2612(기획편집) 02)2000-2645(마케팅) 02)2000-2606(구입 문의)
팩스   02)2000-2609   **이메일**   publish@mk.co.kr
인쇄·제본   ㈜M-print 031)8071-0961
ISBN   979-11-5542-616-6(03320)

이 도서의 국립중앙도서관 출판예정도서목록(CIP)은 서지정보유통지원시스템 홈페이지(http://seoji.nl.go.kr)와
국가자료공동목록시스템(http://www.nl.go.kr/kolisnet)에서 이용하실 수 있습니다.
(CIP제어번호: CIP2017024642)